Michael Sterner

SO RETTEN WIR DAS KLIMA

PROF. DR. MICHAEL STERNER

SO RETTEN WIR DAS KLIMA

Wie wir uns unabhängig von Kohle, Öl und Gas machen

KOMPLETTMEDIA

Klimaneutral
Druckprodukt
ClimatePartner.com/13336-1905-1001

MIX
Papier | Fördert gute Waldnutzung
FSC® C014496

Originalausgabe
4. Auflage 2024
Verlag Komplett-Media GmbH
2023, München
www.komplett-media.de
ISBN: 978-3-8312-0563-9
Auch als E-Book erhältlich
Lektorat: Redaktionsbüro Diana Napolitano, Augsburg
Korrektorat: Katharina Theml, Wiesbaden
Umschlaggestaltung: FAVORITBUERO, München
Layout & Satz: Buch-Werkstatt GmbH, Bad Aibling
Druck & Bindung: GGP Media GmbH, Pößneck

Gedruckt in Deutschland

Aus Gründen der besseren Lesbarkeit wird bei Personenbezeichnungen und personenbezogenen Hauptwörtern in diesem Buch die männliche Form verwendet. Entsprechende Begriffe gelten im Sinne der Gleichbehandlung grundsätzlich für alle Geschlechter. Die verkürzte Sprachform hat nur redaktionelle Gründe und beinhaltet keine Wertung.

Hinweis: Mit CO_2-Emissionen oder Emissionen sind CO_2-äquivalente Emissionen in diesem Buch vereinfacht abgekürzt und schließen alle anderen Treibhausgasemissionen ein. Sie werden auch als Klimagase oder Klimaemissionen bezeichnet.

Für meine Kinder Amalia, Elias und Clara,
meine liebe Frau Anne, meine Eltern
und für alle Menschen, die in ihrem Wirkungsbereich
die Welt ein Stückchen klimaneutraler machen.

INHALT

VORWORT

Die Welt braucht unseren Schutz. Klimaschutz.

Wie wir raus aus der Klima- und Energiekrise finden und unser Leben und Wirtschaften klimaneutral gestalten – einzeln und als Gesellschaft, das möchte ich Ihnen in diesem Buch aufzeigen.

Die dafür notwendigen Technologien sind da. Diese Abkehr von fossiler Energie und Umkehr zurück zur 100 Prozent erneuerbaren, klimaneutralen Wirtschaft ist ökonomisch rentabel und ökologisch absolut erforderlich. Die Energiewende bringt uns auch Energiesicherheit. Wir müssen sie nur wollen, gesellschaftlich und politisch.

Im Zentrum steht dabei die Sonne, von der alle Kraft ausgeht: Sie treibt den Wasserkreislauf und damit die Wasserkraft an. Sie sorgt für Hochs und Tiefs und damit den Wind, und sie lässt die Pflanzen wachsen, die wir als Biomasse für Energie, Materialien oder als CO_2-Staubsauger in Wäldern und Mooren nutzen können.

Alle Kraft? Nicht ganz: Es gibt noch die Wärme der Erde und die Kraft zwischen Mond und Erde, die es zu nutzen gilt.

> Die Erneuerbaren, allen voran Wind und Solar, sind mit Abstand die günstigsten Energiequellen mit dem größten Potenzial und dem geringsten Flächenverbrauch.

Wir ernten sie direkt aus der Natur am einfachsten in Form von Strom. Bei allen Erneuerbaren bis auf Biomasse geht das ohne Feuer und weitere Umwandlungsschritte. Wir nutzen diesen Strom direkt in der Digitalisierung, der E-Mobilität oder Wärmepumpen und indirekt über Wasserstoff und deren Folgeprodukte.

Auch das Speicherproblem ist gelöst. Für kurze Zeiträume über Batterien und für längere über erneuerbares Gas wie Wasserstoff in der Gasinfrastruktur, die alles hat, was in der Strominfrastruktur fehlt: gigantische Speicher und Leitungen.

Den Wasserstoff können wir weiterverarbeitet auch als synthetische Kraftstoffe in Form von Benzin, Kerosin und Diesel nutzen und darüber für die klimaneutrale Industrie sogar Stahl, Glas, Düngemittel und chemische Grundstoffe wie Methanol gewinnen.

> Wasserstoff ist aber nur ein Energieträger, die Energiequelle bleiben die Erneuerbaren. Erneuerbarer Strom wird also zum Nukleus der Energieversorgung und der Schlüssel des Exit-Rooms »Klima- und Energiekrise«.

In der Energietechnik und Energiewirtschaft ging es seit den Diskussionen der Gefahr durch Atomkraft und der Klimawirkung von CO_2 immer stets emotional hoch her. Es ist gut, sich sachlich zu streiten, aber über die Jahre wurden regelrecht fachliche Schützengräben ausgehoben von Menschen, die ihre berufliche Lebenszeit voll und ganz entweder der Kohlekraft, der Atomkraft oder auch der Solarenergie oder dem Wasserstoff verschrieben haben.

Entsprechend ideologisch wird die Debatte, wenn Vertreter der jeweiligen Gattung aufeinandertreffen. Dieses Buch schlägt zwar den Spagat zwischen Klimaaktivisten und energieintensiven Industrien, besitzt aber nicht den Anspruch, diese Konflikte aufzuheben.

Mir geht es vielmehr darum, die energietechnischen Zusammenhänge möglichst einfach zu erklären und damit einer breiteren Öffentlichkeit als dem Fachpublikum zur Verfügung zu stellen und Sie als Leser dazu zu befähigen, an der für uns alle essenziellen gesellschaftlichen Diskussion zur Lösung der Klimakrise teilzunehmen und selbst Teil der Lösung zu werden. Und allen Gegnern der Energiewende sei gesagt: Habt keine Angst. Sie ist auch zu Eurem Wohl.

2011 sagte ich zu meinem Wissenschaftskollegen Joachim Nitsch, der beim DLR-Institut mit mir über mehrere Jahre die Leitstudien zur Energiezukunft Deutschlands für das Umweltbundesministerium verfasste: »Lass uns ein Buch schreiben: ›Energiewende einfach erklärt‹. Wir müssen unser Wissen aus den Studien unter die Menschen bringen.« 12 Jahre später ist es nun endlich so weit.

Einige Menschen haben Angst vor der Klimakrise, sind resigniert und im Glauben, dass es eh schon zu spät sei. Manche sitzen sogar im geistigen und emotionalen Blackout und lehnen jede Energiewende ab. Sie bekämpfen diese sogar mit allen finanziellen und psychologischen Mitteln, sei es aus wirtschaftlichem Interesse oder einfach nur aus Angst vor Veränderung. Anderen wird seitens mancher Medien und Politiker Angst und Bange gemacht, sie verlören ihren Wohlstand durch einen Heizungstausch und säßen dadurch im Kalten und Dunklen – während weltweit Hitzewellen, Überschwemmungen, Dürren und Brände immer mehr Klimatote fordern und ein negativer Klimarekord den anderen jagt. Die »letzte Generation« hat berechtigterweise Angst um ihre Zukunft. Zeitgleich rufen deren Protestformen viel Wut und Ärger hervor: negative Gefühle, welche eher zur Ablehnung von Klimaschutz in der Bevölkerung führen, statt ihn zu fördern. Es ist erleichternd, dass die Zeit des »Klimaklebens« vorbei ist.

Mit diesem Buch zeige ich mit der Taschenlampe in die Zukunft und leuchte diese Dunkelheit der Angst aus. Stellen Sie sich einen hellen Raum voller Wissen und guter Gedanken vor und daneben einen dunklen Raum mit dem Gegenteil. Was passiert, wenn Sie den Türspalt ein wenig öffnen? Das Licht ist der Dunkelheit erhaben. Immer.

Oft heißt es in der Klimadiskussion: Wir brauchen einen Plan, einen Masterplan der Energiewende. Er liegt jetzt in Ihren Händen. Kommen Sie herein, lassen Sie sich inspirieren und überraschen von den vielfältigen Lösungen der Klima- und Energiekrise, und werden Sie selbst aktiv. Das Lesen dieses Buches ist der erste Schritt.

Es ist eine Wegbeschreibung, welche die Lösungen der Klima- und Energiekrise in allen Lebens- und Wirtschaftsbereichen aufzeigt und auf unsere persönlichen Möglichkeiten eingeht.

> Dieses Buch räumt mit allen Mythen, Fake News und Unwissen der Energiewende auf und gibt Ihnen Argumente, Vorstellungen und Bilder an die Hand, mit denen Sie Ihre Argumentation stärken und festigen und Ideen für die ersten Schritte entwickeln können.

Damit kommen Sie aus der Betroffenheit ins aktive Handeln, was Mut gibt und Mut macht. Wir sind nicht handlungsunfähig. Im Gegenteil. Ich möchte Sie ermutigen, sich mit Fakten, Argumenten und Herzblut einzubringen. Es geht um unsere gemeinsame Zukunft: von Ihnen, von mir, unseren Eltern, Kindern und Kindeskindern und unserem ganzen Planeten Erde.

Wir tragen kollektiv die Verantwortung für das Desaster und auch für den Ausweg. Jedes zehntel Grad Erderwärmung zählt! Übernehmen Sie Verantwortung für Ihren Teil.

> Sie sind nicht ohn-mächtig, sondern macht-voll. Mit diesem Buch ermächtige ich Sie mit Fakten, Argumenten und Optionen. Nutzen Sie Ihre Macht: Machen Sie mit!

Ihr
Michael Sterner
Regensburg, im Januar 2024

KLIMASCHUTZ

»I listen to the wind, to the wind of my soul.
Where I'll end up, well, I think only God really knows.«
The Wind | Cat Stevens

Atmosphäre verbindet

Alles ist mit allem verbunden. Jede Zelle mit jeder Zelle, jeder Mensch mit jedem Menschen, eingebettet in ein Universum voller Wunder und Fragezeichen. Einzigartig, wie jeder ist. Eingebettet in eine Atmosphäre voller guter, frischer Luft. Luft, die uns verbindet mit jedem Atemzug. Das merken wir über einen Virus, aber auch über den Sauerstoff, den wir einatmen und das CO_2, das wir ausatmen. Zum Beispiel in einem Raum mit vielen Menschen.

Genau so ist es mit dem Raum Atmosphäre, den wir gemeinsam bewohnen. Was man sät, erntet man. Alles kommt zurück. So auch jedes Kilogramm fossiles CO_2, das wir verbrennen und in die Atmosphäre werfen. Jedes Kilogramm, Tonne für Tonne fügt dem ganzen Erdsystem Leid zu und überfordert es in vielfältiger Art und Weise. Deshalb sollten wir das umgehend sein lassen. Ein solches Bewusstsein brauchen wir. Ein Bewusstsein der Verbundenheit und der Verantwortung.

Seit viel zu langer Zeit nutzt der Mensch die Atmosphäre als Mülltonne für die Verbrennungsprodukte aus Kohle, Öl und Gas. Diese führen zum ungebremsten Klimawandel, der wiederum Extremwetter und Naturkatastrophen rund um den Globus verursacht, wodurch vielen Menschen die Lebensgrundlagen genommen, ihre Häuser wegfegt werden und ihr Hab und Gut wegschwemmt oder verbrannt wird.

Sind Sie davor sicher? Die Hitzewellen und Flutkatastrophen in Europa, Afrika und Asien, die Waldbrände in Australien, Nordamerika und Europa, die steigenden Meeresspiegel und die Gletscherschmelzen, die an der ganzjährigen Schiffbarkeit unserer Flüsse und der Grundwasserversorgung rütteln, zeigen uns: Nein, Sie sind nicht sicher! Sie würden gern auswandern oder umziehen? Eine Flucht woandershin bringt nichts: Auch im vermeintlich kühlen Kanada brennen Städte ab. Ein Haus auf einem Hügel ohne Wald mag zwar vor Hochwasser, Meeresspiegelanstieg und Waldbränden geschützt sein. Vor einem Tornado allerdings nicht. Egal, wo Sie hinziehen – die Klimakatastrophen ziehen nach. Also können sich selbst die Superreichen Anwesen im schwer erreichbaren Neuseeland errichten, doch ohne Erfolg: Vor dem Klima kann keiner flüchten.

Es betrifft gar nicht in erster Linie nur uns im wohlhabenden Norden. Die meisten betroffenen Menschen leben auf der südlichen Erdhalbkugel und werden durch Dürren und Überschwemmungen zu uns getrieben – aus schierer Existenzangst und reinem Überlebenswillen. Gleichzeitig sehen wir nicht, dass es das CO_2 unserer Gas- und Ölheizungen, unserer Autos, unserer Kohlekraftwerke ist, welches diese Völkerwanderungen antreibt.

Wir haben laut Weltbank und UN mittlerweile mehr Klima- als Kriegsflüchtlinge.[1] Dieser Trend verstärkt sich zunehmend, und es könnten mehrere Hundert Millionen sein in den nächsten 30 Jahren.[2] Können wir alle Klimaflüchtlinge aufnehmen? Theoretisch ja, praktisch kaum.

> Daher sollte es umso mehr unsere dringendste Aufgabe sein, die Lebensräume der Menschheit global zu erhalten, um den Frieden zu wahren.

Konsequent ist es, wenn wir das auch in Gesetzen, Maßnahmen und Beschlüssen umsetzen. So auch im Pariser Klimaschutzabkommen, das die Erderwärmung zwar auf deutlich unter 2 Grad begrenzen will – doch die Sanktionen bei Verstößen fehlen.[3] Wir sind heute bereits global bei 1,2 Grad, und es bleibt nicht mehr viel Zeit, klimaneutral zu werden und die Erderwärmung auf ein erträgliches Maß zu begrenzen.[4] Wir wissen und spüren mittlerweile hautnah, dass das Unterlassen von Klimaschutz wesentlich teurer ist als Maßnahmen für den Klimaschutz: regional, national und global. Keine Energiewende, kein Verbrenner-Aus, kein Heizungstausch und kein Umbau der Industrie sind so teuer wie der Verlust von Lebensraum und das Leben von Milliarden Menschen und Tieren.

Ich habe das selbst hautnah erlebt. 1995 wurde das Kyoto-Protokoll verabschiedet. Ich war damals 17, als unser Religionslehrer in der Berufsschule uns die UN-Konferenzen in Rio de Janeiro und Kyoto erklärte und uns ermutigte, uns für den Erhalt der Schöpfung und im Klimaschutz zu engagieren. Nach Abschluss der Ausbildung im Elektrohandwerk und Abitur auf dem zweiten Bildungsweg ging ich von 1998 bis 2000 in den Entwicklungsdienst nach Kenia in Ostafrika, um dort Solaranlagen und Batteriespeicher für Schulen und Internate zu installieren. Unser Dieselgenerator für die Wasserpumpe war zeitgleich Tankstelle für das ganze Maasai-Dorf Dol Dol, drei Stunden Buckelpiste entfernt von der nächsten Stadt Nanyuki. Wir haben damals schon die Auswirkungen des Klimawandels über eine anderthalbjährige Dürre erlebt mit Wasserknappheit, grau-braunen Böden und Maasais, die die letzten Akazien fällten, damit ihr Weidevieh Nahrung hatte. Die Folge: Sie migrierten irgendwann familienweise dorthin, wo es noch grüne Vegetation gab. Unsere staubige Hauptstraße war links und rechts gesäumt von Kuhkadavern, welche den Marsch in der Hitze nicht mehr überstanden haben. Schon damals dachte ich mir: Wir fahren hier mühsam Ölfässer mit Diesel heran, verbrennen ihn und feuern damit den Exodus der lokalen Bevölkerung an, obwohl uns unendlich viel Sonne auf den Kopf scheint.

Sieben Jahre später war ich Referent im Wissenschaftlichen Beirat der Bundesregierung Globale Umweltveränderungen (WBGU). Das Gutachten »Klimawandel und Sicherheit« war frisch erschienen, das genau das thematisierte: klimabedingte Migration durch Rückgang an Süßwasserressourcen, Nahrungsmittelproduktion und Zunahme an Sturm- und Flutkatastrophen.[5] Es fand kaum Gehör in der Politik.

Ich war bei einer Vorstellung für die Bundeswehr bei Potsdam dabei. Mit den Generälen wurden Optionen von Militäreinsätzen zur Grenzsicherung gegen Flüchtlinge im Jahr 2040 diskutiert. Wie schnell Szenarien Realität werden können, ergab sich 2015 auf dem Balkan, wo genau das passierte.[6] Einer der Treiber der Flüchtlingsströme aus Syrien war unter anderem die folgenschwerste Dürre, die das Land seit Beginn der Wetteraufzeichnungen erlebt hatte.[7]

Kriege um Öl und Gas tun ihr Übriges, um ganze Regionen wie den Nahen Osten zu destabilisieren. Die Klimaschäden haben wir nicht nur dort, sondern auch bei uns und global. Klimawandel heißt nicht nur, dass es global wärmer wird, sondern dass es auch immer mehr Extremwetter gibt. Hitze, Dürren, Überschwemmungen, Waldbrände, Starkregen, Sturzfluten, Stürme sind mittlerweile allgegenwärtig. Ebenso die Klimaflucht nach Deutschland.

> Es ist also nur eine Frage der Zeit, bis neue Völkerwanderungen einsetzen. Nicht als Schicksal der Natur, sondern von uns Menschen verursacht.

Menschengemacht

Trotz jahrzehntelanger fundierter Arbeit der Klimawissenschaftler begegnet uns immer noch manche Skepsis, ob der Mensch tatsächlich schuld an der gegenwärtigen Erderwärmung ist.

Richtig, es gab und gibt natürliche Klimaschwankungen, deren Ursachen aber den gegenwärtigen Temperaturanstieg nicht erklären können.[8] Auch wenn der Anteil von CO_2 aus der Verbrennung von Kohle, Öl und Gas und anderer Klimagase in der Luft im Promillebereich verschwindend gering sind, kann ein eindeutiger, fester Zusammenhang zwischen diesem menschengemachten Anteil und dem beobachteten Temperaturanstieg festgestellt werden. Das betrifft nicht das Wetter von heute und morgen, sondern die langen Zeiträume über Jahrzehnte. Das Klima.

Richtig, es gab immer wieder in der Vergangenheit einzelne Warm- und Kaltzeiten. Diese haben sich allerdings auf einzelne Regionen wie Grönland oder Südamerika beschränkt. Noch nie in der Geschichte der Zivilisation haben wir eine globale Heißzeit wie diese gegenwärtige erlebt. Noch nie seitdem wir uns sesshaft gemacht haben und Landwirtschaft betreiben. Das ist alles sehr gut nachweisbar und evidenzbasiert.[9]

Richtig, es gibt einen natürlichen CO_2-Kreislauf, und Pflanzen brauchen CO_2 für ihr Wachstum. Der Kohlenstoff, der über Jahrmillionen in Kohle, Öl und Gas gespeichert war, stammt auch aus der Atmosphäre. Aber seine

Freisetzung in kürzester Zeit können die natürlichen Kohlenstoffsenken wie Wälder, Moore und Ozeane nicht schnell genug aufnehmen oder nehmen dabei, wie im Falle der Versauerung der Meere, selbst Schaden.[10]

Die 2-Grad-Grenze ist nicht willkürlich gewählt, sondern eine physikalische Grenze. Sie ist nach dem Klimaforscher Hans Joachim Schellnhuber die Brandschutzmauer, die uns vor dem Kippen der Ökosysteme und dem Klimakollaps bewahren soll. Zusammen mit Kollegen hat er das 2-Grad-Ziel über den WBGU bereits 1995 in die Politik getragen.[11]

Und dieses Kippen ist bedrohlich nahe: Die Meldungen über auftauenden Permafrost in Sibirien, abschwächende Atlantikzirkulation, verschwindende Korallenriffe, sterbende Wälder und immer schneller schmelzende Gletscher reißen nicht ab.[12] Zuletzt zeigten Forschungsergebnisse, dass einer der größten Eisschilde in der Antarktis nahe am Kollaps ist.[13] In der Folge könnte die gesamte Westantarktis instabil werden und einen Meeresspiegelanstieg von etwa 1 bis 3 Metern über mehrere Jahrhunderte auslösen. Das würde viele Küstenregionen gnadenlos überfluten und zig Millionen Menschen und Tiere in die Flucht treiben. Das beträfe Mumbai, Shanghai, Tokio, New York und über 100 weitere Millionenstädte.[14] Ebenso die küstennahe Infrastruktur wie Flughäfen, Häfen und etwa 200 Atomkraftwerke mit Meerwasserkühlung wie Fukushima eines war.[15] Das zeigt, wie dramatisch die Lage ist.

> Laut dem konservativen IPCC wird der Meeresspiegel selbst bei Stabilisierung der globalen Temperatur bis 2030 und darüber hinaus weiter mit »sehr hoher Sicherheit« steigen.

Nun kann sich die Menschheit auf über Jahrhunderte steigende Meeresspiegel einstellen. Bei allen anderen Klimakatastrophen wie Hitzewellen, Dürren und Überschwemmungen ist das wesentlich weniger der Fall. Diese entstehen häufig durch lang anhaltende Wetterperioden. Die Hauptwindrichtung in Deutschland und Europa ist Westwind. Der Motor hinter den Höhenwinden in 12 bis 15 Kilometern Höhe ist die Temperaturdifferenz zwischen Arktis und Tropen, welche durch die Erderwärmung immer kleiner wird – und damit der Westwind schwächer. Diese Jetstreams schlängeln sich über große Gebiete und setzen sich bis zu mehreren Wochen fest. So kann auf der einen Seite in Tiefdruckgebieten Starkregen, Hagel oder sogar Schnee fallen. In gegenüberliegenden Hochdruckgebieten kann extreme Hitze und Trockenheit entstehen. Beides führt zu Ernteausfällen und Zerstörung von Infrastruktur. So schneit es in Texas und Ägypten, während 100 Kilometer nördlich vom Polarkreis in Sibirien eine Temperatur von 30 Grad herrscht.

Und ja, es ist richtig: Wir beantragen als Wissenschaftler öffentliche Gelder und sind dadurch auf die Unterstützung von staatlichen Stellen angewiesen. Ich habe es aber noch nie erlebt, dass Einfluss auf unsere Ergebnisse von staatlicher Seite genommen worden wäre. Selbst nicht in den direkten Beratungsgremien der Bundesregierung wie dem WBGU. Unsere Ergebnisse publizieren wir nach einem ausgefeilten Qualitätssicherungsprozess mit Begutachtung durch Dritte, von denen wir nicht mal wissen, wer das sein wird, nur dass sie Wissenschaftler sind. Erst wenn ein Ergebnis diesem »Vier-Augen«-Prinzip standhält, findet es seinen Weg in die Fachzeitschriften. Den fundierten und reflektierten Aussagen der Klimawissenschaftler ist also zu vertrauen.

> Selbst wenn wir all diesen Zahlen, Daten und Fakten keinen Glauben schenken, spüren wir es doch intuitiv: Das Klima ändert sich in einer Art und Weise, wie wir es noch nicht als Menschheit erfahren haben.

Runter vom fossilen Berg

Kohle, Öl und Gas haben unseren Fortschritt befeuert und uns viel Mühe und Arbeit erspart – vor allem auf den Feldern. Denken Sie daran, wenn Sie das nächste Mal einen Traktor sehen. Aber wir wissen mittlerweile sicher, dass der damit verbundene Ausstoß von CO_2 und anderen Treibhausgasen die Fenster der Atmosphäre für die Wärmestrahlung der Erde schließt und uns in die Klimakrise geführt hat. Wir haben einen Berg von CO_2-Emissionen aufgebaut, von dem wir schleunigst wieder runtermüssen. Aber keine Angst, die Lösungen sind längst da.

> Das fossile Zeitalter wird ein Fingerschnipsen in der Menschheitsgeschichte bleiben.

Wir hatten über Jahrtausende eine 100 Prozent erneuerbare Energieversorgung. Diese ist auch heute wieder technisch möglich, ökologisch das Gebot der Stunde und ökonomisch günstiger als die fossile, atomare Version unserer Welt – selbst wenn die externen Kosten wie Gesundheits- und Umweltschäden der Nutzung von Atomkraft, Kohle, Öl und Gas nicht eingerechnet werden.

Wir haben seit Beginn der Zivilisation primär erneuerbare Energie genutzt: Holz zum Heizen und Kochen. Das war unser größter Primärenergieträger – und er ist es nach wie vor in 60 bis 70 Ländern der Welt.[16]

Ähnlich lange nutzen wir die Solarenergie für Trocknungsprozesse. Die Wasserkraft kam hinzu zum Getreidemahlen, ebenso die Windenergie. Die Windkraft war auch die Antriebsenergie für Segelschiffe quer durch die Welt. Es gäbe kein »Great Britain« oder »United Kingdom« ohne die Windkraft.

Mit der Entwicklung der Dampfmaschine auf Basis fossiler Kohle startete die industrielle Revolution. Wir gingen durch ein Kohlezeitalter, das seinen Höhepunkt um etwa 1900 hatte, als viele Häuser und Fabriken Kohleschlote hatten. Fast alles lief mit Kohle: auch Loks und Schiffe.

Mit der Erfindung der Verbrennungsmotoren, der zunehmenden Erschließung von Ölquellen und dem Aufbau des Tankstellennetzes gingen wir zur Ölwirtschaft über. Nach den Weltkriegen war die Kernenergie en vogue, genauso wie Erdgas immer mehr erschlossen wurde. Immer mehr fossile Energie, immer mehr Emissionen. Stetig steigend. Wir wissen seit Langem, dass wir von diesem fossilen Emissionsberg wieder runtermüssen. Wenn wir alles Öl und Gas förderten und jede Kohle ausgräben und verbrannten, dann landeten wir im Nirvana, und die Erde würde allein ohne uns weitermachen. Es ist an der Zeit, zu erneuerbaren Energien wie Holz, Wind und Sonne zurückzukehren.

> »Ja, aber Windräder sind nicht schön anzusehen.«
> Welch ein Luxusproblem!

Unsere Energieversorgung war über Jahrtausende oberirdisch: Das knisternde Holz zum Kochen und Heizen kam aus den Wäldern und Nahrung für die Pferde von den Feldern. Wind, Sonne und die Wasserkraft wurden ebenso genutzt. Seit der industriellen Revolution wurde die Energieversorgung größtenteils unterirdisch, denn die in der Natur gespeicherten Energieträger wie Kohle, Gas und Öl befinden sich weitgehend außerhalb unserer Sichtweite.

Das wird sich nun zwangsläufig ändern, nicht weil der fossile Tresor schon leer würde (das tut er allerdings auch über kurz oder lang), sondern weil der damit verbundene CO_2-Ausstoß unsere Lebenswelt bedroht. Die Energieversorgung wird damit wieder oberirdisch – und erneuerbar wie früher, allerdings auf einem ganz anderen Niveau. Heute nutzen wir viel mehr Energie als vor der industriellen Revolution, als diese nur selten und lokal an natürliche Grenzen stieß.

> Daher lautet das erste Gebot der Stunde Energieeffizienz. Was wir nicht verbrauchen, muss nicht erzeugt werden.

Für den verbleibenden Energiebedarf sind die erneuerbaren Potenziale mehr als ausreichend: Allein die Nutzung von 2 Prozent unserer Landesfläche für Windkraft kann weit über 50 Prozent unseres Strombedarfs in Deutschland decken.[17]

Wir werden in Zukunft also überall Wind- und Solaranlagen sehen. Und wer das nicht möchte und keine bezahlbare, technisch machbare und gesellschaftlich akzeptierte Alternative nennen kann, der sollte auf Strom verzichten, kein Handy mehr laden, keinen Kühlschrank mehr nutzen und nicht mehr tanken oder im Supermarkt einkaufen.

Vegane Ernährung reicht? Unsere nationale CO_2-Bilanz

Können wir den Klimawandel über eine vegane Ernährung oder die Renaissance der Kernkraft respektive der Kernfusion stoppen? Auf manchen Demos von Fridays for Future gibt es entsprechende Plakate.

So einfach ist es nicht. Denn etwa 90 Prozent der Treibhausgasemissionen in Deutschland kommen aus der Nutzung von Kohle, Erdöl und Erdgas.[18] Global beträgt dieser Anteil 75 Prozent.[19] Klimaschutz ist zuallererst Energiewende! In Deutschland stammen 34 Prozent aus der Energiewirtschaft. Die Ursache ist vorwiegend die Kohleverstromung. Erdöl und Erdgas für Gebäudewärme tragen 15 Prozent bei. Aus dem Verkehr stammen 20 Prozent, verursacht vor allem durch die Verbrennung von Diesel, Benzin und Kerosin in Motoren und Turbinen. Die Industrie nutzt alle Arten fossiler Energieträger und hat einen Anteil von 22 Prozent an den Treibhausgasemissionen. Die Landwirtschaft selbst hat in Deutschland nur einen Anteil von 8 Prozent, der Rest ist Abfall und Abwasser mit 1 Prozent.

Warum wird die Ernährung dennoch so als großer Hebel für mehr Klimaschutz propagiert? Weil Landwirtschaft und Ernährung zu Emissionen führen, die in anderen Bereichen gezählt werden: Die Verarbeitung von Milch fällt unter industrielle Produktion oder der Transport der Lebensmittel unter Verkehr. Die Emissionen aus dem Sojaanbau, der teilweise mit Urwaldrodungen einhergeht, werden im Ursprungsland wie Brasilien und nicht in Deutschland im Sektor Landwirtschaft bilanziert.

Ich erlebe oft Studierende, die voller Stolz sagen, dass sie sich vegan ernähren und daher superklimafreundlich leben, und im nächsten Atemzug von dem Urlaub auf Ibiza berichten. Ich empfehle an der Stelle immer, die persönliche CO_2-Bilanz zu berechnen, wofür es vom Umweltbundesamt das passende Tool gibt.[20]

Im Schnitt wirft jeder Deutsche jährlich 9 Tonnen CO_2 in die Atmosphäre, die wir als gemeinsame Mülltonne benutzen.[21] Das liegt 30 Prozent über dem globalen Durchschnitt.

> Wenn wir so weitermachen wie bisher, ist unser CO_2-Budget in weniger als acht Jahren erschöpft.

Das größte Problem dabei ist, dass den Menschen genau das nicht bewusst ist. Weil CO_2 ein Gas ist und so locker flockig durch Schornstein und Auspuff geht. Wer denkt schon daran, wenn er Sprit tankt oder die Gasheizung aufdreht?

Unser CO_2-Müll mit 9 Tonnen pro Kopf und Jahr ist ein Vielfaches größer als unser Hausmüll mit nur 187 Kilogramm: 50-mal mehr!

> Wenn wir alle zwei Wochen unser CO_2 gesammelt an die Straße bringen müssten zur Abholung, wären wir längst müde davon.

> Wir müssten alle zwei Wochen nicht eine Mülltonne, sondern 50 Mülltonnen rausstellen!

Und wie lächerlich ein CO_2-Preis von 45 Euro pro Tonne erscheint, zeigt auch der Vergleich mit dem Hausmüll, wo die Mülltonne für Hausmüll im Schnitt 318 Euro pro Jahr kostet.[22] Das mit dem Gewicht des Hausmülls multipliziert ergibt einen Entsorgungspreis von 1.700 Euro pro Tonne – fast 40-mal mehr als die Tonne CO_2. Aus den Berechnungen der Klimafolgeschäden des Umweltbundesamtes leiten sich 180 Euro pro Tonne als adäquater Preis für CO_2 ab. Diesen fordern wir auch bei der Klimainitiative Scientists4Future.

Wir hatten an unserer Hochschule im Rahmen von Fridays for Future eine Oberstufenklasse zu Besuch. Vor dem Gang in die Mensa haben die Schüler die CO_2-Bilanz eines jeden Gerichts ausgerechnet: Veganer Basmatireis mit Gemüse: 0,5 Kilogramm CO_2. Die vegetarischen Käsespätzle waren mit 1 Kilogramm CO_2 beim doppelten, fleischarmes Chilli con Carne mit 2,2 Kilogramm CO_2 und der fleischlastige Rinderschmorbraten mit 3 Kilogramm CO_2 beim 6-fachen des veganen Gerichts. Eine vegane Ernährung rettet also nicht das Klima, ist aber ein wichtiger persönlicher Beitrag, den jeder selbst in der Hand hat – im Gegensatz zu vielem anderen.

Im Lauf des Buches vertiefen wir diese Betrachtungen in den Kapiteln der Agrar- und Bewusstseinswende. Zweifelsohne, wir müssen alle runter vom fossilen Berg der CO_2-Emissionen. Das geht nicht, in dem jeder auf den anderen wartet. Jeder Einzelne kann etwas tun, jede Abteilung, jeder Verein, jedes Unternehmen, jedes Land.

Aber China! Und was ist mit uns?

Sie kennen das sicher aus Gesprächen und Talk-Shows: »Was sollen wir von Deutschland aus das Klima retten? Wir verursachen doch nur 2 Prozent der globalen CO_2-Emissionen.« Richtig: China hat einen Anteil von 29 Prozent, die USA 11 Prozent, Indien 7 Prozent, Russland knapp 5 Prozent und wir »nur« 1,5 Prozent.[23] Warum sind »unsere 2 Prozent« dennoch relevant, und warum ist unser Handeln in Deutschland auch global entscheidend?[24]

1. Wir stellen 1 Prozent der Weltbevölkerung und verursachen aber das Doppelte an Emissionen, die uns zustehen würden. Wir verursachen sogar ein Vielfaches der Emissionen pro Kopf im Vergleich zu den Ländern wie China oder Indien, auf die viele zeigen.
2. Wir sind global auf Platz 4, wenn wir alle fossilen Emissionen seit 1850 bis heute aufsummieren und tragen dadurch einen wesentlichen Teil der Verantwortung an den globalen Klimakatastrophen.
3. Wir exportieren weltmeisterlich Technologie wie Fahrzeuge oder Maschinen und Anlagen in die ganze Welt, die dann als saubere Technologien zum Klimaschutz beitragen oder auch nicht.
4. Unser Handeln ist Vorbild für viele Nationen. Allein das Erneuerbare-Energien-Gesetz (EEG) zur Förderung von Ökostrom seit dem Jahr 2000 wurde in über 80 Ländern kopiert und übernommen.[25] Im Ausland höre ich oft Stimmen, die sagen: »Wenn ihr das hinbekommt als Industrienation, hat das eine Strahlkraft auf andere Nationen.«

Vergleiche öffnen die Augen: Russland hat bei fast doppelter Einwohnerzahl als Land ohne Energiewende die dreifachen Emissionen im Vergleich zu Deutschland bei fast 50-facher Landesgröße. Und China installierte 2023 in einem Jahr mehr Solarmodule als die USA bisher insgesamt haben.

So lässt sich das Argument »Wenn China, Indien oder die USA nicht mitziehen, bringt unser Handeln nichts« leicht entkräften. Diese Länder schauen ebenfalls auf die EU und werden sich nur dazu verpflichten, schärfere Klimaziele zu erfüllen, wenn auch die EU mitzieht. Innerhalb der EU hat Deutschland als größte Volkswirtschaft eine leitende und prägende Funktion. Und selbst wenn diese Länder nicht mitziehen, gibt es neben diesem politischen Argument noch ein moralisches. Wir tragen die Verantwortung für unseren Teil der Klimakatastrophe. Dazu haben wir uns mit dem Pariser Klimaschutzabkommen auch völkerrechtlich bindend verpflichtet.

Der Klimaforscher Stefan Rahmstorf stellt das »Zwei-Prozent-Argument« wunderbar auf den Kopf:

> »Würde man die gesamte Weltbevölkerung in 50 Gruppen einteilen, von denen jede zwei Prozent der globalen Emissionen verursacht – folgt daraus dann, dass niemand etwas machen muss?«[26]

Mitnichten. Nur wenn jede Nation diese Verantwortung übernimmt, erreichen wir als Weltgemeinschaft das gemeinsame Klimaziel. Dafür braucht es Vorbilder und Vorreiter.

ENERGIEWENDE

»All I ever wanted
all I ever needed
is here in my arms.«
Enjoy the silence / Depeche Mode

Mehr als Atom- und Kohleausstieg: eine industrielle Revolution

Der Begriff »Energiewende« stammt aus den Anfängen der ökologischen Bewegung in Deutschland und bezeichnete eine Wende weg von fossilen und atomaren Energiequellen hin zu erneuerbaren Energien. Damit verbunden war eine deutliche Senkung des Energieverbrauchs durch eine effizientere Lebens- und Wirtschaftsweise.

Die Vorkämpfer der Energiewende, wie Dr. Michael Stöhr, wurden zwar auch in konservativen und wirtschaftsnahen Kreisen beachtet, aber ihre Erkenntnisse wurden vom Tisch gewischt. Wer zum Beispiel das Glaubensbekenntnis, dass es nie möglich sein würde, die gesamte Energieversorgung auf erneuerbare Energien umzustellen, nicht mitbetete, wurde belächelt und ignoriert. Die Atomindustrie schaltete noch 1993 große Anzeigen in der Süddeutschen Zeitung nach der ersten UN-Klimakonferenz in Rio de Janeiro, um auf die Notwendigkeit der Atomkraft hinzuweisen, denn: »(...) regenerative Energien, wie Sonne, Wasser oder Wind können auch langfristig nicht mehr als 4 Prozent unseres Strombedarfs decken.« Keine Geringere als die frisch eingeweihte Umweltministerin Angela Merkel sagte diesen Satz wortwörtlich nach ihrer Amtsübernahme.[27] Sie fiel auf diese Entmutigungskampagne der Atomlobby rein.

Nachdem in den 2000er-Jahren durch die Einführung des Erneuerbare-Energien-Gesetzes sich Wind, Solar und Co immer mehr den Weg bahnten und Dr. Michael Specht, Leiter des Fachgebiets Regenerative Energieträger und Verfahren am Zentrum für Sonnenenergie- und Wasserstoff-Forschung in Stuttgart, und ich als Gruppenleiter Energiesystemanalyse am Fraunhofer-Institut für Windenergie und Energiesystemtechnik in Kassel mit anderen zusammen 2009 mit der Erfindung von Power-to-Gas eine Lösung für das Speicherproblem aufzeigten, in Pilotanlagen demonstrierten und in Studien dokumentierten, änderte sich das.[28] Das Mantra »100 Prozent erneuerbar geht nicht« war gebrochen.

Im »Energiekonzept« der Großen Koalition von 2010 wurden die erneuerbaren Energien erstmals als »tragende Säule zukünftiger Energieversorgung genannt«. Ein Paradigmenwechsel nach 40 Jahren, begonnen bei der Ölkrise über die Anti-Atombewegung bis hin zur Laufzeitverlängerung der Atomkraft, die nun als »Brückentechnologie« bezeichnet wurde.[29]

Bereits ein Jahr später wurde dieses Energiekonzept im Zuge der Atomkatastrophe von Fukushima über den Haufen geworfen, und der Begriff »Energiewende« tauchte als Überschrift eines Gesetzespakets auf, der unter anderem den erneuten Ausstieg der Atomkraft umfasste.[30] Nachdem der erste Atomausstieg im Jahr 2002 beschlossen, 2010 unter Schwarz-Gelb zurückgenommen und 2011 erneut gefasst und 2023 vollzogen wurde, wird der Begriff »Energiewende« als Synonym für diesen zweiten Atomausstieg unter Bundeskanzlerin Merkel verwendet.

> Aber Energiewende ist so viel mehr als nur der Atomausstieg. Sie bedeutet die vollständige Abkehr von fossilen Energieträgern und deren Ersatz durch erneuerbare Energien in allen Sektoren und Formen, wie der energetischen und stofflichen Nutzung von Kohle, Öl und Gas.

Um das zu verdeutlichen, haben wir als Energieforscher vor einigen Jahren begonnen, auch von der Stromwende, der Wärmewende, der Verkehrswende und der Industriewende zu sprechen. Das entstand aus der energiewirtschaftlichen Bilanzierung der Verbrauchssektoren für Energie und korreliert mit dem Sektorenbegriff für Klimagase: Energiewirtschaft (Strom), Gebäude (Wärme), Verkehr (Transport und Mobilität), Industrie, Landwirtschaft und Abfall.

> Zur Energiewende gehört das Energiesparen sowie die Steigerung der Energieeffizienz aller Sektoren und der Ausbau erneuerbarer Energien.

Das bedeutet primär den Zubau von Wind- und Solaranlagen. Diese sind die günstigsten und flächeneffizientesten erneuerbaren Energien mit großem Potenzial. Damit wird erneuerbarer Strom zur primär genutzten Energieform. 90 Prozent der Investitionen in der globalen Energiewirtschaft fließen in Wind und Solar, nur noch 10 Prozent in konventionelle Kraftwerke. Gerade Solarstrom wächst rasant: Vor 20 Jahren wurden jedes Jahr weltweit 1.000 Megawatt installiert, 2023 jeden Tag! Die Produktionskosten für Wind- und Solarstrom liegen weltweit und auch in Deutschland im Mittel bei 4 bis 6 Cent pro Kilowattstunde, die niedrigsten global bei etwa 2 Cent pro Kilowattstunde.[31] Der nächste große Schritt ist die Speicherung und Wandlung dieser schwankenden, erneuerbaren Energiequellen und damit verbunden auch die Nutzung dieser grünen Energie in Form von Wasserstoffprodukten in den Bereichen Verkehr und Industrie.

Für die Energiesektoren Strom, Wärme und Verkehr wurden hierzu bereits umfassende Antworten gefunden. Die technischen Lösungen wie das aus unserer Feder stammende Power-to-Gas als Langzeitspeicher sind bekannt, technisch ausgereift und seit verfügbar.[32] Es liegen zahlreiche Studien vor, welche die technische Machbarkeit einer vollständigen Transformation aller Sektoren seit über einer Dekade belegen.[33] [34] Sogar die Automobil- und Energiewirtschaft kommt in eigenen Studien zum gleichen Fazit. Damit verbleibt lediglich die politische und gesellschaftliche Umsetzung aller Maßnahmen, die unser Land in die Klimaneutralität und Energiesouveränität führen.[35]

> In aller Deutlichkeit: Es sind <u>keine</u> neuen Technologien mehr zu entwickeln, sondern Systemlösungen zu schaffen und in die energiewirtschaftliche Praxis zu überführen.

Dafür braucht es passende wirtschaftspolitische Rahmenbedingungen, damit die investierten Forschungs- und Entwicklungsmittel auch in nachhaltige Arbeitsplätze und Wertschöpfung führen. Das ist eine industrielle Revolution. Nicht mehr, nicht weniger.

Raus aus Kohle, Öl, Gas und Atom

Der russische Krieg gegen die Ukraine zeigt uns, wie abhängig wir uns in den letzten Jahrzehnten von fossiler Energie gemacht haben. Wir importierten 2021 mehr als 50 Prozent des Gases aus Russland, die Hälfte der Steinkohle, und ein Drittel des Öls.[36] Insgesamt hing Deutschlands Energieversorgung folglich zu einem Drittel an Russland. Und obwohl es seit jeher zur Grunderzählung der Energiewende gehörte, dass erneuerbare Energien unabhängiger machen von fossilen Ländern, bekommt dieses Argument ein unverhofft großes Gewicht in der gesamten Debatte.

Es ist erschütternd, dass es erst einen Krieg braucht, damit wir das begreifen. Und es führt uns vor Augen, wie viele noch Öltanks und Gasheizungen im Keller haben. Der Mensch lernt entweder durch Erkenntnis oder durch Leid. Meist durch Leid. So bei der Klimakrise, bei der Coronakrise und im Ukrainekrieg.

Ist es nicht ein Spiegelbild für unsere Gesellschaft, wenn auf der einen Seite Europas Menschen sterben und eingeschüchterte Menschen gegen das russische Kriegsregime protestieren und von uns fordern, diesen Krieg nicht weiter durch den Kauf von Öl, Gas und Atombrennstoffen zu finanzieren? Und auf der anderen Seite Europas sich Protest gegen explodierende Energiepreise in Form von Autokorsos und Demos gegen Heizungsgesetze zeigt?

Soziale Härten und Insolvenzen zu vermeiden ist das politische Ziel. Gleichzeitig ist es falsch, durch Tankrabatte wichtige Preissignale für einen Wandel abzumildern, weil Investitionen in alternative Antriebe verschleppt werden und der Bevölkerung suggeriert wird: Ja, Öl und Gas sind knapp, aber wir deckeln alles. Das geht kurzfristig gut und ist sicher auch notwendig. Aber mittel- bis langfristig führt es in die falsche Richtung. Es gilt vielmehr, in Alternativen zu investieren und Energie zu sparen. In dieser Funktion brauchen wir Preissignale.

Geopolitisch entlarvend ist das Verhalten des russischen Gaskonzerns Gazprom, der in Deutschland 20 Prozent der Gasspeicher betrieben hat, welche seit dem Sommer 2021 nicht mehr aufgefüllt wurden, obwohl es höchst lukrativ gewesen wäre. Dieses stark atypische Marktverhalten war ein strategisches Vorzeichen für den Ukrainekrieg. Mittlerweile wurde der Speicher unter staatliche Obhut genommen. Wie kam es dazu?

Der weltweit größte Chemiekonzern BASF hatte strategische Partnerschaften mit Russland und insbesondere Gazprom seit den 1990ern aufgebaut: eigene Pipelines, Transport- und Handelsunternehmen, Speicher. Dieses Joint Venture wurde Stück für Stück an Gazprom übergeben, für günstiges Gas im Gegenzug. Das war die Basis für große Teile der Wertschöpfung bei BASF.[37] Politiker, wie der Wirtschaftsminister Sigmar Gabriel, haben diesen Ausverkauf von Deutschland nach Russland sogar noch befeuert, von Gerd Schröder ganz zu schweigen.[38] Und nicht nur dort. Große Teile unserer industriellen Produktion basieren auf billiger, importierter fossiler Energie. Wie nachteilig diese Abhängigkeit vom »süßen Gift« für Deutschland ist, sehen wir nun im Nachhinein.

> Explodierende Energiepreise für das Heizen und Autofahren mit Öl, Gas und Strom haben aber auch eine katalytische Wirkung: Die Krise kann zur Chance werden.

Sie kann uns wesentlich schneller unabhängig von fossiler Energie machen, wenn wir politisch die richtigen Weichen stellen, sodass Haushalte und Unternehmen die Entscheidung für Erneuerbare und Energieeffizienz treffen. Heimisch. Klimaneutral. Unabhängig von Importen.

Erneuerbare Energien sind Freiheits- und Friedensenergien. Das ist die Zukunft. Gleichzeitig werden wieder alte Lobbykräfte aktiv. Der Ruf nach Atom- und Kohlestrom ertönt erneut und viele bauen sich von Angst getrieben noch schnell neue Öl- und Gasheizungen ein. Wie kurzsichtig! Die Braunkohle ist zwar heimisch, aber dreimal so CO_2-intensiv wie Strom aus Gas. Nur wenn wir das festgelegte CO_2-Budget einhalten und bis 2030 in den späteren Jahren weniger emittieren, bleibt das neutral in der Gesamtbilanz. Es ist aber auch eine Wette auf die Zukunft: Wer garantiert uns, dass wir dann die Emissionen wieder einsparen? CO_2 auf Pump.

Die Atomkraft führt uns auch nicht aus der Krise. 2021 haben wir etwa 950 Terawattstunden Energie aus Russland importiert.[39] Eine Laufzeitverlängerung hätte die Abhängigkeit von Russland nur um etwa 3 Prozent reduziert. In der Theorie. In der Praxis ergab der Stresstest, dass eine erneute Laufzeitverlängerung der Atomkraft gerade mal 0,2 Prozent des Gasverbrauchs reduziert hätte und nur knapp 10 Prozent der benötigten gesicherten Leistung von 5,1 Gigawatt im Extremfall zur Vermeidung eines Blackouts im Winter 2022/23 beigetragen hätte.[40]

So das Ergebnis der vier Übertragungsnetzbetreiber, die für die Systemstabilität in Deutschland verantwortlich sind. Dieser kleine Beitrag kann die Nachteile nicht aufwiegen. Für eine Laufzeitverlängerung wären aufwendige und damit teure Sicherheitsprüfungen erforderlich gewesen. Die letzte große Sicherheitsprüfung vom Landshuter Atomkraftwerk Isar II im Jahr 2009. Sie ist alle 10 Jahre fällig und wurde im Blick auf den Atomausstieg nicht mehr durchgeführt. Für den Atommüll haben wir auch nach 50 Jahren noch kein Endlager gefunden. Als wenn wir uns in einen Flieger gesetzt hätten, ohne zu wissen, wo die Landebahn ist.

> Wenn Sie die damit verbundenen Folgekosten einrechnen und die Haftung und Schadensübernahme durch die Allgemeinheit, ist und bleibt Atomstrom der teuerste Strom aller Zeiten.[41]

Und sind Atomkraftwerke sicher? Nein! 6 von 600 je gebauten Atomreaktoren endeten im GAU. Harrisburg, Tschernobyl und viermal Fukushima. Würden Sie sich in ein Flugzeug setzen, wenn Sie wüssten, dass jedes hundertste Flugzeug im Lauf seiner Betriebszeit tödlich abstürzt? Die Atomkraft ist und bleibt eine Hochrisiko-Technologie. Zudem sehen wir in der Ukraine, wie Atomkraftwerke auch als Atomwaffen und als Geisel zur Erpressung Europas enden könnten. Es gibt keine friedliche und sichere Nutzung von Atomenergie. Atomenergie in der heutigen Form und ihre weitere Nutzung macht weder ökonomisch noch technisch Sinn. Alle politische Angstmacherei erwies sich als falsch: Nach dem Atomausstieg stiegen weder die Strompreise an, noch gab es deswegen Blackouts. Auch dass wir mehr Atomstrom aus dem Ausland holen und unseren Strom dorthin verschenkten, ist falsch: 2022 importierten wir

61 % mehr Strom, als wir exportierten, und verdienten dabei mehr als 4 Mrd. €.[42 43] Deshalb war die Entscheidung der Bundesregierung richtig.

Energieinfrastruktur und Anlagentechnik werden über Jahrzehnte aufgebaut und wirtschaftlich abgeschrieben. Entsprechend können wir nicht innerhalb eines Jahres die fossilen Fehler der Vergangenheit rückgängig machen. Gerade für die leitungsgebundenen Energieträger Strom und Gas gilt das in besonderem Maße. Während wir beim Import von Kohle und Öl sehr gut und einfach auf andere Länder schwenken können, weil sie größtenteils per Schiff nach Deutschland kommen, hingen wir beim Erdgas buchstäblich an der russischen Leitung von Ost nach West.

> Es macht keinen Sinn, eine Krise durch etwas zu lösen, das eine weitere Krise auslöst. Die Energiekrise mit den Technologien wie Kohle, Öl und Flüssiggas aus der Vergangenheit zu beantworten, verschärft die alles überragende Klimakrise.

Wir brauchen Klimasicherheit durch Klimaschutz. Ist diese nicht gegeben, können wir unser Leben auf diesem Planeten vergessen.

Es bleibt also dabei: Nur der Ausbau erneuerbarer Energien und Energieeffizienz sind die Technologien der Zukunft. Und zwar in allen Bereichen und Sektoren. Dafür ist es notwendig, dass wir den Wind- und Solarstrom vervielfachen und zudem im Stromsektor Netze und Speicher für die Stabilität ausbauen. Zudem sollten wir in der Wärmeversorgung Öl- und Gasheizungen durch Holzheizungen und Wärmepumpen ersetzen und die Gebäude dämmen. Das Heizungsgesetz ist in der Folge richtig, bedarf aber besserer Kommunikation.

Im Verkehr sollten wir Elektroautos und synthetische Kraftstoffe beschleunigt einführen und die Industrie mit erneuerbarem Strom und Wasserstoff klimaneutral und unabhängig machen.

Fast alle dieser Maßnahmen wirken jedoch aufgrund der Trägheit des Systems mittel- bis langfristig. Die in den 2000er-Jahren entstandenen Arbeitsplätze der Solar- und Windenergie wurden durch die Behinderung des weiteren Ausbaus erneuerbarer Energien Anfang bis Mitte 2010 wieder zunichtegemacht.[44] Es gab kaum Anreize, keine neuen Gas- und Ölheizungen mehr einzubauen oder die alten rauszuwerfen. Nein, vielmehr gab es bis vor Kurzem noch Förderungen für neue Öl- und Gasheizungen. Es wurde fast nur aufs Auto und aufs Flugzeug gesetzt, und neue Radwege und die Stärkung des ÖPNV brauchen Jahre. Damit bleibt uns kurzfristig nur das Energiesparen, das immer Sinn macht.

Sparen Sie Energie – und Geld

Jede Kilowattstunde, die nicht verbraucht wird, muss auch nicht erzeugt, transportiert, gespeichert und gekauft werden. Wir könnten viel effizienter und energiesparsamer leben!

Beispiel Strom

Schaltbare Steckdosen – manuell oder über das Smarthome gesteuert – können den Stromverbrauch senken, indem sie zu den nicht genutzten Zeiten ausgeschaltet werden. Früher haben die Netzteile von Fernsehern, Radios, Laptops 5 bis 15 Watt im Stand-by verbraucht. Heute liegt ihr Verbrauch aufgrund von EU-Richtlinien unter 1 Watt. Zugleich hat sich ihre Anzahl je Haushalt stark erhöht durch Handys, Tablets und Co.

Die größten Stromfresser im Haushalt sind alte Wärmetrockner, die noch ohne Wärmepumpe beheizt werden. Die meiste Energie lässt sich hier durch das altbewährte Wäscheaufhängen sparen.

Weitere große Stromfresser sind über zehn Jahre alte Kühlschränke und Gefriertruhen. Ihr Tausch lohnt sich schnell für Geldbeutel und Klima, auch wenn viele falscherweise denken, dass die Herstellung der Geräte viel mehr Energie frisst, als wenn sie die Geräte noch fünf Jahre weiter nutzen. Effizienz bringt außerdem das Einstellen der richtigen Kühltemperatur: 7 bis 9 Grad im Kühlschrank und minus 15 bis 18 Grad in der Gefriertruhe reichen völlig aus.

Bei Spülmaschinen hält sich Handwäsche versus Maschinenwäsche im Normalprogramm die Waage. Volle Geschirrspüler auf Sparprogramm brauchen weniger Wasser und Energie als das Abspülen. Generell gilt: Alles, was heizt oder kühlt, braucht viel Strom. Heizungspumpen sind ebenfalls ein Paradebeispiel für Stromfresser: Sie laufen ständig auf Hochtouren, obwohl die Thermostate nicht voll auf sind, und damit wälzen sie ständig warmes Wasser im Kreis, ohne dass dieses in diesem

Umfang benötigt wird. Der Tausch der Heizungspumpe kostet etwa 350 Euro. Ob mit oder ohne Tausch: Auch ein hydraulischer Abgleich der Heizung ist immer sinnvoll.[45]

Die Beleuchtung hat früher sehr viel Einsparpotenzial gebracht. Heute brauchen LEDs nicht mal 10 bis 15 Prozent der Energie von Glühbirnen und sind optisch mittlerweile auch ansprechend designt. Beim Kochen – egal mit welchem Energieträger – bringt das »Deckel drauf« am meisten.

Städte und Gemeinden könnten und sollten ihren Bürgern entsprechende Tauschprogramme und Zuschüsse für den Kauf effizienter Haushaltsgeräte anbieten. 50 Euro für einen neuen Kühlschrank haben in Regensburg Wunder bewirkt. Das Programm war sofort überzeichnet. Ebenso könnten Kommunen, Verwaltungen, Gewerbe und Industrie ihre eigenen Geräte modernisieren.

Das Wichtigste im kommunalen Bereich ist allerdings die Umstellung der Straßenbeleuchtung auf LED. Der Netzbetreiber Bayernwerk betreibt allein in Bayern 660.000 Straßenlampen. Wenn die Hälfte davon auf LED umgestellt werden würde, könnten 55 Gigawattstunden oder der Stromverbrauch von 16.000 Haushalten beziehungsweise 160 große Tanklastzüge Heizöl eingespart werden. Das ist, wie wenn das große Donauwasserkraftwerk in Regensburg für diese Verluste ganzjährig Strom liefert.[46] Verzögert wird das – wie von der Stadtverwaltung Regensburg – oft unter fadenscheinigen Argumenten: Die wenigen eigenen Mitarbeiter, welche diese Leuchten nach und nach ersetzen, wären in ihrer Routine gestört, wenn die sofortige Umstellung auf LED in Regensburg durch eine externe Firma oder der eigenen Stadtwerke erfolgen würde. Ihre Kernaufgabe sei nur, dass Licht sicher brennt und nicht deren Effizienz.[47] Willkommen in Absurdistan.

Beispiel Wärme und Kälte

Die Raumtemperatur auf 19 Grad statt auf 20 Grad zu halten kann etwa 6 Prozent der Heizenergie und -kosten einsparen. In Schlafzimmern und ungenutzten Räumen reichen Temperaturen von 16 bis 18 Grad. Intelligente Sensoren wie von Infineon können die Anwesenheit von Personen feststellen und damit vermeiden, dass leere Räume im Winter geheizt und im Sommer gekühlt werden. Das ist zwar noch Zukunftsmusik im

»Smarthome«, aber die Sensoren dafür kosten nicht die Welt. Kellerräume halten die Wärme im Winter und die Kühle im Sommer allein durch den Kontakt zur Erde. Gekühlt wurde früher in Erdkellern, eine effiziente Form der Nutzung der Erdkälte und ein Vorläufer der heutigen Kühlschränke. So wurde auch Bier in den Kellern der Brauereien trinkfrisch gehalten. Und früher wie heute könnten wir solche unbeheizten Kellerräume für die dunkle Lagerung von Kartoffeln und anderem nutzen.

Am allermeisten bringt aber das Dämmen der Gebäude. Das Einfachste ist es, Fenster und Türen zu erneuern. Dann das Dach isolieren, schließlich die Hauswände. Falls Sie Mieter sind, sprechen Sie mit dem Vermieter. Wenn das nicht zum Ziel führt, bleibt nur das Engagement für strengere Vorschriften und Politik. Ein super gedämmtes Haus kostet zwar in der Investition mehr, aber es lohnt sich langfristig: Wir haben ein KfW 40 Plus Haus und schalten die Heizung meist erst im November ein und Ende Februar wieder aus. Selbst wenn es nachts noch Minusgrade hat, kühlt unser Haus nicht aus, wenn tagsüber die Sonne reinscheint und mitheizt. Und selbst wenn ich die Heizung im Winter ausschalte, dauert es je nach Außentemperatur mehrere Tage, bis das Haus um 2 bis 3 Grad runtergekühlt ist. Solche Niedrigenergie- beziehungsweise Passivhäuser lohnen sich für alle: für Eigentümer und Mieter.

Noch einfacher ist es, richtig zu lüften, was wir spätestens seit Corona richtig draufhaben. Das Fünf-Minuten-Stoßlüften ist wesentlich effizienter als das weitverbreitete Kipplüften, was eine äußerst ineffiziente Wärmebrücke darstellt. Ebenso ein Kamin, der im Endeffekt ein offenes Loch im Haus ist, durch das die Wärme und damit das Geld durchpfeifen kann. Der Königsweg der Lüftung ist eine Lüftungsanlage: Sie sorgt für ständig frische und gefilterte, saubere Luft in allen Räumen, ohne irgendein Fenster öffnen zu müssen. Zudem führt die Lüftungsanlage die verbrauchte, warme Abluft an der kalten Außenluft vorbei und erwärmt sie als Zuluft bis auf 20 Grad. Bedenken wegen Schimmel gibt es bei neueren Anlagen keine und es gibt sie auch als Abluft-Wärmepumpen.

Für alle anderen Gebäude in Kommunen, Gewerbe, Industrie gilt das ebenso. Kommunen könnten auch hier das Energiesparen durch Zuschussprogramme für den hydraulischen Abgleich oder den Tausch von Heizungspumpen und Aufklärungskampagnen fürs richtige Heizen und

Lüften vorantreiben. Hinweisschilder in öffentlichen Bereichen und Gebäuden helfen ebenso. Bei uns an der Uni wird oft achtlos das Fenster offen gelassen im Hörsaal im Winter, weil es ja »nicht meine Heizrechnung« ist oder das Bewusstsein dafür nicht vorhanden ist. Kleine Hinweisschilder »Licht aus, Fenster zu, Heizung runter« am Ausgang kosten wenig und bringen viel. Das gilt ebenso für alle privaten Betriebe.

Beispiel Verkehr

Wer's kann und nicht zur Arbeit muss: Homeoffice spart viel Treibstoff und Antriebsenergie. Auch mit der eigenen Muskelkraft können wir viel Energie und CO_2 einsparen: zu Fuß gehen statt Autofahren. Müssen die 300 Meter zum Kindergarten oder zur Schule immer gefahren werden? Fahrrad fahren ist ebenso gesund und energiesparend. Ich bin immer fitter am Start, wenn ich morgens die Kinder zu Fuß oder per Fahrrad in den Kindergarten gebracht habe.

Auf dem Land sind die Menschen oft auf das Auto angewiesen, was ein Ergebnis jahrzehntelang verfehlter Verkehrspolitik ist. Ich habe als Scientists4Future-Mitglied ein Treffen zwischen der Ortsgruppe von Fridays for Future im Kreistag des Landkreises Passau wissenschaftlich begleiten dürfen. Als die Jugend berichtete, dass der Bus teilweise gar nicht kommt und nur dreimal am Tag in die Stadt fährt, gab es viel Unverständnis bei den autofahrenden Politikern. Die Kinnlade fiel ihnen runter, als die Jugend forderte, das Geld für den Autobahnausbau Passau-München doch besser in eine ICE-Strecke zu investieren. Es war schlichtweg nicht in ihrem Denkhorizont enthalten, nicht mal ansatzweise. Energiesparend auf dem Land per ÖPNV unterwegs zu sein kann nur der, der auch das Angebot dazu hat. In der Stadt braucht man kein Auto, aber auf dem Land schon, solange die Verkehrspolitik so bleibt, wie sie ist und war.

Mitfahrgelegenheiten sind ein weiteres Beispiel fürs Energiesparen. Hier können auch Arbeitgeber entsprechende Anreize schaffen und online schwarze Bretter bereitstellen. Eine nette Idee sind Mitfahrbänke. Sie stehen am Ortsausgang und jeder, der vorbeifährt, kann die wartende Person einfach mitnehmen. Eine analoge Mitfahrzentrale. Auf dem Land kennt man sich.

Beispiel Industrie

Die Industrie, vor allem die energieintensive, ist seit jeher getrimmt auf Kosteneffizienz und daher im Vergleich zu den anderen Bereichen der bisherige Meister im Energiesparen. Dennoch gibt es gerade auch dort viel Einsparpotenzial, wo die Energiekosten weniger als die Hälfte der Produktionskosten ausmachen. So betrifft das vor allem alle Anwendungen mit Druckluft und mechanischer Energie, aber auch das Heizen von Räumen, die Prozessführung und die Beleuchtung. Alles Dinge, in denen die Unternehmen relativ einfach mit geringem Aufwand viel Energiesparpotenzial heben können.

Die Umstellung der Beleuchtung auf LED amortisiert sich sehr zügig. Genauso der Ersatz alter ineffizienter Produktionsmaschinen, gerade wenn sie viel Strom und Wärme benötigen. Die Druckluft ist der Energiefresser in der Industrie schlechthin. Idealerweise wird sie durch elektrische Antriebe mit Akkus oder am Stromnetz ersetzt. Mehr dazu beschreibe ich im Abschnitt »Lastmanagement« ab Seite 85 und im Kapitel »Industriewende« ab Seite 171.

Alle Energie geht von der Sonne aus – fast

Alle Energie kommt von der Sonne. Sie lässt die Pflanzen und damit Biomasse wie Holz wachsen. Sie erwärmt die Erdoberfläche bis zu einer Tiefe von etwa 100 Metern, was die Nutzung von Erdwärmepumpen ermöglicht. Ihre unterschiedliche Einstrahlung auf verschiedenen Gebieten der Welt sorgt für Hoch- und Tiefdruckgebiete, die den Wind antreiben, den wir als Windstrom ernten. Die Sonne lässt Wasser verdampfen, welches der Wind übers Land in Form von Wolken bläst und später abregnet. So treibt sie den Wasserkreislauf und unsere Wasserkraftwerke an. Sie wärmt Solarkollektoren und hebt Elektronen in Solarzellen an und bringt sie zum Fließen. Et voilà: strömender Solarstrom. Und die Sonne ist der einzige funktionierende Fusionsreaktor, den wir im Sonnensystem haben. Die kostenfreie Energielieferung erfolgt zuverlässig innerhalb 8 Minuten. So lange braucht das Sonnenlicht bis zur Erde.

Alle Energie? Fast. Die Erde hilft der Sonne. Sie ist der einzige sichere Kernreaktor. Die Wärme infolge natürlicher Radioaktivität in der

Erdkruste trägt den Hauptteil zum geothermischen Wärmestrom bei.[48] Ohne diese Wärme der Erde im Inneren könnten wir keine Erdwärme aus tieferen Schichten, also Tiefengeothermie nutzen. Ohne ihre Gravitation hätten wir keine Wasserkraft, keine Pumpspeicher, keine Meeresströmungskraftwerke. Ohne Erdrotation hätten wir keine Verteilung der Sonnenenergie über die ganze Erde. Sonne und Erde bilden also ein Team. Und natürlich könnten wir ohne die Ressourcen der Erde nicht die Anlagen bauen, die uns die Sonnenenergie nutzen lassen.

Ein weiterer Planet spielt noch mit: der Mond. Als Erdbegleiter sorgt er für Ebbe und Flut, die wir über Gezeitenkraftwerke ebenfalls zur Stromgewinnung nutzen können, wie es in Frankreich seit 1966 praktiziert wird.[49] Die Gezeitenreibung ist der zweite Beitrag zum geothermischen Wärmestrom.

> Strom aus erneuerbaren Quellen, sei es direkt von der Sonne oder indirekt von ihr über Windkraft und Wasserkraft, oder Strom aus Tiefengeothermie-, Gezeiten-, Wellen- oder Meeresströmungskraftwerken können wir direkt nutzen oder speichern. Zum Beispiel in Batterien oder Pumpspeichern – oder weiter wandeln durch die Spaltung von Wasser in Wasserstoff und Sauerstoff.

Aus dem Wasserstoff lässt sich dann mit CO_2 oder Stickstoff aus der Luft und anderen Quellen wiederum alles herstellen, was wir sonst noch an Energieträgern und Rohstoffen brauchen: grünes Öl, grüne Kraftstoffe wie Kerosin, Benzin oder Diesel, grüne Basischemikalien, grüne Pharmazeutika, grünen Stahl, grünen Kalk, grünen Zement, grüne Brennstoffe für Industrieprozesse und Gebäude. Wir können also grün und klimaneutral heizen, Auto fahren, Strom gewinnen, fliegen, uns fortbewegen, eincremen und bauen, zum Beispiel mit Holz oder grünem Stahl. Ergänzend nutzen wir Biomasse, die Sonnenenergie speichert und natürliche Rohstoffe bietet. Alles grün auf solarer Energiebasis.

Die Sonne als Kraft zur Lösung aller Energieprobleme. Es ist die gleiche Sonne, über die wir uns jeden Morgen freuen, wenn sie scheint. Und die uns durch ihr Licht den Antrieb fürs Leben schenkt. Selbst bei diffusem Sonnenlicht durch Nebel und Wolken: Die Pflanzen wachsen trotzdem, und die Photovoltaik läuft auch. Diesen Antrieb können wir nutzen, um die Energie- und Klimakrise zu lösen. In allen Bereichen. Für immer. So machen wir uns unabhängiger von fossilen Despoten und Kriegstreibern, weil erneuerbare Energien in jedem Land dieser Erde vorhanden und nutzbar sind, nicht nur in wenigen Autokratien und Diktaturen.

> Von daher ist es nicht nur eine technische Möglichkeit oder eine wirtschaftliche Chance, sondern auch eine ethisch-moralische Pflicht, die Kraft der Sonne in ihren verschiedenen Formen und Wandlungen zu nutzen, anstatt uralte, vergrabene Solarenergie in Form von Kohle, Öl und Gas zu verbrennen.

Erneuerbare: Wind- und Solarstrom als tragende Säulen

Erneuerbare Energien gibt es also überall. Welche von diesen Energiequellen ist am besten? Das lässt sich nicht so eindeutig beantworten, weil alle unterschiedliche Eigenschaften haben. Allen gemein ist die klimafreundliche Energiegewinnung, die im Gegensatz zu Kohle, Öl, Gas und Atom nicht endlich ist, sondern sich immer wieder regeneriert. Daher der Name der regenerativen, erneuerbaren Energien. Ich gehe zunächst auf alle anderen erneuerbaren Energiequellen ein, bevor ich zu den beiden Hauptkandidaten Wind- und Solarenergie komme.

Biomasse

Die Biomasse lässt sich in Energiepflanzen und Reststoffe unterteilen. Holz aus der Forstwirtschaft zählt ebenfalls dazu. Beispiele aus der Landwirtschaft für Energiepflanzen sind Mais und Raps. Der größte Vorteil von Biomasse ist, dass die Natur über die Fotosynthese die Sonnenenergie bereits gespeichert hat. Damit ist Biomasse gut transportier- und lagerbar, und kann vielfältig angewendet werden: Wir können Strom aus Biogasmais, Hackschnitzeln und Abfällen wie Gülle gewinnen. Wir können heizen mit Holz in Form von Hackschnitzeln, Pellets oder Holzscheiten. Wir können das in Biogasanlagen entstehende grüne Gas in das Gasnetz einspeisen, es dort speichern und verteilen und in den Häusern zum Heizen nutzen. Oder in der Industrie für Prozesse anwenden oder Produkte daraus machen wie Düngemittel oder Grundchemikalien für Kunststoffe. Und wir können damit auch Autofahren und Fahrzeuge bewegen.

Ein Nachteil von Biomasse ist ihre geringe Flächeneffizienz. Nur 1 bis 6 Prozent der Solarstrahlung kann beim Anbau von Biomasse gespeichert werden. Im Durchschnitt erreichen selbst die produktivsten Pflanzengesellschaften wie tropische Regenwälder nur 2 Prozent, die meisten Wälder und Graslandschaften nur 1 Prozent.[50] Damit benötigt Bioenergie viel Fläche – egal für welche Anwendung. Energiepflanzen für den Tank oder die Biogasanlage stehen zudem in Konkurrenz zu Nahrung und Futter für Teller und Trog. Daher ist eine Kaskadennutzung sinnvoll, zum Beispiel den Mais erst verfüttern und dann die Reste in Form von Gülle energetisch verwerten.

Energiepflanzen haben wegen der starken Konkurrenz und der schlechten Effizienz ein stark begrenztes Potenzial. Sie benötigen zudem im konventionellen Anbau neben Wasser auch klimaschädliche Düngemittel und giftige Pestizide. Anders ist es bei Holz: Im Wald wird nicht gedüngt und nicht gespritzt, weshalb der natürliche Aufwuchs Jahrzehnte dauert. Reststoffe sind außerhalb der Konkurrenz zu Teller und Trog und stellen daher die ideale Form von Biomasse dar. Ihr Potenzial ist allerdings gering.[51] Die Biomasse spielt daher in Summe – bis auf Holz – nur eine Nebenrolle im großen Konzert der Erneuerbaren. Mehr dazu im Kapitel »Agrarwende, Forstwende und Abfall« ab Seite 191.

Geothermie

Die Geothermie, auch Erdwärme genannt, wird in Oberflächen- und Tiefengeothermie unterschieden. An der Oberfläche nutzen wir sie zur Wärmeerzeugung über Wärmepumpen. Diese können die Wärme entweder dem Erdreich oder der Luft entziehen. Über eine bis zu 100 Meter tiefe Bohrung wird die Sole, ein Wasser-Glykol-Gemisch, in Leitungen in die Erde runtergepumpt und damit dem Erdreich Wärme entnommen. Ähnlich funktioniert es mit Eisspeichern oder Flächenkollektoren im Gartenboden. Luftwärmepumpen schnappen sich die Wärme aus der Umgebungsluft.

Die Tiefengeothermie kann auch zur Stromerzeugung verwendet werden. Der größte Vorteil dieser Stromquelle ist die hohe Konstanz und

Gleichmäßigkeit. Allerdings sind dafür hohe Temperaturen nötig, um Dampfkreisläufe anzutreiben. Deshalb finden sich solche Anlagen vorwiegend in Ländern wie Chile, Grönland oder Kenia, aber auch südlich von München und im Oberrheingraben. An einigen Stellen der Erde findet sich bereits in ein paar Metern Tiefe kochend heißes Wasser. In Deutschland sind dafür Bohrungen bis auf 3.000 Meter Tiefe nötig, und deshalb ist Strom aus Erdwärme teuer.

In Unterhaching bei München wurde daher die Verstromung der Wärme aus 3.500 Metern Tiefe nach 8 Jahren im Jahr 2017 eingestellt. Unter den Vorzeichen der hohen Energiepreise will die Gemeinde aber das Wärmenetz vollständig ausbauen. Das ist hochattraktiv: Die Wärmepreise aus deren Geothermie stiegen in der Energiekrise kaum.[52] Ähnliches hat die Stadt Speyer vor, die auf noch heißerem Wasser sitzt. Dort im Oberrheingraben gibt es kleine natürliche Erdbeben. Durch die Bohrungen zur Hebung dieses Bodenschatzes können minimale Bodenbewegungen ausgelöst werden, die meist kaum fühlbar sind. Das Grundwasser ist dadurch nicht gefährdet – es wird aus 100 bis 200 Meter Tiefe gefördert.[53] Das geothermale Tiefenwasser im Oberrheingraben enthält sogar Lithium, was genutzt werden kann. In einer Pilotanlage in Bruchsal wird bereits Lithium für über 20.000 Autobatterien pro Jahr gewonnen.[54]

Wasserkraft

Die Wasserkraft ist ebenfalls eine gleichmäßige Stromquelle, die saisonal allerdings mit Niederschlag und Schneeschmelze schwankt. Sie war die erste Art der Stromerzeugung in Deutschland. Oftmals wurde der Mühlstein oder die Gattersäge im Sägewerk einfach durch einen Generator ersetzt. Sie war zudem die erste dezentrale Ortsnetzversorgung. Das Verbundnetz kam erst später. Die Kraft des strömenden Wassers treibt Turbinen an, welche an Generatoren gekoppelt wiederum Strom erzeugen. Laufwasserkraftwerke sind an Flüssen und stauen das Wasser nur minimal an. Speicherkraftwerke werden von Seen mit Zuflüssen gespeist. Pumpspeicher arbeiten als Stromspeicher. Sie pumpen Wasser in Seen oder künstlich angelegte Oberbecken und generieren daraus wieder Strom beim Ablassen des Wassers in Flussläufe oder angelegte Unterbecken.

Die Wasserkraft kann ökologische Nachteile haben. Für die Rückstauung von Wasser werden Flüsse begradigt und natürliche Überschwemmungsgebiete trockengelegt. Es wird Land benötigt und das Ufer verschoben. Mein Großvater hat das auf dem eigenen Hof selbst erlebt. Wir haben noch den Beschluss der wasserpolizeilichen Genehmigung von 1932 im Haus, mit der wir für »die Errichtung und Betrieb einer Stau- und Triebwerksanlage für Zwecke der Schifffahrt und Wassergewinnung« bei Passau von Teilen unseres Landes enteignet wurden.

Durch die Wasserkraft werden Flussläufe verändert, was auch die Fischbestände betrifft. Damit sie weiter ihre Laichplätze erreichen, werden meist Fischtreppen an Wasserkraftwerken genutzt. Seit Langem wird an fischfreundlichen Lösungen der Wasserkraft erfolgreich geforscht. So gibt es immer wieder neue Innovationen wie Schachtkraftwerke im Flussbett, die weder die Fische stören noch einen Ufereingriff erfordern.[55]

Diesen Nachteilen stehen die Vorteile der günstigen, konstanten und klimaneutralen Stromerzeugung gegenüber. Nicht umsonst hieß es früher, »wer eine Müllerin heiratet, hat ausgesorgt«. Die Wasserkraft zur Stromerzeugung an ehemaligen Mühlen war der Garant für reguläres Einkommen mit begrenztem Aufwand. Gerade in der Kleinwasserkraft schlummern noch etliche Potenziale durch Modernisierung alter Anlagen, was aber auch für große Anlagen zutreffend ist.

Bei den Kleinanlagen ist immer der Nutzen für Wirtschaft und Klima mit den Eingriffen in das Ökosystem abzuwägen. Einziger verbleibender Wermutstropfen: Das Potenzial der Wasserkraft ist begrenzt und weitgehend ausgeschöpft. Mit dem Klimawandel wird Deutschland trockener und damit das Wasserkraftpotenzial eher geringer und unzuverlässiger.

In Europa ist das Wasserkraftpotenzial ebenfalls weitgehend erschlossen, aber weltweit wie etwa im Kongo gibt es noch gewaltige Potenziale. Sind dafür allerdings die Räumung und Umsiedelung ganzer Täler für den Bau von Staudämmen und Aufstauungen nötig, ergeben sich daraus ökologische und soziale Nachteile. Bei Rückstauungen von großen Flüssen, die zur Wasserversorgung und der Bewässerung der Landwirtschaft dienen, kann dies auch politische Folgen haben, wie das Beispiel des Nils zeigt: Während Äthiopien den Nil für Wasserkraft aufstaut, bangt Ägypten um seine Wasserversorgung.[56]

Solar- und Windkraft

Es bleiben die Solar- und Windenergie. Beide haben zwar den Nachteil, dass sie nicht immer verfügbar sind. In der Nacht und im Winter ist es dunkel, und der Wind weht nicht immer.

> Aber ihr mit Abstand größter Vorteil sind die konkurrenzlos günstigen Stromerzeugungskosten, das schier unendliche erneuerbare Potenzial und der geringe Flächenverbrauch.

Die Solarenergie kann zum Heizen und zur Stromgewinnung verwendet werden. Bei der Solarthermie wird eine Soleflüssigkeit oder Luft durch dunkle Absorber auf dem Dach gepumpt und durch das Sonnenlicht erwärmt. Im Pufferspeicher wird damit Wasser warm gemacht und durch Heizungen und Duschen geleitet. Ihr Vorteil ist die hohe Effizienz, ihr Nachteil der schlechte Nutzungsgrad. Die Wärme wird im Sommer kaum gebraucht und bleibt ungenutzt. Solarstrom kann hingegen im Haushalt gleich mehrfach und ganzjährig genutzt werden: direkt, für Wärmepumpen, für E-Autos und E-Bikes. Über Heimspeicher kann Solarstrom tagsüber in Batterien eingespeichert und nachts im Haus genutzt werden.

Damit ist die Ausbeute von Photovoltaikanlagen wesentlich größer als mit solarthermischen Anlagen. Das ist der Grund, warum überwiegend Solarzellen auf den Dächern landen. Zudem kann Solarwärme nur über kurze Distanzen ohne nennenswerte Verluste verteilt werden, wogegen Solarstrom über das Stromnetz leichter und verlustärmer transportiert wird. Dennoch sehen alle Zukunftsszenarien für beide Technologien einen hohen Bedarf: Solarstrom und Solarwärme.

Für Solarstrom sollten wir alle Potenziale nutzen, sowohl in der Freifläche als auch auf dem Dach. Solardächer versorgen unmittelbar die Häuser und brauchen keine großen Stromleitungen. Die Energie ist gleich dort, wo sie benötigt wird. Solarfelder liefern günstigeren Strom, da sie nicht so kleinteilig sind. Eine Solarverpflichtung für alle Dächer, egal ob in privatem Besitz, Gewerbe oder Industrie, wäre dazu hilfreich. Bisher sind erst 10 Prozent des Dachpotenzials genutzt.[57]

Bei der Windenergie wird die Kraft des Windes aerodynamisch durch Rotorblätter in Rotation gewandelt. Die Rotorblätter werden je nach Windstärke gedreht, der Turm je nach Windrichtung ausgerichtet. Wie beim Flugzeug ergibt sich eine Kraft, die das Windrad in Bewegung setzt. Eine uralte Sache, die wir schon lange fürs Getreidemahlen und bei Wasserpumpen verwenden. Diese Rotation wird wie bei allen anderen Kraftwerken über einen Generator von mechanischer in elektrische Energie umgewandelt. Abschließend speist ein Transformator auf der passenden Spannungsebene die Windenergie in das Stromnetz ein.

> Neben dem großen Potenzial an sehr günstiger Energie ist der größte Vorteil dieser Energieform die enorme Effizienz auf der Fläche: Die Windkraft ermöglicht die Kombination von Energie- und Landwirtschaft, weil nur ein kleines Fundament nötig ist und außen herum weiter Land- und Forstwirtschaft betrieben werden kann.

Außerdem macht eine moderne Windkraftanlage mit 6 Megawatt so viel Strom wie 1200 durchschnittliche Photovoltaikanlagen mit 10 Kilowatt auf Dächern. Letztendlich braucht es alles: Solaranlagen auf dem Dach, an den Balkonen und in der Freifläche und die Windkraftanlagen im Gelände. Die vermeintlichen Nachteile von Wind- und Solarstrom wie Infraschall, Vogelschlag oder Elektrosmog entzaubern wir im nächsten Kapitel »Mythen der Energiewende« (-› ab Seite 49).

Und wir werden auch in Zukunft weitere Erfindungen sehen wie Höhenwindanlagen mit Flugdrachen oder unsere Idee zu Energieschiffen: »Follow the wind!« Wie man dem Wind folgen kann und damit ein mobiles Wind-Wasserkraft-System zur voll ausgelasteten Kraftstoffproduktion baut, haben wir im Konzept »Segelenergie« entwickelt.[58]

Wind und Solar sind also die Stars unter den Erneuerbaren. Warum? Weil sie sogar einzeln das technische Potenzial hätten, den Stromverbrauch Deutschlands heute wie in Zukunft bilanziell zu decken. Das können die anderen erneuerbaren Energien nicht. Zudem sind sie im Vergleich zu den anderen Energiequellen wesentlich günstiger und damit der Garant für bezahlbare Energie. Strom aus neuen Atom-/Kohle- oder Gaskraftwerken kostet mittlerweile ein Vielfaches von Wind- und Solarstromanlagen.[59] In Deutschland und weltweit.[60]

So kann in Chile oder den USA Solarstrom für unter 2 Cent pro Kilowattstunde gewonnen werden. Von daher ist es keine Ökospinnerei, sondern eine rein rationale volkswirtschaftliche Vernunft, so viel Wind- und Solarkraft zu nutzen wie nur möglich. Zur Verteilung über Netze und den Speichern kommen wir später noch ausführlicher im Kapitel »Stromwende« (-› ab Seite 73).

> Wind und Solar sind also die kostengünstigsten Quellen mit dem größten technischen Potenzial und dem geringsten Flächenverbrauch.

Allen erneuerbaren Energiequellen ist gemein, dass sie im Gegensatz zu den fossilen Quellen nicht auf wenige Länder konzentriert sind, sondern gleichmäßiger über alle Länder verteilt sind. Das führt zu weniger Verteilungskonflikten und Preismonopolen, wie wir es bei den Ölländern wie Russland, Venezuela, Irak, Iran, Katar, USA, Kanada, Nigeria oder Saudi-Arabien sehen.

> Die Erneuerbaren sind also »demokratischer« verteilt als die fossilen und ermöglichen »werteorientierte« Energiepartnerschaften im internationalen Umfeld.

Strom ersetzt das Feuer

Wind- und Solarstrom sind nicht nur an sich die günstigsten Energieformen, sondern sie können auch sehr effizient die fossilen Energieträger in allen Bereichen technisch ersetzen.

Wenn Strom direkt ohne Verbrennungsprozesse aus der Natur gewonnen wird, sprechen wir von der »Direkterzeugung«. Dazu zählen vor allem Solarenergie, Wind- und Wasserkraft. Bei der Verbrennung von Kohle, Öl, Gas, aber auch von Biomasse zur Stromerzeugung entstehen über die Wandlung von Wärme zu Kraft, also von thermischer zu mechanischer Energie, große Verluste, die sich technisch bedingt auch nur in Maßen reduzieren lassen. Die direkte Wandlung von Kraft zu Strom, also mechanischer zu elektrischer Energie, hat hingegen kaum Verluste. Diese »Direkterzeugung« wird im internationalen Standard der Energiebilanzierung[61] aus diesem Grund eins zu eins als Primärenergie gerechnet. Damit ersetzt eine Kilowattstunde direkt erzeugter Strom im Durchschnitt 2 bis 3 Kilowattstunden fossile Primärenergie.

Über die Wind- und Wasserkraft werden, wie der Name schon sagt, die Kräfte in der Natur direkt genutzt, um daraus hocheffizient Strom zu gewinnen. Ganz ohne Umwandlungsverluste aus Verbrennungsprozessen, weil hier kein Feuer im Spiel ist. Ähnlich ist es mit der Photovoltaik, in der Solarstrahlen über Halbleiter in Solarstrom gewandelt werden. Natürlich kann nicht alle Energie der Sonne beziehungsweise des Windes und des Wassers in Kraft und Strom gewandelt werden. Auch hier gibt es Umwandlungsverluste.

> Im Gegensatz zu den fossilen und biogenen Energieträgern fallen bei Wind und Solar aber keine Brennstoffkosten und CO_2-Emissionen an. Das ist ökonomisch und ökologisch gesehen der größte Vorteil.

Im Sinne einer effizienten Nutzung von Rohstoffen und Materialien ist es immer sinnvoll, den Wirkungsgrad von Wind-, Solar- und Wasserkraftwerken weiter zu steigern und neue Innovationen voranzutreiben. So konnte der Wirkungsgrad von Solarmodulen in den letzten 20 Jahren verdoppelt und der Platzbedarf halbiert werden. Eine 6 Megawatt Windkraftanlage von heute erzielt am selben Standort den 10-fachen Ertrag wie eine aus dem Jahr 2000. Also kann eine Windkraftanlage 10 alte ersetzen!

Dieser Effizienzsprung im Stromsektor lässt sich ebenfalls auf den Wärmesektor übertragen. Über den Einsatz von direkt erzeugtem Ökostrom in Wärmepumpen lässt sich auch hier im Vergleich zur fossilen Gas- oder Ölheizung ein Effizienzsprung um Faktor 3 erzielen. Das bedeutet, mit einer Kilowattstunde Strom drei Kilowattstunden Wärme bereitzustellen. Das ist wesentlich effizienter, als Öl oder Gas zu verbrennen, wo ich für die gleiche Wärme drei Kilowattstunden brauche und Verbrennungstemperaturen von weit über 1.000 °C erzeuge, um meine Bude bei 20 °C zu heizen. Eine thermodynamische Verschwendung, weil anderswo in der Industrie diese hohen Temperaturen tatsächlich gebraucht werden. Wärmepumpen nutzen dafür die Umweltwärme, welche sie mithilfe von Strom hocheffizient von der Umgebungstemperatur im Bereich von -15 °C bis 30 °C auf die gewünschte Heizungstemperatur von 30 bis 50 °C anheben. Sie steht kostenlos und emissionsfrei zur Verfügung und regeneriert sich aus der Witterung wie Luft, Regen, Schnee und Erdwärme. Reversible Wärmepumpen können zudem Wärme aus Gebäuden in die Umgebung pumpen und diese damit kühlen.

Den größten Effizienzsprung erzielen wir mit erneuerbarem Strom im Bereich der Mobilität: Faktor 3 bis 4. Ich komme also mit einer Kilowattstunde Strom 3- bis 4-mal weiter als mit einer Kilowattstunde Sprit. Warum? Das hängt am Wirkungsgrad der verschiedenen Antriebe. Der mittlere Wirkungsgrad eines Pkw liegt bei etwa 25 bis 30 Prozent trotz über 100 Jahre Ingenieurskunst. Einzig Züge, Schiffe und die Lkw-Kolonne mit 80 bis 90 Stundenkilometern auf der Autobahn können bei optimaler Dauerauslastung passable Wirkungsgrade von etwa 40 Prozent aufweisen.[62] Bis auf die Wintermonate verpufft der Rest als Abwärme durch die Motorhaube.

> Stellen Sie sich vor, Sie gehen zu guten Freunden mit einer Flasche besten Weins und sagen: Lasst uns den wertvollen Tropfen zusammen genießen. Und dann schütten sie über drei Viertel davon in den Ausguss. Das machen Sie tagtäglich im Verbrennerauto. Hier ist die Elektromobilität unschlagbar, wo Sie gerade mal ein fünftel Wein wegschütten.

Die Wandlung von elektrischer in mechanische Energie im E-Motor hat kaum Verluste. Hingegen ist die Wandlung des Kraftstoffs (chemische Energie) in Wärme (thermische Energie) in der Brennkammer und die abschließende Umwandlung in Antriebskraft (mechanische Energie) wesentlich aufwendiger und damit verlustreicher.

Beide Effizienzsprünge in Wärme und Verkehr erfordern allerdings zwingend den Einsatz von Ökostrom. Kohlestrom in einer Wärmepumpe oder einem E-Auto macht fürs Klima keinen Sinn. Zum Glück liegt der erneuerbare Anteil im deutschen Strommix bereits bei 50 Prozent.[63]

Ebenso sind beide Lösungen auf Speicher angewiesen: Ein E-Auto funktioniert nicht ohne Batterie. Eine Wärmepumpe braucht zwar nicht zwingend einen Speicher, ermöglicht aber vor allem im Sommer ein sonnenorientiertes Aufheizen des Warmwassers. Und für einen sicheren Betrieb der Stromnetze mit erneuerbaren Energien brauchen wir Speicher.

> Wind- und Solarstrom entwickeln sich zur primär genutzten Energieform global, also zur Primärenergie Nummer eins.

Sektoren dieser Welt – koppelt euch!

Wir können also den günstigen und üppig vorhandenen Wind- und Solarstrom zur Defossilisierung aller Sektoren verwenden. Diese Verbindungen vom Stromsektor in den Wärme-, Verkehrs- und Industriesektor über Wärmepumpen, E-Autos und anderen Elementen wie Wasserstoff bezeichnen wir als »Sektorenkopplung«. Das Wort ist weitgehend auch ein Synonym für Power-to-X.

Die Verbindungen gehen alle vom Stromsektor aus, der sich zum Nukleus, zum Kern der zukünftigen Energieversorgung entwickelt. Diese Verbindungen **vom Strom- zum Wärmesektor** haben historisch die Kraft-Wärme-Kopplungen übernommen. Bei der Verbrennung von Kohle und Gas entsteht viel Abwärme, die über Wärmenetze auch zum Heizen von Gebäuden oder in Industrieanlagen genutzt werden kann. Das geht sowohl im Kleinen wie den Biogas-Blockheizkraftwerken im Dorf als auch im Großen in Kraftwerken. Bei Atomkraftwerken fällt ebenfalls Abwärme an, aber im Gegensatz zu Kohle und Gas fanden sich kaum Abnehmer für nukleare Fernwärme. Neue Bindeglieder zwischen Strom und Wärme sind Wärmepumpen und Heizstäbe oder Elektrokessel, auch Power-to-Heat genannt.

Die Kopplung von **Strom- und Gassektor** übernimmt Power-to-Gas – wie der Name schon sagt von Strom-zu-Gas – und den Weg zurück die Gas- oder Blockheizkraftwerke. Dadurch kann erneuerbarer Strom über Monate in den vorhandenen Gasspeichern in Form von Wasserstoff oder erneuerbarem Gas gespeichert werden und über die Gaskraft oder Brennstoffzellen zurück in Strom und Wärme gewandelt werden. Bei der Wandlung von Strom in Gas entsteht ebenfalls Abwärme, die genutzt werden kann. Die Wärmenutzung mit eingerechnet ergeben sich im Idealfall Wirkungsgrade von über 90 Prozent.

Zwischen **Strom und Verkehr** ergeben sich zwei Brücken: die E-Mobilität und die E-Fuels in Form von flüssigen und gasförmigen Kraftstoffen wie Wasserstoff, E-Benzin, E-Gas für Pkw und Lkw, Ammoniak und Methanol für Schiffe oder auch E-Kerosin für Flugzeuge (siehe Kapitel »Verkehrswende« -› ab Seite 135).

Die Kopplung **Strom und Industrie** erfolgt ebenfalls über die klassische direkte Stromnutzung und vor allem über die Wandlungs- und Speichertechnologie Power-to-X zur Gewinnung von grünem Stahl, Produkten der Chemieindustrie oder Rohstoffen wie Düngemittel (siehe Kapitel »Industriewende« -› ab Seite 171).

> In jedem Sektor gibt es Speicher und zwischen den Sektoren die Netze für Strom, Wärme, Kraftstoffe, Wasserstoff, Gas und CO_2. Damit »elektrifizieren« wir mithilfe von Wind- und Solarstrom alle anderen Sektoren. Direkt über Elektronen und indirekt über Moleküle wie Wasserstoff und erneuerbares Gas.

Damit diese Sektorenkopplung auch den Klima- und Energiezielen dient, sind vier Grundsätze beachtenswert:

1. Nur **Ökostrom** macht Sinn. Kohlestrom für Wasserstoff, E-Fuels oder E-Autos nicht.
2. Die **Verantwortung für CO_2** bleibt beim Erstverursacher. Wenn fossiles CO_2 genutzt wird, darf damit kein fossiles Kraftwerk reingewaschen werden.
3. Überall werden **Energiespeicher** gebraucht: Tanks für Kraftstoffe oder Rohstoffe, Batterien, Pufferspeicher für Wärmepumpen oder Gasspeicher für erneuerbares Gas.
4. **Mehrere Infrastrukturen** werden benötigt: Strom-, Wärme-, Gas-, Wasserstoffnetze, Pipelines und Tankstellen. Die »All-Electric-World«, also die Strominfrastruktur allein, reicht nicht aus, um die Klimaziele zu erreichen. Das Energiesystem bekommt zusätzlich mehr Freiheitsgrade, was gut für die Kosteneffizienz ist und die Versorgung resilienter und damit stabiler und sicherer macht. Zudem haben wir durch mehrere Infrastrukturen mehr Chancen auf gesellschaftliche Akzeptanz.

MYTHEN DER ENERGIEWENDE

»The answer, my friend, is blowin' in the wind.«
Blowin' in the wind | Bob Dylan

Es ranken sich zahlreiche Mythen um das Thema Energiewende, die teilweise hässliche Blüten treiben und viele gute Projekte im Keim ersticken. Fast täglich lese ich in Zeitungen und im Internet oder höre davon, dass Solarparks neben Friedhöfen nicht genehmigt werden, weil sie die Totenruhe störten, oder Windräder nicht genehmigt werden, weil sie die Sichtbeziehung zu einer Kirche verletzten und Pilger angeblich dadurch von der Wallfahrt abkämen.

Kein Tag vergeht, ohne dass wieder neue Mythen auftauchen. Warum? Weil viele Menschen Angst vor Veränderung haben oder falschen Informationen aufsitzen und daher viele Wege suchen, diese zu stoppen. Deshalb ist es höchste Zeit, all die Mythen aufzulösen, den Menschen die Angst zu nehmen und Fake News zu entzaubern.

Windenergie

MYTHOS: Infraschall durch Windkraft ist unerträglich und gesundheitsschädlich

Wir hören als Menschen den Schall im Frequenzbereich von 20 bis etwa 20.000 Hertz, also Schwingungen pro Sekunde. Mit zunehmendem Alter hören wir vor allem hohe Frequenzen schlechter. Infraschall sind Töne unterhalb von 20 Hertz. Der Infraschall ist alltäglich und in unserem Alltag in vielen Bereichen vorhanden: beim Autofahren, im Straßen- und Schienenverkehr, bei Wärmepumpen und Ölheizungen, aber auch in der Natur ist Infraschall ein Teil unserer natürlichen Umgebung. Er wird durch Wind, Gewitter oder auch so herrliche Dinge wie Meeresrauschen erzeugt. Im Urlaub »genießen« wir also dieses Rauschen, was ein sehr breites Tonspektrum aufweist und auch Infraschall umfasst.

Die Landesanstalt für Umwelt, Messungen und Naturschutz in Baden-Württemberg hat von 2013 bis 2015 umfangreiche Messungen gemacht und diese mit unserem Alltag verglichen.[64] Das Ergebnis: Selbst bei nur 300 Meter Abstand zu einer modernen Windkraftanlage liegt ihr Infraschallpegel unter der menschlichen Wahrnehmungsschwelle. Bei einem Abstand von 700 Metern ist der natürliche Infraschall vom Wind selbst größer als von der technischen Anlage. Er ist nicht mehr davon zu unterscheiden. Die Schallpegel sind bei gleichen Verhältnissen im ländlichen Raum genauso groß, ob mit oder ohne Windkraftanlagen.

> Selbst bei einem Abstand von 700 Metern ist also der Infraschall rein physikalisch viel zu schwach, um Menschen, Tieren oder Bauwerken zu schaden.

Dass Häuser also durch Windkraft-Infraschall Risse bekämen und einstürzten oder menschliche Knochen oder Zellen in Resonanz kämen und dadurch geschädigt würden, ist absoluter Humbug und wissenschaftlich physikalisch nicht zu begründen.

Andere Quellen menschengemachten Infraschalls zeigten in der Studie wesentlich höhere Werte: der Betrieb von Ölheizungen, Wärmepumpen oder die Fahrt in einem Pkw.

Woher kommt also die Angst? Dazu ein Eindruck einer Bürgerversammlung zur Windenergie bei Landshut im Jahr 2018. Ich komme am Abend in ein dunkles Wirtshaus, was völlig überfüllt ist und wo große Plakate an der Wand hängen:

»Wer 10H angreift (gegen 2000 Meter Abstand ist), ist ein Verächter der Menschenrechte und Menschenwürde!«

Man konnte die Luft mit einem Messer durchtrennen, so dick war sie. Drei Wochen zuvor sprach ein Physiker, der sagte, dass Windräder so gut wie nichts am CO_2-Ausstoß in Deutschland ändern würden. Und ein Mediziner behauptete, dass von Windrädern eine große Gefahr für die Gesundheit der Menschen ausgehe, wie Tinnitus, Schlafstörungen oder ein erhöhtes Herzinfarktrisiko.[65] Wer so etwas hört und glaubt, kann schon mal in Angst und Schrecken verfallen. Beide waren Referenten von Anti-Windkraft-Vereinen, welche Bürgerinitiativen mit Kampagnenmaterial und Anleitungen zu Leserbriefen ausstatteten. Vereine wie »Gegenwind« und »Vernunftkraft« verbreiten unter anderem den vielfach widerlegten Mythos, dass Windkraftanlagen kein CO_2 vermeiden würden. Der Klimaskeptikerverein EIKE hat zudem finanzielle Verbindungen zum Heartland-Institut in den USA. Das Heartland-Institut ist eine als »Thinktank« getarnte Lobbyorganisation von Kohle-, Öl-, Gas- und Chemiemilliardären, die über Jahrzehnte Zweifel am menschengemachten Klimawandel streuten.[66]

Beide Referenten und ihre Vereine beriefen sich auf eine Studie der Bundesanstalt für Geowissenschaften und Ressourcen, kurz BGR, die unter anderem zuständig für die Förderung von Kohle, Öl und Gas in Deutschland ist. Deren Studie stammt aus dem Jahr 2005.[67] Darin wurden Messungen von einer kleinen alten 660-Kilowatt-Windkraftanlage vorgenommen. Zum Vergleich: Heutige Anlagen haben das Zehnfache an Leistung und auch ein anderes, strömungsoptimiertes Rotorblattdesign, welches effizienter und schallärmer ist. Die Ergebnisse erschienen 2005 in einer Eigenpublikation der Bundesanstalt, also ohne »peer-review«. Das bedeutet, sie wurde ohne eine objektive Bewertung durch andere unabhängige Gutachter und Wissenschaftler desselben Fachgebietes veröffentlicht.

Dr. Stefan Holzheu, ein Wissenschaftler der Universität Bayreuth, kamen die Unterschiede zwischen den Befunden dieser Studie und einer anderen Studie aus Baden-Württemberg spanisch vor. Er machte eigene Messungen und verglich diese mit der Studienlage. Das Ergebnis: Die Studie der BGR aus 2005 hatte einen entscheidenden Rechenfehler inne: Die ausgewiesene Schallleistung von Windkraftanlagen war um den Faktor 4096 zu hoch. Faktor 4096! Nach dem dezenten Hinweis aus Bayreuth wurde Dr. Holzheu mit der Rechtsabteilung des BGR gedroht.

Daraufhin folgte viel Öffentlichkeitsarbeit und Unterstützung durch weitere Wissenschaftler, und letztendlich wurde die Physikalisch-Technische Bundesanstalt – unser nationales Metrologieinstitut in Braunschweig, die Herren über alle Mess- und Eichtechnik – eingeschaltet. Die rechneten ebenfalls und bestätigen: Dr. Holzheu liegt richtig, die staatliche Bundesanstalt hat 16 Jahre lang falsche Informationen verbreitet und damit unnötig Angst vor Windkraft-Infraschall gesät. Beide Bundesbehörden unterstehen dem Bundeswirtschaftsministerium, weshalb sich Minister Altmaier entsprechend entschuldigte. Dänemark ist Windkraftpionier und globaler Industrieführer. Dort haben vor über 25 Jahren gerade Landwirte Windräder errichtet. Gab es all die Dekaden irgendwelche Berichte über Gesundheitsschäden dadurch? Fehlanzeige.

Physik ist Physik. Zahlen, Daten und Fakten sind in der Naturwissenschaft die Entscheidungsgrundlage, nicht Meinungen, Stimmungen und Bauchgefühle.

Und solche Bauchgefühle führen bei Politikern oft zu falschen Entscheidungen. So auch beim ehemaligen bayerischen Ministerpräsidenten Horst Seehofer (CSU), der in Bayern im Jahr 2014 aus den beiden Mythen »Infraschall« und »Vogelsterben« und der Sorge um das Landschaftsbild die 10H-Abstandsregel einführte: Windräder sollen den 10-fachen Abstand ihrer Höhe haben, darunter seien gesonderte Planungen auf kommunaler Ebene nötig.[68]

Der Anti-Windkraft-Verein für Landschaftspflege, Artenschutz und Biodiversität VLAB geht auf das wohlhabende CSU-Mitglied Enoch zu Guttenberg zurück.[69] Der Verein beklagt Windparks auf breiter Front und verhindert dadurch wertvollen Klimaschutz.[70] Der VLAB zeichnete jüngst Horst Seehofer mit der »Enoch zu Guttenberg Medaille« für die Einführung seiner 10 H-Abstandsregel aus, die in der Laudatio als sein »umweltpolitisches Meisterstück« bezeichnet wurde.[71]

MYTHOS: Windkraft ist die Hauptursache für den Tod von Vögeln

Nun zum Mythos Vogelsterben. Es ist in der Tat so, dass Vögel durch Windräder getötet werden, aber im Vergleich zu anderen Faktoren sind es relativ wenige.[72]

Im Schnitt kommen ein bis vier Vögel pro Windrad und Jahr zu Fall, das sind bei etwa 30.000 Windrädern in Deutschland derzeit zwischen

30.000 bis 120.000 Vögel. Im Straßenverkehr sind es allerdings 70 Millionen Vögel, also 600- bis 2.300-mal mehr. Auch unsere Katzen töten in Deutschland jährlich etwa 100 Millionen Vögel, und an den Glasfassaden unserer Gebäude verenden weitere etwa 115 Millionen Vögel, also in beiden Fällen etwa 800- bis 3.800-mal mehr als durch alle Windkraftanlagen.

Rotmilane kommen in Deutschland sehr häufig vor, trotz der 30.000 Windräder. Mehr als die Hälfte der globalen Population brütet in Deutschland.[73] Im EU-Projekt »Life Eurokite« werden Wildvögel mit solarbetriebenen GPS-Trackern ausgestattet, darunter auch über 1.500 Rotmilane.[74] So wird ihr Aufenthaltsort samt Flugbahn nachverfolgt. Die verstorbenen Tiere werden aufgesucht und obduziert. Die häufigsten Todesursachen von Rotmilanen nach den bisherigen Daten sind:

1. Fressfeinde,
2. Rattengift in gefressenen Ratten,
3. Straßenverkehr,
4. Stromleitungen,
5. Abschuss durch Jagd,
6. Schienenverkehr und
7. erst an letzter Stelle die Windkraft.

> Die Fakten sprechen somit eine sehr eindeutige Sprache: Windkraft ist nicht die erste, sondern die letzte Ursache für den Tod von Vögeln.

Selbstverständlich ist klar: Natur- und Klimaschutz müssen Hand in Hand gehen, und der Artenschutz ist zu gewährleisten. Darum gibt es sehr strenge Vorgaben im Bundesnaturschutzgesetz, die auch den Vogelschutz sicherstellen. Aber es ist auch klar: Der Artenschutz wird nicht an der Windkraft scheitern. Und Windräder wurden nicht errichtet, um Vögel zu töten.

Neue technische Lösungen können weitere Verbesserungen bringen: Mithilfe kamerabasierter Vogelerkennungssysteme unter Einsatz von künstlicher Intelligenz bei der Bildauswertung kann ein Vogelanflug erkannt und das Windrad bei Bedarf angehalten werden. Dadurch reduziert sich die Fallzahl der Vögel weiter. Das wird mittlerweile EU-weit eingesetzt, nur die deutschen Behörden »prüfen noch die Zulassung«.[75]

Schätzen Sie, wie lange es gedauert hat, lediglich ein Forschungsprojekt zu solchen Systemen in Bayern behördlich genehmigt zu bekommen? Drei Jahre! Und wer klagt gegen dieses Windenergie und Artenschutz versöhnende Vorhaben? Der VLAB.

Hier noch drei Geschichten aus dem Nähkästchen der Absurditäten. Im bayerischen Landkreis Kelheim haben Vogelkenner einen seltenen Vogel im Paintner Forst gehört, nicht mal gesehen, dann ein Jahr lang erfolglos den Horst gesucht. Das reichte, den Windpark abzulehnen.

Im Förnbacher Forst bei Pfaffenhofen war es ähnlich. Ein Uhu-Männchen suchte vergeblich ein paarungswilliges Weibchen. Vogelgutachter hatten für 100.000 Euro Aufwand ein Jahr lang danach gesucht. Dennoch lehnte der Beamte der höheren Naturschutzbehörde die Genehmigung für den Windpark ab mit der Begründung: »Es muss ein Weibchen geben, vermutlich ruft es nur nicht, wenn Gutachter vor Ort sind!« Dabei können die Rufe eines Uhus bis zu einer Entfernung von einem Kilometer auf Tonband aufgezeichnet werden. Wenn wir auf Basis von Vermutungen, Bauchgefühlen und nicht Zahlen, Daten, Fakten zu gemeinschaftlich wirkenden Entscheidungen kommen, ist die vorhandene Politikverdrossenheit nachvollziehbar.

Im fränkischen Markt Flachslanden errichteten fünf Gemeinden 2015 einen Bürgerwindpark, der alle Belange des Natur-, Denkmal- und Landschaftsschutzes erfüllt, jährlich mehrere Millionen Kilowattstunden an sauberer, heimischer Energie liefert, Tausende Tonnen CO_2 vermeidet und mehrere Millionen Euro Ausschüttung für die Bürger bringt und Tausende Euro Gewerbesteuer und Pacht einbringt. Da der Windpark so erfolgreich lief, wollten die Bürger und Gemeinden zwei weitere Windräder im selben Gebiet errichten. Zwischenzeitlich hat sich aber der Seeadler in der wasserreichen Region niedergelassen, nachdem die Windräder errichtet wurden. So scheiterte die Genehmigung seitens der Naturschutzbehörde, weil von der großen Vogelpopulation ein (!) Brutpaar in der Nähe des Standorts entdeckt wurde. Obwohl die Vögel ohne Probleme mit den Windrädern koexistieren, sonst hätten sie sich dort nicht niedergelassen.

MYTHOS: Durch Windkraft gibt es ein Wald- und Bienensterben, Feldmäuse pflanzen sich nicht mehr fort

Wenn sich Menschen in etwas hineinsteigern, kommen absurde Gedanken auf. So auch bei einer Freundin einer Arbeitskollegin. Sie hat Angst, dass durch den Windstrom in den Erdkabeln ein neues Wald- und Bienensterben ausgelöst wird. Dass der Strom im Wald »versiege« und durch die elektromagnetischen Felder die Bienen und andere Waldtiere ihre Orientierung verlören und »durchdrehten« beziehungsweise nicht mehr kommunizieren könnten. Ebenso absurd: Durch die Vibrationen der Windkraft könnten sich Feldmäuse nicht mehr fortpflanzen.

> Staatliche Förster beobachten das in der Praxis anders und bestätigen das Gegenteil: Durch Windenergieanlagen gibt es kaum Auswirkung auf Flora und Fauna im Wald. Im Gegenteil: Die neuen Lichtungen sind wichtige Elemente für eine artenreichen Tier- und Pflanzenbestand.

MYTHOS: Der Wald speichert mehr CO_2, als durch Windkraft vermieden wird

Dieses weitere beliebte Argument gegen Windkraft im Wald hat sich ebenfalls zum Mythos entwickelt. Der Wald »speichert« im hundertjährigen Schnitt etwa 12 Tonnen CO_2 pro Hektar und Jahr, also 6 Tonnen auf einem halben Hektar. Jungpflangen speichern mehr CO_2 als ausgewachsene Bäume. Eine Windenergieanlage hat einen Platzbedarf im Wald von etwa 0,3 Hektar, die Zuwegung eingerechnet im Schnitt 0,5 Hektar, wobei meist existierende Forstwege genutzt und nur wenig Bäume gefällt werden. Eine moderne Windkraftanlage stellt selbst in Bayern an guten Standorten etwa 15 Millionen Kilowattstunden pro Jahr bereit und spart damit beim derzeitigen CO_2-Abdruck des Strommix in Deutschland etwa 7.000 Tonnen CO_2. 7.000 Tonnen vermeidet das Windrad! 6 Tonnen speichert der Wald auf gleicher Fläche – also über 1.000-mal mehr. Trotz dieses großen ökologischen Nutzens sind auch für Windparks gesetzliche Auflagen für zusätzliche ökologische Ausgleichsflächen vorgeschrieben.

MYTHOS: Der Windkraft-Schatten reduziert den Ertrag von Solarstrom und Feldfrüchten

In der unmittelbaren Nähe ist durch die geringe und im Tagesverlauf wandernde Verschattung das Mikroklima oft sogar besser für die Pflanzen als ohne, da weniger Ausdünstung stattfindet. Und Häuser mit Solardächern sind mit Hunderten von Metern so weit entfernt, dass kein Kernschatten möglich ist und das gestreute und diffuse Licht dennoch ankommt. Zudem fällt dieser Schatten nur am Morgen und am Abend, wenn die Solarstrahlung meist unter kleinem Winkel auf die Solaranlagen fällt und darüber hinaus und schwächer als in den ertragreichen Mittagsstunden ist, weil sie einen längeren Weg durch die Atmosphäre hat.

MYTHOS: Eiswurf von Windrädern erschlägt Mensch und Tier

Richtig ist, dass sich bei hoher Luftfeuchtigkeit und Temperaturen unter 2 Grad an den Flügeln Eis bilden kann. Auch hier wirkt die Erdanziehung und damit die Physik, was zur Folge hat, dass diese Eiszapfen von Rotorblättern nicht mehrere Hundert Meter fliegen können. Zudem gibt es Enteisungsanlagen, die das Eis wegschmelzen, bevor es fliegen könnte, und Sensorik, welche Temperatur und Luftfeuchtigkeit misst und das Windrad aus Sicherheitsgründen in diesen Zeiten automatisch abschaltet.

MYTHOS: Ein Windrad braucht so viel Stahl wie der Eiffelturm

Mit dieser Aussage lag der Vorsitzende des Chemieverbandes richtig daneben: Nicht 4.000, sondern 1.000 Tonnen Stahl benötigt eine moderne Windkraftanlage. Viel passender wäre der Hinweis gewesen, dass es keine Windräder ohne Chemieindustrie gäbe, weil deren Harze die Rotorblätter zusammenhalten.[76]

MYTHOS: Windräder bremsen die Erdrotation

Die Gezeitenreibung beeinflusst die Erdrotation. Dabei wird Rotationsenergie der Erde in Wärme in den Ozeanen und den oberen Erdschichten der Kontinente umgewandelt sowie zu einem kleinen Teil in Rotationsenergie des Mondes, der sich dadurch um etwa 4 Zentimeter pro Jahr von der Erde entfernt.[77] Weiterhin kommt es zu Schwankungen der Erdrotation durch Verlagerungen von Massen auf und in der Erde. Schmilzt etwa Eis auf Grönland und in der Antarktis ab, verteilt sich die Masse des dort gebundenen Wassers in den Ozeanen und dadurch im Mittel mehr in Äquatornähe. Wie bei einer Eistänzerin, die ihre Arme ausbreitet, bremst auch das die Rotation der Erde leicht ab. Mithin führt der Klimawandel auch zu einer leichten Abbremsung der Erdrotation. Auch durch Winde werden Massen auf der Erde verlagert, allerdings in einem sehr geringen Umfang.

> Der Einfluss des Windes und damit auch der Windkraft ist jedoch vollkommen vernachlässigbar.

MYTHOS: Windräder gefährden das Grundwasser und sind später Sondermüll

Immer wieder taucht die Angst um das Grundwasser auf – unberechtigterweise. Eine Windkraftanlage benötigt ein Fundament von 30 Metern Durchmesser und etwa 1 bis 4 Metern Tiefe. Mehr nicht. Dieses Fundament ist wie jedes andere auch fest gebundener Sand und Zement und gefährdet damit auch nicht das Grundwasser. Vielmehr muss es vom Gesetzgeber her nach der Stilllegung rückgebaut und recycelt werden. Die Technologien dafür sind da, wie ich später im Kapitel »Industriewende« noch beschreiben werde (-› ab Seite 171). Ebenso werden Rotorblättern als Kunstfasern, Elektrotechnik als Kupfer und anderen Materialien und der Turm aus Stahl oder Beton recycelt. Es verbleibt kein Sondermüll.

MYTHOS: In Süddeutschland funktioniert Windkraft nicht, weil wir zu wenig Wind haben.

Richtig ist, dass im Süden weniger Wind als im Norden weht. Und so kommen manche Kreise auf die Idee zu behaupten, dass deshalb die Windkraft in Süddeutschland »nicht funktioniere« oder sich »nicht lohnen würde«. Stimmt das?

Mitnichten. In der Theorie befindet sich gut ein Viertel des Windkraftpotenzials im Süden und drei Viertel im Norden, Osten und Westen. Im Norden haben die Anlagen eine mittlere Auslastung von 2.600 Stunden, im Süden 2.100 Stunden. Die Anlagentechnik hat sich weiterentwickelt.

Es gibt spezielle Schwachwindanlagen mit großer Nabenhöhe, großen Durchmessern und relativ dazu kleinem Generator. Dadurch steigt die Auslastung dieser Anlagen enorm. Und jeder Meter höher zählt. So weit die Theorie vor 10 Jahren aus einer Studie meiner Forschergruppe.[78]

In der Praxis gibt es Anlagen südlich von München, die bis zu 2.500 Stunden Auslastung aufweisen und je nach Standort ähnlich gute Erträge einfahren wie im Westen oder Osten Deutschlands. Sie übertreffen die prognostizierten Gewinne deutlich und sind damit voll wirtschaftlich. Warum gibt es dann nicht mehr davon? Weil hier strenge Abstandsregeln zählten und neue Anlagen mit 250 Meter Gesamthöhe keinen Platz bekommen, obwohl sie wirtschaftlich wären und gut für den Industriestandort und ein ausgeglichenes Nord-Süd-Verhältnis in den Stromnetzen.

Solarenergie

MYTHOS: Solarparks versiegeln wertvolle Flächen und vertreiben Tiere

Solartische in Solarparks werden durch Schrauben und Rammen an Fundamenten befestigt, die nur 1 Prozent der Fläche punktuell versiegeln. Ökologisch gesehen ist ein Solarpark ein großer Gewinn für Natur und Gewässer, denn im Gegensatz zur intensiven Landwirtschaft erfolgt keine Düngung des Anbaus mehr, und die Nitratbelastung des Grundwassers sinkt, weil keine Gülle ausgebracht wird. Es wird kein Gift mehr gegen Unkraut gespritzt, was zu weniger Artensterben führt. Durch einen Schlitz am Boden von 20 bis 30 Zentimetern sind die Zäune zudem durchlässig für kleine Nager und Wildtiere. Auch Nistplätze verschiedenster Vogelarten sind dort zu finden. Für sie und Bienen ist ein Solarpark ein wahres Naturparadies, in dem sie sich ungestört aufhalten können. Oft kommen auch Schafe zur Beweidung zum Einsatz.

Im Solarpark Oberndorf bei Landshut fand eine Artenzählung statt. Dort wurden mehr als 550 Tier- und Pflanzenarten gezählt.[79] Der Betreiber hat neben Insektenhotels, Totholz und Steinformationen zahlreiche Lebensräume für die Tiere geschaffen, weshalb er zu Recht von einem Solar-Biotop spricht. Trotz dieser nachweislich höheren ökologischen Vielfalt im Vergleich zur konventionellen Landwirtschaft verlangt der Staat ökologische Ausgleichsflächen für Solarparks.

> Es gibt keine bessere ökonomische und ökologische Verwendung einer Fläche als einen Solarpark.

Flora und Fauna können sich von der Nutzung durch die konventionelle Landwirtschaft erholen. Der Boden lebt im wahrsten Sinne wieder auf. Im Vertragsnaturschutz wird Landwirten Geld bezahlt, damit sie Felder nicht mehr intensiv bewirtschaften und für die Lebensräume von Wildtieren lassen. Wenn Solarfelder als Naturschutzflächen anerkannt werden, stünden wieder andere Felder für die Nahrungsmittelproduktion zur Verfügung.

MYTHOS: Solarparks verdrängen wertvolle landwirtschaftliche Nutzfläche

Solarparks werden vorwiegend auf benachteiligten Böden errichtet, die ohnehin nicht den Ertrag einer Kornkammer hätten. Die Hälfte der Fläche Deutschlands wird landwirtschaftlich genutzt, davon wiederum 71 Prozent als Ackerland und davon wiederum knapp ein Fünftel für Energiepflanzen wie Biogasmais und Raps für Biodiesel.[80] Also unterm Strich werden knapp 7 Prozent der Bundesfläche für Energie genutzt – wovon heute lediglich etwa 0,07 Prozent Solarparks sind.[81] Früher wurde für die von Zugtieren wie Ochsen und Pferden erbrachte Antriebsenergie weitaus mehr Fläche in Anspruch genommen.

> Es verbleibt genug landwirtschaftliche Nutzfläche für Nahrungs- und Futtermittel, und es wird sogar ein Exportüberschuss erwirtschaftet.

Mit der technologischen Weiterentwicklung brauchen Solarparks immer weniger Fläche für die gleiche Leistung: Waren es 2006 noch 4,1 Hektar je Megawatt, sind es heute nur noch 1 Hektar je Megawatt.[82] Die Flächeneffizienz oder auch der Hektarertrag von Solarstrom versus Mais und Raps als Energiepflanzen ist ein Vielfaches höher: Ein Hektar Solarstrom erzielt den gleichen Ertrag wie 40 Hektar Biogasmais. Der Ersatz von Mais und Raps durch Solarparks reduziert die für Energie benötigte Fläche und schafft ein großes Reservepotenzial für Nahrungsmittel. Studien zeigen, dass wir selbst für eine klimaneutrale Energieversorgung mit vielen Wind- und Solarparks nicht mehr Fläche für Energie brauchen als heute: 6 Prozent der Landesfläche, davon etwa 3 Prozent für Energiepflanzen (Holz nicht eingerechnet), 2 Prozent für Windparks und 1 Prozent für Solarparks, in Summe etwa 2 Millionen Hektar.[83]

Insgesamt brauchen wir aber auch die Biomasse mit ihrer Fähigkeit der gespeicherten Solarenergie und dem flexiblen Einsatz in allen Sektoren. Und im Vergleich zu Tagebauen der Braunkohle sind Solarparks ein Segen: keine Umsiedelung von Zehntausenden von Menschen und Tieren, kein Abreißen von Kirchen und Dörfern, kein Ausbaggern von Flächen so groß wie das Saarland, kein Abpumpen von Wasser zum Schutz des Trinkwassers auf Ewigkeiten, kein Klimakiller CO_2.

> Stattdessen kann mit Solarparks über Jahrhunderte klimaneutraler Strom gewonnen statt einmalig die Kohle ausgebaggert werden.

MYTHOS: Solarwirtschaft und Landwirtschaft beißen sich

Es gibt die Möglichkeit, Solar- und Landwirtschaft über das Zauberwort Agri-PV zu verheiraten. Bei Obstbauern schützen bisher Netze vor Hagel und Sturm die heranwachsende Ernte. Solarmodule spenden nicht nur mechanischen Schutz, sondern auch Schatten und schützen damit vor Ausdunstung, senken den Wasserverbrauch und ernten noch Solarstrom. Des Weiteren gibt es Solarzäune, die morgens und abends Strom erzeugen, mit beiden Seiten des Moduls. Dazwischen können die Wiesen weiter gedeihen oder Kühe, Schafe und Hühner die Fläche nutzen.[84]

MYTHOS: Solarstrom verstrahlt unsere Kinder

In einem bayerischen Gymnasium gab es Protestbriefe der Eltern, weil sie Angst hatten, dass ihre Kinder durch Elektrosmog verstrahlt werden, wenn eine Photovoltaikanlage aufs Dach kommt. Ein Blick in das Physikbuch der 10. Klasse zum Thema »Elektrizitätslehre« hätte gereicht, das zu entkräften.[85]

Anders als die Atomkraft hat die Photovoltaik keinerlei radioaktive

Strahlung, auch keine elektromagnetische, weil der Solarstrom auf dem Dach Gleichstrom ist und als solches auch zum Wechselrichter im Keller kommt.

> Hier existiert rein ein elektrostatisches Feld, was mit zunehmendem Abstand schnell abfällt und nachweislich alle baubiologischen Voraussetzungen erfüllt und absolut harmlos ist.

Einzig direkt am Wechselrichter oder am Transformator einer großen Anlage im Freien existiert ein elektromagnetisches Feld. Diese Trafos werden vor ihrem Einsatz ebenso nach elektrischen Normen einschließlich elektromagnetischer Verträglichkeitsprüfung zugelassen wie all unsere anderen elektrischen Haushaltsgeräte.

Solarstrahlung ist selbst nichts anderes als ein elektromagnetisches Feld aus Photonen auf einer unschädlichen Wellenlänge. »Sonnenschein« hört sich viel besser an als Solarstrahlung, es ist aber im Grunde genau dasselbe.

Die Solarstrahlung umfasst auch noch das diffuse und reflektierte Licht, was aber letztlich auch von der Sonne ausgestrahlt oder »ausgeschienen« wurde. Wir sonnen uns gern zu Hause oder im Urlaub, daher dürfen wir Solarstrom mit der gleichen Emotionalität begegnen.

Zurück zu den besorgten Eltern: Es gibt keine Empfehlung des Bundesamts für Strahlenschutz zum Schutz vor Photovoltaikanlagen, sehr wohl aber zum Elektrosmog unserer Handys. Hier ist die Empfehlung, möglichst nur mit Headsets zu telefonieren, um sich vor der elektromagnetischen Strahlung der Mobiltelefone zu schützen, die sich bei Dauernutzung negativ auf den Körper auswirken kann. Die Handys in den Hosentaschen der Kinder sind also aus strahlenschutztechnischer Sicht schädlich, nicht die Solarmodule. Und: Belästigungen durch Lärm, Gase und andere Emissionen wie bei anderen Kraftwerken gibt es nicht.

MYTHOS: Solaranlagen blenden Autofahrer und verursachen Unfälle

Die Blendwirkung eines Solarfeldes ist über den Sonnenstand astronomisch genau zu berechnen. Aus Blendgutachten werden bei Bedarf Maßnahmen wie der Einsatz von nicht reflektierenden Modulen oder

Eingrünungen vorgeschrieben. Angepflanzte Hecken integrieren zudem die Anlagen besser in das Landschaftsbild und bieten Nistplätze für die Vögel. Mögliche Probleme der Blendung werden also gelöst. Glasfassaden sind von der geometrischen Ausrichtung her wesentlich blendender in ihrer Wirkung als PV-Anlagen.

MYTHOS: Solaranlagen saugen die Sonne aus und verursachen Krebs

Wir bleiben bei absurden Mythen: In einem Dorf in North Dakota hat ein amerikanischer Gemeinderat den Bau einer Freiflächenanlage abgelehnt, weil Bürger Bedenken hatten, dass diese Anlagen die Sonne aussaugen und außen herum nichts mehr wachse und die Anlagen Krebs verursachen.

Beides ist nicht wahr: PV-Anlagen wandeln Solarstrahlung und Solarstrom um, ohne Krebs zu verursachen, und physikalisch ist es der Sonne herzlich egal, wie viel wir von ihrer ausgestrahlten Energie tatsächlich in Form von Pflanzen oder Solarstrom nutzen.

MYTHOS: Brennende Häuser mit Photovoltaikanlagen werden nicht gelöscht

Es gab vor Jahren einen Bericht im Privatfernsehen, in dem ein brennendes Haus gezeigt und als Brandursache die Photovoltaikanlage genannt wurde. Dieser Bericht ging viral durch alle Medien. Am Tag darauf empörte sich der Brandsachverständige, dass das nicht die Brandursache war, sondern ein Kurzschluss im Hausinneren. Zeitgleich stellte er klar, dass es sich nicht um eine Photovoltaikanlage sondern um eine solarthermische Anlage für Warmwasser handelte. Zwei grundsätzlich unterschiedliche Technologien. Diese technische Unterscheidung hatten die Journalisten nicht verstanden oder einfach verwechselt, aber da war es schon zu spät. Die Nachricht verbreitet sich wie ein Lauffeuer, und der Mythos entstand, dass Photovoltaikanlagen zu unkontrollierbaren Hausbränden führten.

Fakt ist, dass sie wie alle elektrischen Anlagen abgeschaltet werden müssen und trotz Netztrennung auf Gleichstromseite nach wie vor eine Spannung anliegt. Solarmodule generieren Strom bei Lichteinfall. Bei nicht sachgemäßer Installation – vor allem bei schlechten Verkabelungen – können durch den Gleichstrom Lichtbögen entstehen, die Brände auslösen. Entsprechend sind die Regeln der elektrischen Sicherheit einzuhalten – wie bei allen anderen technischen Einrichtungen im Haus auch.

Beim Löschen gelten die bekannten Sicherheitsabstände (1 Meter Sprühstrahl beziehungsweise 5 Meter Direktstrahl), wie sie auch bei einfachen Wechselstromleitungen einzuhalten sind. Und 5 Meter ist nahezu jede Solaranlage vom Löschfahrzeug entfernt, allein weil sie auf dem Dach ist. Die jahrelange Erfahrung der Experten mündete in Brandschutzkonzepten, bundesweiten Schulungen von Installateuren und Feuerwehren.[86]

MYTHOS: Photovoltaikanlagen kann man nicht recyceln

Die Solarmodule fallen unter die Kategorie Elektro- und Elektronikgeräte und sind entsprechend den Vorschriften zu recyceln. Sie enthalten oft noch wenige Gramm Blei, vor allem in den Lötverbindungen und sind daher nach ihrem Lebensende Elektroschrott. Die Hersteller sind seit 2012 verpflichtet, die Module zurückzunehmen. Haushaltsübliche Mengen werden von den lokalen Recycling- und Wertstoffhöfen angenommen. Glas, Aluminium und Kabel machen etwa 85 Prozent des Gesamtgewichts aus und können direkt wiederverwertet werden. Die Rückgewinnung von Silizium, Silber und Kupfer aus Wafern und Kabeln erfolgt nach eigens entwickelten Recyclingkonzepten. Da bis 2030 bis zu einer Million Tonnen Altmodule erwartet werden, wird das Recycling laufend weiterentwickelt.[87]

MYTHOS: Wind- und Solarstrom sind teuer

Zu Beginn der Förderung der Photovoltaik war Solarstrom sehr teuer. Die EEG-Vergütung lag anfangs mit 50 Cent pro Kilowattstunde etwa 6- bis 8-mal höher als die von Windstrom[88]. Das hat mich zu meinen Studienzeiten in den 2000ern auch davon abgehalten, in die Richtung Photovoltaik zu forschen.

> Mittlerweile zählen Solar- und Windkraftanlagen zu den günstigsten Energiequellen weltweit.

Vergleichbar günstig können wir nur mit Wasserkraft und Geothermiekraftwerken an gewissen Standorten Strom erzeugen. Der riesige Vorteil von Wasserkraft und Geothermie ist die Konstanz und weitgehende

Gleichmäßigkeit der Stromerzeugung und damit die bessere Planbarkeit, der größte Nachteil aber die hohe Standortabhängigkeit, und die wenigen geeigneten Standorte sind oft weit weg von den Zentren. Dass ein Solarmodul überall Energie liefert, ist einfach unbeschreiblich gut und verschafft viel räumliche Freiheit: Egal, ob am Balkon, auf Reisen oder in der Steppe Ostafrikas, überall können Sie bei Tageslicht Strom erzeugen und das unschlagbar günstig.

Landschaftsverschandelung und Denkmalschutz

MYTHOS: Wind- und Solarparks verschandeln die Landschaft und nehmen die freie Sicht

Das ist mit das gängigste Argument gegen Wind- und Solarparks. Ja, Wind- und Solarparks verändern die Optik und das Landschaftsbild. Die Menschen sind es gewohnt, freie Sicht zu haben und an nur sehr wenigen Punkten überhaupt Kraftwerke wahrzunehmen. Und sie machen diese Lebenserfahrung: Ich kann mich in einer Bürgerinitiative engagieren und erfolgreich Wind- und Solarparks verhindern, und der Strom kommt dennoch weiter zuverlässig aus der Steckdose.

Letztlich ist es eine Frage der Gewohnheit und der Ästhetik und damit ein so individueller Eindruck wie jeder einzelne Mensch halt ist, aber meine Kinder zählen die Windräder entlang den Autobahnen und werden mit Solarparks groß. Für sie ist das völlig normal und eher ein Hoffnungszeichen, weil sie um deren Sinn wissen. Mein Sohn sagte eines Morgens mit sieben Jahren nach dem Aufwachen einmal:

> »Die Natur zerstört sich selbst, weil wir Teil der Natur sind.«

Damit hat er absolut recht. Durch unsere Unachtsamkeit, unseren Egoismus, den beschränkten Blick auf uns und unsere Bedürfnisse, das weitverbreitete »Nach mir die Sintflut« und »Not in my Backyard« (Sankt-Florians-Prinzip) ist es so schwierig, nachhaltige Projekte für den Klimaschutz umzusetzen und unseren Lebensraum und Wirtschaftsstandorte zu erhalten.

Daher ist es auch immer eine Frage der Abwägung zwischen optischen Eindrücken und dem Beitrag zum Erhalt des Lebensraumes von

Menschen, Tieren und Pflanzen. Gott sei Dank trägt dem die Bundesregierung mittlerweile Rechnung: Sie schreibt fest: »Die Nutzung von erneuerbaren Energien liegt im überragenden, öffentlichen Interesse und dient der öffentlichen (nationalen) Sicherheit.«[89]

Darüber hinaus ist klar, dass die Energieversorgung nicht länger unterirdisch bleibt, sondern – wie die meiste Zeit der Menschheit – wieder oberirdisch sichtbar wird. Diesmal nicht in Form von abgeschlagenen Baumstümpfen oder Windmühlen fürs Getreidemahlen, sondern in Form von Wind- und Solarparks. Von unserem Haus aus sehen wir auch ein Windrad. Es ist auffällig, wie gerade in konservativ-wählenden Gebieten von Gesellschaft und Politik auf einmal der Natur- und Artenschutz entdeckt wird im Zusammenhang mit Wind- und Solarparks, wo es vorher bei dem großflächigen Neubau von Straßen und Rodung von Wäldern für Gewerbegebiete kein Thema war.

MYTHOS: Windräder bringen Pilger vom Weg ab und gefährden den Denkmalschutz

Besonders absurde Beispiele der Verhinderungsplanung finden sich in Bayern. So wurde in Buch bei Fürstenfeldbruck eine Windkraftanlage nicht genehmigt, weil sie angeblich die Sichtbeziehung zur Kirche störte und deswegen den Pilger in seiner Pilgerwahlfahrt womöglich irritierte und daher aus Denkmalschutzgründen verboten wurde. Bei einer anderen Kirche war das Windrad hinter dem Berg außerhalb der Sichtweite, wo die gleiche Begründung verwendet wurde.

Ich bin als langjähriger Ministrant, Kirchenmusiker und Vorstand einer katholischen Bildungseinrichtung sehr wohl mit der religiösen Praxis im Freistaat vertraut und selbst 12-mal nach Altötting gepilgert. Noch nie hat uns auf unseren Wallfahrten ein Bauwerk gestört.

Woanders werden Kirchen abgerissen, weil dort Braunkohle gefördert wird. So auch beim Immenrather Dom in NRW. Über Jahrzehnte erbaut, auf einmal weg! Da ist dann die Sichtbeziehung nicht mehr gestört, sondern da wird das Ding einfach abgerissen. Für die Braunkohle werden ganze Dörfer umgesiedelt, und hier wird der Pilger berücksichtigt, und das Windrad darf nicht errichtet werden. Das zeigt, wie absurd die Debatte um die Windenergie ist.

So ergeht es auch oft Solaranlagen auf dem Dach: Es reicht ein einfaches Schreiben vom Denkmalschutzbeauftragten – und es gibt keine Genehmigung. Oft auch pauschal, wie Fälle aus Dachau belegen. Eine Frau wollte auf ihrer Scheune eine Solaranlage installieren lassen, was der zuständige Denkmalschützer wegen der »Verletzung der Sichtbeziehung« ablehnte. Die Frau lud ihn zur Besichtigung vor Ort ein. Dabei stellte dieser fest, dass das Schloss von dem Dach des Gebäudes aus gar nicht gesehen werden kann und damit umgekehrt vom Schloss aus das Solardach nicht einsehbar ist. Industriehallen und Hochhäuser stören den Denkmalschutz nicht, aber ein Windrad oder eine statische Solaranlage schon.

Das Landratsamt Kelheim verbot einen Windpark im Painter Forst, weil alte Köhlerstätten im Wald gefunden wurden, wo im Mittelalter Holz pyrolytisch zu Kohle umgewandelt wurde, um es in die Städte als Brennstoff zu bringen. Diese Stätten sind heute mit dem bloßen Auge nicht mehr zu erkennen, sondern nur historisch kartografiert. Aber es ist trotzdem ein Bodendenkmal, das zulasten des Klimaschutzes geschützt wird.

MYTHOS: Durch Wind- und Solarparks bleiben die Touristen fern

Gerade im Bayerischen Wald und oberbayerischen Voralpenland sind diese Angst und dieser Mythos weit verbreitet. Ein Blick an die Nord- und Ostseeküste oder die norddeutschen Urlaubsregionen zeigt für die Windkraft: Dem ist ganz einfach nicht so.

Aber auch die Solarenergie betrifft das. Ein Solarpark zwischen riesigem Steinbruch und alten Bahngleisen wurde in der Gemeinde Eging am See abgelehnt mit dem Verweis, dass ein Solarpark nicht zu einer touristischen Gemeinde passe. Das leisten wir uns!

Energieaufwand und Klimafreundlichkeit

MYTHOS: Die Energie für die Herstellung der Windräder und Photovoltaikanlagen kommt nie zurück

Ein Mythos, der sich bis heute hält. Er entstand vor über 30 Jahren, als die Herstellung von Solarmodulen noch sehr energieintensiv war und das auch tatsächlich zutraf.

> Mittlerweile sind die eingesetzten Wafer so dünn und die Module so effizient geworden, dass sich die Energierückzahldauer von drei bis vier Jahren Anfang der 2000er-Jahre auf heute ein bis zwei Jahre halbiert hat.

Im Gegensatz zu fossilen und atomaren Kraftwerken, bei denen stets Brennstoff aus größtenteils problematischen Ländern einzukaufen und nachzuschieben ist, steht die Energie aus Wind und Solar allen frei zur Ernte zur Verfügung – global! Was Kohle-, Öl-, Gas- und Atomkraftwerke nicht schaffen, die Energie für die Herstellung der Kraftwerke zu amortisieren, gelingt bei Windenergieanlagen je nach Standort und Technologie in drei bis sieben Monaten und bei Solaranlagen nach ein bis zwei Jahren, in südlicheren Breitengraden sogar noch früher.[90]

Das ist also ein absoluter Mythos. Im Gegenteil: Ein kleiner Vergleich verdeutlicht die Power eines einzelnen typischen Solarmoduls mit 350 Watt. Mit dessen jährlichem Stromertrag von etwa 300 Kilowattstunden in unseren Breitengraden können wir mit einem E-Auto 1.500 Kilometer fahren und über die gesamte Lebensdauer sogar über 40.000 Kilometer. Mit einem einzelnen Modul! Dafür müssten umgerechnet etwa 70 Hamster im Hamsterrad samt Dynamo mit je 0,5 Watt das ganze Jahr durchlaufen.[91] Ohne Pause. Im Vierschichtbetrieb wären es 280 Hamster. Ohne Verluste. Wir bräuchten also etwa so viele Hamster, wie die Wattanzahl des Moduls. Dieses vergleichende Bild ist eindeutig. Ein Hamster packt also maximal die Ladung eines alten Handys, wie es »Familie Spar« in der Sendung mit der Maus humorvoll vorlebt. Meine Kinder lieben diese Folge.[92]

MYTHOS: Wind- und Solaranlagen sparen kein CO_2 ein

Richtig ist, dass durch den Energieaufwand in der Herstellung von Solarmodulen oder dem Stahl für Windkraftanlagen diese noch nicht komplett CO_2-frei sind, sondern einen CO_2-Fußabdruck hinterlassen. Dieser ist aber mit 36 bis 63 Gramm CO_2 pro Kilowattstunde für Solarmodule und 5 bis 16 Gramm für Wind im Vergleich zu Gaskraft (490 Gramm) oder Braunkohlestrom (1.140 Gramm) um Faktoren geringer.[93]

> Daher vermeidet Wind- und Solarstrom eindeutig CO_2-Emissionen durch den Ersatz von Kohle, Öl und Gas.

Solarstrom verdrängt vorwiegend Strom aus Steinkohle und Gaskraft und vermeidet dadurch fast 700 Gramm pro Kilowattstunde. Dieser Beitrag wird umso größer, desto CO_2-ärmer die Herstellung der Wind- und Solaranlagen wird. Förderlich dafür ist der Einsatz von – ebenfalls erneuerbarer Energie in der Herstellung, Effizienzsteigerungen, Materialeinsparungen und nicht zuletzt das Recycling dieser Anlagen in einer geschlossenen Kreislaufwirtschaft.

MYTHOS: Dämmung führt zu Schimmel und ist ineffizienter Sondermüll

Richtig ist, dass an ungedämmten, kalten Wänden die Feuchtigkeit aus der Raumluft leichter kondensiert als an gedämmten, warmen Wänden. Nachhaltige und leicht recycelbare Dämmstoffe sind anhand von Umweltsiegeln leicht erkennbar. Mineralwolle, Styropor, EPS/XPS-Platten und sogar Wärmedämmverbundsysteme können direkt recycelt oder im Leichtbeton oder Straßenbau wiederverwendet werden.[94] Giftige Flammschutzmittel in Dämmstoffen wurden mittlerweile verboten.[95] Ähnlich wie bei der Photovoltaik amortisiert sich die eingesetzte Energie für die Herstellung innerhalb eines kurzen Zeitraums. Eine Auswertung von 60 gedämmten Häusern zeigte eine Energieeinsparung von 76 Prozent.[96] Dämmung macht also durch die Bank Sinn.

MYTHOS: Mit Holz heizen ist nicht CO_2-neutral, und Holz ist nicht erneuerbar

Richtig ist, dass bei der Verbrennung von Holz nur das CO_2 freigesetzt wird, was vorher über Jahrzehnte im Holz aus der Luft gebunden wurde. Damit ist die Holzverbrennung CO_2-neutral, wenn wir den Zeitraum von der Entstehung des Baums bis zu seiner Nutzung betrachten. Einige rechnen jedoch die Holzverbrennung zuerst und betrachten dann, wie lange die Folgebäume brauchen, um wieder das CO_2 zu binden. Das ist aber nicht logisch, denn der Baum muss zuerst wachsen, bevor er verbrannt werden kann. Es ist eine Frage des Bilanzierungszeitraums.

Richtig ist auch, dass Holz nachwächst, wenn wir es geerntet haben. Es gehört zu den nachwachsenden Rohstoffen und ist daher erneuerbar im Gegensatz zu den fossilen Brennstoffen, die endlich sind. Holz zu nutzen ist nachhaltig, wenn wir nicht mehr entnehmen, als nachwächst. Das ist in Deutschland der Fall. Das belegen die Zahlen der Bundeswaldinventuren im Abschnitt »Holz- und Forstwirtschaft« ab Seite 199 eindeutig. Diese decken sich mit der Praxiserfahrung langjähriger Förster, die von 20 bis 30 Prozent Mehrzuwachs gegenüber der Entnahme ausgehen.

> Kommt das Holz aus nachhaltiger Forstwirtschaft, trägt es aktiv zum Klimaschutz bei, da ausgewachsene Bäume entnommen werden, die kein CO_2 mehr binden würden. Stattdessen werden neue gepflanzt, die durch das Wachstum wieder CO_2 binden. Die Verbrennung von Pellets, Scheitholz oder Hackschnitzel aus nachhaltiger Forstwirtschaft ist damit CO_2-neutral.

Wichtig ist ein entsprechender Nachweis durch PEFC oder FSC-Zertifikaten. Ferner ist es sinnvoll für das Klima, nicht ganze Bäume zu Brennholz zu verarbeiten, sondern – wie in den Sägewerken üblich – etwa die Hälfte prioritär als Bauholz oder Industrieholz zu verwenden. So bleibt das CO_2 über einen längeren Zeitraum von mehreren Dekaden gebunden im Vergleich zur direkten Verbrennung. Aus dem Rest, vor allem den Sägenebenprodukten, können CO_2-neutrale Holzbrennstoffe hergestellt werden. Die Verarbeitung und der Transport der Produkte sind CO_2-behaftet, aber unterm Strich ist das verschwindend gering im Vergleich zum Heizen mit Öl und Gas.

Richtig ist, dass die Mengen an nachhaltigen Pellets durch das verfügbare nachhaltige Holz begrenzt ist. Kommen diese Pellets aus der Rodung von Urwäldern in Osteuropa, Lateinamerika, Asien oder anderswo, ist kaum von nachhaltigen Pellets zu sprechen. Für eine umfängliche Defossilisierung der Industrie durch den Ersatz von Kohle, Öl und Gas in der Prozesswärme ist das nachhaltige Biomassepotenzial begrenzt und wird entsprechend selektiv eingesetzt, wie unsere Energiesystemmodelle im Kapitel »Die große Transformation« ab Seite 209 zeigen. Aber als Wärmequelle für Haushalte ist es nach wie vor eine gute und klimafreundliche Option, vor allem in Häusern, die nicht für Wärmepumpen geeignet sind oder wo es auf absehbare Zeit kein Wärmenetz geben wird.

Blackouts und Speicher

MYTHOS: Wind und Solar führen zu Blackouts und gefährden die Versorgungssicherheit

Wind- und Solarstrom sind von Natur aus wetterabhängig und damit eher schwankend. Wir haben aber über die Jahrzehnte gelernt, damit in unseren Stromnetzen sehr gut umzugehen, sodass stets eine hohe technische Versorgungssicherheit gewährleistet wird und es kaum zu Stromausfällen wegen erneuerbaren Energien kommt.

Wenn, dann waren das menschliches Fehlverhalten, wie auch 2007, als der Sturm Kyrill über Europa zog. Ein Schiff der Meyer-Werft in Papenburg wurde ausgeliefert und dafür eine über die Weser kreuzende Stromleitung abgeschaltet, ohne die Windprognosen in den Schaltzentren und Leitwarten der Stromnetzbetreiber adäquat zu berücksichtigen. Die Folge: Halb Europa war für wenige Stunden ohne Strom. Einerseits wird dieses Problem durch einen großen Verbund der Regionen in Europa gelöst, da immer irgendwo etwas Wind weht und über die Zeitzonen hinweg Solarstrom da ist.

Andererseits gibt es auch erneuerbare Energien, wie die Wasserkraft, Biogasanlagen und Geothermiekraftwerke, die konstant und flexibel zugleich sind. Des Weiteren kommen immer mehr flexible Back-up-Kraftwerke zum Einsatz, die heute noch mit Kohle und Erdgas befeuert werden, zukünftig aber mit erneuerbaren Gasen wie Wasserstoff oder synthetischem Gas ersetzt werden können. Und es gibt noch die Speicher vielfältigster Art, wie wir gleich im nächsten Kapitel »Stromwende« sehen werden.

Es ist ferner ein Mythos, dass Kohle und Atomkraft parallel im Leerlauf betrieben werden. Richtig ist, dass die Back-up-Kraftwerke kurzfristig für kurze Zeiträume einspringen. In der Energiekrise 2021/22 kochte das Thema Blackout dennoch hoch, weil Hunderttausende Heizlüfter angeschafft wurden. Dazu haben wir im VDE und VDI klar Stellung bezogen:

> Heizen mit Heizlüftern ist doppelt so teuer wie mit Gas. Sie können örtlich begrenzte, regionale Stromausfälle verursachen, die lästig sind, weil dann alle Heizungen ausfallen – auch Gasheizungen und Wärmepumpen.[97]

Wenn es spannungsseitig kritisch wird, schalten die Verteilnetzbetreiber die Wärmepumpen weg. Ein stärkerer Frequenzabfall und damit großflächiger Ausfall in Form eines Blackouts ist aber nach wie vor unwahrscheinlich.

MYTHOS: Es gibt nicht ausreichend Speichermöglichkeiten

Immer wieder höre ich: Wind- und Solarenergie sind nicht speicherbar, oder es gibt nicht ausreichend Speicherkapazitäten für Wind und Solar. Beides ist Quatsch.

> Wir haben ausgereifte Technologien für diesen Zweck: Für den täglichen Ausgleich Pumpspeicher und Batteriespeicher und für die langfristigen saisonalen Schwankungen die Gasspeicher, die wir mit erneuerbarem Gas füllen und wieder in Strom wandeln.

So können wir bei entsprechender Anzahl an »Ladegeräten« für das Gasnetz, den vorhandenen Pumpspeichern in der Fläche und Batteriespeichern zu Hause und in den Autos in Kombination mit Stromnetzen auf Übertragungs- und Verteilnetzebene und dem Lastmanagement (also der Synchronisation des Verbrauchs mit der schwankenden Erzeugung) zu jeder Tages- und Nachtzeit ganzjährig die Stromversorgung ohne Blackouts sicherstellen und erneuerbare Energien speichern.

Es ist keine Frage der Technik oder der technischen Möglichkeiten, sondern rein eine von politischen Rahmenbedingungen und damit der Wirtschaftlichkeit. Zudem gibt es Wärmespeicher in Form von Pufferspeichern, die fast jeder von uns in seinem Wohngebäude hat und die wunderbar Wind- und Solarenergie aufnehmen können, direkt als Wärme oder indirekt als Strom über Heizstäbe und Wärmepumpen. Daraus lässt sich zwar kaum mehr Strom gewinnen, aber Wind und Sonne sehr gut speichern und nutzen.

Viele Mythen verhindern also de facto den notwendigen Klimaschutz. Das erfolgt oft auch interessensgetrieben, weil wir mit dem Umbau der Energieversorgung eine Energierevolution betreiben, die bisherigen fossilen und nuklearen Energieversorgern nicht schmeckt. Es liegt in der Verantwortung von Politik, Wissenschaft, Gesellschaft und Wirtschaft – letztlich an allen –, die Behauptungen kritisch zu hinterfragen, Fakten zu prüfen und vor allem keine Fake News zu verbreiten, sondern den Dialog sachlich und offen zu führen.

STROMWENDE

»Everywhere you go,
always take the weather with you.«
Weather with you / Crowded House

Wir wissen nun, dass es auf Wind- und Solarenergie hinausläuft von den Kosten, dem Potenzial und Flächenverbrauch. Die dazugehörigen Mythen haben wir bereinigt. Sind wir nun mit der Energiewende fertig, wenn wir einfach nur genug Wind- und Solarstrom erzeugen? Nein, mitnichten.

Strom muss zu jeder Sekunde zeitgleich »erzeugt« und »verbraucht« werden, wobei beides physikalische Wandlungsprozesse und daher technisch nicht korrekte Begriffe sind. Sie haben sich durch den Handel mit Energie eingebürgert. Auch kann Strom nicht »produziert«, sondern nur gewandelt werden. Diese technische Eigenschaft der Gleichzeitigkeit stellt die Stromversorgung vor eine große Herausforderung und macht den Betrieb der Stromnetze so aufwendig und teuer.

Zu Beginn der Elektrotechnik im 19. Jahrhundert wurde vorwiegend mit Gleichstrom gearbeitet, wie wir ihn aus Batterien kennen. Seine Übertragung über lange Strecken war jedoch sehr verlustbehaftet. Erst die Erfindung des Drehstrommotors und -generators von Nikola Tesla und Michail von Dolivo-Dobrowolsky hat das geändert. Sie hatten die geniale Eingebung, zwei beziehungsweise drei Spulen räumlich 180 Grad beziehungsweise 120 Grad symmetrisch auf einen Kreis verteilt versetzt anzuordnen und zeitlich genauso versetzt diese Spulen mit einer Wechselspannung gleicher Frequenz unter Strom zu setzen. Die Kombination dieser zeitlich und räumlich symmetrischen Anordnungen ermöglichte ein drehendes Magnetfeld und damit die Entwicklung von großen Generatoren und Motoren samt der verlustarmen Übertragung von Strom über lange Strecken und das einfache Schalten großer Leistungen.

Die Betriebsfrequenz dieser herkömmlichen Art der Stromversorgung muss aber stets in engen Grenzen um die 50 Hertz gehalten werden, sonst bricht die Stromversorgung zusammen, und wir haben einen Blackout. Ein großer Generator wird daher ganz langsam an- und abgefahren, damit er durch die Schwingungen keine Unwuchten bekommt und nicht durch die Halle hüpft. Erst wenn er synchron auf der richtigen Frequenz läuft, kann er dem Verbundnetz zugeschaltet werden.

Solche großen Generatoren können auch im Kurzschlussfall genügend Strom erzeugen, um alle Sicherungen auf der Leitung zu werfen und damit Schaden abzuwenden. Eine feine Technik, wäre da nicht der fossile und nukleare Brennstoff, der sie letztlich antreibt. Nun ändern sich die Energiequellen: Der Brennstoff fällt – bis auf Biomasse – bei den erneuerbaren Energien größtenteils weg, und das Feuer erlischt. Bei Biomassekraftwerken auf Basis von Biogas und Holz haben wir nach wie vor große Generatoren, genauso bei der Wasserkraft. Bei Wind- und Solarenergie haben wir auch »Generatoren«, die jedoch über Wechselrichter an das Netz angeschlossen sind. Das stellt die Stromversorgung vor Herausforderungen in der Schutztechnik und Betriebsführung, die aber technisch lösbar sind.[98]

Im Grundsatz gilt aber, dass wir von der generatorbasierten Stromerzeugung mit viel Schwungmasse im mechanischen Aufbau weggehen hin zur Stromerzeugung auf Basis von Umrichtern mit filigranen Halbleitern. Vereinfacht gesagt werden die übergroßen Generatorenhallen in Atom- und Kohlekraftwerken durch viele kleine Generatoren in Windparks und Solaranlagen ersetzt.

> All die sogenannten Systemdienstleistungen wie die Haltung von Frequenz und Spannung oder der Netzwiederaufbau nach einem Blackout sind auch in einer 100 Prozent erneuerbaren Energieversorgung technisch möglich.[99] [100] [101] Das ist die Zukunft, die wir meistern werden.

Wind und Sonne erfordern Flexibilität

Ja, die Sonne schickt uns keine Rechnung, aber sie schickt den Techniker, der die Anlagen bauen und warten muss. Der Wind- und Solarstrom schwankt und ist entsprechend zu integrieren. Dafür brauchen wir Flexibilitäten. Wir brauchen flexible Kraftwerke. Wir brauchen flexible Verbraucher, auch Lastmanagement genannt. Und wir brauchen Stromnetze und Speicher, und zwar beides, nicht entweder oder. Die gute Nachricht vorweg: Alles ist da und technologisch vorhanden. Wir müssen es nur intelligent zusammenbringen und steuern.

Der Stromhandel agiert, als könnte jede Kilowattstunde überall eingekauft und verbraucht werden, unabhängig von der Physik dahinter. Entsprechend brauchen wir eine ausgeglichene Erzeugungs- und Verbrauchsbilanz in jeder Stunde, in jeder Sekunde. Diese simulieren wir an unseren Hochschulen und Instituten samt Netzen und Speichern.

Wir hängen in der Zukunft mit unserer Stromversorgung an Wind und Wetter. In den Simulationen sehen wir, dass der Wind mal stärker mal schwächer weht und sich entsprechend auch die Einspeisung von Windstrom verhält. Diese findet hauptsächlich im Norden statt und führt zu einer mehr oder weniger starken Auslastung des Stromnetzes, welches den Windstrom verteilt. Dieses Netz ist an gewissen neuralgischen Punkten von Nord nach Süd zu bestimmten Zeiten massiv überlastet. Das ist die Herausforderung: günstiger Windstrom im Norden, hoher Strombedarf im Süden. Das Ganze verschärft sich, desto weniger Wind- und Solarstrom wir im Süden erzeugen. Wenn der Süden wie Baden-Württemberg oder Bayern selber viel Windstrom erzeugt, steigt die Versorgungssicherheit dort, und die Netzbelastung sinkt. Aber wenn das politisch nicht gewollt und umgesetzt wird, ist der Süden stark abhängig vom Umland.

Zu wind- und sonnenstarken Zeiten haben wir bereits heute in verschiedenen Regionen mehr als 100 Prozent Wind- und Solarstrom in den Netzen. Diese Übereinspeisung wird durch Kraftwerke verstärkt, die ohnehin derzeit noch laufen müssen. Das können Atom-, Kohle- oder Gaskraftwerke sein, die zur Netzstabilität benötigt werden, oder Kraft-Wärme-Kopplungsanlagen auf Basis von Gas, Biomasse oder Müll, welche in erster Linie Müll verbrennen oder Wärme bereitstellen und diese in Fernwärmenetze an die Haushalte liefern (müssen). Strom ist dabei meist das Nebenprodukt, und entsprechend günstig kommt er ins Netz und verdrängt Wind- und Solarstrom, obwohl der gesetzlichen Vorrang hätte. Diese Kraftwerke werden als »Must-run«-Kraftwerke bezeichnet, weil sie laufen »müssen«. Netzengpässe bestehen aber nicht nur zwischen Regionen, sondern über ganz Deutschland beziehungsweise teils ganz Europa.

> Der Strom kann nicht überall hin, wo er gebraucht würde.
> All das lässt die Überschüsse steigen.
> Die Lösung: Wir brauchen mehr Flexibilität!

Wir haben jetzt schon bei 50 Prozent erneuerbaren Energien viel überschüssigen Wind- und Solarstrom, den wir wegwerfen, statt ihn zu nutzen. Bezahlt wird er trotzdem. Woanders springt dann ein fossiles Kraftwerk ein, um den Strom bilanziell zu liefern. Diesen Irrsinn haben wir gesetzlich als sogenanntes Einspeisemanagement und Redispatch geregelt. Alle sind happy – Erzeuger und Netzbetreiber, nur die Volkswirtschaft Deutschland und der Endkunde nicht, weil er die Mehrkosten zahlt. Und deren Mandat wird von der Politik meist zu schwach vertreten. Entsprechend sind auch diese »Must-run«-Kraftwerke zu flexibilisieren, zum Beispiel über Wärmespeicher, die bei hoher Windeinspeisung die Versorgung der Wärmenetze übernehmen, überschüssigen Strom über Heizstäbe einspeichern können und zeitgleich die eigene Stromerzeugung zurückfahren. Auch die technische Versorgungssicherheit in Form gesicherter Leistung müssen wir auf andere Beine stellen und Speicher statt Atom- und Kohlekraftwerke dafür nutzen. All das geht, und das kann auch geleistet werden. Aber es ist eine Herkulesaufgabe. Schauen wir uns im Folgenden die vier dafür passenden Flexibilitäten näher an.

Flexible Kraftwerke

Erklären wir es mit der Tierwelt, wie ich es beim Energiekonzern RWE mal gesehen habe: Wind und Solar springen daher wie ein Känguru. Unzuverlässig, mal hohe, mal kleine Sprünge. Unstet. Wie sie wollen. Ein

Gaskraftwerk ist die erste Option, um diese Sprünge auszugleichen. Sie sind superschnell wie ein Gepard und können »einspringen«. Ein Steinkohlekraftwerk ist eher wie ein Dackel, also langsam, muss über Stunden angefahren werden, damit die Anlagen das thermisch aushalten und nicht kaputt gehen, weshalb das Kraftwerk auch nicht komplett auf null heruntergefahren werden soll. Atom- und Braunkohlekraftwerke können auch in gewissen Bereichen flexibel gefahren werden, aber sie wurden eigentlich für die Dauerproduktion ausgelegt, also für die sogenannte Grundlast. Wenn man so dicke Brummer abschaltet, brauchen sie mehrere Tage, bis sie wieder hochkommen. Bei Atomkraftwerken braucht es eine sicherheitsgeprüfte neue Anfahrgenehmigung. Das kann dauern. Das sind die Nilpferde der Stromversorgung. Träge und nur theoretisch flexibel. Und wenn es sie aus der Bahn wirft, sind die Kollateralschäden groß!

Der Leiter des Kernkraftwerkes Biblis bei Frankfurt kontaktierte uns am Fraunhofer-Institut in Kassel im Jahr 2010 und behauptete, dass sein Kraftwerk auch flexibel sei und im Zuge der Laufzeitverlängerung der perfekte Partner für Wind und Solar sei. Wir schlugen ein gemeinsames Forschungsprojekt vor und übersandten ihm die Fahrprofile, die sich aus der Wind- und Solareinspeisung für sein Atomkraftwerk ergaben. Die Antwort war knapp: Es wird kein gemeinsames Projekt geben, da diese Flexibilität nicht vorhanden ist.

> Wir brauchen zukünftig ein System, das aus Wind, Sonne und flexiblen Einheiten wie der grünen Gaskraft besteht.

Erneuerbare Energien durchschneiden und senken die Grundlast und durchgrasen damit das Feld, was bisher Atom- und Kohlekraftwerken gehörte. Deshalb waren deren Betreiber auch angemessen sauer und blockierend über die ersten Jahrzehnte der Energiewende. Zukunftsfähig ist nur, wer Folgendes erfüllen kann: mehr Flexibilität, mehr Robustheit, geringere Stillstandszeiten, kurze Anfahrtsdauern, kurze Mindestbetriebszeiten. Und das passt halt nicht zum Steinkohle- oder Braunkohlekraftwerk, das erst mal einen Tag angefahren werden muss, damit die Stahlwände warm werden und nichts zerreißt. Mit der reduzierten Auslastung der konventionellen Kraftwerke sinkt auch deren Wirtschaftlichkeit, was ein großer Grund für die konventionelle Energiewirtschaft war, über Jahrzehnte gegen die Erneuerbaren zu kämpfen. Daraus ergab sich sogar ein Systemkonflikt, der sich bis heute manifestiert im Wegwerfen erneuerbarer Energien. Atom und Kohle wurde aus Gründen der Netzstabilität (das ja für diese Kraftwerke gebaut wurde) der faktische Vorrang gegeben, obschon per Gesetz die Erneuerbaren Vorfahrt haben.

> Aber am Markt ist das Bild eindeutig: Je mehr Wind und Sonne wir haben, desto günstiger der Strompreis – und desto geringer die Profite in den konventionellen Kraftwerken.

Nilpferde und Dackel können wir in Zukunft nicht brauchen. Sie sind nicht kompatibel mit den Hauptsäulen Wind und Solar, den springenden Kängurus. Atom- und Kohlekraftwerke kommen aus anderen, fossilen Zeiten und sind weder wirtschaftlich noch technisch dazu entworfen, stark schwankende Wind- und Solarenergie auszugleichen. Es bleiben einzig die Geparde, die Gaskraftwerke, welche zukünftig mit grünen Gasen wie Wasserstoff oder Methangas befeuert werden können. Zur Gepardenfamilie zählen auch flexible Biogasanlagen, Batteriespeicher, Pumpspeicher und Brennstoffzellen. Einzeln oder im Verbund, wie wir es am Fraunhofer-Institut mit dem Kombikraftwerk demonstriert haben.[102] Hauptsache im Takt von Wind und Solar.

Netze oder Speicher? Netze <u>und</u> Speicher!

Brauchen wir die großen Stromtrassen? Können wir das Ganze nicht über Speicher lösen? Das sind große Streitfragen in der Energiepolitik zwischen Befürwortern und Gegnern einer zentralen versus einer dezentralen Energieversorgung. Die einfache Antwort: Es braucht beides!

Grundsätzlich ist es immer ideal, wenn Erzeugung und Verbrauch möglichst am gleichen Ort stattfinden. Das minimiert den Transportbedarf. Wenn nun die Erzeugung aus Wind und Solar zeitlich auseinanderliegt zum Bedarf, können Speicher ausgleichen. Wenn der Strombedarf ganzjährig klein ist und die Wetterbedingungen gut sind, klappt das auch, aber sobald größere Bedarfe zu unterschiedlichen Zeiten zu decken sind, wird der Bedarf an Speichern, Wind- und Solaranlagen sehr groß und damit teilweise unwirtschaftlich.

> Dann macht eine regionale Vernetzung über Verteilernetze und eine überregionale Vernetzung mittels Übertragungsnetzen wirtschaftlich Sinn. Auch technisch, weil das System umso stabiler ist, desto größer der Netzverbund ist.

Somit können Regionen mit intensivem Verbrauch mit den günstigen Wind- und Solarstandorten verbunden werden – mit herkömmlichen Drehstromnetzen im Freien oder Hochspannungs-Gleichstrom-Übertragungstrassen in der Erde. Die Digitalisierung hilft zudem, über Wind- und Lastprognosen den Netzbetrieb stabil zu halten. Früher gab es in den Leitwarten der Netzbetreiber zwei »Jahreszeiten«. Der Betrieb war gemütlich. Heute sind es mehrere Jahreszeiten in einem Tag, was nicht mehr ohne digitale Unterstützung denkbar wäre. Die Netze sind das Backbone, das Fundament der Energiewende.

Der Netzausbau kann durch eine verbrauchsnahe Aufstellung von Wind- und Solaranlagen reduziert werden, aber nicht auf null. Selbst in einem autarken Haus mit einem solaren Wasserstoffsystem sind Leitungen verlegt, die Erzeuger, Speicher und Verbraucher miteinander verbinden. Theoretisch wäre es analog zum Haus möglich, ganze Regionen autark zu machen. Aber eben für den entsprechenden Preis: viele Wind- und Solaranlagen, viele Speicher und entsprechend hohe Stromkosten, da nicht jede Region optimale Windgeschwindigkeiten und Sonnenstunden hat.

Dezentral versus zentral

Hierin liegt ein alter Streit zwischen verschiedenen Gruppen offen: Ist der dezentrale oder der zentrale Ansatz die richtige Wahl? Über die Jahrzehnte haben sich zentrale Strukturen in der Stromversorgung mit großen zentralen Kraftwerken und entsprechenden Übertragungsnetzen herausgebildet. Die Natur der erneuerbaren Energien ist – bis auf Offshore-Wind und große Wasserkraft – dezentral. 80 Prozent der Erneuerbaren werden in die Verteilnetze eingespeist.[103] Mit dem Wegfall der Großkraftwerke bleibt das zentrale Netz zurück, das dennoch für den überregionalen, interkontinentalen Ausgleich gebraucht wird. Dieses Netz wird zu Recht ausgebaut: In Deutschland haben wir im Norden viel Wind, im Süden viel Sonne – dazwischen im Ruhrgebiet und dem Rhein-Main-Gebiet die großen Verbraucher, die über die Netze angebunden werden. Die Lösung des Streites ist somit wieder ein »und«: dezentral und zentral.

Stromtrassen – ja oder nein? Der verzögerte Netzausbau

Der Bau der Stromtrassen ist zudem eng mit dem Atomausstieg verknüpft. 2012 ging die Bundesregierung davon aus, dass beides in 10 Jahren zu schaffen sei. Das war auch realistisch für Freileitungen über der Erde.

> Der Atomausstieg ist im Zeitplan, aber die Netze nicht. Die Folge: Wir werfen viel Windstrom im Norden weg und brauchen teure Gaskraft im Süden als Ausgleich.

Das liegt – wie bei der Windkraft – an Bürgerinitiativen gegen den Trassenbau. Landschaftsverschandelung, Elektrosmog, »Nicht vor meiner Haustür«, »Es geht auch dezentral« und »Kohletrasse« sind die Gegenargumente.

Zur Minimierung des Elektrosmogs gibt es klare Vorschriften für Abstände zu Wohngebäuden. Und ja, die großen Stromtrassen transportieren nicht nur den Wind von Nord nach Süd, sondern sorgen auch für eine bessere Auslastung der Kohlekraftwerke europaweit. So transportieren sie zukünftig mitunter polnischen Kohlestrom durch Deutschland nach Italien.

> Aber die Lösung dafür lautet nicht »keine Stromtrasse«, sondern ein beherzter, politisch mutig umgesetzter europaweiter Kohleausstieg samt saftiger CO_2-Bepreisung.

Deshalb ist auch die CO_2-Bilanz einer Stromtrasse die ersten Jahre negativ. Langfristig ist sie aber positiv, wenn die Kohle draußen ist und wir einen starken CO_2-Preis haben. Und so eine Leitung wird 60 bis 70 Jahre betrieben. Wenn ich also – wie der damalige bayerische Ministerpräsident Horst Seehofer (CSU) – gegen Stromtrassen protestiere, müsste ich die Bürgerbedenken ernst nehmen und vehement dafür sorgen, dass der Kohleausstieg aber so was von schnell kommt oder der CO_2-Preis entsprechend saftig angezogen wird. Das hat er aber nicht gemacht, was offenbart, dass es hier um kurzfristigen Wahlkampf ging und nicht um eine schlüssige, sinnvolle Energiepolitik. Die Netzplaner haben den zweiten Entwurf wohlwollend um Seehofers Wahlkreis geführt und den Anfangspunkt weiter gen Norden zur Windkraft versetzt. Aber als auch das nicht reichte, kam die wesentlich teurere Erdverkabelung und zwar über die Oberpfalz und Niederbayern, weil »da weniger Bevölkerung = Wähler sind und damit die Akzeptanz einfacher wird«.

> Der verzögerte Netzausbau gibt richtig Stress, auch ohne Ukraine und Gasknappheit: Im Süden wackelt die Versorgungssicherheit, und es werden teure Gaskraftwerke für die Stabilität benötigt. Im Norden wird Windstrom ohne Ende abgeregelt, das heißt nicht genutzt und weggeworfen.

Um die Sache zu befrieden und für mehr Akzeptanz zu sorgen, gibt es neben dem Kohleausstieg wie bei der Windkraft das Thema Teilhabe und Information. Daher habe ich zusammen mit der Deutschen Umwelthilfe in Berlin und Bayern dafür geworben, dass wir nicht nur einen »Bürgerdialog Stromnetze« in Schleswig-Holstein bekommen, der dort sehr erfolgreich gelaufen ist, sondern auch in Bayern. Gott sei Dank ist wenigstens der umgesetzt worden.

Oft stört die Anwohner auch die Optik. Hier gäbe es ebenfalls die Möglichkeit, statt hässlicher, breiter Gittermasten schlanke, elegante und vor allem kleinere Vollwandmasten aus Stahl und Beton, wie es sie in den USA und vielen anderen Orten gibt, zu bauen. Das wurde – vermutlich durch Lobbyarbeit oder fehlende DIN-Normen – verworfen. Ebenso die Idee, Stromtrassen entlang bestehender Infrastruktur wie Autobahnen oder Bahntrassen zu bauen. Hier ist die Landschaft bereits zerschnitten, warum also nicht hier die Strommasten errichten? Es gibt Bahnstrecken bei Nürnberg und anderswo, die auf einem Masten unten den Bahnstrom führen und oben 110-Kilovolt-Stromtrassen haben. Hier wurden teils technische Gründe wie elektrische Wechselwirkungen oder zu hoher Aufwand entlang der Bahntrassen angeführt. Aber gilt nicht, wo ein Wille, da ein Weg? Der große und leider bereits verstorbene CSU-Umweltpolitiker Josef Göppel hatte eine Bundestagsinitiative ins Leben gerufen, die sich genau dafür einsetzte, die Trassen entlang von Autobahnen zu ziehen – es waren am Ende etwa 70 Bundestagsabgeordnete, die auch das nicht bewirken konnten.

Erdverkabelung und Strompreiszonen

Damit blieb noch die Option Erdverkabelung. Das ist technisch deutlich schwieriger und aufwendiger als die Freileitungen, vor allem bei Wartungsarbeiten kommen die Fachkräfte an oberirdische Leitungen wesentlich leichter ran. Die Umsetzung dauert wesentlich länger. Und es ist technisches Neuland und damit sehr teuer: Die Schätzungen gehen von mindestens 15 Milliarden Euro Mehrkosten aus. Ist damit die Akzeptanz, teuer erkauft, endlich da? Mitnichten, weil NIMBY (not in my backyard) noch immer wirkt und sich schon die nächsten Mythen aufbäumen: Die Jäger beschweren sich, dass die Rehe nicht mehr ihre Fährte finden, wenn sich der Boden durch das Erdkabel erwärme, und die Landwirte bangen um ihre Erträge.

Dennoch, es ist nun beschlossene Sache, und hier hatte ebenfalls Horst Seehofer eine entscheidende Rolle. Als sich in Bayern 2014 der Aufstand gegen die Stromtrassen regte, ging der Ministerpräsident an den Spitzen der Anti-Trassen-Demonstrationen mit und stellte sich damit gegen die Beschlüsse, die er selbst in Berlin mitentschieden hat. Das gab viel Kritik aus allen Parteien, inklusive der eigenen. Er kam allerdings erst zum Umdenken, als ihm der Chef eines großen Netzbetreibers erklärte, dass sein Widerstand auch dazu führen kann, dass Deutschland in zwei Strompreiszonen eingeteilt wird und der Süden dann deutlich höhere Strompreise und damit industriell das Nachsehen hat.

Ich habe mich – wie viele andere Fachleute – in der Zeit auch kritisch zur bayerischen Politik geäußert: Woher soll in Bayern der Strom kommen, wenn die Landesregierung weder Windkraft noch Stromtrassen will? Wir brauchen beides! Die Kritik führte mich auch in Talkshows in einen mit über 200 Trassengegnern überfüllten Saal und führenden CSU-Politikern, die nicht so klar in ihren Aussagen waren wie ich. Jahre später gab mir die Zeit recht, aber in der Zwischenzeit bekam ich keine bayerischen Forschungsprojekte mehr genehmigt und musste in einem Gremium meinen Hut nehmen. Auch das ist Politik, und wir reden hier von Bayern und nicht von China. Im Jahr 2019 wurde Hubert Aiwanger Wirtschaftsminister, und deswegen bin ich mittlerweile wieder in den Gremien rehabilitiert wie dem bayerischen Energiebeirat.

Unter den Trassengegnern habe ich viele für die Energiewende proaktive Menschen kennengelernt, die sich für Wind und Solar vor Ort und gegen die alten Großstrukturen eingesetzt haben. Der dezentrale Ansatz funktioniert auch technisch. Wir hätten überall genügend technisches Potenzial für die Eigenversorgung. Der finanzielle Aufwand wäre schlichtweg größer: mehr Speicher, mehr Wind und Solar an nicht immer idealen Standorten; dafür aber weniger Trassen. Der Nürnberger Energieversorger N-Ergie hat solche Studien gerechnet und entsprechend politischen Druck bekommen,[104] aber auch der Übertragungsnetzbetreiber 50Hertz aus Ostdeutschland hat eine Studie von renommierten Instituten rechnen lassen.[105] Das Ergebnis: Ein zentrales Szenario mit einem starken Ausbau der Offshore-Windenergie führte zu zusätzlichen 1200 Kilometer neuen Leitungen, allein für einen der vier Übertragungsnetzbetreiber. Ein dezentrales Szenario mit viel Solarstrom und Hausspeichern hingegen zu 1000 Trassenkilometern weniger. Die Kosten dazu hängen wie immer stark von den Annahmen ab. Wie günstig werden Hausspeicher und wie teuer Erdkabel?

Der zellulare Ansatz

Eine Umfrage des Büros für Technikfolgenabschätzung des Bundestages[106] zur Frage »Welches sind aus Ihrer Sicht die wichtigsten Maßnahmen für den Erfolg der Energiewende in den kommenden 10 Jahren?« ergab an erster Stelle »Speicher ausbauen« und an letzter »Trassen ausbauen«. Sind die Menschen schlecht informiert? Nein, es wird eben beides gebraucht. Im VDE haben wir uns dazu ebenfalls viele Gedanken gemacht und unter anderem den zellularen Ansatz entwickelt.[107]

> Wir zeigen darin, dass es Sinn macht, zuerst auf der niedrigsten Spannungsebene Erzeugung und Verbrauch auszugleichen – über Stromspeicher, zeitversetzen Verbrauch oder der Speicherung und Nutzung des Stromes in anderen Sektoren wie der Wärme oder dem Verkehr – und dann überregional die vernetzten Energiezellen auszubalancieren.

Dadurch wird die Autarkie der Regionen gestärkt und der Bedarf an überregionalem Ausgleich minimiert. Trotz mehrfacher Versuche der Fachgesellschaften VDE und DVGW aus Strom- und Gaswelt wurden keine großen Forschungsprojekte dazu durchgeführt. Und es bräuchte einen regionalen Strommarkt, um das Realität werden zu lassen. Beides war schlichtweg politisch nicht gewollt. Mittlerweile hat Österreich eine EU-Verordnung umgesetzt, die genau solche Energiezellen hinter dem Trafo ermöglichen soll zur »gemeinschaftlichen Nutzung von erneuerbarem Strom, Speichern und Co.«.

Strom wegwerfen oder nicht?

Nun geht der Netzausbau leider nur sehr schleppend voran. Im Jahr 2010 haben meine Fraunhofer-Kollegen in einer Studie für die Deutsche Energieagentur errechnet, dass wir 3.000 Kilometer neue Stromleitungen bis 2015 brauchen. Wir hatten in dem Jahr gerade mal 500 Kilometer geschafft. Zahlreiche Netzentwicklungspläne und Netzausbau-Beschleunigungsgesetze später haben wir nach weiteren sieben Jahren gerade mal 1.000 Kilometer neue Leitungen gebaut, obwohl der Bedarf weiter steigt. Und diese Zahlen umfassen nur das Übertragungsnetz und lassen das Verteilernetz außen vor, was einen ähnlichen Bedarf aufweist. Die Folge: Windstrom wird im Norden weggeworfen und dennoch bezahlt und – als Ersatz – springen im Süden und anderswo teure Kohle- und Gaskraftwerke ein, die normal nicht im Markt wären, um das wieder auszugleichen.

> Ich kann in Deutschland Strom überall kaufen und verkaufen, als ob es keinen Engpass im Netz gäbe. Die Folge: jedes Jahr gut eine Milliarde für nichts und wieder nichts. Einfach mal Geld verbrennen.

Wenn ich als Speicherexperte immer wieder das Argument angeführt habe, dass wir Strom im Norden auch speichern können in Batterien oder Gasnetzen und zeitlich versetzt über die Stromnetze in den Süden bringen können oder über die Gasnetze direkt, hieß es vonseiten vieler Forscherkollegen und auch Ministerien: »Der Netzausbau ist die günstigste Option. Wenn wir jetzt mit den Speichern oder Wasserstoff anfangen, will keiner mehr Netze bauen.«

Ja, auf dem Papier sind Stromnetze die beste Option. Wenn ich aber die Akzeptanz dazu – aus welchen Gründen auch immer – trotz viel Geld und Kampagnen nicht herstellen kann, sollte ich – angesichts der Milliarden verbrannter Euros – doch mal die zweitbeste Option zulassen: die Speicher. Einzige politische Ausnahme: Wir dürfen in Netzengpassgebieten Strom in Wärme umwandeln. Wer braucht diese Wärme im Sommer? Das wurde ideologisch auf Wärme begrenzt und Wasserstoff- oder Batteriespeicher ausgeschlossen und stellt damit keinen technologieoffenen Wettbewerb um den Wegwerfstrom dar. Dabei wäre alles da! Alles könnte so einfach sein, wenn wir nur wollten und von übergeordneter Perspektive aus betrachten und entscheiden würden und nicht von Partikularinteressen aus.

Geh mit der Sonne und dem Wind – das Lastmanagement

Am besten nutzen wir Wind- und Solarstrom in dem Moment, in dem er da ist. Das hört sich banal an, ist aber für uns ungewohnt, weil der Strom für gewöhnlich jederzeit verlässlich aus der Steckdose kommt. Dadurch könnten wir Netze und Speicher einsparen. Wenn ich tagsüber mit Solarstrom mein E-Auto tanke, die Wäsche mache und die Spülmaschine anwerfe, brauche ich nachts keinen Strom mehr vom Netz ziehen. Das wird als »Lastmanagement« bezeichnet.

Potenziale in der Theorie

Was im Kleinen geht, geht auch im Großen. In den 1970er-Jahren brauchten wir in den Haushalten und Betrieben nachts sehr wenig Strom. Durchgehende nächtliche Fernsehprogramme gab es nicht. Wir bauten viele Atomkraftwerke, die – wie ihre Braunkohle-Kollegen – gern die ganze Zeit auf Volllast durchliefen, um möglichst wirtschaftlich zu sein.

Was war die energiepolitische Antwort? Pumpspeicher im Freien auf der einen und Nachtspeicheröfen in den Häusern auf der anderen Seite. Es gab große Förderprogramme mit viel Zuschüssen für den Einbau dieser Öfen, deren Steine nachts rein elektrisch aufgeheizt wurden und tagsüber mit dem Lüfter die Wärme in die Wohnung bliesen, bis die Steine kalt waren. Davon haben wir sage und schreibe noch 25.000 Megawatt in den Haushalten und etwa 10.000 Megawatt in Gewerbebetrieben. Die könnte ich auch superflexibel einsetzen, wenn ich denn möchte. Das alles so zu steuern, dass es für den Nutzer wenig Aufwand macht, nennt man »Smart Grid«. Das geht auch mit Wärmepumpen, Kühlungen, Kühlschränke und Gefriertruhen, der Warmwasserbereitung, Waschmaschinen, Trockner und Spülmaschinen – in Haushalt und Gewerbe.

Auch in der Industrie gibt es große Potenziale zur Lastverschiebung: in der Druckluft, in der Belüftung, in der Prozesswärme und -kälte, in der Produktion von Zement, Papier, Stahl, in Metallschmelzen wie Aluminium oder vielen energieintensiven Chemieprozessen wie der Luftzerlegung. Laut dem BMBF Kopernikus-Projekt Synergie könnte die deutsche Industrie ihre Last innerhalb von 15 Minuten um 1.500 Megawatt Last erhöhen oder um 3.300 Megawatt reduzieren. Damit könnte sie kritische Netzsituationen, die zu Blackouts führen können, entschärfen oder erneuerbare Energien besser integrieren.[108] Die Voraussetzung ist, dass die Flexibilität an der richtigen Stelle vorhanden ist.

> Die Flexibilität eines Industriebetriebes in Süddeutschland kann für den norddeutschen Windüberschuss nicht genutzt werden, wenn nicht genügend Stromtrassen dazwischen sind.

Potenziale in der Praxis

Zudem sagen meistens die Prozessführer: »Ne, das Produkt, das hinten rauskommt, ist wichtiger, als dass ich jetzt hier flexibel auf Wind und Sonne reagiere und dadurch etwas Geld einspare.« Diese Betriebe kaufen Jahresstrombänder viele Jahre im Voraus ein. Hier kommt das »Wetter« preislich nicht bei ihnen an. Im Gegenteil: Lastspitzen sind teuer, und konstanter Grundlaststromverbrauch wird finanziell angereizt – über stark reduzierte Netzentgelte.

> So sind die energieintensiven Industrien weitgehend von den Netzentgelten befreit und kaufen europaweit Strom ein, als gäbe es überall Netze, ohne den Netzausbau substanziell mitzufinanzieren.

Je mehr ich verbrauche, desto weniger zahle ich für die Netznutzung. Es sollte genau andersrum sein. Aber zu entsprechenden Reformen, Strompreiszonen oder netzknotenscharfen Strompreisen fehlte bisher der politische Wille. Daher bleiben diese technischen Potenziale für das Lastmanagement meist nur theoretische Potenziale, die erst auf politischen Druck über Vorgaben oder wirtschaftlichen Druck durch hohe Energiepreise tatsächlich gehoben werden.

Umso wichtiger ist es, dass wir alle neuen Verbraucher wie Elektromobile, Wärmepumpen oder die Klimatisierung von vornherein flexibel einbinden. Das spart Tausende von Speichern und Stromleitungen. Hier spielt die künstliche Intelligenz eine große Rolle. Meine Wärmepumpe zu Hause bekommt vom DWD die Wetterdaten und heizt dann das Haus auf, wenn die nächsten Tage schlechtes Wetter ist und heute viel Sonne scheint. Oder kühlt es, wenn der umgekehrte Fall eintritt. Die Gebäudemasse wird so als Energiespeicher genutzt. Genau so kann ich das Elektroauto laden: wenn die Sonne da ist. Damit entlaste ich auch das Stromnetz. Wenn Sie keine PV-Anlage haben, kann die Wärmepumpe oder andere Verbraucher auf variable Stromtarife reagieren. Bei viel Wind- und Sonnenstrom sind die Stromtarife meist sehr niedrig. Die Voraussetzung dafür: flexible Tarife und Smart Meter. Ich nutze Tibber über die Infrarotschnittstelle meines digitalen Zählers.

Auch die Sensorik kann hier viel helfen: Muss ein Raum durchgängig geheizt oder gekühlt sein, wenn keiner anwesend ist? Smarte Sensoren melden dies der Energiezentrale, und die spart entsprechend Energie ein. Hier wird deutlich, dass die Eigenheimbesitzer es wesentlich leichter haben, die Energiewende im eigenen Haus umzusetzen, als mehr als die Hälfte der Deutschen, die zur Miete wohnen und auf den guten Willen des Vermieters angewiesen sind. Da hier das Prinzip Freiwilligkeit nicht immer wirkt, braucht es klare Vorgaben und Möglichkeiten, wie Mieterstrom oder Stellplätze für das Laden des eigenen E-Autos.

In der Praxis gibt es interessante Unterschiede beim Verbraucherverhalten: Eine Studentin von mir berichtete, dass das örtliche Stadtwerk dreimal in ihrem Elternhaus den Stromzähler ausgetauscht hatte, weil sie einen Defekt vermuteten und nicht glauben konnten, dass deren Haushalt fast keinen Strom verbraucht hat. Die Familie hatte sich eine PV-Anlage installiert – ohne Speicher – und ihren Stromverbrauch komplett nach der Sonne ausgerichtet und in der Nacht nur noch sehr wenig Strom gebraucht. Die Folge: fast kein Strombezug aus dem Netz.

Meine Frau sagt: »Ich schalte die Waschmaschine und Spülmaschine ein, wann ich gerade Zeit habe. Ich habe keine Lust zu warten.« Meine Abhilfe: Automatisierung und Stromspeicher. Zumindest beim Elektroauto schaffe ich es damit, dass sie den Stecker reinsteckt und dann mein Mikrocontroller die Sonne einspeichert, wenn sie da ist.

E-Autos und Wärmepumpen im Takt von Wind und Sonne

Gerade beim Laden der Elektroautos liegt viel Potenzial. Es müssen nicht alle sofort laden, wenn sie um 18 Uhr nach Hause kommen. Dann hätten wir eine scharfe Lastspitze im Netz, die zu Spannungsproblemen führen kann. Wenn alle zeitgleich ihr Bügeleisen einschalten würden, dann hätten wir auch einen Blackout, das ist beim Elektroauto und bei der Wärmepumpe und deren Heizstäben oder Heizlüftern für einen kalten Winter ohne Gas genauso. Deswegen machen spezielle Tarife für Wärmepumpen oder Smart-Grid-Tarife für Haussteuerungen viel Sinn. So weiß die Energiezentrale im Haus, wann der Strom an der Börse witterungsbedingt günstig ist.

Mit diesem Lastmanagement kann viel Stress aus den Netzen und Strombörsen rausgenommen werden: Überschüsse werden reduziert, Defizite ausgeglichen und Solarspitzen abgefangen. Wenn Menschen und Computer das mitmachen, ist das Lastmanagement eine günstige Lösung für einen Teil des Problems von schwankendem Wind- und Solarstrom. Aber eben nur für einen Teil. Das Lastmanagement ist immer begrenzt auf wenige Stunden.

> Wenn mehrere Tage und Wochen zu wenig Wind und Sonne da sind, hilft mir weder Lastmanagement noch Tausende von Kilometern neuer Stromleitungen. Hier helfen nur Speicher.

Alle Speicher sind schon da, alle Speicher alle!

Was machen wir, wenn der Wind nicht weht und die Sonne nicht scheint? Eins ist klar: Ohne Speicher geht gar nichts. Bisher haben uns die fossilen Speicher in Form von Kohlehalden und Erdgasspeicher den Rücken freigehalten für diese dunklen und windstillen Zeiten, woher auch das Wort »Dunkelflaute« kommt. Zukünftig übernehmen das vor allem Batterien, Pumpspeicher und Gasspeicher, die mit erneuerbaren Energien gefüttert werden. Aber auch Holz und Energiepflanzen können uns hier aushelfen als gespeicherte Solarenergie.

Es war lange Zeit ein Mythos, dass die Energiewende nicht funktioniere, weil keine Speicher da seien oder wir erst auf die Speicher warten müssten, bevor wir weitere Wind- und Solarparks anschließen könnten. Diese Mythen wurden von der Industrie und Energiewende-skeptischen Verbänden verbreitet, und mancher Politiker hat das aufgegriffen. Erinnern Sie sich noch an den wegen hoher Kosten und fehlender Speicher begründeten »Solardeckel« zur Begrenzung des Solarausbaus auf 52 Gigawatt? Daran haben alle früheren Wirtschaftsminister bis vor zwei Jahren starr festgehalten. Heute sind bereits 64 Gigawatt am Netz.[109]

Hermann Scheer, der Pionier des EEG und Initiator der 2006 gegründeten »International Renewable Energy Storage Conference« sagte zu diesen Mythen: »Das ist eine Beleidigung für alle deutschen Ingenieure, ihnen zu unterstellen, dass sie das mit der Speicherung nicht hinbekämen.« Die Geschichte gab ihm recht.

> Die gute Nachricht vorweg: Es gibt ausreichend Speicherkapazitäten für jede Energiewende in Deutschland, allen voran die Gasspeicher. Wir brauchen nur die Ladegeräte dafür in Form von Power-to-Gas-Anlagen, die Strom zur Gewinnung von Wasserstoff einsetzen und diesen samt CO_2 in ein erneuerbares Gas wandeln.

Damit können wir Wind- und Solargas »Made in Germany« 1:1 in der bestehenden Gasinfrastruktur speichern und nutzen. Die Gasspeicher sind national gesehen unsere einzigen Langzeitspeicher, die Energie über Monate verlustfrei in großen Mengen speichern können. Und ihre Bedeutung wurde uns nie so vor Augen geführt wie im Jahr 2022, als wir die Speicherfüllstände wie Inzidenzwerte der Corona-Zeit lasen. Daneben gibt es auch die Kurzzeitspeicher wie Batterien und Pumpspeicher, die Energie für kurze Zeitspannen von Minuten, Stunden und Tagen effizient speichern können. Aber noch mal ganz von vorn ...

Welche Speicher brauchen wir an welcher Stelle zu welchem Zeitpunkt in der Energiewende?

Auf den Speicherbedarf wirkt eine ganze Menge: Wie flexibel ist meine Erzeugung? Wie viele Erneuerbare habe ich? Welchen Prognosefehler haben Erzeugung und Verbrauch? Wie flexibel ist mein Verbrauch, und wie viele Netze habe ich?

Viele unserer Studien[110] [111] [112] zeigen, dass wir nur unter idealen Annahmen vorerst kaum Speicher brauchen. Ideal deshalb, weil unsere Annahmen sind, dass erstens die Stromnetze überall ausgebaut werden und damit jede Kilowattstunde von Nord nach Süd kommt, dass zweitens die Energieversorger Wochen voraus schon wissen, wie viel Energie wo verbraucht wird und dass drittens viele Verbraucher flexibel auf schwankende Wind- und Solarenergie reagieren und dann witterungsabhängig Strom verbrauchen.

Sie merken: alles idealisierte Annahmen. Der Netzausbau stockt, wir wissen oft nicht im Voraus, wie viel Energie wir brauchen, und ein Industriebetrieb hat als oberstes Ziel den Erhalt der laufenden Produktion und passt sich kaum an den Wind oder die Sonne an.

> Das bedeutet, wenn wir in den Studien andere Annahmen treffen, dreht sich das Ergebnis komplett um, und wir brauchen sofort Speicher!

Seit Jahren werfen wir Wind- und Solarstrom in gigantischen Größenordnungen weg, was wir an den Zahlungen von über 4 Milliarden Euro jährlich für nicht genutzten Wind- und Solarstrom und dessen Ausgleich feststellen. Entsprechend kommt das in Politik und Gesellschaft unterschiedlich an, je nachdem, wer die Studien an wen mit welcher Absicht beauftragt hat.

Der Speicherbedarf ist abhängig von den Annahmen

Zur Einordnung: Wir haben zusammen mit der RWTH Aachen und der TU Dortmund 2013 eine dieser Speicherstudien für die Agora Energiewende, ein privat finanziertes Lobbyunternehmen im Bereich Umwelt und Energie, angefertigt.[113]

Unser Fazit war: »Wir brauchen vorerst keine neuen Stromspeicher, wenn wir vollen Netzausbau annehmen und verfügbare alternative Flexibilitäten. Langfristig senken Speicher die Gesamtsystemkosten.«

Die Auftraggeber haben daraus formuliert: »Der Ausbau erneuerbarer Energien muss nicht auf Stromspeicher warten«, um verständlicherweise den Kritikern erneuerbarer Energien den Wind aus den Segeln zu nehmen.

Die Studie ging exklusiv an die FAZ, welche mit »Die Energiewende braucht keine Stromspeicher« titelte, worauf einige Firmen die Forschungsgelder zu Speichern eingefroren haben. Ein Beispiel misslungener Wissenschaftskommunikation.

Natürlich brauchen wir Stromspeicher: sofort und vor Ort, wenn wir heimischen Solarstrom auch nachts nutzen wollen. Und – wenn alle Stromleitungen gebaut sind – ab einem erneuerbaren Anteil von etwa 70 Prozent im Strommix. Diesen Wert haben wir in einigen Regionen und Bundesländern längst überschritten. Wir können noch so viele Netze bauen, selbst europaweit, irgendwann ist Schicht im Schacht. Dann haben wir einen Blackout ohne Speicher. Es gibt zwar Idealisten, die in der Theorie ein weltweit umspannendes Stromnetz berechnen, welches dann rund um die Uhr mit Solarstrom betrieben wird. Vorreiter hierbei ist China. Stromkabel im Nordpolarmeer, dem Atlantik, nach Afrika, Asien, Lateinamerika. Aber das ist und bleibt vor dem Hintergrund des russischen Angriffskrieges auch Theorie. Ohne Speicher wird es also nicht gehen.

Was sind eigentlich Speicher? Ein Behältnis, in das etwas ein- und ausgespeichert wird. Also technisch immer ein Dreiklang von Laden, Speichern, Entladen samt Gerätschaften. Bei der Batterie ist das alles in einem, beim Pumpspeicher erfolgt das Laden mit der Pumpe, das Speichern im Höhenunterschied und das Entladen über die Turbine. Wir teilen Speicher auch physikalisch ein: elektrisch, elektrochemisch, chemisch, mechanisch und thermisch.

Elektrische Speicher

Kann man Strom ähnlich wie Getreide lagern? Kaum. Im Grunde nur auf dem Kondensator, wo wir Elektronen auf Platten schieben und von dort wieder runterholen, wenn wir Strom brauchen. Supereffizient und langlebig, aber viel zu klein in der Kapazität. Spulen nutzen nicht das elektrostatische Feld, sondern das elektromagnetische. Es zeichnet sich ein ähnliches Bild: Damit das Magnetfeld aufrecht erhalten bleibt, muss der Strom am Laufen gehalten werden und das bei sehr niedrigen Temperaturen, also großem Aufwand! Zudem sind Spulen wie Kondensatoren nur für winzig kleine Energiemengen geeignet und werden daher vorwiegend in der Kommunikationstechnik eingesetzt. Das sind die rein elektrischen Speicher.

Mechanische Speicher

Von den mechanischen Speichern ist der bekannteste der Pumpspeicher. Wasser wird in ein Oberbecken hochgepumpt und in der Höhendifferenz die Energie gespeichert. Wenn das Wasser wieder durch Turbinen herunterfließt in Flüsse oder Unterbecken und damit Generatoren antreibt, wird die gespeicherte mechanische Energie wieder in Strom gewandelt. Diese Technologie ist seit über 100 Jahren erprobt, stabil, zuverlässig, wirtschaftlich und mit relativ wenig Wartungsaufwand verbunden. Nachteilig ist der große Platzbedarf, weshalb es oft Akzeptanzprobleme gibt.

Erstaunlich: Speicherseen für die Beschneiung von Skipisten sind gesellschaftlich akzeptiert, auch in den Alpen. Sobald das Bauwerk aber eine Turbine samt Generator und Pumpe samt Motor bekommt und als Stromspeicher arbeiten soll, ist es Teufelszeug und wird abgelehnt. Ich habe Bürgerversammlungen mit wütenden Rentnern am Oberrhein in Baden-Württemberg 2010 erlebt, die das personifiziert haben und nach ihrem Arbeitsleben die seelenruhige Landschaft nicht gestört haben wollten.

Genau hier kam der erfinderische Professor Heindl aus Furtwangen mit einer besonderen Speicheridee ins Spiel: Er konzipierte einen mechanischen Speicher, ähnlich wie ein Pumpspeicher, der einen mehreren Hundert Meter hohen und breiten Granitzylinder geräuschlos im Schwarzwald mit Wasserkraft rauf und runter heben wollte. Ein täglich wachsender und einsinkender Berg in der Landschaft. Er hatte sogar Anfragen von Hoteliers, um ein Aussichtshotel darauf zu errichten. Trotz zahlreicher Interessensbekundungen aus Saudi-Arabien und anderen Ländern gibt es diesen Lageenergiespeicher bis heute nicht, die Firma besteht aber noch.

Unweit davon wurden Schweizer erfinderisch mit einer ähnlichen Idee: Sie hoben an drei Kranarmen zeitlich versetzt mit Beton gefüllte Ölfässer hoch, sodass ein gleichmäßiger Stromverbrauch entstand und stapelten diese tetrismäßig aufeinander zum Energiespeichern. Umgekehrt den Stapel wieder abzubauen und die Kranmotoren als Generatoren laufen zu lassen ergab das Ausspeichern von Strom. Diese Firma ging mit viel Brimborium an die Börse, unterstützt von Leonardo di Caprio als Werbemaskottchen und Investor. Gebaut ist bis heute keine große Anlage, die Idee ist aber – wenn mechanisch alles funktioniert und nicht schnell verschleißt – im Prinzip gut.

Ebenso kamen schwäbische Erfinder auf die Idee, Türme von Windrädern als Oberbecken zu nutzen und einen schönen See als Unterbecken. So ein Wind-Pumpspeicher, auch Naturstromspeicher genannt, entstand im schwäbischen Gaildorf mit über 300 Meter hohen Windkraftanlagen, den höchsten der Welt. Die Idee ging noch weiter: Der See samt schwimmender Solaranlagen könnte über Großwärmepumpen als Wärmequelle über ein Nahwärmenetz für das ganze Dorf genutzt werden und damit eine Kraft-Wärme-Kopplungsanlage rein auf Basis der Windkraft erschaffen, ganz ohne Feuer, ohne Verbrennung.

Gerade weil die Wirkprinzipien so gut sichtbar und greifbar sind, gibt es bei mechanischen Speichern nach wie vor viele solcher innovativen Ideen, mit festen, flüssigen und gasförmigen Medien, Energie zu speichern. So auch die Nutzung von Staustufen oder alten Bergwerken als Pumpspeicher oder hydraulische Druckluftspeicher mit Thermoöl. Die Druckluftspeicher waren in Deutschland die Pumpspeicher des Nordens, wo es kaum Höhenunterschiede gab. Vom Prinzip her sehr einfach: Luft wird komprimiert – es entsteht Wärme, wie bei der Luftpumpe, und die Energie wird eingespeichert. Wenn die Luft entspannt, entsteht Kälte, wie bei der Spraydose, und die Energie wird ausgespeichert. Damit das effizient und wirtschaftlich bleibt, braucht es einen großen, passenden

Wärmespeicher dazwischen. Und genau daran sind Druckluftspeicher bis heute gescheitert, weshalb es weltweit nur einen in den USA gibt. Der einzige Druckluftspeicherstandort in Deutschland und das zugehörige Kraftwerk wird zukünftig auf Wasserstoff umgestellt.[114]

Neben diesen mechanischen Speichern als Stromspeicher gibt es auch die klassische Feder, die wie in einer Uhr aufgezogen auch Bewegungsenergie in Form von potenzieller Energie speichert.

> Allein diese Vielfalt der mechanischen Speicher zeigt, wie viel Erfindergeist vorhanden ist und dass es zig mannigfaltige Lösungen für das Speicherproblem gibt.

Die fossil-nukleare Lobby hat dennoch über Jahrzehnte den Mythos verbreitet, dass es keine Speicher für Erneuerbare gäbe. Selbst ein bayerischer Ministerpräsident gab diesen Mythos noch 2021 öffentlich völlig überzeugt zum Besten, worauf ich und andere Speicherexperten in einer Comedy-Sendung mit den – wie bei den Pumpspeichern – seit über 100 Jahren funktionierenden und vorhandenen Lösungen humorvoll mit seiner Aussage gemischt wurden und damit den Zuschauern vor Augen geführt wurde, wie absurd diese Aussage ist.[115]

Thermische Speicher

Auch wenn wir in unsere Keller blicken, wo in großer Mehrzahl Wärmespeicher stehen, die warmes Wasser für Raumwärme und Brauchwasser puffern. Diese Pufferspeicher können Strom in Wärme gewandelt speichern. Das eignet sich zum Beispiel im Sommer für überschüssigen Solarstrom. Nur der Weg zurück zum Strom ist sehr ineffizient und wird daher bis auf Forschungsanlagen kaum umgesetzt.

In großen solarthermischen Kraftwerken in sonnenreichen Gegenden wie Spanien kommen Wärmespeicher aber im großen Stil in großen Tanks, wie man sie aus Ölraffinerien kennt, zum Einsatz, um die Sonne in die Nacht zu bringen und rund um die Uhr Strom erzeugen zu können. In einigen Wohnquartieren kommen auch im Erdreich verbuddelte große solare Wärmespeicher für die Gebäudeheizung zum Einsatz, die dann im Winter zusätzlich von den Kindern als Schlittenberg genutzt werden.

Diese Speicher sind allerdings, je nach Witterung, meist im Januar oder Februar leer.

Wie lösen wir das saisonale Speicherproblem? Das lösen wir nur über Moleküle wie Wasserstoff, erneuerbares Gas und Holz – oder funktionieren dafür auch Batterien? In der Theorie schon, aber um ein ganzes Haus autark mit Solarstrom zu bekommen, wäre ein ganzes Stockwerk mit Batterien nötig. Das macht keinen Sinn.

Elektrochemische Speicher

Batterien sind sehr effizient, wenn wir Strom von heute auf morgen aufbewahren wollen. Etwa 80 bis 90 Prozent der Energie können gespeichert werden. Wenn wir aber von Juli bis Februar kommen möchten, macht uns die Selbstentladung einen Strich durch die Rechnung. Lassen Sie mal Ihr Handy ein halbes Jahr liegen, und versuchen Sie, es danach wieder einzuschalten.

> Batterien sind also, wie Pumpspeicher, klassische Kurzzeitspeicher mit dem entscheidenden Vorteil, dass sie nicht nur stationär, sondern auch mobil eingesetzt werden können – sowohl im Kleinen wie im Handy oder dem Hörgerät, als auch im Großen wie im Auto oder in einer Fähre.

In der Batterie erfolgt das Laden, Speichern und Entladen in einem: Eine Batteriezelle besteht aus einem Stromleiter und der Aktivmasse. Die Elektronen gelangen über Stromleiter zur Aktivmasse, wo der Elektronenstrom über chemische Reaktionen in einen Ionenstrom gewandelt wird und Massen aktiv umgebaut werden, daher der Name. Bei der Entladung wird die elektrische Energie wieder freigesetzt. Es werden also Ladungen transportiert und mechanisch ein- und ausgebaut. Daher kommt auch der Verschleiß der Batterien im Gegensatz zum Kondensator, wo die Elektronen auf Platten nur geparkt werden, aber keine elektrochemischen Reaktionen stattfinden. Über die Spannung kommen wir von der Ladung zur Energie: Die Energie ist das Produkt von Spannung und Ladung. Die Spannung ist ein Zeichen dafür, wie viel Kraft noch in der Batterie steckt. Ist sie hoch, kann ein Elektroauto weit fahren, und das Handy hält lange. Ist sie niedrig, springt ein Verbrennerauto mit der Starterbatterie im Winter nicht mehr an. Warum? Um die Ladungsträger aus der Batterie herauszuholen, muss die Spannung einige Widerstände überwinden. Den des Stromleiters, was das Einfachste ist. Aber sie ist auch der Motor für den chemischen Umbauprozess, und der kostet intern umso mehr Energie, desto leerer und kälter die Batterie ist und desto schneller sie entladen wird. Wenn die Batterie kalt ist, bewegen sich die Ionen einfach langsamer, und der Widerstand ist größer. Bestes Beispiel: Das Handy geht beim Winterspaziergang schlagartig aus. In der Hosentasche ein paar Minuten aufgewärmt, geht es kurz wieder an. Oder das Elektroauto, was im Winter dadurch weniger Reichweite hat. Wenn wir das E-Auto mit 130 Stundenkilometern rasant fahren, hat es ebenfalls weniger Reichweite, als wenn wir mit 90 Stundenkilometern hinter dem Lkw, auf der Landstraße oder im Stadtverkehr fahren. Einerseits über den geringeren Luftwiderstand, andererseits ist auch die Stromstärke der Batterie »verkehrsabhängig«: Tummeln sich viele Ionen, die Elektronen an den Stromleitern abgeben möchten, kommt es zum Stau, und die gleichpoligen Ladungen stoßen sich gegenseitig ab. Die Folge: Sie brauchen mehr Energie, um rauszukommen. Dieses Wissen ist sehr wichtig für unseren Alltagsumgang mit Batterien. Sie mögen es langsam, gemütlich und warm. Alles andere geht auf ihre Lebensdauer. Im Grunde ist es beim Menschen nichts anderes.

Die Haupttechnologien sind Blei- und Lithiumbatterien, wobei Bleibatterien noch immer den größten Weltmarktanteil haben. Sie sind einfach herzustellen und zu recyceln, aber in der Energiedichte den Lithiumbatterien mindestens um Faktor 5 unterlegen. So brauchen Bleibatterien für die gleiche Menge an gespeichertem Strom 5-mal so viel Platz wie Lithiumbatterien. Daher kommen sie überall dort zum Einsatz, wo das Gewicht kaum eine Rolle spielt: in Starterbatterien, bei Telekommunikationsmasten oder in Rechenzentren. Die Lithiumbatterie macht aber auch hier immer öfter das Rennen und ist in anderen Bereichen hoch überlegen: mobile Anwendungen vom Handy bis zum E-Auto, aber auch stationäre Einsätze wie Heimspeicher mit vielen Zyklen. Immer mehr Menschen steigern ihren Autarkiegrad durch die Installation von Solaranlagen mit Batterien und das auch über E-Bikes und E-Autos.

Sie fragen sich jetzt bestimmt, gut und schön, aber was ist mit den Ressourcen? Es gibt ausreichend Lithium und Blei, um die globale Klimaneutralität zu erreichen. Es ist nur eine Frage des Preises und der Diversifizierung der Herkunftsländer. In der Kritik steht oft Kobalt aus dem Kongo, ein seltenes Material, von dem die Industrie Stück für Stück wegkommt und wir in Zukunft noch Innovationen wie Natrium-Batterien sehen werden. Dazu mehr im Abschnitt »Rohstoffe« (-› Seite 221).

Heimspeicher

Zurück zum beliebtesten deutschen Speicher: dem Heimspeicher für Solarstrom. Wenn die Sonne stark scheint und viel Solarstrom vom Dach kommt, aber im Gebäude nicht gebraucht wird, wird der in der Batterie gespeichert. Wenn zu wenig Solarstrom tagsüber oder nachts gar kein Strom vom Dach kommt, entlädt sich der Heimspeicher und versorgt das Gebäude rund um die Uhr mit Solarstrom. Das Nachladen mit günstigem Graustrom kommt auch und erhöht zusätzlich den Nutzen für alle.

Viele Heimspeicher nutzen kein Kobalt, sondern neben Lithium gut verfügbares und sicheres Eisenphosphat. Augen auf beim Kauf: Wenn der Zelltyp LiFePO4 ist, passt das! Wenn ein C drin ist, steht das für Kobalt. Heimspeicher erleben seit Jahren einen extremen Boom. Warum? Weil die Menschen Autarkie lieben. Egal, was das kostet.

Ich habe meinen Studierenden früher immer gesagt: tolle Technik, aber nicht wirtschaftlich. Das hat sich vor fünf Jahren geändert, als Batterien und Solarstrom vom Dach immer günstiger wurde.

> Mittlerweile lohnt es sich bei den hohen Energiepreisen überall: im Haushalt, im Gewerbe und in der Industrie als Großbatterie.

Über 1,1 Millionen Heimspeicher sind mittlerweile installiert: Immerhin jeder vierzigste Haushalt hat einen. Die Mietwohnungen rausgerechnet fast jeder Zwanzigste. Zusammen mit den Gewerbe- und Industriespeichern sind das 11 Gigawattstunden Speicher, also etwa die Kapazität von Deutschlands größtem Pumpspeicher Goldisthal.[116] Die Leistung liegt aber bei 7 Gigawatt, was wiederum 7-mal höher ist als dieser Pumpspeicher.

Aus der Erfahrung mit Handys kommt oft die berechtigte Frage: Wie lange halten denn die Dinger? Rein – Speichern – Raus – das ist ein Zyklus. Vom Hersteller werden als Garantie oft 10.000 Vollzyklen Haltbarkeit bis 80 Prozent der Batteriekapazität angegeben. Wie lange reicht das? In der Regel fahren die Speicher Tageszyklen: Tags die Sonne ein-laden (einspeichern), Nachts ent-laden. Im Herbst, Winter und Frühjahr wird der Speicher nicht ganz voll, sondern nur teilweise, es werden also Teilzyklen gefahren. Ein Speicher hat in der Regel etwa 250 Vollzyklen pro Jahr. Wenn der Speicher also 10.000 Vollzyklen kann und 250 pro Jahr macht, hat er eine theoretische Lebensdauer von 40 Jahren. Die kalendarische Lebensdauer ist aber mit 15 bis 20 Jahren kürzer als die Lebensdauer nach Zyklen.

Aber selbst wenn er nach 20 Jahren rausfliegt: Mit 80 Prozent der Startkapazität ist das Lebensende des Akkus noch nicht erreicht. Er kommt in der Regel noch mal im größeren Verbund zur Stabilisierung des Stromnetzes zum Einsatz, bevor er recycelt wird. Das passiert genauso mit den E-Auto-Batterien und wird als »Second Life« bezeichnet. Starterbatterien aus Pkw und Lkw werden zu 90 Prozent recycelt über eine gut organisierte Logistik. Das klappt mit den wesentlich wertvolleren Rohstoffen eines Heimspeichers auch.

Die Batterien der E-Autos haben mittlerweile zusammen eine Speicherkapazität von über 40 Gigawattstunden samt einer Leistung von 7 Gigawatt, wenn die Plug-in-Hybride noch mitgerechnet werden sogar 50 Gigawattstunden.[117] Das ist so viel wie alle Pumpspeicher im deutschen Netzgebiet zusammen! Sie können im Verbund als virtuelle Kraftwerke wie ein Großspeicher wirken, wenn der Strom nicht nur ins Auto kommt, sondern auch wieder vom Auto zurück ins Stromnetz.

»Vehicle-to-Grid« ist das Zauberwort dafür. Mittlerweile wird dieses »bidirektionale Laden« mit 80 Millionen Euro gefördert.[118] Bisher scheiterte das an der Gesetzgebung. Inzwischen stehen die Normen, und es kommen bidirektionale Wallboxen und Software-Updates für Fahrzeuge auf den Markt. Ab 2024 sollen erste Fahrzeuge aus dem Stand das Stromnetz stabilisieren können oder auch den Heimspeicher zu Hause ersetzen. Das bringt den Besitzern zusätzliche Erlöse. Wird auch höchste Zeit: Zu 96 Prozent der Zeit stehen die Fahrzeuge. E-Lkw stehen weniger, können aber genauso eingebunden werden im Stromnetz als Speicher und flexible Last.

Energie speichern wie die Natur – Happy Birthday Power-to-Gas

Alle bisher beschriebenen Speicher sind Kurzzeitspeicher, die also für wenige Stunden Strom speichern und liefern können. Aber reicht das, und brauchen wir nicht auch saisonale Langzeitspeicher?

Chemische Speicher lösen das saisonale Speicherproblem

Wir haben zahlreiche Studien dazu gerechnet und modelliert. Wenn Sie Deutschland heute bei einem 50 Prozent erneuerbaren Stromanteil betrachten, reichen die vorhandenen Kurzzeitspeicher aus. Ab einem Anteil von 70 Prozent steigt der Bedarf allerdings sprunghaft an, und von 80 Prozent auf 100 Prozent erhöht er sich noch mal um Faktor 2 bis 4.

Bei 100 Prozent Erneuerbaren haben Sie extreme Überschüsse aus Wind und Solar, aber auch extreme Defizite mit zu wenig Strom. Über die bereits beschriebenen Maßnahmen wie Lastmanagement, Batterien und Pumpspeicher können Sie viele Spitzen wegbügeln und spitze Täler füllen. Aber es bleibt ein Restbedarf übrig, ein gigantischer sogar. Selbst wenn theoretisch alle 48 Millionen Pkw beziehungsweise insgesamt 60 Millionen Kraftfahrzeuge in Deutschland elektrifiziert und alle Pumpspeicher genutzt würden, wäre dennoch nach weniger als einem Tag Deutschland im Winter wieder dunkel ohne Wind und Solar. Und dafür müssten wirklich alle 60 Millionen Fahrzeuge runter von der Autobahn, ran an die Ladesäulen und die Netze über »Vehicle-to-Grid« stützen, was sie energierechtlich heute noch nicht mal dürfen. Und selbst wenn: Sie wären nach wenigen Stunden leer. E-Fahrzeuge werden das Speicherproblem also nicht lösen. Das können aus heutiger Sicht nur die Gasspeicher.

> Gasspeicher haben eine Speicherkapazität, die etwa 7.000-mal so groß ist wie alle Pumpspeicher am deutschen Stromnetz zusammen und können uns locker drei Monate lang die Stromversorgung sichern mit entsprechenden Gaskraftwerken.

Deswegen werden wir in Zukunft auch die Gasinfrastruktur brauchen, weil wir einfach im Sommer Überschüsse haben, die wir sonst schlecht integrieren können, zeitgleich aber auch wieder Lücken haben, wo es nichts anderes gibt. Die Gaskraftwerke sind also das Entladegerät für die Gasspeicher, welche mit Wasserstoff oder grünen Gasen geladen werden.

Power-to-Gas – das Ladegerät für die Gasspeicher

Aber wie kommen wir in diesen Gasspeicher rein? Hier entstand die Idee für Power-to-Gas – Strom in Gas zu wandeln und damit das Ladegerät vom Stromnetz in das Gasnetz zu bauen. Dabei wird mithilfe von Ökostrom Wasser in Wasserstoff und Sauerstoff gespalten und der Wasserstoff mit CO_2 zu einem Erdgas-Ersatz, dem erneuerbaren Gas verbunden.

Es war die Zeit der großen Debatten und Zeitungsanzeigen der großen fossilen Energiekonzerne, die postulierten »eine 100 Prozent erneuerbare Stromversorgung ist technisch nicht möglich, weil sie nicht stabil ist und es Blackouts gibt«. Die Sonne scheint nicht immer, der Wind weht nicht immer, und die Speicher fehlen, waren die Argumente.

Dieser Streit spitzte sich Mitte der 2000er-Jahre zu zwischen den fossilen Energieriesen und der noch jungen kleinen erneuerbaren Branche und wurde 2007 ins Kanzleramt getragen. Die erneuerbaren Vertreter widersprachen, die Kanzlerin Merkel gab ihnen den Auftrag: Dann führt den Nachweis, dass ihr es könnt.

Und so entstand an unserem Forschungsinstitut in Kassel die Idee zum Kombikraftwerk, einem virtuellen Kraftwerk aus echten Windparks, Solaranlagen, Biogasanlagen und einem simulierten Pumpspeicher. Wir hatten aus einem Messprogramm umfangreiche Daten zur Windeinspeisung und daraus Windprognosen entwickelt, die einen sicheren Netzbetrieb trotz hoher Windstromanteile ermöglichten. Nun wurde das erweitert und die deutsche Stromversorgung im Maßstab 1:10.000 simuliert. Wir waren mit die Ersten, die nicht nur Jahresbilanzen aufstellten, sondern zu jeder Stunde überprüften, ob es denn reicht mit den Erneuerbaren und diese den Bedarf zu jeder Stunde decken können.

Die wissenschaftliche Antwort war klar: Ja, das geht. Bei der Frage der Kanzlerin, ob das auch im Maßstab 1:1 ginge, mussten wir leider passen: Ja, Wind und Solar können das, aber wir haben nicht genügend Fläche und damit Potenzial für das nötige Biogas und auch nicht ausreichend Speicher. Wasserstoff war zwar eine theoretische Option, aber keine praktische, weil gerade mal 2 Prozent davon in die Gasnetze passten und technisch zugelassen waren – bis heute. Zudem waren die Brennstoffzellen unausgereift und nur im Labor vorhanden. Wir mussten also einen Weg finden, wie wir aus Wind und Solar etwas wie Biogas herstellten.

Bioenergie reicht nicht – wir brauchen etwas Ähnliches aus Wind und Solar

Es war auch die Zeit Ende der 2000er, wo durch stark angestiegene Nahrungsmittelpreise klar wurde: Die Biomasse ist im Potenzial begrenzt. Die landwirtschaftliche Fläche kann zur Ernährung von Mensch und Tier oder für die Energiegewinnung genutzt werden. Das prominenteste Beispiel sind Biokraftstoffe. Und daraus ergab sich ein gesellschaftlicher Streit, was nun wichtiger sei: Ernährung oder grüner Sprit?

Diese »Tank-Teller-Diskussion« war in vollem Gange, als wir unser Hauptgutachten Bioenergie im WBGU veröffentlichten.[119] Aufgrund dieser Knappheit haben wir darin festgehalten, dass die Bioenergie gewandelt über Vergärung und Methanisierung am besten über die Gasinfrastruktur genutzt wird, weil dort viele Transport- und Speichermöglichkeiten vorhanden waren und viele Endverbraucher in Haushalten fürs Kochen, Heizen, aber auch die Industrie und die Kraftwerke erreicht werden können. Und es bestand dadurch die wichtige Möglichkeit, das CO_2 abzutrennen und damit CO_2 über Natur und Technik aus der Luft in die Erde zu bringen und damit der Atmosphäre zu entziehen. Das integrierte Energiesystem bestand letztlich aus einer Kopplung von Strom- und Gassektor.

Energiespeicherung durch Kopplung von Strom und Gas

Der Physikochemiker Michael Specht, der Zeit seines Berufslebens sich am Stuttgarter Zentrum für Sonnenenergie und Wasserstoff mit der Verfahrenstechnik rund um Wasserstoff, erneuerbaren Gasen und Biomasse beschäftigte, sah unser gekoppeltes System auf einer Konferenz im Jahr 2008. Er hatte bereits Anfang der 1990er-Jahre eine Anlage auf dem Institutsgebäude installiert, die mithilfe von Solarstrom Wasserstoff gewann und diesen mit CO_2 aus der Luft zu Methanol als grünen Kraftstoff kombinierte.[120]

Er hatte ebenfalls die Idee, das Strom- mit dem Gasnetz zur Energiespeicherung zu kombinieren mittels Wasserstoff und anschließender Methanisierung, wusste aber nicht, ob das Sinn machte. Wir bejahten das.

> So warfen wir gemeinsam schließlich beide Ideen und Konzepte in einen Topf, und »Power-to-Gas« war geboren: Energiespeicherung durch Kopplung von Strom- und Gasnetzen. Später wurde daraus das Wort »Sektorenkopplung« beziehungsweise »Sektorkopplung« und Power-to-X.

Solargas, Windgas, Power-to-X

Die Verbindung von Wasserstoff und CO_2 zu Methan geht auf den französischen Forscher Sabatier zurück, der diese Entdeckung bereits Anfang des 20. Jahrhunderts machte. Das war also keine Neuheit, aber den Wasserstoff im Gasnetz mittels dieses Methanisierungsprozesses salonfähig, das heißt, infrastrukturkompatibel zu bekommen, war neu (und patentwürdig). Ich habe es am Anfang Wind-to-Gas beziehungsweise Windgas und Solargas und in meiner Doktorarbeit Renewable-Power-to-Methane genannt, um auf den erneuerbaren Ursprung zu verweisen. Kohle- oder Atomstrom zu Gas machte wenig Sinn. Durchgesetzt hat sich der Begriff »Power-to-Gas«. Wir bekamen von Gregor Waldstein, dem Gründer von SolarFuel, das Geld, um die erste Pilotanlage zu bauen.

Als ich auf meiner zwölften Jugendwallfahrt nach Altötting mit der Gitarre in der Hand als Anfang 30er einer Freundin davon begeistert erzählte: »Stell dir vor, wir nehmen Luft, Sonne und Wasser und machen daraus Kraftstoff, mit dem du Auto fahren kannst, Häuser beheizen und Kraftwerke befeuern kannst«, meinte sie: »Du warst zwar schon immer ein bunter Hund, aber jetzt bist du komplett verrückt geworden.«

Sie konnte sich einfach nicht vorstellen, dass wir zwei Container hatten, die überall an einem Wind- oder Solarpark heimischen Kraftstoff erzeugten, den man mit einem Gasauto vor Ort tanken konnte. Zugegeben, es hört sich nach Alchemie an, aber es ist im Endeffekt eine Kombination aus verschiedenen Verfahren – genauso wie aus Akkorden, Melodien und Texten immer wieder neue Songs entstehen, haben wir etwas Neues geschaffen, indem wir die gedanklichen Mauern zwischen den Sektoren Strom und Gas eingerissen haben.

> Das Gasnetz hatte das, was das Stromnetz nicht hat: die Speicher. Und umgekehrt gibt es im Stromnetz Energie aus Wind und Solar en masse, welche aus Biogas nie gewonnen werden könnte.

Von der Idee zum Durchbruch – ein steiniger Weg

Wir haben das Verfahren in zahlreiche Studien für die Bundesregierung eingebaut, veröffentlicht, demonstriert und bekannt gemacht. Dennoch hat es drei bis vier Jahre gedauert, bis die ersten großen Demoanlagen bei E-On und Audi standen. Hermann Scheer sagte 2009 zu mir: »Das ist eine gute Idee! Pass auf, sie werden dich belächeln, dann bekämpfen und am Ende sagen: Genau das ist die richtige Lösung – haben wir doch schon immer gesagt.«

Und genau so kam es. 2010 wurde die Laufzeitverlängerung der Kernkraft beschlossen. Unser Konzept fiel damals nicht auf fruchtbaren Boden. Einzig Rainer Baake, der damalige Energieleiter der Deutschen Umwelthilfe und spätere Staatssekretär für Energie unter Bundesminister Gabriel, sagte:

> »Herr Sterner, das ist die Lösung des Gordischen Knotens der Energiespeicherung!«

Ich hatte Anrufe von Max-Planck-Direktoren, die uns ebenfalls für verrückt erklärten: »Warum machen Sie aus Strom, der ›Edelenergie‹, wieder chemische Grundstoffe? Wir gehen doch immer den anderen Weg herum.« Heute reden dieselben Personen von »Elektronen zu Molekülen«, als wäre es das Selbstverständlichste auf der Welt, und haben dazu große Forschungsbereiche beziehungsweise ganze Institute aufgebaut.

Oder auch bei E-On Ruhrgas, wo ich mit meinen zwei blitzgescheiten Physikerinnen bei einem Ingenieur abgeprallt bin. Später musste genau dieser Ingenieur die erste Power-to-Gas-Anlage für E-On bauen. Den Standort suchten wir aus: in Falkenhagen, zwischen Berlin und Hamburg an einer großen Gaspipeline. Mehr überschüssigen Wind hätte es im holsteinischen Dittmarschen gegeben, aber keine dicke Gasleitung. Als Greenpeace-Mitglied hatte ich es natürlich auch dort vorgestellt und war darüber schnell bei Greenpeace Energy, einem Energieversorger, der das Wort »Windgas« von mir übernommen hatte und mittlerweile etwa 30.000 Gaskunden auf dem »ProWindgas«-Tarif hat und zahlreiche Windgas-Anlagen betreibt beziehungsweise deren Gas aufkauft und vermarktet.

Unterstützung hatten wir zu unser aller Überraschung auch aus einer Ecke, die wir nicht erwartet hatten: von der Automobilbranche. Es kam eine Einladung von Audi, nachdem wir in Berlin einen Preis gewonnen hatten. Deren Umweltfachleute Rainer Mangold und Reinhard Otten hatten das Konzept durchschaut und dafür beim Audi-Vorstand innerhalb kürzester Zeit zweistellige Millionenbeträge für den Bau der ersten industriellen Power-to-Gas-Anlage an Land gezogen. Auch hier suchten wir den Standort aus: küstennah an einer Abfall-Biogasanlage – in der emsländischen Stadt Werlte, wo mittlerweile auch Anlagen für synthetisches Flugbenzin stehen.

Beim ersten Besuch im Oktober 2010 machte ich den Vorschlag, das Ganze in Anlehnung an deren E-Auto e-tron als »e-gas« für »elektrisches Gas« oder »erneuerbares Gas« zu bezeichnen, was aufgenommen wurde und der Grundstein für »e-fuels«, also strombasierte Kraftstoffe wurde. Meine ursprüngliche Wortschöpfung »Stromkraftstoffe« war zu deutsch, aber »electric fuels« hat sich als »E-Fuels« durchgesetzt.

Fukushima änderte alles – trotzdem: Chance vertan!

Die öffentliche Wahrnehmung änderte sich mit dem Supergau in Fukushima im Jahr 2011. Bundesminister Röttgen veröffentlichte endlich unsere Leitstudien, die er zuvor zurückgehalten hatte, und war froh, dass wir mit diesem Konzept einen Weg in die erneuerbare Energiezukunft aufzeigten.[121] Aber als ich Power-to-Gas mit Michael Specht noch mal bei dem damaligen Bundesumweltminister Altmaier 2012 vorstellte, war er zwar anfangs begeistert von unserem »Umspannwerk (Trafo) zwischen Strom- und Gasnetz«, sagte dann aber abschließend, das Ganze sei viermal so teuer wie das Gas aus Russland und damit wirtschaftlich nicht interessant. Welch vertane Chance!

Heute könnten wir dieses Ladegerät für das Gasnetz sehr gut brauchen. Vor allem weil damals wie heute viel Windstrom abgeregelt, weil er nicht in die Netze passt: etwa 7 Milliarden Kilowattstunden, die wir für etwa 1 Milliarde Euro Unkosten nicht nutzen, jedes Jahr – und das seit Jahren! Zeitgleich haben wir etwa 8.000 Biogasanlagen und in jeder Kommune Kläranlagen, deren Ertrag über unser Verfahren verdoppelt werden könnte. Damit ließen sich sich mithilfe weiterer Wind- und Solarparks drei Viertel der heimischen Gasspeicher füllen!

Showstopper Wirkungsgrade und Kosten?

Warum ging das nicht voran? Weil wir auch Kritiker hatten, die sagten: »Das ist zu teuer, zu ineffizient.« Aber ist das wirklich so?

Bei dieser Entwicklung war für uns auch die Natur Vorbild, die mithilfe von Sonnenlicht Wasser in Wasserstoff und Sauerstoff spaltet. Sie bleibt aber nicht beim Wasserstoff stehen, sondern holt sich noch CO_2 aus der Luft dazu, um daraus Kohlenhydrate, also Kohlenwasserstoffe herzustellen, die unsere Ernährungsgrundlage sind. Den Sauerstoff gibt die Natur an die Luft wieder ab. Den atmen wir ein, verbrennen mit ihm die Kohlenhydrate und gewinnen daraus Energie, unseren Antrieb. Genauso macht es jedes Kraftwerk, jede Turbine und jeder Verbrennungsmotor.

Die Natur macht das üppig und betreibt die Photosynthese in großen Mengen, aber nicht sonderlich effizient: Nur etwa 1 Prozent der Sonnenstrahlen können in Form von Biomasse gespeichert werden in unseren Breitengraden, in den Tropen das Doppelte. Das in Biogas umgewandelt ergibt einen Wirkungsgrad von Solarstrahlung zu Gas von etwa 0,5 Prozent. Das können wir als Ingenieure besser, haben wir uns gedacht – und so ist es über die Teilung der Prozesse in die Wasserspaltung, der Elektrolyse und der Methanisierung als zweiten Schritt der Fall. Von Solarstrahlung zu Wasserstoff sind es etwa 70 Prozent Wirkungsgrad, die Methanisierung angeschlossen etwa 60 Prozent, also 120-mal besser als die Natur.

> Das entkräftet eines der drei Hauptargumente gegen Power-to-Gas und ähnliche Verfahren: Sie seien ineffizient und damit teuer und brauchen CO_2. Wenn die Abwärme genutzt wird, ergeben sich Gesamtwirkungsgrade von bis zu 90 Prozent.

Was ist der Wirkungsgrad von Windstrom, der nicht in die Netze integriert werden kann? Null Prozent. Und natürlich sind Pumpspeicher und Batterien doppelt so effizient wie Power-to-Gas, wenn von einem Tag auf den nächsten gespeichert wird. Vom Sommer in den Winter zu speichern klappt aber aus zwei Gründen nur mit Power-to-Gas: Erstens entladen sich Batterien selbst, und zweitens haben diese beiden Technologien einfach nicht die erforderliche Kapazität, um zwei Wochen die Stromversorgung aufrechtzuerhalten. Für Pumpspeicher fehlt schlichtweg der Platz, und für Batterien würde sich das nicht lohnen. Selbst die Umwidmung der norwegischen Wasserkraft zu Pumpspeichern würde in trockenen Sommern nicht reichen und die Vermischung von Salz- mit Süßwasser und den massiven Netzausbau in Norwegen erfordern, der dort auf genauso wenig Gegenliebe trifft wie in Deutschland.

Die infrastrukturkompatible Speicherlösung

Unsere Idee wurde eine Zeit lang richtig gehypt. Wir hätten die Eier legende Wollmilchsau erfunden, die Gasnetze sind in der Erde und nicht sichtbar. »Warum bringen wir den Windstrom nicht von Norddeutschland über die Gasnetze in den Süden? Das Gasnetz kann viermal so viel von Nord nach Süd bringen wie das Stromnetz, der Transport hat weniger Verluste, und der Netzbetrieb kostet einen Bruchteil des Stromnetzes.«

> Ja, es stimmt: Die Technologie ist der Schlüssel für Wind und Solar ins Gasnetz. Wir können damit die bisher fossile Energieinfrastruktur auf Grün umstellen und vor allem die riesigen Speicher nutzen.

Aber den Stromnetzausbau mit Power-to-Gas ersetzen? Technisch ginge das, aber es macht aus Effizienzgründen keinen Sinn. Es kommen – über Power-to-Gas und Gaskraftwerk – nur etwa ein Drittel des Stromes im Süden über diesen Weg an. Ich bräuchte also dreimal so viel Windkraft im Norden wie über Stromtrassen, um die gleiche Strommenge in den Süden zu bringen. Wenn wir die Abwärme hingegen nutzen, steigt der Wirkungsgrad wieder deutlich. Dennoch ist die Technologie eher dazu gedacht, um Lücken zu füllen und nicht um inländische Stromtrassen zu ersetzen.

Dass es zu teuer sei, hat sich spätestens seit dem Ukrainekrieg widerlegt. Mittlerweile ist grünes Gas »Made in Germany« günstiger als importiertes Gas. Zudem zeigten Studien, die wir für Greenpeace Energy erstellt haben, Folgendes:

> Es kommt volkswirtschaftlich teurer, kein Power-to-Gas zu machen und den ganzen Strom wegzuwerfen und die Lücken mit teurem und klimaschädlichen Erdgas zu füllen.

Von dem Nutzen lokaler Wirtschaftskreisläufe und mehr Resilienz durch geringere internationale Abhängigkeiten ganz zu schweigen.[122]

Woher kommt das CO_2?

Und das CO_2? Der Kreislauf der Photosynthese ist klimaneutral, solange das CO_2 »frisch« aus der Atmosphäre ist und nicht über Jahrtausende in Form von Erdöl, Erdgas und Kohle gebunden war. Ideal ist es, das CO_2 aus der Atmosphäre zu nehmen. Das geht künstlich über »Direct Air Capture«-Verfahren, die allerdings auch wieder energieintensiv und damit teuer sind. Wir bewegen 2.500 Kubikmeter Luft, um einen Kubikmeter CO_2 rauszufischen. Besser und günstiger ist es, die Natur diesen Job erledigen zu lassen. Wenn es Biomasse wie Mais oder Holz ist, ist das CO_2 eben »frisch« aus der Atmosphäre und damit auch die weiterverwendeten Produkte klimaneutral. Wenn wir CO_2 aus Kohlekraftwerken oder anderes fossiles CO_2 aus Prozessen der Zement- und Kalkherstellung verwenden, ist der Prozess noch immer klimaneutral, weil durch Power-to-Gas kein zusätzliches CO_2 in die Atmosphäre gelangt, sondern das ohnehin emittierte CO_2 noch mal recycelt wird.

Natürlich sollen Power-to-Gas-Anlagen nicht zu einem Weiterbetrieb von Kohlekraftwerken führen. Das erledigt sich aber über die immer teurer werdenden CO_2-Zertifikate und den gesetzlich geregelten Kohleausstieg. Die CO_2-Emissionen verbleiben bei dem Erstemittenten wie dem Kohlekraftwerk, weshalb Power-to-Gas-Anlagen trotz fossilem CO_2 klimaneutrales Windgas bereitstellen.

Das Thema CO_2 wäre mit Wasserstoff hinfällig. Warum also nicht reinen Wasserstoff ins Gasnetz einspeisen? Weil damals wie heute nur

2 Prozent beigemischt werden können aufgrund technischer Restriktionen wie Normen, Flammgeschwindigkeiten und ausgelegten Anlagen im Bestand. Das kann zwar über die Zeit angehoben werden, aber physikalisch bleibt es dabei, dass damit das Gas stark verdünnt wird, weil Wasserstoff nur ein Drittel des Energiegehalts von Methan hat, dem Hauptbestandteil von Erdgas. Entsprechend mehr Energie wird nötig, um das Gas zu speichern, zu komprimieren und zu transportieren. Mit Wasserstoff in den Gasspeichern wäre der Winter 2021/22 nicht zu überbrücken gewesen.

> Gas werden wir im Energiesystem brauchen, um die Dunkelflauten zu überbrücken und Blackouts zu vermeiden.

Dunkelflaute? Abgespeichert!

Eine Dunkelflaute ist ein Zeitraum ohne Wind- und Solarstrom. Zahlreiche Berechnungen von uns und anderen Forschungsinstituten zeigen, dass wir von etwa 2 bis 3 Wochen solcher Lücken im Winter ausgehen können unter der Annahme, dass wir die anderen Flexibilitätsoptionen wie Netze, Lastmanagement, Batterien und Pumpspeicher bereits nutzen.[123]

Ein Zauberwort ist dabei die sogenannte »Versorgungssicherheit«. Genauer gesagt: gesicherte Leistung für Versorgungssicherheit. Denn zu jeder Millisekunde muss Stromerzeugung und -verbrauch sich die Waage halten, sonst haben wir Brown-outs, also Teilabschaltungen oder Blackouts. Und am Strom hängt jede Straßenlaterne, jedes Handy, jeder Geldautomat, jeder Supermarkt, jede Wasserpumpe und damit Toilettenspülung, jeder Geldautomat und jedes Krankenhaus. Daher ist die gesicherte Leistung zentral für die Versorgungssicherheit.

Sie haben sicherlich auch schon mal gehört, dass Politiker oder Netzbetreiber sagen: »Wir brauchen die Stromtrassen für unsere Versorgungssicherheit.« Eine Stromleitung bringt aber per se keine Versorgungssicherheit, wenn auf der anderen Seite kein Kraftwerk oder kein Speicher steht. Eine Stromleitung ist wie eine Autobahn. Wenn Sie Autos brauchen, hilft es nichts, Autobahnen zu bauen.

Und bestimmt haben Sie auch von energieautarken Dörfern und Gemeinden gehört. Die sind bilanziell über ein ganzes Jahr energieautark, das heißt haben mehr Energie, als sie brauchen. Aber sie können sich nicht vom Stromnetz abzwacken, weil sie nicht leistungsautark sind, also zu jeder Sekunde genügend Strom im Gleichgewicht haben.

> Im Großen betrachtet bedeutet das für Deutschland: Wir haben keine gesicherte Leistung aus Sonne oder Wind, wir haben ein bisschen gesicherte Leistung aus der Wasserkraft (wenn die Flüsse fließen), aus der Biomasse (wenn die Ernte wächst), ein bisschen aus Pumpspeichern und Batterien (v. a. die Millionen von Heimspeichern und E-Fahrzeugen), und wir haben die Gaskraft auf fossiler Basis.

Das reicht aber nicht, weil wir im Atom- und Kohleausstieg sind, die bisher zusammen mit der Gaskraft durch die nuklearen und fossilen Speicher als Back-up-Kraftwerke den Rücken freigehalten haben. Allen Stimmen, die nach einem Gasausstieg rufen, sei deshalb gesagt: Das ist technisch nicht machbar. Wir brauchen grüne Gase als Back-up! Wir haben hier eine große Lücke, die wir zu füllen haben. Und da sehe ich nur Power-to-Gas und Gaskraftwerke beziehungsweise Wasserstoff. Wir könnten uns auch aufs Ausland verlassen, aber angesichts der störungs- und wartungsanfälligen Atomkraftwerke in Frankreich und Belgien machen wir die umgekehrte Erfahrung: Frankreich und Belgien hängen sich an uns!

Die gesicherte Leistung kommt am Ende des Tages überwiegend aus grüner Gaskraft. Warum?

Sie können noch so viel Wind und Solar installieren, Sie werden immer diese Lücken haben, die Sie mit Gas füllen müssen, egal, wie viel Wind- und Solarparks in Deutschland stehen. Weil deren Beitrag zur gesicherten Leistung ist schlichtweg null. Zero. Bitte nicht falsch verstehen:

> Wind und Solar sind die großen Arbeitspferde, die direkt genutzt und über Wasserstoff und Power-to-X alles klimaneutral machen. Aber sie sind schwankender Natur und bedürfen deshalb des Ausgleichs.

Atom- und Kohleausstieg bedeuten also zwingend einen Speichereinstieg, vor allem auf Basis von grünem Gas wie Wasserstoff oder Methan.

Konkret: Aus zwei Wochen Strombedarf im Winter abzüglich der Stromeinspeisung aus Wasserkraft und Biomasse ergibt sich ein Leistungsbedarf von etwa 60 Gigawatt bei einem Energiebedarf von etwa 20 Terawattstunden Strom in Deutschland. Nehmen wir an, dass das sowohl hocheffiziente Gas- und Dampfkraftwerke und Gasturbinen sind mit einem mittleren Wirkungsgrad von 50 Prozent. Das ergibt einen Gasbedarf von 40 Terawattstunden, was gerade einmal ein Sechstel unserer heutigen Gasspeicherkapazität wäre. Wenn wir schwankende Wetterjahre berücksichtigen, pessimistisch von keinem Stromaustausch mit den Nachbarländern und eher von drei statt zwei Wochen Dunkelflaute ausgehen, zeigen unsere Rechenmodelle für eine 100 Prozent erneuerbare Stromversorgung einen Gasspeicherbedarf von etwa 75 Terawattstunden oder 30 Prozent des Gasspeicherfüllstandes.

Wir haben also auf alle Fälle ausreichend Gasspeicher in Form von 31 Kavernen- und 16 Porenspeicherstandorten mit in Summe fast 400 Einzelspeichern. In beiden Speichertypen könnten wir heute schon 240 Terawattstunden Gas speichern über Kompressoren, welche das Gas auf 200 bar Druck verdichten. Ausspeichern lässt sich das Gas im Mittel mit über 100 Gigawatt Leistung. Das Volumen der Kavernenspeicher könnte technisch nochmals verdoppelt werden.[124]

Porenspeicher sind alte, leer geförderte Lagerstätten von Öl und Gas und damit natürliche Hohlräume. Sie eignen sich vor allem für Methangas und nur zum Teil für Wasserstoff. Kavernenspeicher finden wir vorwiegend im Norden und Osten Deutschlands, die sich für Öl, Gas, Druckluft und Wasserstoff eignen. Sie werden in uralten Salzstöcken, die sich beim Rückzug der Meere und deren Verdunstung nach der letzten Eiszeit gebildet haben, in bis zu 2.000 Metern Tiefe angelegt. Dazu wird über Bohrungen Wasser ins Bohrloch gepumpt, das Salz darin gelöst und das Salzwasser, die Sole, nach oben gepumpt und ins Meer zurückgeleitet. Dieser Prozess dauert mehrere Jahre und formt künstliche Hohlräume von bis zu 800 Metern Höhe und 100 Metern Breite. Zum Vergleich: Im Volumen eines mittleren Speicherstandortes könnten wir so viel Bier lagern, wie in 70 Jahren Oktoberfest getrunken wird. Also unglaublich viel!

Die Gasspeicher selbst sind also kein Engpass. Bei den »Entladegeräten« haben wir heute Gaskraftwerke in Deutschland mit einer Leistung von 30 Gigawatt, Biogasanlagen mit gut 6 Gigawatt, Kraft-Wärme-Kopplungsanlagen mit gut 4 Gigawatt und vereinzelt Brennstoffzellen in Gebäuden.[125]

> Diese Kapazitäten sind also zu verdoppeln bis zur Klimaneutralität, trotz der widrigen Umstände. Es ist aus nationaler Sicht der einzige technisch machbare und auch bezahlbare Weg, Deutschlands Stromversorgung stabil und energiesouverän zu gestalten.

Bei den »Ladegeräten«, den Power-to-Gas Anlagen, gibt es noch größeren Ausbaubedarf. Obschon die Idee dazu bereits 16 Jahre alt ist, gibt es in Deutschland gerade mal eine Anlagenleistung von insgesamt etwa 0,36 Gigawatt. [126] Der Bedarf für eine rein erneuerbare Stromversorgung: mehr als das 120-Fache – etwa 44 Gigawatt an Elektrolyseleistung. [127]

Ohne Power kein Gas

Dahinter braucht es für eine 100 Prozent erneuerbare und klimaneutrale Stromversorgung im Jahr 2045 Windkraft- und Solaranlagen, um den nötigen Strom von gut 90 Terawattstunden für die Gewinnung von erneuerbarem Gas zu haben. Das entspricht etwa dem kompletten derzeitigen Windstrom an Land in Deutschland, wobei alle Szenarien zur deutschen Energiezukunft von einer Vervielfachung von Wind und Solar ausgehen. Alternativ können grüne Gase wie Wasserstoff oder erneuerbares Methan auch aus dem Ausland importiert werden, und zwar aus vielen Ländern, die auch unsere Werte teilen. Weil überall auf der Welt der Wind geht und die Sonne scheint und so genügend Energie vorhanden ist: sowohl für die eigene Klimaneutralität als auch für den Export.

> Zusammen ergeben Power-to-Gas-Anlagen, Gasspeicher und Gaskraftwerke im Dreiklang – Laden, Speichern, Entladen – ein Speichersystem, welches uns Hand in Hand mit Batterien und Pumpspeichern zu jederzeit die Stromversorgung stabilisiert und über jede Dunkelflaute hinwegbringt.

Und wenn die Wasserstoffwirtschaft irgendwann so weit ist und alles auf grünen Wasserstoff umgestellt ist, geht das selbstverständlich auch mit reinen Wasserstoffspeichern, -leitungen und -kraftwerken.

Finanzierung der Langzeitspeicher

Damit die im Geld sind, reicht der reine Betrieb am Strommarkt nicht aus. Dieser funktioniert so: Wind, Solar, Atom und Braunkohle stellen den Strom sehr günstig bereit, bekommen aber die Vergütung des teuersten Stromes – meist der Gaskraft. Das ist es, was zusammen mit dem Ausfall der französischen AKW derzeit die Strompreise derart in die Höhe treibt. Sie verkaufen einen VW Polo zu einem Preis eines Porsches – so geht dieses Merit-Order-Prinzip. Es ist aber dennoch wichtig als Preissignal. Die Langzeitspeicher werden nicht häufig im Jahr gebraucht, nur zum Lückenfüllen. Deshalb ist ihre Effizienz zweitrangig. Ihre Finanzierung wird daher zum Großteil zukünftig über andere Märkte für die Absicherung dieser Dunkelflaute finanziert werden. Wie bei der Feuerwehr, die bankrott wäre, wenn sie nur nach Brandeinsätzen bezahlt würde.

> Unterm Strich ist dieses wind- und sonnenbasierte System aber trotz der Verluste und des Aufwands für Netze und Speicher günstiger als eine fossil-atomare Stromversorgung. Gerade wenn die langfristigen Schadenskosten für Klima und Umwelt eingerechnet werden.

Die Gesamtbilanz schaut in unserem 100-Prozent-Szenario folgendermaßen aus: Die meiste Energie kommt aus Wind und Solar. Wir haben etwa 15 Prozent Verluste in den Pumpspeichern, in den Stromnetzen und durch Power-to-Gas. Einen kleinen Teil der Wind- und Solarspitzen, der sich wegen der Kürze und Intensität nicht zu integrieren lohnt, werfen wir auch weg. Das macht nur 1 Prozent der Energie aus, reduziert aber die Spitzen um 30–40 Prozent und schont damit Netze und Speicher.[128]

> Insgesamt geht die Bilanz auf: Eine klimaneutrale Vollversorgung mit erneuerbaren Energien ist technisch möglich und ökonomisch sinnvoll und ökologisch notwendig.

Meine persönliche Stromwende

Das eigene Beispiel wirkt mehr als tausend gut gemeinte Worte und Ratschläge. So kommen an diesen abschließenden Stellen der Kapitel keine erhobenen Zeigefinger und To-do-Listen für Sie, sondern Einblicke in die Umsetzung meines persönlichen Klimaschutzes, der nicht immer gelingt, sondern auch mal scheitert. So ist das Leben.

Oft werde ich gefragt: »Wie machen Sie das zu Hause?« Ich versuche, das zu leben, was ich sage. Jede der in diesem Buch beschriebenen Wenden. Nicht nur aus ökologischer Überzeugung, sondern weil es auch ökonomisch Sinn macht und technisch spannend ist. Ich will es aber vor allem meinen Kindern vorleben. Ich empfinde es als generationengerecht, alles zu tun, damit sie samt allen anderen Kindern und Nachkommen ein genauso lebenswertes Umfeld haben, wie wir es vorfinden und genießen durften. Deshalb machte ich das Thema dieses Buches vor 25 Jahren zu meinem Beruf und lebe es als eine meiner Berufungen.

Wir haben jahrelang zur Miete gewohnt, wie die meisten Menschen in Deutschland. Da bleibt nur der Bezug von Ökostrom von einem zertifizierten Ökostromhändler. Den finden Sie am besten beim »Grüner Strom Label« Verein.[129] Ich würde heute solare Balkonkraftwerke installieren. Die gab's damals noch nicht. Dazu ist der Vermieter zu überzeugen. Oder den Vermieter gleich von einer Solaranlage auf dem Dach überzeugen? Gerade im denkmalgeschützten Altbau: keine Chance. Weil der Denkmalschutz absurderweise selbst aus der Luft gilt – es reicht nicht die »Uneinsichtbarkeit« vom Boden aus. Meine Eltern haben auf unserem Bauernhof auf der großen Scheune schon 2004 die erste PV-Anlage installiert, meine erste eigene folgte dort 2007. 2018 bauten wir unser Eigenheim und haben das ganze Dach samt Carport mit 30 Kilowatt Solar vollgemacht. Auch die Nordseite, die 70 Prozent des Ertrages der Südseite bringt. Da meine Brüder wie ich alle Handwerker sind, haben wir das selbst installiert – und so kostet uns die Kilowattstunde Strom zu Hause nur 5 Cent.

Dazu steht ein FENECON-Batteriespeicher mit 20 Kilowattstunden und eine Wärmepumpe mit Kühlfunktion im Keller. Eine Wallbox bringt den Solarstrom ins E-Auto und E-Bike. Für den überschüssigen eingespeisten

Solarstrom gibt's jeden Monat 200 Euro, wovon nicht nur die restlichen Stromkosten, sondern auch die Unterhaltskosten des Hauses gedeckt werden. Ja, die Investition ist groß zu Beginn, aber die laufenden Kosten holen das spielend wieder rein: Die Anlage hat sich nach wenigen Jahren amortisiert. Selbst wenn Sie kein Handwerker sind und mehr für die Anlage zahlen, lohnt sich die Installation allemal. Mit jeder Kilowattstunde heimischer Erzeugung sparen wir Geld, schonen das Klima und mindern die Gasabhängigkeit von Russland und anderen Energielieferanten.

Wenn also bei Ihnen der Hausbau ansteht: Montieren Sie gleich die Solaranlage, solange das Gerüst noch steht. Das spart Geld.

Sind wir mit der Anlage autark? Energieautark ja, wir machen gut 25.000 Kilowattstunden Solarstrom jedes Jahr und brauchen »nur« 9.000 Kilowattstunden. Aber leistungsautark nicht: Im Winter ziehen wir etwa 3.000 Kilowattstunden bilanziell zertifizierten Ökostrom aus deutscher Windkraft via Tibber, der uns günstige Börsenpreise über einen flexiblen Stromtarif direkt weitergibt. Abhilfe würde nur ein Wasserstoffsystem auf Power-to-Gas-Basis schaffen, aber das können wir uns nicht leisten. Dennoch können wir durch Solarstrom in allen Bereichen – Strom, Wärme, Kälte, Mobilität – zu über 80 Prozent unseres Energiebedarfs decken. Wenn Sie jetzt nachrechnen: 3.000 von 9.000 Kilowattstunden sind doch 67 Prozent. Richtig, aber unsere Wärmepumpe macht aus 1 Kilowattstunde 5 bis 6 Kilowattstunden Wärme und noch mehr Kälte. Daher der Unterschied.

Wenn Sie einen Betrieb haben, würde ich genau dasselbe machen: Solar aufs Dach, Batteriespeicher in den Keller, womöglich ein Wasserstoffsystem samt Elektrolyse, Gasflaschenbündel als Speicher und Brennstoffzelle oder Wankelmotor für die Rückverstromung – und schon sind Sie autark und preisstabil die nächsten Jahre. Ein solches Power-to-Gas-System lohnt sich für Mehrfamilienhäuser oder Gewerbetreibende beziehungsweise Firmen mit großen Dächern.[130]

Ich habe es früher nicht geglaubt, aber es ist wirklich eine Wonne, jeden Tag den eigenen Stromverbrauch zu beobachten. Das ist die beste Erziehungsmaßnahme zur Energieeffizienz. Mit dem richtigen Verhalten sparen wir auch viel Strom: Wir haben effiziente A+++ Haushaltsgeräte, die Beleuchtung auf LED umgestellt und verbrauchen möglichst dann

Strom, wenn die Sonne scheint. Einen Stand-by-Stromverbrauch vermeiden wir über schaltbare Steckdosen. Und über einen RasperryPi-Minicomputer läuft alles automatisiert zusammen, von der Wärmepumpe bis zum Rollo.

Es gibt mittlerweile Stromtarife, die günstigen Wind- und Solarstrom direkt von der Strombörse abgreifen und dann die Waschmaschine, den Trockner oder die Wärmepumpe anwerfen oder das E-Auto laden. Die Digitalisierung samt Sensorik bietet hier noch große Chancen auf Energie- und Kosteneffizienz.

Alles, was Wärme und Kälte braucht, ist energieintensiv, und dort lohnt es sich, auch den alten Kühlschrank oder den Wäschetrockner zu tauschen. Kommunen bieten oft finanzielle Anreize für einen solchen Tausch.

Im Gewerbe- und Industriebereich lohnen sich neben Solarstrom auch an guten Standorten mit entsprechender Bauhöhe Windkraftanlagen. Im größeren Stil macht es Sinn, Wind- und Solarparks mit Bürgerbeteiligung zu errichten. Daher sitzen gerade die Gemeinde- und Stadträte an den entscheidenden Hebeln der Energiewende: Sie genehmigen die Anlagen in ihren Beschlüssen und sind damit wahre Gestalter oder auch Verhinderer der Energiewende. Wenn Sie solche Amtsträger kennen: Geben Sie bitte dieses Buch zur Lektüre weiter, und dienen Sie damit dem Klimaschutz.

WÄRMEWENDE

»It's just the end of the world as we know it.«
It's the end of the world as we know it (And I feel fine) | REM

Warmes Heim, Glück allein!

Das denkt sich mancher in diesen Wintern in Europa und leider auch in Mariopol. Am zweiten Tag des Angriffs auf die ukrainische Hafenmetropole bombardierte die russische Armee das Umspannwerk der Stadt und damit die Herzschlagader der Stromversorgung. Ohne Strom wurde es schnell kalt, da die Ukraine wie Frankreich sehr stark auf Atomstromheizungen setzte. Viele Menschen erfroren.

Was lehrt uns das? Die elementaren Grundbedürfnisse des Menschen sind Nahrung, Trinken, eine Behausung samt Kleidung und eben Energie in Form von Wärme. Gebäude und Wärme als Grundbedürfnis spiegelt sich auch im Endenergieverbrauch Deutschlands wider. Über die Hälfte der Endenergie verbrauchen wir in Form von Wärme in Gebäuden und Prozessen.[131]

Der Wärmebedarf lässt sich in drei Bereiche einteilen: Raumwärme, Warmwasser, Prozesswärme. Der Raumwärmebedarf ist stark abhängig von Witterung und Jahreszeit und beträgt etwa 30 Prozent der Endenergie, in harten Wintern mehr. Hinzu kommt ganzjährig der Bedarf an Warmwasser fürs Duschen und Abspülen mit etwa 5 Prozent. Die Klimakälte macht derzeit noch etwa 0,5 Prozent vom Energiebedarf der Gebäude aus. Sie wird im Zuge des Klimawandels im Sommer immer wichtiger für die Gesundheit: Der Körper braucht Temperaturen unter 20 Grad, um sich zu regenerieren. Bei dauerhaft hohen Temperaturen kollabiert der Kreislauf, und es gibt mehr Hitzetote. Gerade in Städten mit hoher Flächenversiegelung wird das ein heißes Thema: Berlin hat jetzt schon das Wetter von Karlsruhe von vor 20 Jahren, und wenn es so weitergeht in 20 Jahren das von Valencia von heute.

Etwa ein Viertel der Endenergie wird als Prozesswärme und -kälte in Industrie und Gewerbe relativ gleichmäßig verbraucht. Darauf kommen wir im Kapitel »Industriewende« (-› ab Seite 171). Hier geht es um die Frage, wie wir unsere Gebäude heizen und kühlen und warmes Wasser bereitstellen.

Effiziente Gebäude

Um das Bedürfnis nach Wärme zu stillen, ist eine umgebende Hülle von Vorteil. Deshalb gab es zu Urzeiten das Lagerfeuer in einer Höhle statt im Freien. Aus Höhlen und Zelten wurden Gebäude aus Stein, Lehm, Holz und Ziegel. Es liegt auf der Hand: Je besser diese Gebäudehülle die Wärme hält und die Kälte draußen lässt, desto weniger Energie brauchen wir innen, um die Räume auf angenehmen Temperaturen zu halten.

Häuser und Wohnungen können sich auch gegenseitig »wärmen«, indem sie als Reihenhäuser und mehrstöckige Geschossbauten Außenwände teilen und die Außenfläche zur Kälte hin minimieren. Jeder, der in einem großen mehrstöckigen Gebäude wohnt, kennt das. Wenn der Nachbar es gerne sehr warm hat, reicht es, die eigene Heizung nicht so stark aufzudrehen. In einem Einfamilienhaus hingegen haben die Nutzer alles selbst in der Hand.

Chancen für Energieeffizienz

Gebäudetypen und Nutzertypen sind also sehr vielfältig. Allen gleich ist, dass weniger Wärmeenergie benötigt wird, wenn die Häuser gut isoliert sind. Das fängt bei den Fenstern an, geht über die Wände hin zum Dach und bis zur Bodenplatte. Ein Gebäude soll aber nicht nur behaglich, sondern auch ästhetisch schön sein und Schutz vor Regen, Hitze, Sonne, Frost, Wind und Schall bieten.[132]

Ein positives Beispiel: Eine Photovoltaikanlage dämpft den Lärm des Regens, hält die Hitze vom Dach fern und stellt zudem noch die Energie bereit. All diese Anforderungen sind aber nicht immer einfach unter einen Hut zu bringen, wie das Thema Gebäudedämmung an denkmalgeschützten Häusern zeigt. Oder auch im Neubau, wo allzu oft die schöne, teure, ästhetisch anspruchsvolle Fassade dem Architekten oder Bauherrn näher am Herzen liegt als eine energiesparende Gebäudehülle oder eine effizientere Heiztechnik.

Letztendlich lassen sich solche Interessen nur durch klare staatliche Effizienzvorgaben erreichen, und hier hat die Energieeinsparverordnung (EnEV) wahrlich Wunder bewirkt in den letzten Jahrzehnten. Von 1970 bis heute wurde dadurch der Wärmebedarf von Neubauten um über 85 Prozent reduziert, allein durch die staatlichen Vorgaben.[133] Die Pro-Kopf-Wohnfläche ist hingegen in den letzten 20 Jahren um 15 Prozent auf fast 50 Quadratmeter gestiegen, was mit den Effizienzgewinnen gegenzurechnen ist.[134]

> Gebäude leben auch wesentlich länger als jede Technik und werden oft 60 bis 100 Jahre genutzt und nur alle 30 bis 40 Jahre saniert.[135] Entsprechend entscheidend sind starke Investitionen in eine energiesparende und nachhaltige Gebäudestruktur und -technik.

Es gibt nur wenige Zeitpunkte, an denen dies möglich ist: im Neubau, bei der Sanierung oder der Heizungserneuerung. Gerade bei der Sanierung können mehrere Fliegen mit einer Klappe geschlagen werden: Wird das Dach erneuert, kann eine Photovoltaikanlage gleich mit aufs neue Dach. Bröckelt der Putz oder ist die Fassade zu erneuern? Dann kann gleich die Außenwand parallel mitgedämmt werden. Wenn das Geld nur für eine Maßnahme reicht, kann die Energieberatung Vorschläge für einen langfristigen Sanierungsplan erstellen.[136]

Anders ist die Situation in Gewerbe- und Industriegebäuden, den »Nichtwohngebäuden«. Hier wird wesentlich mehr auf Kosteneffizienz geachtet, oder die Nutzungsart ändert sich, und daher werden die Gebäude auch öfter modernisiert.

Herausforderungen für Mieter und Bauherren

Eine generelle Herausforderung ist das Mieter-Vermieter-Dilemma: Der Mieter profitiert von einem gut gedämmten, effizienten Gebäude samt sparsamer Heizung, die Investitionskosten trägt aber der Vermieter. Daher hat dieser oft kein Interesse an Energieeffizienz und grüner Heiztechnik, sondern schaut rein auf die Kosten, und das war in der Vergangenheit immer, den Mindeststandard zu erfüllen, Gebäude so lange betreiben wie es nur geht und wenig sanieren und vor allem bei einer Heizungserneuerung immer nur die Heizung mit dem geringsten Invest anzuschaffen: eine Gastherme.

Wenn es dann eine Förderung für energetische Sanierungen und moderne Heiztechnik gibt, bleibt die beim Vermieter. Er darf die Modernisierungskosten zu 8 Prozent auf die Mieter umlegen. Das wird aber meist nicht durch die sinkenden Heizkosten kompensiert. Die Klimaschutzkosten sind also zwischen Vermietern und Mietern nicht gerecht verteilt.[137]

Das betrifft fast die Hälfte der deutschen Bevölkerung: 44 Prozent wohnen zur Miete. Ansätze, dieses Dilemma zu lösen wie die Einführung von hochbürokratischem Mieterstrom für Photovoltaikanlagen oder die 50:50-Aufteilung der CO_2-Abgabe für Öl und Gas sind meist an der Vermieterlobby gescheitert. Es wird Zeit, dass sich das ändert!

Ebenso scheitern effiziente Gebäude und Heiztechnik oft an Architekten, die Photovoltaikanlagen einfach nicht schön finden oder teure Heiztechnik meiden. Dabei würden solche Anlagen die Betriebskosten des Gebäudes dauerhaft senken und im Fall von Solarstrom eine Fläche nutzen, die woanders nicht auf dem freien Feld erschlossen werden muss.

> Daher liegt es auch in der kommunalen Verantwortung, nicht nur die Farbe der Dachziegel vorzuschreiben, sondern auch die Anforderungen für die Energiequelle des Hauses. Damit nicht nur schöne Häuser entstehen, sondern die darin lebenden Kinder auch eine klimaverträgliche Zukunft haben.

Oft genug werden von Bauherren und Architekten Schlupflöcher gesucht und nur der Minimalstandard erfüllt. Auch hier braucht es einen neuen Geist, der die Klimaneutralität in allen Entscheidungen mitführt und umsetzt.

Effiziente Gebäude sind das A und O

Zurück zur Technik. Die Energiebilanz eines Gebäudes ergibt sich vereinfacht gesagt aus Energiegewinnen minus -verlusten. Zur zugeführten Energie zählt die Wärme der Heizung, die solaren Gewinne durch den Sonnenschein, der durch die Fenster kommt, und die inneren Gewinne wie der Abwärme von elektrischen Geräten oder jedem Tier beziehungsweise jedem Menschen selbst, der durch die Verbrennung von Nahrung etwa 100 Watt Wärme abstrahlt. Große Fenster Richtung Süden und k(l)eine Richtung Norden wirken hier Wunder in der Energiebilanz. Oder Wintergärten, die viel Sonne speichern, die Kälte abhalten und als thermische Puffer wirken.

Die Wärme geht dem Gebäude wieder abhanden über eine undichte, zugige Gebäudehülle, eine ineffiziente Heizung und vor allem die Ableitung von Wärme durch Wände, Fenster, Türen, Dächer, Böden und den Schornstein, der lustigerweise in der Norm nicht als Wärmebrücke eingerechnet wird. Das Haus also thermisch gut einzupacken ist das A und O für ein effizientes, sparsames Gebäude. Dabei hilft eine entsprechende Wahl von Baumaterialen und Dämmstärken. Die Wärmeleitfähigkeit der Materialien beziehungsweise deren Wärmedurchgangskoeffizient, auch U-Wert genannt, sollten möglichst gering sein. Diese Werte werden bei einer Sanierung durch Außen- und Innendämmung gesenkt. Ebenfalls sollen Wärmebrücken vermieden werden, die sich durch undichte Fensterleibungen, Kanten, Ecken oder Materialien bedingt ergeben können wie zum Beispiel durch unisolierte Rollokästen, Stahlträger oder Betondecken.

Neubau versus Bestand und Lüftungsanlagen

Beim Neubau greift die Energieeinsparverordnung (EnEV), die zusammen im Jahr 2020 mit dem Energieeinspargesetz (EnEG) und dem Erneuerbare-Energien-Wärmegesetz (EEWärmeG) durch das Gebäudeenergiegesetz (GEG) abgelöst wurde und sowohl Heiztechnik als auch Wärmedämmung und Lüftungsanlagen berücksichtigt. Neu hinzugekommen sind Anforderungen an den Hitzeschutz im Sommer. Diese Standards fördern den Bau von Effizienzhäusern bis hin zu Passivhäusern, welche 90 Prozent weniger Energie als der Durchschnitt im Bestand braucht.

Das sind umgerechnet weniger als 1,5 Liter Öl pro Quadratmeter Wohnfläche und Jahr. Die Förderung reizt aber auch Plusenergiehäuser an, welche bilanziell mehr Energie erzeugen, als sie verbrauchen, meist über eine Photovoltaikanlage.

In Neubauten kommen oft zentrale Lüftungsanlagen zum Einsatz, die gleichmäßig das Haus mit frischer, sauberer Luft versorgen und dabei die warme Abluft an der kalten Zuluft vorbeiführen und diese vorwärmen. Und alle Mythen von verschimmelten Luftröhren im Haus gehören bei modernen Anlagen samt Feuchtesensorik definitiv der Vergangenheit an. Das ist supereffizient und kann über dezentrale Einheiten auch im Bestand nachgerüstet werden.

Damit wären wir bei dem weitaus größeren Klotz für klimaneutrale Gebäude: den Altbauten. Da die meisten Gebäude in Deutschland Bestandsgebäude sind, wären Sanierungsraten von 2 Prozent nötig, also jedes 50. Haus pro Jahr, um sie fit für die Klimaneutralität zu machen. Real wird gerade mal jedes 100. Haus pro Jahr saniert. Das ist viel zu wenig!

Graue Energie – versteckte Emissionen

Schließlich gibt es noch das Thema graue Energie, die in den verbauten Materialien selbst steckt. Sie macht über den Lebenszyklus von Bau über Nutzung und Abriss eines Gebäudes laut Umweltbundesamt zwischen 25 und 40 Prozent der Energiebilanz aus.[138] Es lohnt sich also, hier genauer hinzuschauen.

Die Herstellung von Zement verursacht etwa 7 Prozent der globalen Emissionen.[139] Klar ist: Beton aus Zement und Sand ist am CO_2-intensivsten, gefolgt von Ziegeln für Mauern und Dächer, welche meist mit Erdgas gebrannt werden, und Holz. Holz ist als natürlicher CO_2-Speicher das klimafreundlichste Baumaterial überhaupt. Ebenso sticht Holz als CO_2-Senke in Form von Dämmmaterial wie Holzfaser und Holzeinblasdämmungen deutlich hervor als nachhaltiger Baustoff im Vergleich zur fossilen Steinwolle, Glaswolle oder Polystyrol (EPS, XPS), einem Kunststoff aus der Chemie.

Beim Holzparkett versus Kunststofflaminat und fossil gebrannter Fliese ist es ähnlich. Und auch im Trockenbau werden Gipsplatten eingesetzt und Kalk verputzt, die einen großen CO_2-Rucksack haben. Aber auch Baustahl, Glas und Aluminium für Fenster und Türen sind energie- und damit noch oft CO_2-intensive Baumaterialen, solange sie nicht als grünes Glas, grüner Stahl oder grünes Aluminium hergestellt oder recycelt werden. Dazu mehr im Kapitel »Industriewende« (-› ab Seite 171).

Der Ersatz von CO_2-intensiven durch CO_2-speichernde Baumaterialien wie Holz ist ein Schritt, Recycling und grüne Herstellung ein weiterer. Letztendlich müssen wir uns auch fragen: Brauchen wir immer größere Wohnungen und neue Gebäude für eine schrumpfende, alternde Gesellschaft? Die Wohnfläche pro Kopf hat sich seit 1960 verdoppelt.[140] Wie können wir Wohnfläche effizienter nutzen?

Gerade wenn die Kinder ausziehen oder ein Partner verstirbt, sitzt die ältere Generation oft in zu großen Häusern. Dafür braucht es flexible Wohnkonzepte wie Wohngemeinschaften für ältere Menschen. 13 von 20 Millionen Wohngebäuden in Deutschland sind Einfamilienhäuser, und es entstehen laufend Neubausiedlungen, während die Dörfer und Gemeinden im Kern zerfallen. Ein Fokus auf die Sanierung von Bestandsgebäuden kann uns also nur guttun. So ist auch das Thema Suffizienz ein zentrales im Kampf für Klimaneutralität.

> Es wäre volkswirtschaftlich ideal, den Wärmebedarf des gesamten deutschen Gebäudebestandes zu halbieren und die andere verbleibende Hälfte mit erneuerbarer Wärme klimaneutral zu stellen.[141]

Dabei gibt es keinen Königsweg. Jede Kommune braucht einen eigenen »Wärmeplan«. Wir haben noch einen langen Weg vor uns, bis alle Wohngebäude klimaneutral werden. Machen wir den Anfang!

Erneuerbare Wärme

Wie bekommen wir also die Wärme in unseren Gebäuden klimaneutral? Nachdem das mit den Gebäudehüllen nicht so einfach ist, kommt es letztlich auf den Energieträger selbst an. Der Anteil erneuerbarer Wärme hängt seit über 10 Jahren irgendwo bei 15 Prozent fest.[142] Durch die explodierenden Heizkosten kommt nun Bewegung nach oben rein.

Hier hilft der Primär-Energiefaktor, der auf Basis des CO_2-Fußabdrucks unterschiedliche Energieträger miteinander vergleichbar macht. Er gibt an, mit wie viel Aufwand die Wärme bereitgestellt wurde. Mit ihm kann man von der Endenergie Wärme auf die eingesetzte Primärenergie schließen, einschließlich Gewinnung, Speicherung, Verteilung und Umwandlung. Er ist entscheidend bei der Berechnung der Umweltbilanz und damit möglichen Fördergeldern.

Erdöl und Erdgas werden als fossile Brennstoffe mit dem Faktor 1,1 bewertet, Holz mit 0,2 und Solarstrom für Wärmepumpen oder Heizstäbe, Solarthermie, Umgebungs- und Erdwärme und Abwärme mit null. Kommt der Strom für Wärmepumpen aus dem Netz und wurde dafür entsprechend anteilig Kohle verbrannt, ist er mit mehr CO_2-Emissionen behaftet und daher höher als die anderen Energieträger. Entsprechend wird der deutsche Strommix derzeit mit 1,8 bewertet. Dieser Wert sinkt aber mit dem weiteren Ausbau der erneuerbaren Stromerzeugung. Damit sind zumindest im Neubau die Weichen richtig gestellt.

Heizungsbestand

Im Unterschied zur zentralen Stromversorgung mit europaweiten Netzen erfolgt die Wärmeversorgung meist dezentral. Alle Gebäude haben eigene Heizungen, es sei denn, sie befinden sich in Ballungszentren und sind an ein Wärmenetz mit Nah- oder Fernwärme angeschlossen. Historisch wurden die Holzkamine durch Kohlekamine Anfang des 20. Jahrhunderts abgelöst. Zuerst im Ursprung der industriellen Revolution durch Kohle: in Großbritannien. Deshalb haben alle kleinen Reihenhäuschen reihenweise Schlote. Der Brennstoffwechsel ging aufgrund der höheren Energiedichte, leichteren Verteilung und Verbrennung weiter zu Erdöl vor allem in den 1930er- bis 1950er-Jahren, bevor dann Anfang der 1970er-Jahre die Gasheizung ihren Siegeszug antrat. Die Solarthermie wurde Anfang der 1980er und 1990er stark, hat aber der Gasheizung nie den Rang abgelaufen. Keine erneuerbare Alternative hat das geschafft. Bis heute.

Der Status quo des Heizungsbestandes ist somit leider zu 85 Prozent fossil und alt. Ein Viertel der Heizungen ist älter als 25 Jahre. Das Durchschnittalter beträgt 17 Jahre. In Ostdeutschland sind ein Drittel der

Heizungen an der Fernwärme mit überwiegend Erdgas, während in den süddeutschen Bundesländern nach wie vor ein Drittel Ölheizungen laufen. Im Bestand wurden noch 2020 über 90 Prozent der Erneuerungen mit Gas- und Ölkessel durchgeführt. Das sind an die 750.000 neue fossile Heizungen – fast alles Erdgas! Im Neubau wurden im gleichen Jahr 200.000 neue Heizungen verbaut. Es setzt sich zwar immer mehr die Wärmepumpe durch, wobei nach wie vor mehr als die Hälfte Gasheizungen sind.[143] Das ändert sich nun 2024. Ab dann ist ein Anteil von 65 Prozent erneuerbarer Energien vorgeschrieben, was faktisch einem Verbot fossiler Heizungen gleichkommt.[144] Dänemark hat das bereits 2013 vollzogen.[145] Zumindest eine Heizart ist kaum mehr vorhanden: die Kohleheizung, die Anfang der 1990er noch in jedem dritten Wohngebäude ihren Platz hatte. Mit dem Auslaufen der subventionierten Steinkohleförderung ging das zu Ende.

Wie haben wir in der Vergangenheit bis zur industriellen Revolution geheizt? Das Lagerfeuer ist keine reine Pfadfinderromantik, sondern war über die größte Zeit unserer Zivilisation die Hauptenergiequelle der Menschen für Licht, Wärme, Nahrungszubereitung, Warmwasser und diente auch dem Schutz vor wilden Tieren. Basis war und ist der nachwachsende Rohstoff Holz. Frisch gespeicherte Solarenergie. Heimisch. Klimaneutral. Erneuerbare Wärme kommt in Deutschland zu zwei Dritteln aus Holz in Form von Scheitholz, Hackschnitzel oder Pellets. Es gibt mittlerweile leider viele Lobbygruppen und sogar Ministerien, die annehmen, Heizen mit Holz sei nicht klimaneutral.[146] Dem ist aber nicht so. Der Feinstaub der Holzverbrennung wird oft mit der Klimawirkung verwechselt, aber das ändert nichts an der Klimaneutralität von Holz, sondern hat mit der Luftreinhaltung zu tun und kann über entsprechende Filteranlagen gelöst werden. Mehr dazu im Kapitel »Agrarwende, Forstwende und Abfall« (-› ab Seite 191).

Holzpellets

Holzpellets werden oft aus Sägeabfällen und damit Reststoffen gepresst. Sie haben vor allem in Bestandsgebäuden beim Ersatz von Öl ihren besten Platz. Der Pelletkessel kommt an die Stelle des Ölkessels. Das alte Öllager kann zum Pelletlager umgebaut werden, und in Bestandsgebäuden sind meist Heizkörper verbaut, die eine Vorlauftemperatur des Heizwassers von 70 Grad benötigen. Dafür eignet sich alles außer Wärmepumpen, die bei so hohen Temperaturen nicht mehr effizient arbeiten. Wir verbannen aber weitgehend das fossile Feuer aus unserer Wärmeversorgung, und daher ist es bis auf die erneuerbare Fern- und Nahwärme nur noch das Holz, was als Brennstoff verbleibt.

Scheitholzheizung

Einige installieren sich auch eine Scheitholzheizung, die allerdings nicht so automatisch und bequem zu bedienen ist wie eine Pelletheizung, weil ständig Holzscheite nachzulegen sind. Ein kleiner Kaminofen mit einer Wassertasche kann aber die Holzwärme ähnlich zur solarthermischen Anlage in das Heizsystem einkoppeln. So kann Holzfeuer neben der Gemütlichkeit auch CO_2-neutrale Wärme in die Räume bringen und in Notzeiten, wenn kein Gas mehr kommt oder der Strom ausfällt, das Haus oder die Wohnung warm halten.

In größeren Heizkesseln kommen auch Hackschnitzel zum Einsatz, die ganze Dörfer über ein Nahwärmenetz versorgen. Sie werden meist direkt aus regionalem Restholz gewonnen, was nicht nur den Klimavorteil bringt, sondern auch einen regionalen Kreislauf in der Wertschöpfung schließt und bei dem der Erlös für den Energieträger nicht in die Öl- und Gasstaaten geht, sondern im Umland bleibt.

Wärmepumpen

Wer die Möglichkeit hat und die Heizkörper rauswerfen und durch Flächenheizungen im Boden, der Wand oder der Decken ersetzen kann oder Flächenheizkörper mit Lüfter nutzt, kann durch die mit etwa 30 Grad niedrigen Vorlauftemperaturen auch auf eine effiziente Wärmepumpe umsteigen. Wärmepumpen sind unter den Heizsystemen ohnehin aufgrund der hohen Effizienz und der Kühlfunktion das Nonplusultra. Sie hebeln die Temperatur der Umgebungsluft, des Wassers oder der Erde mit relativ geringem Stromaufwand auf 30 Grad hoch, für Warmwasser auf über 50 Grad.

Je kälter die Umgebung, desto mehr Strom braucht die Wärmepumpe. Das klappt bei gut gedämmten Häusern auch noch bei minus 10 Grad aus der Luft, bevor sich der elektrische Heizstab hinzuschaltet. Noch besser ist es, das Erdreich mit konstanten 10 Grad zu nutzen über eine Erdwärmepumpe. Die kostet durch die bis zu 100 Meter tiefen Bohrung(-en) in der Investition mehr, aber das zahlt sich bei den hohen Strompreisen über die Jahre durch einen 30 bis 50 Prozent geringeren Stromverbrauch gegenüber Luftwärmepumpen aus. Voraussetzung ist eine wasserrechtliche Genehmigung. Alternativ kann in geringer Tiefe ein Erdkollektor über den Garten verteilt genutzt werden. Auch hier zahlt sich eine effiziente Gebäudehülle aus: Je effizienter das Haus, desto weniger Fläche beziehungsweise Bohrtiefe ist nötig.

> Im Sommer können Wärmepumpen den Prozess umkehren und wie beim Kühlschrank die Wärme aus dem Haus in die Umgebung nach draußen schaufeln.

Sie werden idealerweise mit Solarstrom vom eigenen Dach betrieben. Dieser reicht aber im Winter oft nicht aus, weshalb der Bezug von Ökostrom aus dem Netz naheliegt. Erdwärmepumpen sind mit Abstand am effizientesten, aber auch nicht überall einsetzbar, wenn die Erdbohrungen nicht genehmigt werden oder nicht genügend Platz für den Erdkollektor im Garten ist. Daher setzen sich die flexiblen Luftwärmepumpen immer mehr durch, die Gott sei Dank auch effizienter und leiser geworden sind. Auch diese können nicht überall eingesetzt werden. Glücklich, wer auf dem Land wohnt! Aber stellen Sie sich ein vierseitiges mehrstöckiges Wohngebäude in der Stadt vor, wo im Innenhof die Luftwärmepumpe vor sich hin surren soll und ihn durch den Wärmeentzug kalt macht. Das findet kaum Akzeptanz, geschweige denn einen passenden Aufstellungsort. Dann ab damit aufs Dach oder in die Etage oder ein Zimmer? Geht auch nicht.

Großwärmepumpen und Nahwärmenetze

Daher kommen immer öfter zentrale Großwärmepumpen an geeigneten Aufstellungsorten in Wärmenetzen zum Kühlen und Beheizen von größeren Gebäudekomplexen wie Hotels, Bürogebäuden und Wohnblöcken zum Einsatz. Gerade Gebäude mit »tollen« Glasfassaden haben im Sommer einen hohen Kühlbedarf, der konventionell über ineffiziente Klimaanlagen gedeckt wird. Meist werden diese Gebäude im Winter mit

Gas oder Öl geheizt. Großwärmepumpen schlagen also zwei Fliegen mit einer Klappe, wenn sie eine passende Wärmequelle vor Ort haben. Das können Erdsonden sein, Grundwasser oder Flusswasser, tiefe geothermale Wärmequellen, Abwasserkanäle oder Abwärme zum Beispiel aus Rechenzentren. Diese Wärmepumpen sind dann auch wesentlich leiser, weil sie keine Luft zur Wärmegewinnung durchblasen müssen.

> Es ergeben sich oft Synergien im Kühlen und Heizen, wenn nur danach gesucht wird.

Unterirdische Wärmespeicher oder Eisspeicher können hier für einen saisonalen Ausgleich sorgen. Einziger Wermutstropfen: Die Dinger befinden sich noch in den Kinderschuhen, und für die nötigen Wärmenetze ist je nach Standort die halbe Innenstadt aufzureißen.

In Regensburg haben wir eine denkmalgeschützte Altstadt mit UNESCO-Weltkulturerbe, die nahezu vollständig am Gasnetz hängt. Wir haben aber auch die wunderschöne blaue Donau, die wir über eine Flusswärmepumpe anzapfen könnten. Dafür wäre das Gasnetz durch ein Wärmenetz zu tauschen. In jedem größeren Ort gibt es Hallen- und Freibäder, die am besten über Solarthermieanlagen das Wasser vorwärmen. Die warme Abluft aus Hallenbädern könnte über Abluftwärmepumpen in das Heizsystem eingebunden werden. Die Abwärme aus dem Duschwasser lässt sich für die Erwärmung von Frischwasser nutzen und so weiter. Auch in Krankenhäusern kann die Abwärme aus Druckluftkompressoren, Sterilisations- und Kälteanlagen und Abwasser über Wärmepumpen und Wärmetauscher für Heizung und Heißwasser genutzt werden. Sie sehen, die Anwendungen sind vielfältig.[147]

In hochverdichteten Wohnquartieren machen Nahwärmenetze Sinn: Werden erneuerbare Wärmequellen wie Wärmepumpen, Biomassekessel, Solaranlagen oder industrielle Abwärme mit Wärmespeichern zusammengeschlossen, können die Heizkosten, Wartungsaufwand und Platzbedarf für das einzelne Haus oder die Wohnung minimiert werden. Auch hier ist die Umsetzung im Neubau einfacher als im Bestand: Die Wärmedämmstandards sind gleich, die Kosten werden auf alle verteilt und die Erdarbeiten gleich mitgemacht. Ähnlich ist es mit der Umstellung der Fernwärme weg von Kohle und Erdgas hin zu Geo- und Solarthermie, Holz, Industrieabwärme und Wärmepumpen.[148]

Eine weitere Innovation sind kalte Wärmenetze. Sie führen etwa 10 bis 20 Grad kaltes Wasser im Kreis und ermöglichen damit an den einzelnen Standorten den Wasserwärmepumpen die effiziente Bereitstellung von Wärme. Das eignet sich besonders für dichte Wohngebiete und im Gebäudebestand. Der Vorteil: Die wasserführenden Leitungen sind im Gegensatz zu herkömmlichen Wärmenetzen nicht zu isolieren, und das kalte Wasser kann auch zum Kühlen eingesetzen werden: passiv über das Wasser selbst und aktiv über die Umkehrfunktion der Wärmepumpe.

Elektroheizungen

Andere Elektroheizungen – auch Power-to-Heat genannt – wie Heizlüfter, Heizstäbe, Nachtspeicheröfen oder Infrarotheizungen unter den Decken sind zwar wesentlich günstiger in der Investition im Vergleich zu Wärmepumpen, aber eben auch deutlich kostenintensiver im Betrieb, weil sie aus einer Kilowattstunde eins zu eins Wärme machen und nicht effizient 2 bis 3 Kilowattstunden Umgebungswärme dazu holen, wie es die Wärmepumpen tun.

Also besser Finger weg von den Heizlüftern, wenn die Heizkosten nicht explodieren sollen. Mehr dazu im Abschnitt »Blackouts und Speicher« (-› ab Seite 70). In Passivhäusern mit minimalem Wärmebedarf können auch Klimageräte, die kühlen und heizen können, oder Infrarotheizungen wirtschaftlich sein: Das ganze Gewerk der Heizung, der Heizraum samt Verrohrung im ganzen Haus, kann eingespart werden.

Solarthermie

Ein Klassiker erneuerbarer Energien ist die Solarthermie, die Sonnenstrahlen in Wärme wandelt. Über dunkle Absorber wird das Sonnenlicht eingefangen und erwärmt eine Flüssigkeit, die über einen Wärmetauscher die Wärme an das Heizungs- oder Brauchwasser abgibt. Sie sind meist auf Häusern zu finden, es gibt aber vor allem in Dänemark auch ganze Solarfelder mit Solarkollektoren, welche die Wärme über Speicher und Wärmenetzen in die Häuser bringen. Wenn die Solarwärme vollständig genutzt werden kann, ist sie 2- bis 4-mal so flächeneffizient wie die Photovoltaik. Die meiste Wärme entsteht aber im Sommer, wo sie in Häusern kaum gebraucht wird. So verpufft derart viel Solarenergie in der sogenannten Stagnation der Anlage, dass mit einer Photovoltaikanlage übers Jahr gesehen mehr Sonnenlicht genutzt werden kann als mit solarthermischen Anlagen. Zudem wandeln PV-Anlagen auch diffuses Licht in Strom und stellen damit selbst an trüben Tagen Solarenergie bereit. Solarstrom kann außerdem wesentlich vielfältiger genutzt werden als Solarwärme: Er treibt die Wärmepumpe sehr effizient zum Heizen und Kühlen an, er reduziert den Strombezug vom Netz, und er kann E-Bikes und E-Autos laden und damit Mobilität ermöglichen. Diese Sektorenkopplung @Home ist einer der großen Vorzüge von Solarstrom. Entsprechend werden die Dächer immer voller mit Photovoltaik- statt mit solarthermischen Anlagen.

Kraft-Wärme-Kopplung

Dann gibt es noch die Möglichkeit, über die Kraft-Wärme-Kopplung erneuerbare Gase aus Biogas und Power-to-Gas für die kombinierte Wärme- und Stromerzeugung zu nutzen. Das kann über Motoren oder Brennstoffzellen erfolgen und macht meist auch in größeren Gebäuden oder im Altbestand Sinn, weil damit die alten Heizkörper genutzt werden können. Der Strom ist gerade in der Winterzeit wertvoll und kann in anderen Häusern Wärmepumpen antreiben. Wenn ein Wärmenetz wegen zu großen Distanzen nicht effizient und wirtschaftlich ist, lohnt es sich, eine Biogasleitung zu ziehen und das Blockheizkraftwerk ins Ortszentrum zu stellen, wo die Wärme gebraucht wird. So hat es das Energie- und Klimadorf Wildpoldsried gemacht.[149] Im Verbund von mehreren Tausend Geräten wirken diese Anlagen dann im Schwarm wie ein großes Kraftwerk, wenn alle Einzelgeräte im Gleichtakt digital gesteuert werden.

Tiefengeothermie

An gewissen Standorten ist auch die Tiefengeothermie als Energiequelle für Wärmenetze technisch und wirtschaftlich sinnvoll einsetzbar, wie zum Beispiel in Süddeutschland. In Pullach bei München werden etwa 1.000 Haushalte mit 100 Grad heißem Wasser aus 3.500 Metern Tiefe geheizt.[150] Auch Kombinationen aus Heizungen können sinnvoll sein: die

Wärmepumpe als Grundversorgung und ein Gaskessel mit erneuerbarem Gas für die Spitzenlasten. Das wird als bivalenter Betrieb bezeichnet. Wärmepumpen gibt es auch als Ergänzung zur Bestandsheizung als reine Warmwasserwärmepumpe, die im Keller oder Dachboden aufgestellt wird. Dadurch wird zum Beispiel mit Solarstrom vom Frühjahr bis Herbst das Warmwasser bereitet und die alte Heizung kann ruhen und wird geschont.

Brennstoffzellen

Brennstoffzellen werden derzeit noch hochsubventioniert in den Markt gedrückt und reformieren Erdgas zu Wasserstoff. Sie könnten auch mit reinem Wasserstoff als Heizenergie betrieben werden. Wasserstoff zeigt sich in unseren Modellen aber nicht in der Wärmeversorgung der Zukunft. Warum? Einerseits gibt es wie gezeigt zahlreiche alternative erneuerbare Heizquellen, und andererseits ist er schlicht zu wertvoll, um ihn hier einzusetzen. Er wird vielmehr für die Defossilisierung der Industrie und den Verkehr gebraucht, und auch als Lückenfüller in einem stabilen Stromsystem als Versorgungssicherheit.

Heizungsmodernisierung

Ein großes Effizienzpotenzial schlummert in der Modernisierung unserer Heizungen. Allein durch den Einsatz von neuen, hocheffizienten und gut geregelten Umwälzpumpen, die das Heizungswasser bedarfsgerecht durchs Gebäude pumpen und nicht mehr dauerhaft auf voller Leistung gegen die geschlossenen Thermostate arbeiten, würden wir 2 bis 3 Prozent unseres Strombedarfs reduzieren können – also den Verbrauch einer ganzen Großstadt![151]

Daneben bringt der hydraulische Abgleich richtig Effizienz. Das von der Umwälzpumpe geförderte Heizungswasser nimmt den Weg des geringsten Widerstands, wodurch bei den näher an der Pumpe befindlichen Heizkörpern mehr Wärme ankommt als bei den fernen. Durch Drosselventile wird im hydraulischen Abgleich jeder Heizkreis und Heizkörper gezielt angesteuert, was höhere und ineffiziente Pumpenleistungen vermeidet. Obwohl das nach den technischen Regeln Standard sein sollte, ist es so gut wie nirgends umgesetzt. Heizung läuft – tschüss und auf Wiedersehen! Zeit, das zu ändern.

Smarthome

Die digitale Vernetzung über Sensorik birgt ebenfalls ein großes Effizienzpotenzial. Radarsensoren können erknnen, ob jemand im Raum ist oder nicht. Der Sensor gibt das Signal an die Haustechnik weiter, und entsprechend wird dieser Raum dann geheizt und gekühlt oder auch nicht. Verbrauchs- und Temperatursensoren erfassen den Bedarf wesentlich genauer und können damit aus dem Stand den Wärmebedarf um etwa 20 bis 30 Prozent senken, vor allem in Nichtwohngebäuden. Eine Ausgründung aus unserem Institut beschäftigt sich damit und hat nach fünf Jahren bereits 80 Mitarbeiter.

Gesunder Menschenverstand

Aber es braucht zum Energiesparen nicht immer nur Sensoren. Ein gesundes Gehirn samt Menschenverstand reicht auch schon aus. Warum müssen im Winter die Automatik-Türen von Geschäften selbst bei Minus 15 Grad in den Innenstädten permanent offenstehen – oder auch im Sommer bei über 30 Grad und laufender Kühlung? Die Antwort der Ladenbesitzer war meist so: »Da gab es eine Studie, dass bei offenen Türen mehr Kundschaft kommt, weil die Hemmschwelle zum Eintritt niedriger ist. Das zahlt sich aus.« Wirklich? Ich habe darauf immer entgegnet: »Dann ist die Energie noch zu billig, als dass man sie permanent bei der Tür rauswirft.«

Oder Heizpilze? In welcher Luxusgesellschaft leben wir, wenn Gasknappheit herrscht, in nicht mal 1.000 Kilometern Entfernung ein Krieg tobt und wir es in den lauen Sommernächten noch gemütlich unter fossilen Heizpilzen haben wollen?

Ab und zu ist es Zeit für Verbote und Pflichten. Immer dann, wenn sie Menschenleben kosten und selbst, wenn sie unbequem sind. Das war bei der Anschnallpflicht für Autos so, und das ist auch beim Klimawandel so: Bleibt er ungebremst, führt er zu unzähligen Todesopfern. Ist uns das unser Luxus wert?

Unterm Strich kostet eine klimaneutrale Heizung samt gut isoliertem Gebäude trotz Förderung mehr als nur der Standard-Neubau oder die Standard-Sanierung. Aber es zahlt sich aus über die Lebensdauer des Gebäudes und der Bewohner: für Mensch und Klima.[152] Gerade in diesen Zeiten hoher Energiepreise noch viel schneller.

Meine persönliche Wärmewende

Ich bin in einem 150 Jahre alten Bauernhaus aufgewachsen mit 75 Zentimeter dicken Granitwänden. Da war es immer schön kühl im Sommer, und im Winter verfeuerten wir schubkarrenweise eigenes Holz. Jede Woche mehrere Kisten. Der Kachelofen war großartig fürs Aufwärmen nach Stunden im Schnee. Heute gibt es kaum mehr Schnee, und alle Räume werden beheizt. In meiner Kindheit reichte es im Notfall, wie bei einem 4-tägigen Blackout 1979, mit dem Kachelofen Stube und Küche zu heizen. Die Schlafzimmer waren in der Zeit vor den Zentralheizungen kalt.

Diese Erfahrung haben sicherlich viele gemacht, und sie ist in diesen Zeiten der Gasknappheit und hohen Energiepreise Gold wert. Anfang der 1990er kam auf unserem Hof eine Hackschnitzelheizung hinzu, an der mittlerweile mehrere Häuser hängen. Ebenso kam eine Solarthermieanlage. Das erste Mal mit Solarwärme zu duschen war ein sehr angenehmes Gefühl für mich, für Körper und Seele. In den Mietwohnungen waren meist Gasheizungen, und nur bei ökologisch bewussten Vermietern gab es auch mal eine Dämmung samt Pelletheizung. Eine Lösung für die Gasetagenheizungen ist bislang nicht in Sicht. In unserer denkmalgeschützten 120 Jahre alten Altstadtwohnung hatten wir wegen fehlender Dämmung und zugigen Fenstern den Gasverbrauch eines Einfamilienhauses.

Mittlerweile sind wir heilfroh, im Eigenheim mit moderner Wärmepumpe samt 1.000 Liter großem Pufferspeicher angekommen zu sein. Das Dach ist komplett voll mit Photovoltaik.Von November bis Februar reicht das Tageslicht selbst bei bedecktem Himmel aus, um die Wärmepumpe tagsüber zu betreiben. Bei Schnee und in der Nacht brauchen wir für ihren Betrieb Ökostrom vom Netz. Im Sommer kühlt unsere Solewärmepumpe das Haus bei Außentemperaturen von über 30 Grad auf 22 Grad runter. Viele Nachbarskinder lieben diese angenehme Raumtemperatur.

In Bayern sind die Auflagen für Erdbohrungen überspitzt streng, weshalb ich auf einen Naturwärmespeicher als Wärmequelle ausgewichen bin. Zugegeben, ein Prototyp für mein Technikerherz, der nicht immer funktioniert, zum Leidwesen meiner Frau und Familie. Da wäre es doch besser gewesen, einen Holzofen als Back-up einzubauen und das eine Solarmodul zugunsten eines Kamins wegzulassen. Jetzt funktioniert er, Gott sei Dank!

Der Naturwärmespeicher ist ein Solarkollektor samt Luftkollektor und Eisspeicher in einem Gerät mit 3 Meter Durchmesser und 3 Meter Tiefe, der etwa 10.000 Liter Wasser speichert. Sobald die Temperaturen unter null gehen, ziehen wir die Wärme aus dem Wasser, bis es gefriert. Damit können wir zwei Wochen unser Haus beheizen. Danach wird abgetaut, und bei noch tieferen Temperaturen setzt zusätzlich der Heizstab ein. Im Januar 2022 hat es in einer sehr kalten Woche die Sicherung des Trafos im Wohngebiet geworfen, weil in vielen Häusern die Heizstäbe zugeschaltet wurden. Die Leistung der Wärmepumpen reichte nicht mehr aus. Das gibt uns einen Vorgeschmack für die kommenden Winter, in denen das Stromnetz durch immer mehr Wärmepumpen und Heizstäbe bis an die Belastungsgrenzen geführt wird. In Frankreich ist es gang und gäbe, die Atomstromheizungen zum Beispiel in Paris bezirksweise abzuschalten bei Stromknappheit und die Bevölkerung zu maximalen Raumtemperaturen von 15 Grad aufzufordern.

Das ist die Krux bei Stromheizungen: Bei flächendeckender kalter Witterung gehen sie alle gleichzeitig an. Da hilft kein Lastmanagement mehr wie bei E-Autos, die auch zeitversetzt geladen werden können. Wenn es kalt ist, ist es kalt. Die Gebäudehülle kann beim Ausfall der Heizung noch als Wärmespeicher dienen, aber auch nur begrenzt. Unser Plusenergiehaus, das mit 1,7 Litern Öläquivalenten pro Quadratmeter und Jahr fast Passivhaus-Standard hat, kühlt auch innerhalb von drei bis vier Tagen aus.

Ein Segen sind Lüftungsanlagen, welche die warme Abluft an der kühlen Frischluft vorbeiführt und damit den Energieverlust beim normalen Lüften durch Fenster und Türen drastisch reduziert. Ich bin immer wieder erstaunt, mit wie wenig Lüfterstrom so viel Heizenergie eingespart werden kann. Das ist ein Hebel von 1:5.000 Und diese Wunderanlagen können sogar indirekt kühlen und die Luftfeuchtigkeit regeln, sodass die Luft weder zu trocken noch zu feucht ist. Ein Segen für alle Musikinstrumente und Holzmöbel!

Unser Haus verbraucht also im Schnitt etwa 12.000 Kilowattstunden pro Jahr für Heizung und Warmwasser, und die Wärmepumpe braucht 3.000 Kilowattstunden, was einen Hebel für Umweltwärme von 4 darstellt. Es wäre wünschenswert, dass immer mehr Menschen diese vielfältigen Möglichkeiten nutzen könnten. Es beginnt immer mit dem Energiesparen, und sei es erst mal nur der Tausch der alten durch 3-fach-verglaste Fenster.

VERKEHRSWENDE

»I'm learning to fly around the clouds.
Coming down is the hardest thing.«
Learning to fly | Tom Petty and the Heartbreakers

Mobilität. Das ist so viel mehr als Autos. Die meiste Zeit unserer Menschheitsgeschichte haben wir uns zu Fuß fortbewegt. Dann per Boot, Pferd, Schlitten, Zugwagen, Schiff, Kutsche, Ballon, Eisenbahn, Fahrrad, Bus, Auto, Motorrad, Lkw, Straßen- und U-Bahn, Hubschrauber, Flugzeug und Rakete. Und bis zur ersten industriellen Revolution alles mit 100 Prozent erneuerbaren Energien: dem Wind für die Segelschiffe und der Biomasse als Nahrung für die Zugtiere wie Pferde und Hunde und den Menschen selbst. Aber auch unsere Wege und Wegstrecken haben sich geändert. War früher unser Bewegungsradius das Dorf, ist das heute die halbe Welt, ja für manche sogar das Weltall.

Heute verbrauchen wir in Deutschland im Verkehrssektor auf Straßen, Flüssen, Schienen und in der Luft etwa 27 Prozent der Endenergie und hängen mit 92 Prozent noch am Erdöl als Treibstoff. Damit verbunden liegt der Anteil des Verkehrssektors bei 20 Prozent an Deutschlands Klimaemissionen.[153] Die Energiewende steht hier noch ganz am Anfang: Biokraftstoffe bewegen 6 Prozent von Deutschlands Mobilität und Strom nur 2 Prozent, wovon das meiste der Schienenverkehr ist und die Elektroautos mit etwa 0,3 Prozent noch kaum ins Gewicht fallen.[154]

> Die Abhängigkeit von Erdöl ist also extrem hoch. Davon wollen wir wegkommen. Es ist ein langer Weg zur Klimaneutralität, aber wir

können ihn schaffen. Dazu gehören Effizienz, deren Schwester Suffizienz, alternative Kraftstoffe und Antriebe und ein Neu-Denken von Mobilität.

Effizienz bedeutet einen geringeren Ressourceneinsatz für die gleiche Funktion. Also zum Beispiel durch den Einsatz von Motoren mit höherem Wirkungsgrad, die dann für die gleiche Strecke weniger Sprit brauchen. Suffizienz bedeutet einen geringeren Ressourceneinsatz durch einen geänderten Bedarf für die gleiche Funktion. Als Beispiel das Fahrrad zu nehmen statt des Autos für die gleiche Wegstrecke. Der Bedarf für Sprit ist beim Fahrrad null.

Die Mobilitätswende: Vermeiden, Verlagern, Verbessern

Denken wir neu: Um unterwegs zu sein, brauche ich zuallererst einen Weg, einen Fluss, eine Schiene oder einen Luftraum, in dem ich mich bewegen kann, und damit verbunden eine Infrastruktur. Dazu ein Fahr- oder Flugzeug, was mit Material, Energie und Arbeitskraft hergestellt und irgendwann wieder zu recyceln ist. Dieses Verkehrsmittel muss nicht immer mir selbst gehören, aber es braucht auf jeden Fall Energie, um angetrieben zu werden. Auch diese Antriebsenergie hat oft einen langen Weg hinter sich, bis sie im Fahrzeug selbst für Bewegung sorgt.

Vermeiden

Kurze Wege sind das Zauberwort, um Verkehr zu vermeiden und dennoch mobil alles zu erreichen. Ein Beispiel ist die Kombination aus Wohnen und Einkaufen in einem Gebäude statt großer Wohnblocks auf einem Fleck und das Einkaufszentrum woanders. Was vor der Autorevolution überall in den Städten gängig war, sollte auch die städtebauliche Leitlinie von heute sein. Idealerweise kann ich dann zu Fuß meinen täglichen Bedarf decken und bin auf kein Fahrzeug angewiesen. Wenn Wohnen und Einkaufen räumlich zusammen sind, bräuchten wir auch weniger Parkplätze und damit Fläche und schonen dadurch andere Ressourcen.

Der Trend der letzten Jahrzehnte ging leider in die andere Richtung: Neubaugebiete wurden außerhalb und Einkaufszentren mit üppigen

Parkplätzen am Ortsrand geschaffen. Und die Dorfkerne stehen leer. »Donut-Dörfer« werden sie von Architekten genannt. Das Vorbild ist Amerika. Dort braucht jeder ein Fahrzeug. »Funktionstrennung« hieß dieses Leitprinzip der Raum- und Stadtplanung, was zu deutlich mehr Verkehr und damit Kosten und Umweltbelastungen führte. Es sollte der Vergangenheit angehören und stattdessen in eine verkehrsvermeidende Siedlungsplanung und Stadtentwicklungen münden. Das ist Mobilitätswende.

Ich kann Verkehr auch persönlich vermeiden, indem ich nach Möglichkeit im Homeoffice arbeite, statt zur Arbeit zu fahren, oder nur einmal länger in den Urlaub statt an drei Wochenenden Kurzurlaube, oft per Flugzeug zum Beispiel nach Spanien. Nähere Reiseziele können auch einfacher mit klimafreundlicheren Verkehrsmitteln wie Fahrrad, Bus oder Bahn erreicht werden. Kürzere Wege sind ein Kernelement der Mobilitätswende.

Ein ähnliches Beispiel ist die regionale Herstellung und Nutzung von Gütern aller Art. Wenn ich Lebensmittel wie Zwiebeln aus dem Umland nutze und nicht aus China, vermeide ich deren Transport und damit Verkehrsaufkommen. Nahezu jedes Verkehrsaufkommen verursacht Emissionen von CO_2, Lärm und gesundheitsschädliche Luftschadstoffe wie Feinstaub und Stickoxide. Augen auf beim Einkauf! Das vermeidet Emissionen! Genauso, wenn ich Gegenstände repariere, statt – Klick Klick – sie im Internet neu bestelle und liefern lasse aus Fernost. Was länger hält, verbraucht über die Zeit weniger Ressourcen und Energie. All das kann Verkehr und die damit verbundenen Emissionen vermeiden.

Verlagern

Wer kennt ihn nicht den Spruch: von der Straße auf die Schiene! Er ist so alt wie ich selbst, und dennoch hat er noch viel Potenzial in der Umsetzung. Das gilt für Güter wie für Personen gleichermaßen. Jedes Mal freue ich mich, wenn wartend im Bahnhof an mir Güterzüge mit Lkw-Sattelanhängern vorbeirauschen. Oder wenn schweres Schüttgut per Schiff statt per Lkw transportiert wird.

Aber auch Personen können vom Pkw auf die Schiene verlagert werden, wenn es attraktiv genug und gewollt ist. Wer schon mal über die Alpen oder ans Meer gefahren ist mit oder ohne Kinder im Gepäck, weiß, wie zermürbend lange Autofahrten sein können. Dazu kommen zukünftig noch die 20 Minuten Ladepausen mit dem E-Auto, die auch erholsam sein können. Ich hätte da eine Idee, einen schönen Vorschlag für alle Raststätten- und Ladeparkbetreiber:

> Bitte an jede Ladesäule einen Spielplatz samt Pizzaautomaten, den ich per App vorher bedienen kann, sodass die Familie versorgt ist bei Ankunft.

Zeitgleich wollen wir vor Ort im Urlaub auch mobil sein, am besten mit dem eigenen Auto, weil da das ganze Gepäck reinpasst. Es wäre Zeit, den Autozug wieder mehr aufleben zu lassen, der dieses Problem wunderbar löste. Damit komme ich bequem nach Verona oder Hamburg und kann dann auf eine der vielen autofreien Inseln in der Nord- und Ostsee entspannt Urlaub machen. Es braucht mehr solche intermodale Verkehrskonzepte für Urlaubsfahrten, wie es auch in Werftenweng im Salzburger Land möglich ist: Diese Alpenregion betreibt seit 1995 autofreien Tourismus und kümmert sich auch um die klimafreundliche An- und Abreise.[155]

Ein Blick in die Städte zeigt: Der Wandel hat bereits begonnen. In Corona-Zeiten entstanden zahlreiche neue Fahrradstraßen und -wege. Für junge Menschen ist das Statussymbol das Handy, nicht mehr das eigene Auto. Mittlerweile hat ein Fünftel der 18- bis 24-Jährigen keinen Führerschein mehr.

Viele Menschen in der Stadt könnten durch den guten ÖPNV auf ein Auto verzichten, wenn er die günstigste Form der Fortbewegung ist. Hier braucht es kostenlose Tickets für Kinder und Jugendliche und dauerhafte 19- oder 49-Eurotickets, damit die Menschen das Auto stehen lassen. Das städtebauliche Leitbild hat sich von einer »autofreundlichen« Stadt hin zu einer »lebenswerten« Stadt weiterentwickelt. Wir hätten in Regensburg keine Altstadt mit Weltkulturerbestatus, wenn die Pläne der 1960er-Jahre einer Autobahn entlang der Donau Realität geworden wären. Die vierspurigen Anfänge davon sind noch im Osten und Westen der Stadt deutlich zu sehen. Aus dem Widerstand entstand das Bürgerfest, das wir bis heute feiern.

Städte und Landkreise können den Umstieg vom Auto auf Bus und Bahn anreizen. Wenn einerseits wie in Regensburg die Fahrt mit dem Bus in die Stadt aus dem Umland 6 Euro kostet und dieser nicht oft kommt, und andererseits die Stunde Parken im Parkhaus oder in den Straßen nur 50 Cent kostet, ist es kein Wunder, wenn viele doch das Auto nehmen. Das gleiche Bild in Augsburg: 60 Cent pro Stunde das Parkhaus, die Tageskarte für drei Personen im ÖPNV bis zu 12,50 Euro. Wenn das Anwohnerparken wie in Freiburg bis zu 480 Euro für ein Jahr statt wie in anderen Städten nur die behördlich vorgegebenen 30 Euro kostet, ist das ein wirksamer Anreiz. 30 Euro sind für 10 Quadratmeter Stellfläche monatlich 25 Cent je Quadratmeter Innenstadt. Welch ein Privileg!

> Eine Stärkung von Bus und Bahn und eine verkehrsarme Stadtpolitik sind auf jeden Fall nötig, damit immer mehr Menschen den Verkehrsträger wechseln.

Ein tolles Beispiel für eine erfolgreiche langfristige Mobilitätsstrategie ist die Stadt Wien. Die Fahrgastzahl der Wiener Linien wurde in den letzten 20 Jahren um ein Drittel erhöht, der Pkw-Anteil in den letzten 30 Jahren um ein Drittel verringert und der Fahrradverkehr im gleichen Zeitraum verdoppelt. Seit 2022 gilt zudem im ganzen Stadtgebiet aus Klimaschutzgründen das Anwohnerparken, was den Anreiz für externe Gäste und Pendler via Park-n-Ride und Öffentlichen noch mal steigert und den Pkw-Verkehr im Vergleich zu 1993 halbieren soll. Wien wurde nicht umsonst mehrfach als lebenswerteste Stadt der Welt ausgezeichnet.

In Berlin hingegen gehören 60 Prozent der Verkehrsflächen den Autos für Fahren und Parken, obwohl nur 30 Prozent der Wege damit zurückgelegt werden. Im Gegensatz dazu findet 13 Prozent des Verkehrs per Fahrrad statt, der dafür 3 Prozent der Verkehrsfläche hat.[156] Diese Flächenungerechtigkeit bremst die Mobilitätswende und Lebensqualität in Städten.

Verbessern

Die digitale Welt ermöglicht uns, »neue Wege zu gehen«. Im wahrsten Sinne des Wortes. Im Grunde möchten wir möglichst angenehm von A nach B kommen. Wenn ich in eine App dieses A und B eingebe und sie mir den günstigsten, angenehmsten und umweltfreundlichsten Weg samt Art der Verkehrsmittel raussucht, verbessere ich meine ganze Mobilität. Dann gehe ich zu Fuß, fahre mit Bus oder Bahn oder mit dem Car-Sharing-Auto, wie es eben am besten passt. Multimodale Mobilität heißt das heute.

Aber auch die klassische Mitfahrgelegenheit kann digital oder analog organisiert werden, CO_2-Emissionen senken und die Auslastung von Autos deutlich steigern, welche im Mittel bei 1,5 Personen liegt. Auch autonome Fahrzeuge werden hier eine Rolle spielen. Mit dem Auto fahren macht nicht immer Spaß, vor allem die Parkplatzsuche in Innenstädten, die Staus und das Tanken mit Dieselhandschuhen. Wenn ich die Wahl habe, habe ich oft auch mehr Komfort und ein besseres Gewissen.

Dafür sind aber eben die Radwege und öffentlichen Verkehrsmittel entsprechend stärker auszubauen, die Linienführung zu verbessern und gebietsübergreifend, vor allem zwischen Stadt und Land die Fahrpläne abzustimmen, die Takte zu verdichten und die Tarife zu reformieren und zu vereinfachen. Oft scheitert die klimafreundliche Fahrt am Frust der Leute, einfach an ein Ticket am Automaten zu kommen. Vor allem ältere Menschen brauchen Personal am Schalter, was allzuoft weggespart wurde. Oder an der Unpünktlichkeit der Züge oder dem Lärm darin. Auch nicht schön. Ein Alkoholverbot in Zügen wie in Irland wäre ein Segen. Mehr Zuverlässigkeit wie in der Schweiz auch. Hier gibt es noch viel Verbesserungspotenzial!

Wer könnte gegen diese neue Mobilität etwas haben? Natürlich die Autoindustrie, weil wir dann weniger Autos brauchen und kaufen. Aber auch hier findet ein großes Umdenken Richtung neue Mobilität statt. Denn selbst wenn nicht mehr jeder ein Fahrzeug hat, was die meiste Zeit steht und daher mehr ein »Stehzeug« ist, braucht er doch immer wieder eins in der multimodalen Mobilität. Ich möchte dazu Harald Frey, einen Verkehrswissenschaftler der Universität Wien, zitieren:

> »Pkw, die im Schnitt 23 Stunden pro Tag gar nicht bewegt werden, dauerhaft im öffentlichen Raum abzustellen, ist eine der ineffizientesten und stadtunverträglichsten Formen, den ruhenden Verkehr zu organisieren.«[157]

Weitere Ideen: Der Fuß- und Fahrradverkehr könnte über sichere Kindergarten- und Schulwege, ausreichend Fläche für beides und Fahrradstellplätze gefördert werden. Doppelspurige Autostraßen könnten umgestaltet werden in eine Spur für Kraftfahrzeuge und eine gemeinsam genutzte Spur für Fußgänger, Radfahrer, E-Scooter etc.

Auch eine Verbesserung: Eine sehr große Zahl der Pkw-Fahrten in Innenstädten wie München ist die Parkplatzsuche. Wenn an jeder Straßenlaterne Radarsensoren verbaut wären, die meinem Auto über die Navi-App den nächstgelegenen freien Parkplatz mitteilt, würden wir auch viel Zeit und Emissionen einsparen. Diese intelligente Straßenlaterne von Infineon könnte auch Passanten und Autos erkennen und bedarfsgerecht heller leuchten und »ungenutzt« Energie sparen.[158] Gut für das Klima und die Sicherheit.

Den gleichen Effekt hat eine digitalisierte Verkehrssteuerung, die Staus frühzeitig erkennt und idealerweise vermeidet. Stellen Sie sich vor, alle Navigationshandys sind miteinander verbunden. Große IT-Konzerne wie Google und Apple setzen das bereits um. Das Ergebnis: eine bessere Zielführung für alle. Der nächste Schritt wäre, diese Informationen in die Verkehrssteuerung einzubinden. Oder eine intelligente Logistik, die sensorbasiert Wege und damit Kosten und Emissionen einspart. Der ÖPNV funktioniert am besten, wenn er schnell und kostengünstig alle von A nach B bringt.

Es gibt viele Möglichkeiten, Verkehr zu vermeiden, zu verlagern und zu verbessern und die Mobilitätswende anzureizen.

Die Antriebswende: Verbrenner versus Stromer mit Batterien

Die CO_2-Emissionen des Verkehrssektors sind seit 1990 nicht gesunken, sondern gestiegen. Das will die Bundesregierung ändern und die Emissionen bis 2030 um 48 Prozent senken. Neben zahlreichen Maßnahmen in den zuvor beschriebenen Bereichen wird entscheidend sein, ob alle Neuwagen klimafreundlich sind.

> Die effizienteste Kombination aus Antrieb und Kraftstoff ist die E-Mobilität mit Ökostrom.

Es gibt aber noch etwa 50 Millionen Verbrenner im Bestand, die im Mittel etwa 18 Jahre genutzt werden. Dafür braucht es für die Übergangszeit auch klimafreundliche Lösungen wie E-Fuels als grüne Kraftstoffe. Für beides braucht es einen massiven Ausbau erneuerbarer Energien, national wie international.

Verbrenner

Verbrenner- und Elektromotor hatten in etwa den gleichen Start vor über 100 Jahren. Relativ zügig hat sich der Verbrenner durchgesetzt. Unter anderem deswegen, weil die damals noch junge Mineralölindustrie in Vorleistung gegangen ist und viel mehr Tankstellen aufgebaut hat, als es für die Fahrzeuge gebraucht hätte. Ebenso gingen die Städte und Länder in Vorleistung über den Ausbau der entsprechenden Straßeninfrastruktur und das Einräumen von Platz im öffentlichen Raum. Auch die höhere Energiedichte eines Benzintanks im Vergleich zu den damals noch sehr einfachen Batterien verhalfen dem Verbrenner zum Durchbruch.

> Der größte Nachteil des Verbrenners: Trotz Millionen von Ingenieursstunden, die in seine Entwicklung geflossen sind, hat er nach wie vor nur einen mittleren Wirkungsgrad von 20 bis 40 Prozent, je nach Fahrweise.

Das liegt schlichtweg an der Physik: Nur ein Bruchteil der in Benzin oder Diesel gespeicherten Energie kann über den Verbrennungsprozess in mechanische Energie gewandelt werden. Wir haben also schon immer sehr viel Abwärme, für die wir kaum Verwendung finden – bis auf den Winter zur Beheizung des Autos.

Die Motorentechnik wurden zwar kontinuierlich verbessert, aber zeitgleich wurden die Autos größer, PS-stärker, mit mehr Elektronik und Sensorik ausgestattet und damit schwerer, sodass der errungene Effizienzgewinn wieder dahinschmolz. Zudem haben wir immer mehr Autos auf der Straße statt weniger und damit trotz Effizienz mehr Emissionen. Der steigende Output der Autofabriken landet schließlich auf der Straße. Es gab großartige Entwicklungen wie den Audi A2, der mit hohem technischem Aufwand ein möglichst spritsparendes Fahrzeug werden sollte.

Das gelang: Durch hohe Effizienz, leichtes Gewicht, sehr geringen Luftwiderstandswerten und schmalen Reifen hatte er einen Verbrauch von nur 3 Litern auf 100 Kilometern. Das Auto war aber seiner Zeit voraus, fand kaum Käufer und brachte nicht die Marge wie SUVs und andere größere Autos. Also wurden Verkauf und Entwicklung eingestellt. Auf dem Gebrauchtwagenmarkt ist er wegen seiner Sparsamkeit heiß begehrt. Sein Grundgerüst hat im BMW E-Auto Modell i3 überlebt.

Der Ottomotor hat bei gleicher Leistung einen 10 bis 20 Prozent höheren CO_2-Ausstoß als der Dieselmotor, der wiederum höhere Feinstaub und Stickoxidemissionen hat. Ideal wäre der Gasmotor, der diese Schadstoffe durch ein günstigeres Brennverhalten kaum ausstoßt. Des Weiteren hat Erdgas nur einen Kohlenstoff je vier Wasserstoffmoleküle und verbrennt daher 10 bis 20 Prozent CO_2-ärmer als langkettige Kohlenwasserstoffe wie Benzin oder Diesel. Außerdem kommt Erdgas sauberer aus der Erde als Rohöl mit weniger Begleitstoffen wie Schwefel. Ferner steht mit Biomethan aus Reststoffen oder Pflanzen auch ein klimafreundlicher alternativer Kraftstoff zur Verfügung, und es gäbe im Gasmotor noch mehr Potenzial zur Effizienzsteigerung als bei den anderen beiden Verbrennern.[159]

Die Gasmobilität hat sich aber trotz all dieser Vorteile kaum durchgesetzt. Ähnlich wie bei der Wasserstoffmobilität gab es schlicht zu wenig Gastankstellen und zu wenig Autos im Flottenangebot im Markt; trotz 900 Gastankstellen zu Höchstzeiten! Zur Einordnung: Heute gibt es 70 Wasserstofftankstellen und ebenfalls noch sehr wenig Brennstoffzellenautos. Die Kundenakzeptanz für flüssige Kraftstoffe war einfach immer höher als bei gasförmigen Treibstoffen. Vermutlich wegen der Handhabung und hohen Energiedichte, die eine hohe Reichweite ergibt.

Hybridfahrzeuge können durch die Technologiedopplung kurze Strecken rein elektrisch und längere mit dem Verbrennungsmotor überwinden. Sie sind aber hochkomplexe Fahrzeuge und damit auch anfälliger und kostenintensiver, weshalb sie nach meiner Einschätzung nur ein Übergangsphänomen hin zum rein elektrischen Fahren mit Strom oder Wasserstoff sind.

Verbrenner werden bei Sonderfahrzeugen wie Traktoren, Baumaschinen oder Schiffsantrieben aus heutiger Sicht aufgrund der benötigten Energiedichte im leistungsstarken Einsatz weiterhin eine Rolle spielen, weshalb die Entwicklung entsprechender Motoren für synthetische Kraftstoffe wichtig für die Klimaneutralität ist. E-Fuels wie Benzin oder Diesel können mit der herkömmlichen Technik genutzt werden. Für Ammoniak und Methanol sind neue Motorenentwicklungen für klimaneutrale Schiffsantriebe im Gang. So nimmt die dänische Reederei Maersk bereits im Jahr 2025 15 Methanolschiffe in Betrieb. Wenige Jahre später folgen Ammoniakantriebe. Beide Energieträger sind in ihrer fossilen Form bereits etabliert in Schiffen und Häfen und vielversprechende grüne wasserstoffbasierte Kraftstoffe, die weltweit aus Ökostrom, Luft und Wasser gewonnen werden können.

Die Turbinen ergänzen die Verbrennungsmaschinen in Flugzeugen. Neben Nischenanwendungen für elektro- und wasserstoffbetriebene Flugzeuge werden sie die dominante Technologie bleiben und nur mit strom- oder biomassebasiertem Kerosin klimafreundlicher. Klimaneutral wird der Flugverkehr aufgrund weiterer Klimagase wie Wasserdampf in gegenwärtigen Reiseflughöhen niemals werden.

Elektroantriebe

Elektroantriebe haben einen enormen Schub durch die Entwicklung der Lithium-Batterie bekommen. Anfang der 1970er-Jahre gab es dazu erste Forschungen an der TU München, die an der Universität Oxford fortgesetzt wurden.[160]

Anfang der 1990er kam der erste Sony Camcorder mit Lithium-Batterie auf den Markt. Seitdem wurde die Technologie weiterentwickelt, die mit die beste Energiedichte bei gleichzeitig hohen Leistungsdichten und schnellen Ladezeiten aufweist. Die Akkus wurden immer größer und leistungsfähiger: vom Walkman und Kameras über Smartphones, Powerbanks, Werkzeugmaschinen und E-Bikes, E-Rollern, E-Scootern und E-Motorrädern bis hin zu E-Auto, E-Nutzfahrzeugen, E-Lkw und sogar E-Kleinflugzeugen schoben sie die Antriebswende stark Richtung Elektromobilität an.

> Leise, antriebsstark, hocheffizient und emissionsfrei ist der Elektroantrieb dem Verbrenner eindeutig überlegen.

Der reine Antrieb wandelt elektrische in mechanische Energie mit einer Effizienz von über 90 Prozent um. Da beides im Vergleich zu Wärmeenergie sehr hochwertige Energieformen sind, die ineinander nahezu verlustfrei gewandelt werden können, ist der Wirkungsgrad hier so hoch.

Diesem haushohen Effizienzvorteil steht allerdings die begrenzte Reichweite und die lange Ladezeit gegenüber, welche sich aus der Batteriechemie ergibt. Die Reichweite ist vorwiegend ein psychologisches Problem, wenn klar wird, dass die Deutschen durchschnittlich 16 Kilometer je Strecke fahren. Wir sind es schlichtweg gewohnt, mit einer Tankfüllung 1000 Kilometer fahren zu können. Das war nicht immer so, und folgendes Beispiel verdeutlicht den Luxus an Energiedichte, den wir uns mit Benzin und Diesel leisten.

Welche Leistung haben Sie in der Hand, wenn Sie tanken? Es fließt jede Sekunde ein halber Liter Sprit durch den Tankrüssel. Das sind umgerechnet etwa 16 Megawatt Leistung, was der Leistung von vier ausgewachsenen Windrädern bei Starkwind entspricht oder über 1000 solaren Dachanlagen bei vollem Sonnenschein. Klar, E-Autos sind 3- bis 4-mal so effizient wie Verbrenner und brauchen nur ein Drittel bzw. ein Viertel der Ladeleistung. Aber diese Power in eine Batterie zu quetschen in dieser kurzen Zeit ist schlichtweg der chemische Wahnsinn. Und Akkus, die das dauerhaft aushalten, befinden sich noch in der Grundlagenforschung.[161] Dann lieber Tauschstationen für die Akkus, und das Problem ist gelöst? Wenn es nur einen Autohersteller weltweit gäbe, ja. Aber es ist eben anders, und daher wird sich so ein System mit Wechselbatterien nicht durchsetzen.

Gut, früher haben wir die Pferde nach dem Regensburger Thurn-und-Taxis-Postkutschenprinzip auch alle 100 Kilometer gegen frische Pferde ausgetauscht.

> Ein Lithium-Akku ist auch ein bisschen wie ein Pferd: es kann nicht »pressbefüttert« werden. Es sollte uns bewusst werden: So viel Energie in so kurzer Zeit zu tanken wie bisher ist einfach Luxus.

Für die meisten Strecken sind 200 bis 300 Kilometer Reichweite ausreichend. Und auf längeren Autobahnfahrten schaden die 20-minütigen Pausen an Schnellladern der eigenen Erholung nicht. Die Digitalisierung hilft auch hier bei einer ladeoptimierten Routenplanung. Und die Batterietechnologie wird laufend weiterentwickelt, womit die Reichweiten weiter steigen. Es ist aber umwelttechnisch abzuwägen, ob ich ein Auto mit 700 Kilometer Reichweite überhaupt brauche, wenn ich nur einmal im Jahr diese Distanz am Stück fahre.

Hält denn der Akku so lange, wie mein Auto fährt?
Ja! E-Autobatterien sind nicht auf die Zyklenfestigkeit wie stationäre Batterien von bis zu 10.000 Zyklen ausgelegt, sondern eher auf 1000 bis 2000. Aber das ist auch nicht nötig. Wenn das E-Auto eine Reichweite von 300 Kilometer hat, könnte es mit 1000 Zyklen 300.000 Kilometer fahren.[162] Wenn die durchschnittliche Pkw-Fahrleistung von etwa 13.000 Kilometern pro Jahr zugrunde gelegt wird, könnte das E-Auto über 23 Jahre fahren. Der Akku ist also nicht die begrenzende Größe in der Lebensdauer eines Autos, sondern der mechanische Verschleiß. Bei Nutzfahrzeugen und Lkw ist es ähnlich, wobei mechanische Belastungen und Fahrleistungen wesentlich höher sind.

Wie ist die Umweltbilanz des Akkus und des E-Autos insgesamt?
Das hängt sehr stark vom Betrachtungshorizont oder technischen Bilanzraum ab. E-Autos werden mit »Zero Emission« als emissionsfrei beworben. Das sind sie aber nur im Betrieb (»tank-to-wheel« – vom Tank zum Rad) und nicht generell. Wenn die Stromquelle Teil der Bilanz ist, macht es einen großen Unterschied, ob Sie Ökostrom aus Wind, Solar oder Wasserkraft tanken oder den deutschen Strommix oder Braunkohlestrom (»well-to-wheel« – von der Quelle zum Rad).

Die zweite entscheidende Erweiterung des Bilanzraums ist die Einbeziehung von Herstellung und Recycling des Autos und der Batterie (»cradle-to-grave« – von der Wiege bis zur Bahre). Wenn der Stromer auf die Welt kommt, hat er je nach Gewicht und Reichweite der Batterie etwa 3 bis 4 Tonnen mehr CO_2 im Rucksack als ein Verbrenner der gleichen Fahrzeugklasse. Zeitgleich braucht ein E-Auto wesentlich weniger Teile als ein Verbrenner. Kommt die Batterie aus China, hat der durchschnittliche Stromer selbst mit Ökostrom erst bei etwa 50.000 Kilometern wieder den Gleichstand zum Verbrenner gezogen. Ab dann wirkt er aber CO_2-

ärmer und damit klimafreundlicher als ein Verbrenner. Das kann geheilt werden über den Einkauf von europäischen Batterien, die mit Wind- oder Wasserkraft produziert werden. Das senkt die CO_2-Emissionen in der Batterieherstellung um 90 Prozent.[163]

Sind die Batterien am Ende ihres Lebens Sondermüll?
Ja, aber sie bekommen vorher noch ein zweites Leben: das »Second-Life«. Was sich nach einem Computerspiel anhört, ist in Wirklichkeit die Weiterverwendung der Batterie für die Stabilisierung der Stromnetze. Die Batterien degradieren mit der Zeit durch die permanente Wandlung von elektrischer in chemischer Energie und den damit verbundenen mechanischen Umbauarbeiten und Stress in der Batteriezelle. Bei 80 Prozent der Startkapazität ist formell das Lebensende der Batterie erreicht. Bevor die Batterie dann in der Recyclinganlage landet, wird sie mit vielen anderen im Verbund in der Regelleistung eingesetzt, bis sie wirklich komplett am Ende ist.

Aber wenn jetzt alle ein E-Auto kaufen, gibt es dafür ausreichend Lithium?
Ja, das gibt es. Es ist am Ende des Tages eine Frage des Preises und weniger der Verfügbarkeit. Die heute bekannten globalen Lithiumreserven betragen etwa 80 Millionen Tonnen.[164] Davon sind bereits heute 17 Millionen Tonnen wirtschaftlich erschließbar,[165] im Jahr 2007 waren es 4 Millionen Tonnen.[166] In den letzten 15 Jahren wurden durch stark steigende Preise die wirtschaftlich erschließbaren Reserven vervierfacht. Insbesondere in China, Südamerika und Australien konnten aufgrund dieses Preisanstieges neue Reserven erschlossen werden. Und notfalls gibt es Lithium auch im Meer, wenn auch nur in sehr dünner Konzentration.

Eine Standardbatterie für ein E-Auto hat etwa 60 Kilowattstunden, was einer Reichweite von 300 bis 400 Kilometern entspricht. Die Batterie benötigt etwa 7,5 Kilogramm Lithium.[167] Mit den heute wirtschaftlichen Reserven könnten also Batterien für etwa 2,3 Milliarden E-Autos hergestellt werden; mit den heute bekannten Reserven sogar über 10 Milliarden. In der EU brauchen wir für die Klimaneutralität etwa 200 bis 300 Millionen E-Autos.

> Die Lithiumvorkommen sind also kein Engpass für den Ausbau der E-Mobilität und Stromspeicher.

Und was ist mit dem Kobalt aus dem Kongo?
Das Gleiche wie mit den Edelmetallen Platin, Palladium und Rhodium aus Südafrika für den Katalysator im Auspuff des Verbrenners: Sie werden unter widrigsten Umständen herstellt, ohne die internationalen Arbeitsnormen (ILO) oder Umweltstandards einzuhalten. Die Abhilfe ist aber nicht, auf Smartphones und E-Autos zu verzichten, sondern sich um eine nachhaltige, faire Produktion zu kümmern und die Mehrkosten dafür zu zahlen. Oder einen Ausweg über andere Metallverbindungen zu suchen. Letzteres wird intensiv gemacht. In stationären Lithiumbatterien findet sich kein Kobalt mehr, sondern fast nur noch die sehr sichere Lithium-Eisenphosphat-Technologie. Verschiedene Autohersteller nutzen diese Technologie zunehmend, obwohl die Energiedichte leicht geringer ist als bei Kobalt-Batterien. Dafür sind sie sicherer.

Apropos Sicherheit: Brennen E-Autos schneller ab als Verbrenner?
Keinesfalls! Alle zugelassenen Autos unterliegen strengen Sicherheitskriterien. Bei E-Autos wird die elektrische Verbindung zur Batterie bei einem Unfall unterbrochen. Crashtests zeigen keine Auffälligkeiten im Vergleich zu Verbrennern. Ein E-Auto entzündet sich nicht von selbst. Nur eine starke Deformierung der Batterie birgt ein gewisses Risiko, dem durch Maßnahmen in der Fahrzeugkonstruktion vorgebeugt wird. Nur in seltensten Fällen kommt es dann zu einem thermischen Durchgehen, das mit viel Wasser zu löschen ist und in der Regel im Totalschaden endet.

Unabhängig von der Antriebsart können bei einem Defekt auch Brände entstehen. In Deutschland brennen jedes Jahr etwa 50.000 Verbrenner aus.[168] Ein 50-bis-60-Liter-Tank mit der beschriebenen Energiedichte ist auch nicht ungefährlich. Wir haben uns nur daran gewöhnt. Ähnlich wird es bei E-Autos sein. Die Feuerwehren sind mittlerweile – wie auch bei Photovoltaikanlagen – in dem Thema geschult, auch die Pannenhelfer. Der Mythos hält sich dennoch wacker, weil unter anderem Bilder eines brennenden Teslas in den USA um die Welt gingen. Tesla entschuldigte sich umgehend und versprach einen Ersatzwagen. Relativ unbemerkt in der Presse kam die Brandursache ans Tageslicht: Der Fahrer hatte mit einer Pistole durch den Rücksitz und damit auf die Batterie geschossen.

Kein Wunder, dass der Brand entstand. Schießen Sie durch einen Benzintank, fängt dieser auch zu brennen an. Der Tesla wurde ihm infolge dieses Eigenverschuldens nicht erstattet.

Aber was ist mit dem Sound? Der fehlt mir!

Dass E-Fahrzeuge leise und sauber sind, sind eigentlich zwei ihrer größten Vorteile. Dennoch zeigt sich die Macht der Gewohnheit, wenn Beschwerden kommen: »Wir hören nicht den gewohnten Motorsound und riechen kein Benzin.«

Auch beim letzten großen Antriebswechsel vom Pferd zum Verbrenner hatte Frau Benz ihre Mühe, die Kundschaft von der veränderten Geräuschkulisse zu überzeugen. »Wir hören kein Pferdeklappern mehr«, war das Feedback damals.[169]

So wird sich das mit dem »Summ Summ« statt »Brumm Brumm« hoffentlich auch bald erledigen. Wenn sich das im Kindergarten und den Bobbycar-Fans dieser Welt einbürgert, ist dieses Ziel erreicht. Und Autozeichnungen ohne Auspuff gehören dann ebenfalls dazu. Auch die »Bitte Motor abstellen«-Schilder werden überflüssig und die schlechte Luft in Parkhäusern und Tiefgaragen weniger. Welch ein Aufatmen dank E-Mobilität!

Eine Brücke für die Unfallgefahr durch Nicht-Hören gibt es aber mittlerweile vorschriftsmäßig. Unter 20 Stundenkilometern müssen E-Autos und Hybride im Vorwärts- und Rückwärtsgang ein akustisches Warnsignal ausgeben, um Fußgänger und Fahrradfahrer auf das Fahrzeug aufmerksam zu machen. Die Lautstärke darf dabei die Verbrennerverwandtschaft nicht überschreiten. Bei schnelleren Geschwindigkeiten erzeugen die Reifen ausreichend Geräusche.

Aber im Winter brauchen die E-Autos doch viel mehr Strom?

Etwas Wasser gieße ich nun doch in den elektrischen Wein. Die Stromer haben kaum Abwärme wie der Verbrennungsmotor und brauchen daher im Winter mehr Strom für die Heizung. Idealerweise sollte eine Wärmepumpe im Auto verbaut sein, welches das effizient erledigt. Und auch im Sommer bemerken wir den höheren Stromverbrauch durch die Klimaanlage. Sie braucht aber auch im Verbrenner mehr Sprit.

Ich warte lieber auf das Wasserstoffauto! Oder doch nicht?
Neben dem batterieelektrischen Antrieb gehört auch der Wasserstoff-Brennstoffzellen-Antrieb zu den E-Antrieben. In einer Brennstoffzelle erzeugt Wasserstoff in Verbindung mit Sauerstoff elektrischen Strom, der wiederum einen Elektromotor antreibt. Dieser kann prinzipiell in allen Verkehrsmitteln eingesetzt werden und ist frei von Stickoxid- und CO_2-Emissionen im Betrieb, wenn zur Wasserstoffgewinnung erneuerbare Energien eingesetzt wurden. Allerdings ist er aufgrund der Umwandlungsverluste von Strom zu Wasserstoff zu Strom samt Speicherung nur halb so effizient wie die Batteriemobilität und beim Pkw aufgrund der geringen Stückzahlen und komplexen Technik doppelt so teuer wie die E-Autos. Auch ist die Ladeinfrastruktur für E-Autos wesentlich weiter als für Wasserstoff. Zudem dauert es 20 Minuten, bis der Nächste tanken kann. Der Kompressor braucht diese Zeit, bis der Wasserstoff wieder auf 1000 bar ist. Dennoch zeigt sich in unseren Modellen dieser Antrieb vor allem im Lkw-Fernverkehr und teilweise auf der Schiene und im Bus. Hier sind andere Parameter wie Tankzeiten, Gewicht und Platz in der Logistik entscheidender als maximale Antriebseffizienz mit großen, schweren Batterien.

Die Kraftstoffwende: Sprit versus Strom

Fahren wir zukünftig mit Sprit oder nur mehr mit Strom? Eine leidenschaftliche Streitfrage für Talk-Shows, Radiosendungen und Stammtische, die ich unter anderem im Deutschlandfunk mit Autoexperten führen durfte.[170] Es wird nach meiner Einschätzung wieder ein sowohl als auch werden, ein verbindendes »und«, wie bei Netzen und Speichern beziehungsweise zentral und dezentral in der Stromversorgung. Wir haben drei Optionen in der Kraftstoffwende, die ich im Folgenden exemplarisch anhand des Autos durchgehe und auf alle weiteren Verkehrsmittel übertrage:

1. Ökostrom direkt nutzen,
2. Ökostrom in Form von Wasserstoff oder weiterverarbeitet zu E-Fuels tanken oder
3. mit Biokraftstoffen fahren.

Biokraftstoffe

Biokraftstoffe waren der große Hoffnungsträger der 1990er-Jahre für nachhaltige Mobilität. Sie sind es teilweise noch heute und das zu Recht. Aber nur im begrenzten Umfang und in gewissen Verkehrsträgern.

Es gab die erste Generation Biokraftstoffe aus Raps, Palmöl, Soja, Mais und anderen Pflanzen, welche zu Biodiesel, Bioethanol, Biogas verarbeitet oder als Pflanzenöl direkt vertankt wurden. Die Beimischungen zu Benzin und Diesel mit 5 bis 10 Prozent sind auch heute noch vorzufinden.

Ende der 2000er-Jahre veröffentlichten wir das Hauptgutachten Bioenergie im WBGU mit der deutlichen Aussage, dass Biokraftstoffe aus Energiepflanzen in Konkurrenz zu Nahrungs- und Futtermittelproduktion stehen.[171] Die Weltmarktpreise für Nahrung gingen nach oben, und allen ist intuitiv klar: Nahrung ist wichtiger als Kraftstoff. Die Tank-Teller-Diskussion war geboren und dominiert bis heute die Bewertung und Debatte von Biokraftstoffen. Dabei ist auch wichtig zu sehen, dass sehr viele Pflanzen nicht im Teller, sondern im Trog der Tiere landen. Wenn wir also weniger Tiere essen würden, wäre auch wieder mehr Platz auf dem Acker für Biokraftstoffe. Oder der Ertrag wird aufgeteilt, wie beim Raps: das Öl in den Tank, den Presskuchen in den Trog der Schweine.

Für die Mobilität von früher war ein Drittel der landwirtschaftlichen Fläche für Antriebsenergie bestimmt: den Hafer für die Pferde und Ochsen. Damals waren wir allerdings wesentlich weniger Menschen und unsere 3,6 Millionen Zugpferde in der Landwirtschaft hatten alle »eine Pferdestärke«. Dafür reichte das Land. Heute sind wir mit 83 Millionen gut ein Drittel mehr Menschen als noch vor 100 Jahren, aber wir haben auch knapp 50 Millionen Pkw mit durchschnittlich 130 Pferdestärken. Das wären umgerechnet 6,5 Milliarden Pferde, die zu füttern sind. 1.800-mal mehr als noch vor 100 Jahren. Dafür reicht die Landfläche eindeutig nicht aus.

> Unsere individuelle motorisierte Mobilität gehört grundsätzlich auf den Prüfstand und ist nicht allein durch Biokraftstoffe zu retten.

Eine Ausnahme sehe ich jedoch: Pflanzenöl macht in Traktoren der Landwirtschaft Sinn, weil der regionale Kreislauf auf kürzesten Wegen geschlossen wird, keine Diesellaster mehr angefahren kommen und die Betriebe aus eigener Kraft autarker und klimaneutraler werden. Es gab in den 2000er-Jahren zahlreiche kleine Pflanzenölpressen auf Raps- und Sonnenblumenölbasis, die dann aber durch steuerliche Änderungen wieder alle dem Boden gleich gemacht wurden. Der Mineralölverband hatte erfolgreich seine Interessen durchgesetzt. Gleichwohl bräuchte es auch weniger Schlepper, wenn wir weniger Fleisch essen würden. Eine vegetarische Ernährung benötigt etwa nur die Hälfte der Fläche einer fleischlastigen Ernährung.[172] Mehr dazu im Kapitel »Agrarwende, Forstwende und Abfall« (-› ab Seite 191).

Der Ausweg aus dem Tank-Teller-Dilemma ist die Nutzung von Rest- und Abfallstoffen. So gibt es viele Busse, die mit grünem Gas aus Abfällen gefahren werden. Diese Abfallstoffe sind aber auch nur begrenzt vorhanden. Die Biokraftstoffe der zweiten Generation, welche aus Holz, Stroh und anderen Stoffen gewonnen werden sollten, sind meist an der komplexen Verfahrenstechnik wie der Holzvergasung oder an dem zu großen Einzugsradius für Holz im Vergleich zur benötigten Anlagengröße in einer Raffinerie und damit hohen Kosten gescheitert.

| Gesamtfazit: Biokraftstoffe sind nur begrenzt vorhanden.

Strom

Das ist zum Glück bei erneuerbarem Strom anders, der wie bereits beschrieben in ausreichendem Potenzial vorhanden ist. Stromer brauchen Strom. So weit die Binsenweisheit. Aber Strom ist nicht gleich Strom. Nur Ökostrom macht in letzter Konsequenz Sinn, wie dieser Well-to-Wheel-Vergleich (-› Seite 146) zeigt. Darin wird auch die Bereitstellung von Strom berücksichtigt. Nicht einberechnet sind bei dieser reinen Fahrbetrachtung die CO_2-Emissionen für Herstellung, Wartung und Recycling der Autos, welche zuvor diskutiert wurden. Braunkohlestrom hat etwa 1200 Gramm CO_2-Emissionen je Kilowattstunde, Windstrom hingegen nur 20. Der deutsche Strommix hat derzeit 485 Gramm je Kilowattstunde, welcher sich auch auf die Klimabilanz eines E-Autos auswirkt.

Bei einem durchschnittlichen Verbrauch von 17 Kilowattstunden je 100 Kilometern lägen die Emissionen mit Kohlestrom als »Sprit« bei über 200 Gramm je Kilometer, mit dem Strommix bei 82 Gramm und mit Windstrom bei nur 3 Gramm je Kilometer. Zum Vergleich: Das renommierte IFEU-Institut (Institut für Energie und Umweltvorschung) gibt für reale Durchschnitts-Pkw beim Benziner 178 Gramm und beim Diesel 193 Gramm CO_2 je Kilometer an.[173]

> Ein E-Auto ist also nur klimafreundlich, wenn es auch mit klimafreundlichem Strom unterwegs ist.

Bei den Kosten geht die Schere weit auseinander, je nachdem ob zu Hause mit Solarstrom getankt wird und wie mit unserem E-Auto und Solarstrom für 5 Cent pro Kilowattstunde für unter 1 Euro 100 Kilometer zurückgelegt werden oder für 12 Euro je 100 Kilometer an der Autobahn-Schnellladesäule mit 70 Cent je Kilowattstunde. Bei den derzeitigen Spritpreisen von 2 Euro je Liter ist aber selbst das noch günstiger. Und wie im Kapitel »Stromwende« beschrieben, können zukünftig E-Fahrzeuge die Stromnetze stabilisieren oder den Heimspeicher für Solarstrom ersetzen, wenn sie den Strom zurück aus dem Fahrzeug ins Gebäude schicken.

Wasserstoff

Wasserstoff ist ein Energieträger, keine Energiequelle. Mögliche Energiequellen für Wasserstoff sind Strom, Erdgas, Kohle oder Biomasse und Abfall. Die gängigste Variante mit dem größten Potenzial ist allerdings die strombasierte Wasserelektrolyse.

Auch hier sind die CO_2-Emissionen der Energiequellen entscheidend für die Emissionen der Fahrt. Um beim vorherigen Beispiel zu bleiben: Ein Wasserstoffauto mit 1 Kilogramm Wasserstoffverbrauch auf 100 Kilometern emittiert etwa 240 Gramm CO_2, wenn der Wasserstoff mit dem deutschen Strommix hergestellt wurde und etwa 10 Gramm je Kilometer mit Windstrom als Energiequelle für den Wasserstoff. Wegen der Umwandlungsverluste von Strom zu Wasserstoff und zurück im Antrieb sind diese CO_2-Emissionen etwa dreimal so hoch wie beim Elektroantrieb, wenn die Transportverluste der Energieträger nicht eingerechnet werden. Ähnlich zu Benzin und Diesel kosten die 100 Kilometer mit Wasserstoff etwa 13 Euro. Die Kosten der Fahrzeuganschaffung und des Infrastrukturaufbaus sind nach wie vor sehr hoch. Allein der Neubau einer Wasserstofftankstelle kostet durchschnittlich 1 Million Euro. Nach einem Tankvorgang dauert es zudem heute noch 20 Minuten, bis die 700 bar Druck für den nächsten Tankvorgang bereitstehen. Eine Zapfsäule kann also in einer Stunde nur drei Fahrzeuge bedienen. In den USA bilden sich entsprechende Warteschlangen.[174] Darüber hinaus liefert ein Lkw Wasserstoff für etwa 50 Autos oder Benzin für 800 Verbrenner. Die Abhilfe Wasserstoffpipelines liegt noch nicht in greifbarer Nähe. Im Vergleich zu den Ladesäulen für Batterieautos ist die Infrastruktur für Wasserstoff noch rudimentär angelegt.

E-Fuels

Als wir unser Power-to-Gas-Konzept bei Audi vorstellten, brachte ich das Wort e-gas ins Spiel, aus dem ich später das Wort »Stromkraftstoffe« geschöpft habe. Ich liebe es, neue Begriffe zu ersinnen und zu schauen, ob sie Akzeptanz finden. Dieses neue Wort hat sich nicht durchgesetzt, stattdessen die englische Übersetzung: E-Fuels. Das sind synthetisch hergestellte grüne Kraftstoffe, die Benzin, Diesel und Kerosin eins zu eins ersetzen können. Power-to-Gas beschreibt die gasförmigen, Power-to-Liquid die flüssigen Herstellungspfade.

Synthetische Kraftstoffe werden aus Ökostrom, Luft und Wasser gewonnen. Der grüne Wasserstoff kommt aus der Ökostrom-Elektrolyse von Wasser und wird mit CO_2 oder Stickstoff aus der Luft oder anderen Quellen über verschiedene Synthesen zu E-Crude, also grünem Rohöl, zu Kerosin, Benzin, Diesel, Methanol, Ammoniak, grünen Gasen (SNG, CNG, LNG) oder anderen Kraftstoffen weiterverarbeitet.

Der größte Vorteil: E-Fuels sind kompatibel mit der bestehenden Mineral- und Gasinfrastruktur in Verteilung, Speicherung und Nutzung in konventionellen Verbrennern und haben etwa die doppelte Reichweite wie E-Autos. Diese können dann klimaneutral nach wie vor die 1000 Kilometer mit einer Tankfüllung überwinden. Sie verbrennen auch sehr sauber, weil durch die synthetische Herstellung keine Mineralölbegleitstoffe wie Schwefel enthalten sind.

Der größte Nachteil: Die Mehrfachwandlung von Strom zu Wasserstoff zu E-Fuels kostet Effizienz.

E-Fuels ermöglichen vor allem die Nutzung von weit abgelegenen Wind- und Solarressourcen und können so den Sonnenschein und den Wind nach Deutschland schippern, als Wasserstoff oder als E-Fuel bis in die Verbrenner hinein.

Wenn die gleiche Windkraftanlage in Patagonien nachweislich mit 6000 Volllaststunden den dreifachen Ertrag wie in Deutschland hat und damit dreimal mehr Energie mit dem gleichen Ressourceneinsatz schafft, macht die Kombination aus E-Fuel und Verbrenner die Effizienzverluste gegenüber den Ökostromern wieder wett.

Die erste größere Pilotanlage von Siemens und Co. in Chile stellt ab 2023 etwa 130.000 Liter bereit. Die Inselanlage in Hanu Oni nutzt dafür CO_2 aus der Luft. Da die Nachfrage nach dem klimaneutralen Kraftstoff bereits jetzt ein Vielfaches davon beträgt, wird die Produktion in unbewohntem Gebiet in der Nähe von Punta Arenas auf 55 Millionen beziehungsweise 550 Millionen Litern ab 2027 erweitert. Das entspricht dem Jahresverbrauch von gut 700.000 Pkw, produziert auf einer Fläche halb so groß wie Chicago.[175] Voraussichtlicht geht wegen neuer Treibstoffquoten in der EU ein Großteil der Produktion als Flugbenzin in den Flugverkehr.

Streitpunkte E-Fuels und Oberleitungs-Lkw

In der Kombination aus grünem Kraftstoff und alternativem Antrieb ergeben sich gerne kontroverse Debatten, die ich hier aufgreife. Allen voran gibt es eine lebendige Diskussion in der Gesellschaft zum Thema E-Auto versus Verbrenner. Die eine Seite fordert die Abschaffung des Verbrenners und nur noch E-Autos. Die andere behauptet, E-Autos seien umweltschädlich und E-Fuels beziehungsweise Wasserstoff die Lösung.

Die Wahrheit liegt irgendwo dazwischen, und für mich macht das E-Auto im Pkw langfristig das Rennen. Die Debatte sollte aber nicht zur Lähmung der Bevölkerung führen, die dann auf das Wasserstoffauto oder das E-Fuel für den alten Verbrenner wartet, anstatt in die Zukunft zu investieren.

> Wasserstoff ist nicht das neue Öl. Wir brauchen den Wandel und sollten Abschied nehmen von Verbrenner, Öl- und Gasheizung.

Wirkungsgrad-Battle E-Auto versus E-Fuels

Eine hohe Effizienz von der Energiequelle bis zum Antrieb von A nach B ist sehr wichtig in Zeiten knapper Ressourcen. Daher ist die Effizienzdebatte um den besten Antrieb eine sehr wichtige. Sie ist leider vor allem durch US-finanzierte Lobbygruppen in Brüssel und Berlin etwas in Schieflage geraten, indem das E-Auto schön und E-Fuels in Verbrennern schlecht gerechnet werden oder andersherum.[176]

Wie immer ist es bei Wirkungsgradbetrachtungen essenziell, den gleichen Bilanzraum zu wählen. Dafür wähle ich zwei Betrachtungsebenen:

In der ersten Betrachtung gehen wir von der primären Energiequelle bis zum mechanischen Antrieb als Nutzenergie. Die gespeicherte solare chemische Energie der Pflanze ist der Ausgangspunkt der Biokraftstoffe. Bei Biodiesel der ersten Generation betrachten wir Raps. Aus der Rapspflanze können etwa 30 Prozent Rapsöl gepresst werden, der Rest ist Futtermittel. Im zweiten Schritt wird Rapsöl zu Biodiesel gewandelt, und es bleiben gut 25 Prozent übrig. Werden diese 25 Prozent Biodiesel im Verbrennungsmotor mit etwa 30 Prozent Wirkungsgrad verbrannt, können final nur gut 7 Prozent der Primärenergie als Antrieb genutzt werden. Das wird bei Biodiesel der zweiten Generation besser: Holz wird verfahrenstechnisch zu Synthesegas gewandelt und im sogenannten Fischer-Tropsch-Prozess zu einem Gemisch aus Benzin, Diesel und Wachsen weiterverarbeitet und aufbereitet. Etwa 42 Prozent des Holzes schaffen es damit in den Biodiesel, der wiederum im Verbrenner final nur 13 Prozent Antriebsenergie bewirkt. Also doppelt so gut wie die erste Generation, aber auch nicht wirklich umwerfend.

Mit synthetischem Kraftstoff aus Power-to-Gas können gut 70 Prozent des Ökostromes in Wasserstoff gewandelt werden, der im zweiten Schritt mit CO_2 zu erneuerbarem Gas oder e-gas methanisiert wird. Dieses E-Fuel landet wieder im Verbrenner, und damit kommen etwa 20 Prozent an das Rad. Besser als Biokraftstoffe, aber auch nicht berauschend.

Wenn wir die Methanisierung weglassen und mit den gut 70 Prozent Wasserstoff via Pipelines und Tankstellen direkt in das Wasserstoff-

Brennstoffzellenauto gehen, kommen wir mit 35 Prozent Antriebsenergie raus. Das lässt sich sehen.

Unschlagbar weit vorn in diesem Bilanzraum ist der batterieelektrische Antrieb. Knapp 95 Prozent landen nach dem Transport über Stromleitungen im E-Auto, und abzüglich der Speicher- und Umwandlungsverluste kommen über 70 Prozent auf die Straße.

> Damit sind E-Autos doppelt so effizient wie Wasserstoffautos und dreimal so effizient wie E-Fuels in Verbrennern.

Wenn wir die Solarstrahlung als Ausgangspunkt wählen, landen durch die Photosynthese nur 1 Prozent in der Biomasse und damit etwa 0,1 Prozent am mechanischen Verbrennerantrieb. Solarstrom hat mit 20 Prozent Wirkungsgrad mal den 70 Prozent bis zum Antrieb eine Gesamteffizienz von etwa 14 Prozent und damit um Faktor 140 mehr als Rapsöl oder Biodiesel.

Dieser Faktor paust sich auch auf die benötigte Fläche für Antriebe durch. Bei einer Freifläche kann wegen der gegenseitigen Verschattung nicht die gesamte Fläche mit Solarmodulen belegt werden. Aber selbst wenn es nur die Hälfte ist, können mit dem Ertrag der gleichen Nutzfläche das 70-fache an Kilometern mit einem solaren E-Auto zurückgelegt werden versus dem Verbrenner mit Biosprit.

Diese Zusammenhänge haben wir detailliert in der Dieselkommission aufgearbeitet, in der ich die Wissenschaft zum Thema alternative Kraftstoffe und Antriebe zusammenführte.[177]

Wenn wir nun aber – akzeptanzbedingt – nicht überall Wind- und Solaranlagen für E-Autos aufstellen können, beziehen wir erneuerbare Energie aus dem Ausland für unsere Mobilität. Und das ist über schiffbare Kraftstoffe leichter als via Überseekabel.

Hier kommt die zweite Betrachtung des Themas E-Mobilität versus E-Fuels.

> Wenn ich die gleichen Wind- und Solaranlagen in sehr sonnen- und windreiche Gegenden dieser Welt bringe, haben sie auch den 2- bis 3-fachen Ertrag bei gleichem Ressourceneinsatz! Der

> Transport fällt effizienz-, kosten- und emissionsmäßig nicht ins Gewicht, und damit machen importierte E-Fuels den technischen Effizienzvorteil gegenüber dem E-Auto wieder wett.

Ich sehe die E-Fuels aber auch nicht in neuen Verbrennern, sondern als klimaneutrale Option für den Bestand, wenn der Hochlauf der E-Mobilität zu langsam vorankommt oder die Klimaziele im Verkehr verfehlt werden.

Wir sollten nicht darüber diskutieren, welche Kanone den größten Klimaspatzen abschießt, sondern mit allem »feuern«, was wir gegen den Klimawandel haben. Wir brauchen jede Maßnahme, um dieses Wettrennen mit der Zeit zu gewinnen. Idealerweise setzen wir einfach einen CO_2-Preis, der stetig steigt, und lassen die Hersteller die passendsten Lösungen finden. Die benötigten Mengen sind so groß, dass wir E-Fuels auch in der Chemie, im Flug- und Schiffsverkehr und vielen weiteren Stellen als Rohstoffe brauchen. Er ist also langfristig zu wertvoll, als dass wir ihn dauerhaft im Pkw einsetzen. Aber um die kurzfristigen Klimaziele mit dem Bestand zu erreichen, sind sie eine Option.

Oberleitung versus Wasserstoff für Lkw?

Sind Oberleitungen entlang von Autobahnen für Lkw sinnvoll oder nicht? Das ist eine zweite beliebte Streitfrage. Um die Effizienznachteile des Wasserstoff-Lkw zu überwinden, gibt es die Idee von Oberleitungen gemäß dem Motto: »Wenn der Lkw nicht auf die Schiene kommt, kommt die Oberleitung zum Lkw.« Erste Streckenabschnitte und Prototypen von Siemens zeigen, dass das Prinzip funktioniert und ähnliche Effizienzvorteile wie beim Pkw aufweist.

In der internationalen Logistik bräuchte es aber europaweit ein solches Netz und auch die entsprechende Bereitschaft der Lkw-Hersteller wie Hyundai, Daimler Truck, MAN, Scania, Volvo und IVECO, um in diese Entwicklungen einzusteigen. Diese sagen uns in verschiedenen Forschungsprojekten aber, dass diese Technologie nur eine Chance auf Realisierung hat, wenn die EU das Oberleitungsnetz europaweit staatlich finanziert und aufbaut. Zeitgleich seien alle Entwicklungsressourcen derzeit in Gasantrieben wie LNG, batterieelektrischen Antrieben samt Schnelllader und reinen Wasserstoffantrieben gebunden.

Wenn also heute bereits Tausende Wasserstoff-Lkw für die Langstrecke bestellt sind und Batterie-Lkw für die kurzen Strecken, fährt der Zug eindeutig in diese Richtung. Eine Oberleitung brächte auch handfeste Herausforderungen in der Umsetzung mit sich. Was tun bei einer Autobahnerweiterung, bei einem Unfall, bei Streckensanierungen und Baustellen? Wie kann eine Einbindung ins Stromnetz ohne den zeitaufwendigen Bau neuer Umspannwerke und neuer Leitungen erfolgen? Es gibt mittlerweile viele Solarparks entlang der Autobahnen, die eingebunden werden könnten. Und die bundeseigenen Schallschutzwände könnten entlang der Autobahn auch als Solaranlage dienen, wie es uns Österreich vorlebt.[178] Weitere Ideen zu solarüberdachten Fahrbahnen oder Solarzellen und Ladeschleifen in der Fahrbahn selbst gibt es seit Langem.

Es bräuchte nicht an allen Streckenabschnitten Oberleitungen, wenn die Lastkraftwagen eigene Batterien für Zwischenladungen an Bord hätten. Die Forschung bringt dazu sicher weitere Lösungen ans Licht.[179] Es gab und gibt auch Oberleitungs-Busse im Stadtverkehr und damit wertvolle Erfahrungen für die Weiterentwicklung. Eine Umsetzung wird aber viele Jahre dauern, was zu spät für den Klimaschutz sein kann.

> Daher komme ich nach einer mehrjährigen Debatte zu meinem persönlichen Schluss, dass der ursprüngliche Ansatz der Verkehrsverlagerung »bringt die Lkw auf die Schiene, wo es die Oberleitung schon gibt« nach wie vor der praktikablere Weg ist.

An den Bahnschienen sollte die Oberleitung zügig ausgebaut und damit die »Diesellöcher« durch Elektrifizierung gestopft werden. Das Bundesverkehrsministerium hat hier große Potenziale, seinen Beitrag zum Klimaschutz zu leisten.

Personenverkehr

Es gibt vielfältige Wege zum Klimaschutz im Nah- und Fernverkehr. Der Personenverkehr hat mit 80 Prozent den größten Anteil am Endenergieverbrauch des Verkehrs, der Güterverkehr 20 Prozent. Dabei wird die aktive Mobilität zu Fuß oder per Fahrrad nicht in die Bilanz eingerechnet, sondern nur der motorisierte Verkehr. Eine wichtige Größe sind die Personen- beziehungsweise Tonnenkilometer, die sich aus dem Produkt von zurückgelegten Kilometern und Anzahl der Wege beziehungsweise der Reisenden oder Güter ergibt.

Auto

Das Auto ist mit Abstand das dominanteste Verkehrsmittel in Deutschland mit einem Anteil von 66 Prozent an der Verkehrsleistung.[180] Das sind sage und schreibe 950 Milliarden Personenkilometer pro Jahr. Motorräder hingegen haben nur einen Anteil von nicht mal 2 Prozent. Beide zusammen verursachen 75 Prozent des CO_2-Ausstoßes des Personenverkehrs. Die mittlere Pkw-Fahrstrecke beträgt aber nur gut 16 Kilometer. Hier würden sich zahlreiche Alternativen wie E-Roller, E-Bikes oder E-Autos anbieten, die diese Reichweite locker stemmen können.

Es ist auch eine Kopfsache, dass wir Deutsche immer gerne ein Auto für alles haben möchten: fürs Einkaufen, Freizeitfahrten, zur Arbeit und in den Urlaub. Es wäre erstrebenswert, möglichst regional auf kurzen Wegen einzukaufen und Einkaufen, Freizeit und Arbeitsfahrten gemeinschaftlich zu organisieren. Handy-Apps helfen uns dabei. Neue E-Autos sind mittlerweile dank Schnellladenetz auch für längere Strecken und Urlaubsfahrten geeignet. Auch per Bahn und Fernbus lässt es sich gut verreisen. Und als »Zweitwagen« bietet sich Carsharing oder der Mietmarkt an. Der unsägliche und bequeme Vorteil des Pkw ist die flexible Nutzung eines Fahrzeugs für Nah- und Fernverkehr. Und für viele in Deutschland ist das Auto zudem ein Kulturgegenstand und zweites Wohnzimmer geworden, was das Umdenken natürlich erschwert.

> Wir müssten raus aus unserer Komfortzone um des Klimas willen oder eben emissionsfrei Auto fahren.

Bus und Bahn

Nach dem Auto ist die Bahn im Nah- und Fernverkehr mit gut 95 Milliarden Personenkilometern das zweitwichtigste Verkehrsmittel in Deutschland. Zu vier Fünftel laufen Züge mit Strom, der Rest mit Diesel. Im Fernverkehr macht die Bahn Werbung, klimaneutral mit Ökostrom unterwegs zu sein. Der Nah- und Güterverkehr ist es aber nicht. So haben langfristige Stromlieferverträge der Bahn dem jüngsten Kohlekraftwerk Datteln IV trotz zahlreicher Klagen und Klimaschutzproteste zur Fertigstellung und Inbetriebnahme verholfen. Auch ist die Deutsche Bahn als Staatskonzern langfristig in der Kernkraft investiert. Und jeder kennt die stinkenden Dieselzüge im Regionalverkehr. Dabei hätte auch die Bahn kilometerlange Schallschutzwände und riesige Dachflächen, die sie für Solarstrom nutzen könnte. Zweifelsohne braucht es mehr Strecken, mehr Personal, mehr Sanierungen und mehr Pünktlichkeit und Zuverlässigkeit, um die Akzeptanz weiter zu steigern.

Die Schnellverbindung München – Berlin in 4 Stunden samt Nürnberg – Berlin in 3 Stunden und Weiterfahrt nach Hamburg hat die Flugverbindungen in München deutlich reduziert, und von Nürnberg geht gar kein Flieger mehr nach Berlin. Der ganz große Vorteil: Start- und Endpunkt der Hauptbahnhöfe liegen im Stadtzentrum. Von dort zum Flughafen München samt Check-in, Wartezeiten, Flug, Gepäckaufnahme, Weg in die Innenstadt dauert einfach länger als per Bahn. Entsprechend gingen die Fahrgastzahlen hoch, und die Sprinterverbindungen wurden erhöht.

Noch schneller könnte es zukünftig per »Hyperloop« gehen: in 46 Minuten von München nach Berlin und in 20 Minuten weiter nach Hamburg. Wie bitte? Das wäre theoretisch in unterirdischen Vakuumröhren wie U-Bahnen möglich, welche bei Normaldruck in den Kabinen sitzenden Passagiere reibungslos durch Deutschland schießen. Science-Ficition? Eine Firma von Elon Musk arbeitet seit 2013 an solchen Konzepten.[181] Realitätsnäher sind da sicherlich die Planungen für Seilbahnen in Großstädten, welche den Bahnhof besser und schneller anbinden zu vergleichsweisen geringen Kosten. Der Vorteil: Schwieriges Gelände und Flüsse können problemlos überquert werden.[182]

Vor allem aber günstigere Preise bewegen die Menschen zum Umstieg vom Auto auf die Bahn. Das 9-Euro-Ticket hat das gezeigt: Laut dem Verkehrsdatenunternehmen TomTom gab es im Juni 2022 einen deutlichen Rückgang der Staus in den Städten.[183] Busse und Bahnen leisten gut 12 Prozent des Personenverkehrs, verursachen aber nur 5 Prozent der CO_2-Emissionen und sind damit wesentlich klimafreundlicher als Auto und Motorrad. Diese Einsparung resultiert aus mehr Personen in einem Fahrzeug samt effizienterem Antrieb.

> So kann mit Bus und Bahn im Nahverkehr ein bis zwei Drittel der Klimagase eingespart werden je Kilometer im Vergleich zum Pkw.

Im Fernverkehr steigert sich diese Einsparung noch mal auf Faktor 4 bis 5, da die Fahrzeugherstellung von Fern- und Reisebussen im Vergleich zu Autos nicht so ins Gewicht fällt und Reisebusse auf Autobahnen in der Regel gleichmäßig mit spritschonenden 100 bis 110 Stundenkilometern unterwegs sind. Ein super Tipp für E-Autofahrer: Wenn die Reichweite bedrohlich fällt – hinter einen Bus oder Lkw hängen, und Sie kommen sicher nach Hause dank des geringeren Luftwiderstands. Das funktioniert übrigens auch mit Verbrennern und am besten mit Abstandstempomat.

Zu Fuß und per Fahrrad

Für das Klima und die Luft ist es das Beste, zu Fuß oder per Fahrrad unterwegs zu sein. Wegen der kurzen Wege macht diese Art der Fortbewegung nur 5 Prozent der Verkehrsleistung aus, obwohl so in Deutschland jeder dritte Weg zurückgelegt wird. Gerade beim Fahrradfahren hat Corona einen Boom über die E-Bikes ausgelöst, was sich immer mehr auch für kurze Strecken im Alltag durchpaust und sowohl der eigenen Gesundheit als auch dem Klima sehr wohltut. Zudem spart es Geld und Nerven.

Bei Fahrrädern und E-Bikes kommen nur die Herstellung und der Strom in den CO_2-Rucksack, der nicht so schwer ausfällt, weil die Fahrzeuge leicht sind im Vergleich zur Verwandtschaft. Etwa 10 bis 20 Gramm CO_2-Emissionen sind das je Personenkilometer. Jeder Kilometer mit dem Verbrennerauto gefahren ist also 20- bis 30-mal so klimaschädlich wie per Fahrrad.[184] Der Umstieg auf den Drahtesel macht fürs Klimaretten viel Sinn. Und Städte wie Kopenhagen leben es vor, wie der Fahrradverkehr sicher, günstig, schnell und bequem werden und damit auch stark von der Bevölkerung angenommen werden kann.

Schiffe

Ein Bruchteil der Passagiere bewegt sich per Schiff fort. Hier gibt es aber auch Klimahoffnung: Eine Bodenseefähre fährt mit bis zu 300 Passagieren bereits rein elektrisch und kann durch die eigenen Solarzellen bei Sonne etwa ein Fünftel des Energiebedarfs liefern.[185] Viele Passagierschiffe werden an der Anlegestelle elektrisch angebunden und vermeiden dadurch Lärm und Abgase.

Und die Meyer Werft baut für Aida ein Kreuzfahrtschiff mit einer Brennstoffzelle, wie wir sie aus den U-Booten kennen. Diese soll auf Methanolbasis betrieben werden, welches als E-Fuel klimaneutral hergestellt werden kann.[186] Bis es davon aber große Flotten gibt, ist und bleibt die Kreuzfahrerei die größte Klimasünde nach dem Fliegen. Ganz abgesehen von den Arbeitsbedingungen des Bordpersonals.

Flugzeug

Der Flugverkehr ist aus Klimasicht ziemlich verloren. Selbst mit grünem E-Kerosin, Kerosin aus Biomasse oder Wasserstoff kann die Klimaschädlichkeit nur halbiert werden.

> Fliegen ist und bleibt eine Klimasünde. Hier gibt es kein reines Gewissen.

Warum? Weil der sich bildende Wasserdampf der Turbinen trotz CO_2-neutraler Verbrennung des Treibstoffs auf 10.000 Metern Höhe dort als Klimagas verweilt und die Erde erwärmt.[187] Grünes Kerosin und Wasserstoff kompensieren nur die Wirkung von CO_2, nicht aber vom Wasserdampf. Das ist der feine, aber vor allem beim Fliegen entscheidende Unterschied zwischen CO_2-neutral und klimaneutral. Das kann zwar durch eine saubere Verbrennung von reinstem E-Kerosin gemindert, aber nicht ganz vermieden werden. Eine Abhilfe wäre das Fliegen auf 7.000 bis 8.000 Metern Höhe, wo der Wasserdampf über die Wettersysteme wieder zeitnah abgeregnet wird. Diese Reiseflughöhe hätte aber den Nachteil, dass sich der Treibstoffbedarf wegen des höheren Luftwiderstands deutlich erhöhen würde und Dauerturbulenzen das Fliegen prägen würden. Dann hätte keiner mehr Lust darauf und Fliegen wäre deutlich teurer – was aber vielleicht auch eine einfache regulative Maßnahme wäre, diese Klimaemissionen zu vermeiden.

Einzig der batterieelektrische Antrieb hätte dieses Thema nicht, aber das funktioniert nur mit Kleinflugzeugen, nicht mit einem interkontinentalen Jumbo-Jet. Das Zauberwort heißt Energiedichte, und nicht mal Wasserstoff ist hier ausreichend: Selbst wenn wir es in 100 Jahren geschafft haben, ist das für das Klima zu spät.

Der näherliegende Schritt ist also, die Zugverbindungen national und international so attraktiv zu machen, dass es schneller und bequemer als der Flieger ist. Interkontinentale Abhilfe würden Videokonferenzen bringen, wie wir es zu Corona-Zeiten gelebt haben. Hier sollten wir Wissenschaftler an unseren Hochschulen und Instituten mit gutem Beispiel vorangehen. Zur Einordnung: Die Hälfte der Klimaemissionen der ETH Zürich sind Flugemissionen, der Rest Mensa, Strom und Heizung beziehungsweise Kühlung der vielen Gebäude, Labore und Einrichtungen.[188]

Noch naheliegender ist die Aufhebung der steuerlichen Vergünstigungen. Warum zahlen wir – europaweit einmalig – den vollen Mehrwertsteuersatz auf grenzüberschreitenden Zugverkehr, aber – europaweit nicht einmalig – keine Mehrwertsteuer beim internationalen Fliegen? Ebenso gibt es keine Kerosinsteuer, aber eine Mineralölsteuer auf Benzin und Diesel. Nicht verständlich, und beides summiert sich auf 12 Milliarden Euro fossile Subventionen für klimaschädliches Fliegen jährlich. Eigentlich ein Skandal in Zeiten trockener Felder und Flüsse, schmelzender Gletscher und brennender Wälder. Wenn statt vieler kleiner Maschinen nur wenige große die gleichen Ziele anfliegen würden, könnten die Flugbewegungen ebenfalls um fast zwei Drittel reduziert werden. Das wäre auch für die Gesundheit der Anwohner besser, da weniger Lärm entstände.[189] Seit dem ersten Bericht des Club of Rome und der Ölkrise Anfang der 1970er-Jahre hat sich der globale Luftverkehr bis 2020 verachtfacht und soll gerade in Asien, Südamerika und im Nahen Osten weiter stark wachsen.[190]

Der inländische Flugverkehr macht etwa 1 Prozent der Personenverkehrsleistung aus. Internationale Flüge tauchen in der Bilanz nicht auf, würden aber sowohl bei den Emissionen als auch der Verkehrsleistung ein Fünftel vom Kuchen ausmachen. Die CO_2-Emissionen je Personenkilometer entsprechen denen von Diesel- und Benzinautos. Flieger stoßen zwar wegen der vielen Passagiere etwa gleich viel CO_2 je Personenkilometer aus wie ein voll besetztes Auto. Die Hälfte der Klimawirkung kommt eben aber aus dem Wasserdampf und teilweise auch weiteren Klimagasen wie Stickoxid, Schwefeldioxid und Partikel. Diese entfallen zwar beim Wasserstoff-Flugzeug, aber der Wasserdampf bleibt, und wegen der geringeren Energiedichte von Wasserstoff ist das interkontinentale Fliegen damit technisch kaum realisierbar.

Güterverkehr

Der Personenverkehr spielt sich hauptsächlich als Nahverkehr ab. Dagegen ist der Güterverkehr überwiegend ein Fernverkehr, der je nach Entwicklung der Globalisierung zu- oder abnimmt. In der Vergangenheit hat er stetig zugenommen, weil wir Waren und Einkäufe wie Lebensmittel global besorgen und global vernetzt produzieren.

Lastenrad und Nutzfahrzeuge

An ein Lastenrad denkt keiner beim Güterverkehr im ersten Moment. Aber mittlerweile gibt es so vielseitige Fahrradkonzepte, dass auch hier der geringere Platzbedarf für Parken und Fahren sowie der nahezu klima- und schadstofffreie Antrieb gerade in Städten eine Wohltat sind und große Zukunft auch in der persönlichen, öffentlichen und gewerblichen Logistik haben.

Leichte Nutzfahrzeuge sind wesentlich weiter verbreitet als Lastenräder, haben aber auch die 6-fachen Emissionen je Tonnenkilometer. Da beide Verkehrsmittel fast nur im Güternahverkehr eingesetzt werden, ist ihr Anteil an der Transportleistung im Güterverkehr verschwindend gering, wohingegen die CO_2-Emissionen mit 17 Prozent zu Buche schlagen.[191]

Arbeitsmaschinen

Mit E-Fuels sind Arbeitsmaschinen wie Traktoren und Bagger klimaneutral unterwegs. Es gibt zwar auch rein elektrische Prototypen an Stromleitungen, die wie an einer Leine nur einen gewissen Radius rund um den Hof oder die Baustelle fahren können. Das ist ähnlich praktikabel wie Oberleitungs-Lkw, und daher werden auch hier E-Fuels, Wasserstoff und Batteriefahrzeuge das Rennen zur Klimaneutralität machen.[192] In den Statistiken des Güterverkehrs tauchen sie nicht auf.

Lkw

71 Prozent der Transportleistung von Gütern entfallen auf Lkw. Sie verursachen mit 60 Prozent den größten Batzen der CO_2-Emissionen.[193] Je größer die Lkw, desto geringer die spezifischen Emissionen. Auf der Kurzstrecke setzen sich hoffentlich immer mehr elektrische Lkw durch. Die alles entscheidende Langstrecke mit wesentlich mehr klimatechnischer Relevanz ist noch offen, aber die Tendenz zum Wasserstoffantrieb ist da. Auch wenn es 40-Tonner geben wird, die rein batterieelektrisch unterwegs sein werden und dann 1 Megawatt Ladeleistung ziehen.[194] Warum? Wenn nur jeder Hundertste der 3,6 Millionen deutschen Lkw das zeitgleich tut, ergäbe sich eine Last im Stromnetz von 36 Gigawatt, was gut der Hälfte der durchschnittlichen Last im deutschen Stromnetz entspricht. Die Transit-Lkw aus dem Ausland sind da nicht eingerechnet. Das sind die Grenzen der E-Lkw.

Güterzug und Schiff

Güterzüge leisten 19 Prozent des Gütertransports bei nur 4 Prozent der CO_2-Emissionen im Güterverkehr.

Binnenschiffe haben eine ähnlich gute Bilanz: Sie leisten 8 Prozent der Transportaufgaben bei nur 2 Prozent der Emissionen. Die Voraussetzung: Alle Flüsse haben ausreichend Wasser, was 2018 und 2022 nicht mehr so war und viel Wirtschaftsleistung kostet und damit das Wachstum dämpft.

Es ist wie bei den Kohlekraftwerken: Die klimabedingten geringen Niederschläge und Dürren sorgen für niedrige Pegelstände und zu wenig Kühlwasser oder Nachschub für die Kohlekraft, wodurch diese heruntergefahren wird.[195] Die Natur hilft sich im Grunde selbst.

Im Güterfernverkehr sind Binnenschiffe und Güterzüge unschlagbar weit vorn mit CO_2-Emissionen von unter 50 Gramm je Tonnenkilometer. Lkw liegen um Faktor 5 darüber, die Luftfracht sogar um Faktor 45 bis 62.

Flugzeug

Genau das Gegenteil wird bei den Cargofliegern sichtbar: Der ausgehende Flugverkehr verursacht 16 Prozent der Klimaemissionen bei nur 0,06 Prozent Transportleistung.[196]

Ein grundsätzliches Problem beim Güterverkehr ist die zunehmende Just-in-Time-Produktion. Es lohnt sich durch unterschiedliche steuerliche und arbeitsrechtliche Regelungen, nicht mehr die ganze Wertschöpfungskette an einem Ort zu haben, sondern massenhaft Teile über den Globus verteilt zu transportieren. Das fängt bei den Nordseekrabben an, die zum Pulen in Handarbeit nach Marokko transportiert werden und dann wieder zurück auf den deutschen Markt zum Verkauf, und hört bei hochkomplexen High-Tech-Produkten wie Autos auf. Ähnlich ist es mit Elektronik, die leicht verpackt auch um den ganzen Globus geflogen und geschippert wird. Jeder von uns kann beim Griff ins Warenregal (auch beim Onlineshopping) entscheiden, ob diese klimaschädliche und verkehrstreibende Praxis weiter Bestand hat. Und man sollte sich zwischendurch auch mal fragen: Brauche ich das Teil wirklich? Sein macht glücklicher als Haben.[197]

Meine persönliche Verkehrswende

Ich habe es bis zu meinem 37. Lebensjahr geschafft, weitgehend ohne Auto auszukommen und keines zu besitzen. Ich habe 22 Jahre auf dem Land und 15 Jahre in der Stadt gewohnt, bis ich dieses Ideal aufgab. Mit zwei Kindern und einer miserablen Zugfahrt in den Urlaub nach Österreich mit allen Pannen, die möglich sind, war es vorbei, und meine Frau sagte: »Wir brauchen ein Auto!«

Meine Eltern hatten einen gelben Audi 80. Alle vier Jungs passten auf die Rückbank, mehr oder weniger, und er war auf Parkplätzen schnell zu finden. In meinen ersten Linienbus bin ich mit drei Jahren gestiegen. Allein, nur mit meinem gleichaltrigen Nachbarn Norbert zusammen. Es war unser täglicher Weg zum Kindergarten. Das war damals noch legal, und nachdem es der Busfahrer aus der Nachbarschaft war, war das auch kein Thema. Ansonsten fuhren aus unserem Dorf genau dreimal am Tag die Busse in die Stadt Passau. Mehr gab's nicht. Nur wenige Leute fuhren damit und ich aus ökologischer Überzeugung. Die Taktzeiten zu erhöhen wäre ein politisches Geschenk für die Landbevölkerung!

Auf dem Land braucht man ein Auto. Ich bin auf dem Land aufgewachsen. Natürlich habe ich mir bei Bedarf das Auto meiner Eltern ausgeliehen, aber meistens haben wir unter Freunden Fahrgemeinschaften gebildet. Wir hatten als 7-köpfige Familie auch sehr früh eine Familienkarte für die Bahn, den Vorläufer der BahnCard, damals für 20 Mark für alle.

Bis auf eine kurze Corona-Unterbrechung habe ich seit 1995 durchgängig eine »BahnCard« und bin privat und dienstlich meist mit dem Zug unterwegs. Was ich im Zug liebe: Mit Noise-Cancelling-Kopfhörern ist es wunderbar zu arbeiten, Musik zu hören oder einfach aus dem Fenster zu schauen. Das hat einen großen Mehrwert im Vergleich zum Auto. Und Staus sind das Synonym für Zugverspätungen im Straßenverkehr: lästig, aber zu akzeptieren.

Mein Fahrrad aus der Jugend- und Studienzeit hat 15 Jahre gehalten, bis die Lager durch waren. Der ökologische Fußabdruck ist am kleinsten, wenn Dinge möglichst lange genutzt und ständig gepflegt und repariert werden.

Die Entscheidung fürs Auto fiel mir nicht leicht. Der grüne Bürgermeister der Stadt förderte die E-Mobilität sehr an unserem Automobilstandort. Aber in der Stadt zur Miete mit wechselnden Anwohnerparkplätzen? Als es bei uns konkret wurde und ich ihn um die Erlaubnis fragte, notfalls ein Kabel vom Keller über seinen Bürgersteig zu ziehen, überlegte er eine ganze Minute. Ich merkte, wie dieses Szenario einfach zuvor noch nie in seiner Gedankenwelt aufgetaucht war.

So geht es mir oft mit Politikern, die zwar Dinge fordern, aber sich um deren konkrete Umsetzung noch keine Gedanken gemacht haben: Reality Check! Nachdem er die Gedanken sortiert hatte, meinte er: »Keine gute Idee wegen einer potenziellen Stolperfalle. Kauf dir doch einen E-Roller. Dessen Batterie kannst du in die Wohnung hochtragen und dort aufladen.«

Und genau so habe ich es auch gemacht, und das Auto wurde ein Diesel – bis vier Wochen darauf der Dieselskandal kam und ich die Entscheidung verfluchte.

Wieder aufs Land gezogen wurden wir dank eigener Ladeoption zu Elektromobilisten. Ich liebe die Ruhe im E-Auto und das Laden des Akkus beim Bremsen und Bergabfahren. Das ist ein ähnlich gutes Gefühl, wie mit Solarwärme zu duschen: Die Bremsenergie verpufft nicht mehr als ungenützte Wärme, sondern trägt dich mit über den nächsten Berg. Welch eine Verschwendung war das bisher in den Verbrennern! Und ich liebe das unmittelbare, starke Antriebsmoment beim Überholen und Beschleunigen. Fühlt sich einfach sicherer an. Und die E-Autos sind sauberer in der Gesamtbilanz.

Wahrscheinlich sind wir alle – vor allem die männliche Landbevölkerung – schon als Kind zu heimlichen E-Auto-Fans initialisiert worden: auf den Volksfesten in den elektrischen Autoscootern. Was für ein Antriebsmoment! Was für ein Wumms! Unsere stillen Helden waren die erwachsenen Typen, die einen Generalschlüssel mit Fuchsschwanz hatten zum lässigen Einparken der Fahrzeuge.

Wir haben aber auch schon unsere blauen Wunder erlebt. Unser erster gebrauchter Renault Zoe wurde in Regensburg designt und in Frankreich 2013 gebaut. Die erste Generation des Erfolgsautos. Die Leistungselektronik gab ihm einen Sound wie Knight Rider beim Fahren und Laden. Jeder weiß, dass du kommst. Und die Schutzsicherung im Haus hat mir das Auto beim Laden regelmäßig geworfen. Die Reichweite: 100 Kilometer auf dem Papier.

Bei einer Winterfahrt von 20 Kilometern hatte das Auto noch 30 Kilometer beim Start. So begab sich meine Frau samt siebenjähriger Tochter vertrauensvoll auf die Reise. Irgendwann kam ein Anruf von ihr: »Vor dem Berg waren es noch 9 Kilometer Reichweite. Ich hatte nur noch 2 Kilometer bis nach Hause. Auf dem Berg ist er dann liegen geblieben.« Meine Frau hat ihn dann noch mal 100 Meter weitergebracht, bis er – kurz vor dem Überwinden des letzten Höhenmeters – komplett den Geist aufgab. Autos hielten an, und die Fahrer fragten besorgt, ob sie helfen können. Meine Tochter bekam Panik. Also kam ich schnell dazu und übernahm. Nichts zu machen. Gott sei Dank war unser Autohaus in 400 Metern Entfernung, und die hatten sogar zwei Ladepunkte. Wenn ein E-Auto liegen bleibt, kommt ein Nutzfahrzeug mit Dieselgenerator oder Akkulader im Gepäck und lädt es auf. Der Zoe hatte keine Abschleppmöglichkeit. Also entweder Laden oder auf den Autotransporter. Oder eben schieben. Und genau dazu entschieden wir uns. Stapfend durch den Schnee kamen wir an. Das Gelächter war groß – der verrückte Professor mit seinen Experimenten.

Seit diesem Erlebnis schaut unsere Tochter immer genauestens auf die Reichweite. Mittlerweile haben wir einen gebrauchten E-Golf, in den unsere drei Kinder gut reinpassen. Der hat 250 Kilometer Reichweite, das reicht für 95 Prozent der Fahrten aus und ist vor allem mit dem eigenen Solarstrom supergünstig. Im Winter 1 Euro auf 100 Kilometer, im Sommer 75 Cent. Ein paar Controller intelligent programmiert, und er lädt genau den Solarstrom-Überschuss, den wir im Haus nicht brauchen und der nicht in den Heimspeicher passt.

Meine absurdeste Erfahrung zum Thema Laden hatte ich aber im bayerischen Landtag. Auf Einladung der SPD-Fraktion kam ich in die Tiefgarage. Der Ladepunkt war Wochen vorher vorbestellt. Ich kam mit dem Carsharing-Auto an, steckte an und ging in das Meeting – so weit, so gut. Als ich zurückkam, hatte ein Landtagsabgeordneter sein Auto vor meins geparkt. Ich konnte zwar noch rausfahren, aber er hat bei mir den Stecker gezogen und bei sich eingesteckt. Wie wenn Sie beim Tanken den Tankrüssel vom Nachbarn nehmen und einfach in ihr Auto reinstecken. Absurd! Der Vorfall konnte mit Polizei und Verwaltung aufgeklärt werden. Der Abgeordnete sah es aber nicht ein, sich zu entschuldigen.

Mittlerweile sind die Ladestecker hoffentlich verriegelbar, um so etwas zu vermeiden. Ich hatte deswegen damals nur 50 Kilometer Reichweite. Nicht genügend, um nach Regensburg mit dem Mietwagen zurückzukommen. Und wo ist nun bitte die nächste kostenfreie Schnellladesäule? Beim Aldi! Das ging damals noch. Bei 140 Kilometer Reichweite zog ich den Stecker. Müsste ja reichen für 130 Kilometer. Denkste! Die Fahrt war verregnet und der Februar kalt. Licht, Heizung, Scheibenwischer – wumms blinken die Anzeigen, und ich muss kurz vor Regensburg noch mal nachladen. Aber die Ladesäule funktioniert nicht. Ein Anruf beim Betreiber löst das Problem: Ich bekomme 5 Minuten Gratisladen. Das reicht. Zu allem Unglück lasse ich mein Portemonnaie auf der Ladesäule liegen. Alles weg – aber ich war klimaneutral unterwegs.

INDUSTRIEWENDE

»We didn't start the fire.
It was always burning, since the world's been turning.«
We didn't start the fire | Billy Joel

Unvermeidbar. In der Industrie gäbe es viele CO_2-Emissionen, die nicht vermeidbar seien. So hieß es über Jahrzehnte. Mittlerweile haben wir dank Wasserstoff und Power-to-X für fast all diese Emissionen innovative klimafreundliche Technologien, mit denen dieses Mantra ad acta gelegt wird. 100 Prozent erneuerbar funktioniert, auch in Industrieprozessen. Etwa drei Viertel der Emissionen sind energiebedingt und durch den Einsatz erneuerbare Energien und Power-to-Gas lösbar. Das andere Viertel sind prozessbedingte Emissionen, die bei der Erzeugung von Stahl, Ammoniak, Zement und Kalk entstehen und weitgehend technisch klimaneutral gestellt werden können.

Etwa 80 Prozent des gesamten Energiebedarfs in der Industrie entfallen auf die Energieintensiven. Das sind die Metallerzeugung, die Grundstoffchemie, die Papierindustrie, Glas und Keramik, die Herstellung von Lebensmitteln und die Gewinnung und Verarbeitung von Steinen und Erden wie Zement und Kalk. Die sind im Fokus dieses Abschnitts. Der restliche Energiebedarf und damit Emissionen der Industrie sind verbunden mit Strom- oder Wärmeanwendungen wie der Beleuchtung von Hallen, Elektromotoren oder Trocknungsprozessen. Sie können wie bereits beschrieben mit erneuerbarem Strom oder erneuerbarem Gas klimaneutral gestellt werden.

Elektronen und Moleküle – Wasserstoff und Power-to-X

Neben Energieeffizienz und Lastmanagement sind erneuerbarer Strom und daraus gewonnene Produkte über Power-to-X die Grundbausteine der Industriewende. Wir werden nicht alles nur mit Strom lösen können. Nicht alle Industrieprozesse lassen sich direkt elektrifizieren, geschweige denn Produkte aus Strom gewinnen. So brauchen wir neben Elektronen auch Moleküle. Wie bisher. Aber eben nicht mehr von fossiler Natur. Daher brauchen wir Power-to-X? Aber was ist das jetzt genau?

Wie im Kapitel »Stromwende« bereits beschrieben, haben Kollegen und ich das Konzept Power-to-Gas entwickelt und patentiert, also die Gewinnung von erneuerbarem Gas aus Wasser, CO_2 und Ökostrom. Das Verfahren wurde von anderen weitergedacht: für flüssige Energieträger wie Benzin, Diesel oder Kerosin, welche über entsprechende Synthesen mit den gleichen Zutaten wie erneuerbare Gase gewonnen werden können. Entsprechend entstand der Begriff Power-to-Liquid.

Weitere Wissenschaftler hatten die Idee, dieses Verfahren auch für die Grundstoffchemie zu verwenden, und griffen dazu bereits etablierte Verfahren wie die Gewinnung von Ammoniak oder Methanol mit Ökostrom auf. Das nannten wir dann in wissenschaftlichen Kreisen Power-to-Chemicals.

In unserer Speicherstudie für den Thinktank »Agora Energiewende« wurde ich müde, immer alle drei Begriffe: Power-to-Gas, Power-to-Liquids, Power-to-Chemicals zu schreiben. Zudem kursierten weitere Begriffe wie Power-to-Products, Power-to-Methanol oder Power-to-Fuels. Und Power-to-Gas wurde immer öfter in Power-to-Hydrogen und Power-to-Methane aufgeteilt. Um all diese Verfahren, welche »Elektronen zu Molekülen« wandelten, unter einen Hut zu fassen, kürzte ich diese in der genannten Studie mit einem X ab, und der Begriff Power-to-X entstand.[198] Heute, zehn Jahre später, hat sich der Begriff weltweit etabliert. Ich habe ihn damals folgendermaßen definiert:

> »Power-to-X beschreibt die Wandlung von Strom als Primärenergie in einen Energieträger, Wärme, Kälte, Produkt, Kraft- oder Rohstoff.«[199]

Zudem gab es schon länger den Begriff Power-to-Heat, der die Wandlung von Strom in Wärme beschreibt und damit nicht in Moleküle. Streng genommen gehört also Power-to-Heat nicht zu Power-to-X dazu. Die Beliebigkeit des Platzhalters X hat aber dazu beigetragen, dass auch das darunter verstanden wird.

Der Sammelbegriff Power-to-X hat sich zu einem Synonym für Sektorenkopplung entwickelt, wo sich alles um den Stromsektor dreht und bündelt. Der günstige Wind- und Solarstrom zieht förmlich alle anderen Sektoren an und eröffnet ihnen über Power-to-X die Möglichkeit zur Klimaneutralität. Ausgehend vom Stromsektor wird der Gebäudesektor über Power-to-Heat, Wärmepumpen und die Kraft-Wärme-Kopplung angeschlossen. Der Strom wird zuvor über Power-to-Gas in den Gassektor gebracht, von wo es flexibel in Gebäuden, im Verkehr oder der Industrie genutzt werden kann. Oder wieder zu erneuerbarem Strom zurückgewandelt wird, um die Lücken von Wind und Solar zu schließen. Der Verkehrssektor wird über die Elektromobilität und Power-to-X, also gasförmige und flüssige Kraftstoffe angedockt. Mit dem Industriesektor ist es genauso: Strom wird zur Gewinnung von Wasserstoff genutzt und dieser direkt oder mit CO_2 und Stickstoff weiterverarbeitet zur Produktion von grünem Stahl, grünem Kunststoff oder grünem Kalk eingesetzt.

Dreh- und Angelpunkt bei den Power-to-X-Verfahren bleibt aber der Wasserstoff. International wurden mittlerweile über 60 nationale und überregionale »Wasserstoffstrategien« verfasst und keine Power-to-X-Strategien.[200] Da aber der Wasserstoff in großen Mengen aufgrund der fehlenden Infrastruktur und Endnutzungsgeräten zunächst nicht in Reinform gehandelt, transportiert und genutzt wird, sondern verpackt mit Stickstoff und CO_2 als Ammoniak, Methanol oder Kerosin, spricht die Fachwelt mittlerweile auch von Wasserstoffderivaten oder Wasserstofffolgeprodukten, was auch Synonyme zu Power-to-X sind.

Stahl

Mit gut einem Viertel des industriellen Energieverbrauchs ist die Stahlproduktion die energie- und auch CO_2-intensivste Industrie Deutschlands.[201] Millionen Tonnen von Kohle und Kilowattstunden Strom werden zur Herstellung von gut 40 Millionen Tonnen Stahl benötigt. Wir brauchen 35 Prozent davon als Baustahl, 26 Prozent für Automobile, 12 Prozent für Metallwaren, 11 Prozent im Maschinenbau, 9 Prozent für Rohre und 7 Prozent für Haushaltswaren, Konsumgüter und übrige Anwendungen.[202] Stahl und Eisen sind allgegenwärtig.

> Wie können wir also grünen Stahl herstellen? Dazu gibt es zwei Verfahren: den Elektrostahl und die Direktreduktion von Eisenerz mit grünem Wasserstoff.

Fangen wir mit dem einfachsten an, dem Elektrostahl. Auf diese Weise werden 32 Prozent des Stahls in Deutschland durch elektrisches Schmelzen von Elektroschrott im Lichtbogenofen hergestellt. Zur Reinigung und zur Erzeugung einer Schlacke werden geringe Mengen an Kohlenstaub und Branntkalk beigefügt. Wie der Name schon offenlegt, wird für die grüne Produktion lediglich Ökostrom und etwas grüner Branntkalk benötigt. Beides ist über Wind, Solar und Co und Power-to-Gas machbar. Obwohl auch Rohstahl und Eisenschwamm eingesetzt werden kann, hat das Verfahren seine Schranken: Es gibt nur begrenzte Mengen an Elektroschrott. Und die Qualität von recyceltem Stahl ist nicht für jede Anwendung ausreichend, denn es gibt Stahlprodukte, die Primärstahl brauchen, welcher heute in einem Hochofen mithilfe von Kohle gewonnen wird.

Daher kommt dieser Direktreduktion die größte Bedeutung in der grünen Stahlproduktion zu, die die bisher gängigste Hochofenroute ersetzen kann. In Hochöfen werden 70 Prozent des Stahls in Deutschland produziert. Die Hochofenroute ist ein hochkomplexes und integriertes Verfahren mit vier Bestandteilen: der Kokerei, der Sinteranlage, dem Hochofen und dem Sauerstoffofen. Hauptinput ist Steinkohle. Zunächst wird in der Kokerei aus Steinkohle mithilfe von Strom und Erdgas Koks gewonnen. Das ist ein fast reiner Kohlenstoff. Dieses Koks verbrennt im Hochofen mit Sauerstoff aus der eingeblasenen Luft zu Kohlenstoffmonoxid, welches wiederum dem Eisenerz den Sauerstoff entzieht und damit zu Roheisen reduziert. Das Eisenerz ist das Rohprodukt aus der Natur, was bergmännisch abgebaut wird. Die Verbrennung von Koks heizt zudem den Hochofen bis zu 2000 Grad auf. Entstehende Gase werden intern genutzt oder verstromt. So auch in der Sinteranlage, in der aus Koks, Kokereigas und verstromten Gasen Sinter gewonnen wird, der ebenfalls im Hochofen zum Anschmelzen des Eisenerzes benötigt wird. Dem Roheisen oder sprödem Gusseisen wird im Sauerstoffofen mithilfe von Sauerstoff weiter Kohlenstoff entzogen, sodass schmiedbarer Rohstahl entsteht. Anschließend erfolgt die Veredelung über verschiedene Legierungen, das Gießen und das Walzen.[203]

> Diese beschriebene chemische Reduktion von Eisenerz zu Roheisen kann statt mit Koks aus Kohle auch mit grünem Wasserstoff erfolgen.

So wird das Eisenerz direkt zu Eisenschwamm reduziert und im zweiten Schritt im Elektrostahlverfahren zu Primärstahl weiterverarbeitet. Für eine Tonne grünen Stahl braucht es 2,4 Megawattstunden grünen Wasserstoff oder 3,4 Megawattstunden Ökostrom.[204] Umgerechnet kann ein 5-Megawatt-Windrad an Land damit den Strom für 3000 Tonnen grünen Stahl liefern. Das Warmwalzen des Rohstahls erfolgt heute überwiegend mit Erdgas und Strom und kann daher über erneuerbares Gas und Ökostrom vollständig klimaneutral gestellt werden.

Zur Einordnung: Um die 27,7 Millionen Tonnen Stahl aus Kohle durch grünen Wasserstoff zu ersetzen, bräuchte es gut 9000 Windräder dieser Größe in Deutschland. Technisch haben wir dieses Potenzial, aber die Akzeptanz in der Bevölkerung und die Sammlung des Wasserstoffs über ein Wasserstoffnetz für die hochverdichtete Abnahme an den Stahlwerken wäre die Voraussetzung dafür. Daher wird auch der Import über den Hafen von Rotterdam oder Nordeuropa diskutiert.

Chemie

Die Chemieindustrie ist ein Buch mit sieben Siegeln, das mein Mitarbeiter Franz Bauer über Jahre in seiner Doktorarbeit geöffnet hat, neben den restlichen Industriezweigen in diesem Kapitel.[205]

Was kam zum Vorschein? Im Chemiesektor findet der größte Strom- und Gasverbrauch in der Industrie statt. Nur die Stahlherstellung ist durch den massiven Einsatz von Kohle energieintensiver. Zudem werden Millionen Tonnen an Rohbenzin (Naphtha) und andere Erdölprodukte sowie Erdgas, Kohle, aber auch Biomasse wie Fette oder Zucker als Rohstoffe stofflich genutzt. So finden auf die Masse bezogen etwa 75 Prozent aller stofflichen, also nicht-energetischen Verwendung von Kohle, Öl und Gas in der Chemie statt.[206] Über 85 Prozent des Energieverbrauchs und des CO_2-Ausstoßes der Chemieindustrie geht auf die Grundstoffchemie zurück. Diese lässt sich in die drei Bereiche der anorganischen Chemie, der organischen Chemie und der Polymerproduktion unterteilen. Aufgrund der großen Vielfalt beschreibe ich nur die energieintensiven Grundstoffe mit einer Produktionsmenge größer als eine Million Tonnen.

Zu diesen anorganischen Grundstoffchemikalien zählen Chlor (4 Millionen Tonnen), Sauerstoff (6 Millionen Tonnen) und Soda (etwa 3 Millionen Tonnen).

Chlor wird heute schon aus der Spaltung von Salzwasser in Chlor und Natronlauge mit Strom gewonnen, weshalb eine einfache Umstellung auf Ökostrom diesen Industriezweig klimaneutral stellen kann. Beide Produkte finden in über 70 Prozent aller Chemieprodukte Anwendung, und sogar in 88 Prozent aller pharmazeutischen Produkte.[207] Sie werden in Zwischenstufen oft wieder abgeschieden, weshalb sie nicht in allen Endprodukten enthalten sind. Das bekanntestes ist sicherlich PVC (Polyvinylchlorid). Wir finden es in Kunststofffenstern, Vinyl-Schallplatten, Plastikflaschen, Kabeln, Fahrzeugarmaturen, Heizungsrohren oder Bodenbelägen. Chlorprodukte halten als Harz die Flügel der Windräder zusammen, helfen den Feuerwehren als Löschmittel und dienen als Reinigungsmittel in Kliniken, Schwimmbädern, Molkereien und der Landwirtschaft. Natronlauge wird oft als Neutralisationsmittel verwendet. Als Nebenprodukt entsteht Wasserstoff, der intern oder extern in den vielfältigen Anwendungen wie dem Verkehr oder der Stahlherstellung findet.

> Wenn zur Chlorgewinnung Ökostrom eingesetzt wird, entsteht daraus auch grüner Wasserstoff. Das wäre die einfachste Möglichkeit, schnell an große Mengen zu kommen.

Sauerstoff wird als technisches Gas ebenfalls mit Strom gewonnen in energieintensiven Anlagen, die die Luft durch Abkühlung in Sauerstoff, Stickstoff und Edelgasen wie Argon zerlegen. Entsprechend kann auch dieses Verfahren mit Ökostrom klimaneutral werden. Sauerstoff fällt aber auch als Nebenprodukt bei der Herstellung von grünem Wasserstoff an und kann somit perspektivisch dadurch ebenfalls ersetzt werden. Anwendung findet Sauerstoff in der Medizintechnik, in der Wasserreinigung und der Herstellung von Stahl, Säuren und anderen Chemikalien.

Allein diese beiden Beispiele von Sauerstoff und Wasserstoff als Nebenprodukt von Chlor zeigen, dass die Stahl- und Chemieindustrie beziehungsweise die Petrochemie oft miteinander Synergien ergeben und sich daher häufig in räumlicher Nähe befinden.

Soda wird zum Großteil zur Herstellung von Waschmitteln und Behälterglas in der Glasindustrie verwendet. Es kann durch höhere Anteile an Altglas reduziert werden. In der Herstellung wird Kalk gebrannt und CO_2 freigesetzt. Auch hier gibt es klimaneutrale Alternativen wie den im weiteren Verlauf beschriebenen grünen Kalk. Die benötigte Prozesswärme kann über Power-to-Heat und Power-to-Gas ebenfalls klimaneutral bereitgestellt werden.

Die Hälfte der CO_2-Emissionen der Chemieindustrie kommen aus drei Bereichen der organischen Chemie: der Herstellung von Ammoniak (3 Millionen Tonnen), Methanol (1 Million Tonnen) und hochveredelten Chemikalien mit 10 Millionen Tonnen pro Jahr, sogenannte High Value Chemicals. Das sind Ethylen, Propylen, Buten und Butadien. Basischemikalien für Kunststoffe.

Ammoniak wird vorwiegend zu Herstellung von Düngemittel eingesetzt, ist aber auch ein Zwischenprodukt für viele weitere Stoffe. Einer davon ist die Salpetersäure, welche auch zu Düngemittel aber ebenso zu Sprengstoff verwertet wird. Dabei entstehen geringe Mengen Lachgas, einem Treibhausgas mit 265-facher Klimawirkung von CO_2. Ammoniak selbst wird aus Stickstoff und Wasserstoff gewonnen. Der Stickstoff kommt aus der Luftzerlegungsanlage, der Wasserstoff wird fast ausschließlich aus der Dampfreformierung von Erdgas gewonnen. Grüner Wasserstoff aus Ökostrom oder Biomasse kann dieses Erdgas ersetzen. Ammoniak ist zwar giftig, aber im Gegensatz zu Wasserstoff einfach flüssig zu lagern und im weltweiten Handel über entsprechende Schiffe und Häfen im großen Maßstab etabliert.

> Daher kommt grüner Ammoniak auch als Wasserstoffträger oder direkt als Brenn- und Kraftstoff für Kraftwerke und Schiffsantriebe in Betracht.

Methanol ist ebenfalls ein organischer Grundstoff, der via Formaldehyd zu Harzen, Desinfektionsmitteln und anderen Stoffen beziehungsweise zu Ameisen- und Essigsäuren weiterverarbeitet wird oder direkt als Antiklopfmittel dem Benzin beigemischt wird.

> Grünes Methanol eignet sich hervorragend als Energieträger, wird weltweit verschifft und kann in Motoren oder Brennstoffzellen für Antriebe und die Stromerzeugung genutzt werden.

Die Chemikalie wird aus Synthesegas, einer Mischung aus Wasserstoff und CO oder CO_2, gewonnen. Dieses Synthesegas wird ebenfalls aus der Dampfreformierung von Erdgas beziehungsweise der teilweisen Verbrennung von Erdgas, Erdöl und Kohle gewonnen. Über Power-to-Methanol kann der grüne Wasserstoff in der Methanolsynthese mit CO_2 zusammengeführt werden. Dabei entsteht grünes Methanol aus Wind, Solar und Wasserkraft. Neben der Wasserelektrolyse mit Ökostrom kann der grüne Wasserstoff oder das Synthesegas über Vergasung auch aus Biomasse wie Holz gewonnen werden.[208] Das Methanol kann über weitere Synthesen in Benzin, Kerosin oder Polymeren gewandelt werden. Es gibt dazu schon lange umfassende Konzepte für eine grüne Methanolwirtschaft.[209]

Die hochveredelten Chemikalien wie **Ethylen** und **Propylen** werden vorwiegend aus Rohbenzin in Dampfspaltöfen gewonnen. Diese stoffliche Verwendung von Rohöl umfasst über 100 Terawattstunden, der Energieaufwand in Form von Erdgas zusätzliche 40 Terawattstunden, also zusammen ein Fünftel des gesamten Energiebedarfs im Verkehr! Daraus werden Kunststoffe, Dämmmaterialien, Waschmittel, Lacke, Klebstoffe, Harze, Lösungsmittel, Kühlmittel, Textilfasern etc.

> Das Rohbenzin als Ausgangsstoff für all diese Produkte kann über die Fischer-Tropsch-Synthese aus Wasserstoff und CO beziehungsweise CO_2 wie bei Methanol auch aus grüner Energie und grünen Rohstoffen gewonnen werden. Power-to-Liquid.

Ebenso der Ersatz für Erdgas über Power-to-Gas. Alle diese Basischemikalien für Kunststoffe sind kohlenstoffbasiert. Auch Industrieruß für die Reifenherstellung oder Bitumen für unsere Asphaltstraßen. Bitumen ist auf den Straßen das, was der Zement im Beton ist: das Bindemittel für die Gesteinsmischungen.

> Daher werden diese Bereiche der Petrochemie auch zukünftig Kohlenstoff und damit CO_2 brauchen, selbst wenn er über grünen Wasserstoff klimaneutral wird. Der Begriff De-karbonisierung ist damit irreführend.

Es wird immer Kohlenstoff und CO_2 in unseren Stoffkreisläufen geben, weshalb das Recycling von CO_2 aus der Luft über Biomasse und Luftabsorption so wichtig ist, aber auch die Nutzung von unvermeidbaren CO_2-Punktquellen aus der Industrie.

> Letztendlich geht es im Klimaschutz darum, uns von dem fossilen CO_2 zu befreien. Der Begriff Defossilisierung ist also wesentlich passender und exakter.

Für die Weiterverarbeitung der Grundstoffe zu **Polymeren** wird ebenfalls Strom und Dampf benötigt, welche über Ökostrom und Power-to-Gas CO_2-neutral werden. Aus Polymeren werden Kunststoffe wie Polyethylen (PE) oder Polypropylen (PP), welche wir bestens als Verpackungsmaterial, Plastikbecher, Kunststofffolien, als Isolationsmaterial, Plastikgehäusen und vielen anderen Produkten kennen.

Die Raffinerien verarbeiten **Mineralöl** und **Erdgas** zu Benzin, Diesel, Kerosin und Co für den Verkehr, aber auch zu Produkten für andere Industriezweige wie Bitumen für den Straßenbau, Schmierstoffe und Wachse oder eben Naphtha für die Chemie. Sie können über die Gewinnung von

Synthesegas aus Biomasse, Abfällen wie Klärschlamm und grünem Wasserstoff langfristig ihren verbleibenden Bedarf an Kohlenwasserstoffen über Power-to-Liquid defossilisiert und klimaneutral decken. Der sinkende Durchsatz von Mineralöl aufgrund der Elektromobilität ist heute schon bemerkbar. Viele Raffinerien rüsten sich mit Wasserelektrolysen auf, um die gestiegenen Anforderungen an klimafreundlichere Kraft- und Rohstoffe zu erfüllen.

Glas

Die Glasproduktion benötigt gut 3 Prozent der industriellen Energie.[210] Neben klassischen Flaschen oder Konservengläsern als Behälterglas und Fenster als Flachglas werden auch Glasfasern für die Datennetze, Glas- und Steinwolle als Isolationsmaterial und Spezialglas für zum Beispiel Medizinprodukte wie Spritzen und Ampullen hergestellt.

Die Rohstoffe wie Quarzsand, Soda, Feldspat, Kalk und Altglas werden unter Einsatz von Erdgas bei über 1400 Grad in einer Schmelzwanne geschmolzen, anschließend geformt und kontrolliert von 600 Grad auf Umgebungstemperatur abgekühlt.

Das Erdgas kann durch erneuerbares Gas ersetzt werden. Kleinere Glasschmelzen können auch mit Strom betrieben werden, sind aber nicht Stand der Technik und nicht für alle Glassorten überhaupt technisch möglich. Die direkte Elektrifizierung der Glasproduktion ist somit begrenzt.[211] Auch reiner Wasserstoff wird aus heutiger Sicht aufgrund der Verbrennungseigenschaften (farblos, Geschwindigkeit, Handhabung, Wärmeübertragung, höherer Wasserdampfgehalt) keine große Zukunft in der Glasschmelze haben.

Mein Doktorand Sebastian Gärtner hat daher das Power-to-Gas-Verfahren mit einem Oxyfuel-Verfahren kombiniert zu einer klimaneutralen Glasschmelze weiterentwickelt.[212] In dem Verfahren wird das erneuerbare Gas mit reinem Sauerstoff statt Luft verbrannt, wodurch Glas bei wesentlich höheren Temperaturen mit geringerem Aufwand und reineren Abgasen hergestellt werden kann. Der Sauerstoff entsteht als Nebenprodukt von grünem Wasserstoff in der Wasserelektrolyse. Daher ist es vorteilhaft, wenn der Wasserstoff direkt vor Ort gewonnen wird.

> Das CO_2 kann aus dem sauberen Abgas ebenfalls mit geringem Aufwand abgetrennt und zur Gewinnung von erneuerbarem Gas in der Methanisierung im Kreislaufprozess recycelt werden.

Dieses Verfahren ist bei den Gaspreisen von 2022 rentabel, wie viele andere Power-to-Gas Prozesse. Das ist neben der Nutzung von Altglas der Weg, die Glasherstellung klimaneutral zu machen. Ergänzend kann Altglas und Produktionsausschuss als Scherben recyclet werden, wobei dieser Anteil allerdings durch Menge des Altglases und Qualität des Glasprodukts begrenzt ist.

Zement, Kalk und Beton – Steine und Erden

Die Verarbeitung von Steinen und Erden benötigt etwa 8 Prozent des industriellen Energieverbrauchs. Dies umfasst nicht nur den Betrieb von Baufahrzeugen, Förderbändern, Geräten in Steinbrüchen, Gruben und Bergbau; sondern vor allem die energie- und CO_2-intensive Herstellung von Zement, Kalk und Ziegeln und deren Folgeprodukte wie Beton. Aber auch Asphalt zählt hierzu, der ähnlich wie Beton aus Wasser, Gesteinen und einem Bindemittel hergestellt wird. Bei Beton ist dieses Bindemittel Zement, bei Asphalt Bitumen aus der Petrochemie. Nach dem Kontakt mit Wasser härten sie die flüssige Masse aus.

Zement wird aus Rohschotter gewonnen. Dieser natürliche, sogenannte Mergel besteht aus Ton und Kalkstein und wird in Gruben und Steinbrüchen abgebaut, homogenisiert, getrocknet und mit Zusätzen wie Quarzsand zu Rohmehl gemahlen. In einem großen, unisolierten Drehrohrofen wird das Mehl bei über 1400 Grad zu Klinker gebrannt. Nach der Abkühlung und Vermischung mit Klinkerersatzstoffen wie Gips, Hüttensand oder Flugasche aus der Nutzung von Kohle in Stahlöfen und Kohlekraftwerken wird das Gemisch zu Zement gemahlen und abgefüllt. Die Verwandtschaft zu Stahl und Kohlekraft liegt auch in der Nutzung von Kohle als Brennstoff für das Klinkerbrennen. Dieser Prozess ist sehr CO_2-intensiv, wobei zwei Drittel prozessbedingte, »nicht-vermeidbare« Emissionen durch das beim Kalkbrennen freigesetzte CO_2 entstehen und das restliche Drittel energiebedingt sind.

> Die energiebedingten Emissionen können klimaneutral gestellt werden: Der Brennstoff Kohle kann durch Abfall wie Altreifen und Altöl, aber auch Klärschlamm und Tiermehle ersetzt werden.

Falls es in Zukunft durch einen gesellschaftlichen Wandel deutlich weniger Fleischesser gibt und damit das Tiermehl wegfällt oder weniger Altholz anfällt, kann auch hier erneuerbares Gas als Brennstoff dienen. Strom wird hauptsächlich zum Mahlen und Kühlen genutzt und kann durch Ökostrom klimaneutral werden.

Aber was ist mit diesen Prozessemissionen? Diese hängen vorwiegend am Zementklinker. Dafür gibt es zwei Abhilfen: Austauschstoffe und Recycling von Beton.

Als **Austauschstoffe** werden heute vorwiegend Hüttensand, Flugasche und Gips verwendet. Alle drei Stoffe fallen aber weg, wenn Stahl- und Kraftwerke nicht mehr mit Kohle, sondern mit Wasserstoff betrieben werden. Daher wird an alternativen, calciumarmen Bindemitteln wie Celitement geforscht,[213] welche CO_2-ärmer hergestellt werden können und damit den CO_2-Fußabdruck von Zement und Beton deutlich senken.

Oder das **Recycling von Beton**, in dem Altbeton zerkleinert, gemahlen und in seine Bestandteile wie Sand, Gesteine und Betonfeinstanteile zerlegt wird. Die einzelnen Bestandteile können direkt wiederverwendet werden. Die zementähnlichen Feinstanteile können CO_2 sogar binden in einem integrierten CO_2-Abscheide- und Nutzungsverfahren des Betonrecyclings.

> Laut Zementherstellern lassen sich mit dieser CO_2-Mineralisierung drei Viertel der Emissionen in der Betonherstellung reduzieren und eine geschlossene Kreislaufwirtschaft, unabhängig von Stahl- und Kohlekraftwerken aufbauen.[214]

Die neue Technik wird in ersten Werken erprobt. Wenn das im großen Stil funktioniert, wäre das eine Lösung für klimaarmen Zement und Beton. Der Energieaufwand für Abbau und Transport der Rohstoffe ist immens, weshalb sich ein Recycling von Beton vor Ort bei gewissen Mengen lohnen kann.

Als weitere absolute Alternative bleibt der Verzicht auf Zement, Beton, Ziegel und Co und die Nutzung von Holz als Baustoff. Das speichert und bindet CO_2, anstatt es in die Luft zu blasen.

Kalk wird ähnlich wie Zement hergestellt. Kalkstein wird abgebaut und homogenisiert dem Kalkofen zugeführt, in dem er bei etwa 1000 Grad zu Branntkalk wird und dabei chemisch CO_2 freisetzt. Das wird auch als Kalzinierung oder Entsäuerung von Kalkstein bezeichnet. Im Anschluss wird der Branntkalk gekühlt und gemahlen. Kalk wird in der Stahl- und Bauindustrie, aber auch im Umweltschutz und der Landwirtschaft eingesetzt.[215]

Die hochgradige Prozesswärme kommt überwiegend aus Braunkohle, gefolgt von Steinkohle und etwas Erdgas und Erdöl. Sie ist für 60 Prozent der Emissionen der Kalkherstellung verantwortlich, das prozessbedingte Entsäuern für 40 Prozent.

> Die energiebedingten Emissionen können wieder über Power-to-Gas oder auch bis zu 30 Prozent durch hochreine Biomasse ersetzt werden.[216] Die prozessbedingten Emissionen können – ähnlich wie die Glasherstellung – mit einem modifizierten Power-to-Gas Verfahren minimiert werden.

Das beim Kalkbrennen unvermeidbare CO_2 kann über die Methanisierung gebunden werden und das entstandene Methan in einer Pyrolyse zu Industrieruß (Carbon Black) und Wasserstoff zerlegt werden. Der Wasserstoff wird im Kreislauf zur Methanisierung zurückgeführt. Der entstandene, hochreine Kohlenstoff kann als Carbon Black unterirdisch eingelagert oder in der Landwirtschaft genutzt werden. Damit ist das bisher »unvermeidbare« CO_2 der Atmosphäre entzogen und grüner Kalk entstanden.[217]

Jeder kennt Dach- und Mauerziegel. **Ziegel** werden aus dem zerkleinerten Rohstoff Ton und Wasser geformt und bei etwa 1000 Grad im Ziegelofen gebrannt. Beimischstoffe wie Sägemehl oder Zellulosefasern aus Holz- und Papierproduktion verbrennen dabei und bilden die Luftporen, welche isolierend wirken. Hauptbrennstoff ist Erdgas mit über 90 Prozent, gefolgt von Öl und Koks. Früher nutzten die Ziegeleien vorwiegend Schweröl aus

Raffinerien, welches besonders günstig, aber auch extrem CO_2-intensiv war. Zudem wird elektrische Energie benötigt. Diese energiebedingten Emissionen können durch Power-to-Gas und Ökostrom vermieden werden. Allerdings entsteht – wie bei Zement und Kalk – durch das Ziegelbrennen auch prozessbedingtes CO_2, da im Ton auch Kalkstein ist.

Vielleicht inspirieren diese Zeilen Menschen, die Idee von grünem Kalk auf Zement und Ziegel zu erweitern. Das wäre ein weiteres Power-to-X-Verfahren, mit dem wir die bisher »unvermeidbaren Emissionen« doch noch vermeiden und neue Klimaschutztechnologien erfinden. Es wäre nicht das erste Mal, dass wir an den Unis die Lehrbücher umschreiben.

Papier

Das Papiergewerbe hat einen Anteil von 8 Prozent am Energieverbrauch der Industrie. Als Rohstoffe kommen zu zwei Dritteln Altpapier zum Einsatz, etwa ein Fünftel Primärfasern aus Holz, und der Rest sind Mineralien und Additive.

Im ersten Schritt wird entweder aus Holz über verschiedene Verfahren chemisch Zellstoff oder mechanisch Holzsstoff als diese Primärfasern gewonnen, oder Altpapier aufgeweicht und als Sekundärfasern recycelt. Das Recycling von Altpapier ist nicht beliebig wiederholbar, weshalb – je nach Produktanforderung – Primärfasern nötig sind. Diese Stoffe werden im Mahlprozess aufbereitet und mit Wasser und Füllstoffen als Suspension in der Papiermaschine zu den gewünschten Papieren verarbeitet. Abschließend werden die Papiere veredelt und zugeschnitten.

Bei den Zellstoffverfahren wird viel Brennstoff beziehungsweise Wärme aus Erdgas, Biomasse, Fernwärme und Kohle benötigt; bei den Holzstoffverfahren vorwiegend Strom.

> All das kann problemlos auf Ökogas, Ökostrom und Biomasse klimaneutral umgestellt werden, wenn ausreichend Wind- und Solaranlagen errichtet werden.

Wegen der wesentlich niedrigeren Prozesstemperaturen im Vergleich zu Glas, Stahl oder Chemie ist perspektivisch auch der Einsatz von Hochtemperatur-Wärmepumpen mit Ökostrom denkbar. Das Potenzial an Holz ist aber auch völlig ausreichend, und es besteht kaum Bedarf zum Anbau von Energiepflanzen.

Wie bei allen anderen Industriezweigen führen auch bei der Papierindustrie Effizienzmaßnahmen zur Einsparung von Energie und damit Kosten und Emissionen. Zudem ändern sich die benötigten Mengen: Die Produktion von Verpackungspapieren ist in den letzten zehn Jahren um 20 Prozent gestiegen, die von grafischen Papieren für Drucker um 30 Prozent gesunken. Beide waren im Jahr 2010 bei jeweils 10 Millionen Tonnen pro Jahr gleich auf. Ursache ist die Digitalisierung, die einerseits über den Onlinehandel für mehr Versandwaren sorgt, andererseits den Bedarf an gedrucktem Papier deutlich senkt. Diese Trends werden sich entsprechend fortsetzen, während bei den deutlich geringeren Mengen an Hygienepapieren und technischen Papieren wie zum Beispiel Etiketten oder Bons der Bedarf konstant bleibt.[218]

Aluminium, Kupfer und Co – Nichteisenmetalle

Wie beim Papier wird bei den Nichteisenmetallen zwischen Primärprodukten, welche aus Erzen in Schmelzöfen gewonnen werden, und Sekundärprodukten aus Recycling von Schrott unterschieden. Letztere machen etwa die Hälfte der Produktion von Nichteisenmetallen aus, die energetisch gerade einmal 2 Prozent des Gesamtindustriebedarfs umfasst. Zu diesen Metallen zählen vor allem Aluminium, Kupfer, Zink und Blei.[219] Aus Aluminium und Kupfer werden Bleche, Profile, Folien, Rohre und Drähte geformt und Halbzeuge als Zwischenprodukt gegossen.

Der energetische Löwenanteil entfällt auf die Schmelzflusselektrolyse von Aluminium. In großen Hallen befinden sich solche Schmelzwannen wie bei der Glasindustrie, jedoch mit Strom »befeuert«, nicht mit Erdgas. Dennoch entstehen dabei auch prozessbedingte, nicht-energetische Emissionen in der Abnutzung der Anoden aus Kohlenstoff. Ähnlich ist es bei Blei und Zink, wo ebenfalls kohlebasierte Begleitstoffe zur chemischen Reduktion eingesetzt werden. In Gießereien werden kleinere Mengen an Treibhausgasen freigesetzt, die als Schutzgase zum Einsatz kommen oder bei Legierungen freigesetzt werden. Insgesamt halten sich diese Prozessemissionen der Nichteisenmetalle mit einem Anteil von einem halben Prozent an den Gesamtemissionen der Industrie in Grenzen.

> Der Weg in die Klimaneutralität besteht für Nichteisenmetalle vorwiegend in einer höheren Recyclingquote, die laut Umweltbundesamt bis auf 90 Prozent gesteigert werden kann.

Der verbleibende Energiebedarf ist überwiegend elektrisch und damit über Ökostrom für das Klima zu neutralisieren. Verbleibende Öfen können auch mit erneuerbarem Gas befeuert werden. Werden Walzen und Gießen kombiniert, können Halbzeuge effizienter produziert werden. Auch die prozessbedingten Emissionen können überwiegend durch erneuerbare Reduktionsmittel und inerte Anoden vermieden werden.[220]

Prozesswärme und andere Industriezweige

Über 8 Prozent des Energieverbrauchs der Industrie fließen in die Herstellung von Nahrungsmitteln. Bäckereien, Molkereien, Brauereien, Zucker- und Stärkefabriken. Fast überall kommt Erdgas zum Einsatz für Prozesswärme auf relativ niedrigem Temperaturniveau. Hier gibt es zahlreiche Ansätze, auch mit Solarthermie zu arbeiten und Solarbier zu brauen oder klimaneutrale Brötchen zu backen und nachhaltigeren Käse zu produzieren. Die meisten Prozesse können voraussichtlich direkt elektrifiziert werden oder mit Solarthermie und Biomasse grün werden. Für alle Prozesse, die weiterhin auf Gas angewiesen sind, steht auch hier erneuerbares Gas aus Power-to-Gas zur Verfügung.

Ähnlich wie in der Nahrungsherstellung sieht es mit vielfältigen anderen Prozessen in Industrie und Gewerbe aus, welche bisher Prozesswärme aus Kohle, Öl und Gas gewinnen.

> Anstatt kurzsichtig von Gas auf Öl zu schwenken, wäre es nachhaltiger und sinnvoller, Wärmepumpen, Solarthermie, Biogas, Holz, Fernwärme und Co einzusetzen.

Wärmepumpen, Solarthermie und Fernwärme schaffen Temperaturen bis 100 Grad. Bis 500 Grad kann Heißwasser und Dampf über Power-to-Heat mit Ökostrom bereitgestellt werden.[221] [222] Darüber hilft Ökostrom nur in Form von erneuerbarem Gas. Nach dem aktuellen Stand der Technik ist das die einzige Option, die Hochtemperaturkessel klimaneutral zu bekommen.

Andere Industriezweige aus Elektro- und Metallindustrie wie der Maschinen- und Automobilbau oder die Halbleiterindustrie haben eine sehr hohe Wertschöpfung bei geringem Energieeinsatz. Meist wird niedertemperierte Prozesswärme für Trocknungsprozesse benötigt und viel Strom für mechanische Antriebe wie Servopressen, Elektromotoren, Druckluft oder Pumpen. Auch die strombasierte Kältebereitstellung zählt dazu. Branchenübergreifend wird Strom auch für die Beleuchtung und IT und regenerative Raumwärme und Warmwasser benötigt. Auch hier können die zahlreichen erneuerbaren Energien, allen voran Ökostrom, die Defossilisierung dieser Industriezweige ermöglichen.

Standortfragen – Should I stay or should I go?

Wenn Energieträger als Rohstoff oder Energiequelle der größte Posten im Einkauf einer Firma sind, hängt die Existenz des ganzen Unternehmens daran. Entsprechend hat sich die energieintensive Industrie immer dort niedergelassen, wo günstiger Strom war: bei der Wasserkraft und an Atom- und Kohlestandorten. Das galt vor allem für Stahl und Chemie. Und bei Papier, Glas, Zement, Kalk und Ziegel auch für die Nähe zu den Roststoffen.

Wie ändert sich das aber nun mit der Energiewende? Für alle Verfahren heißt das Zauberwort Ökostrom oder daraus gewonnener grüner Wasserstoff und erneuerbares Gas. Wenn viel günstiger Wind- und Solarstrom oder in anderen Ländern auch Wasserkraft und Geothermie vorhanden ist: Bingo. Der Industriestandort kann gehalten werden oder entsteht dort neu.

Wir merken es bereits in Deutschland: Wo errichtet der Chipgigant Intel seine neue Fabrik? Im High-Tech-Land Bayern? Nein, weil hier laut dem internationalen Magazin Politico der NIMBY-in-Chief regiert: Ministerpräsident Söder, der samt seinen Vorgängern die Windkraft systematisch verhindert hat, lange Zeit gegen Stromtrassen war, keine Großprojekte wie Speicher voranbrachte, sondern sich nur auf die Gasimporte aus Russland und den Solareifer der eigenen Bürger verließ.[223] Intel geht nach Sachsen-Anhalt, wo es sehr viele Wind- und Solarparks und damit günstigen Strom für die klimaneutrale Produktion gibt.

Ähnlich ist es mit Tesla in Brandenburg und der Produktion von klimafreundlichen Batterien am Standort Heide in Schleswig-Holstein, wo eine dicke Offshore-Windleitung anlandet. Der schwedische Batterieproduzent Northvolth hat sich genau für diesen Standort entschieden, um in Deutschlands Haushalte und Autos grüne Batterie zu bringen.

> Der Ausbau von Wind- und Solarparks ist also pure Standortpolitik. Standortsicherung. Industriepolitik.

Ich war an verschiedenen Chemieparks. Das sind hochkomplexe Standorte mit eigener Energieversorgung, oft sogar eigenen Kraftwerken. Hochintegrierte Netzwerke an Stoff- und Energieströmen. Einer davon war der Standort Stade. Direkt an der Elbe neben einem alten Atomkraftwerk. Die große Chlor-Alkali-Elektrolyse hat einen eigenen 380-Kilovolt-Netzanschluss. Das Gebiet ist so weitläufig, dass es einen eigenen Jäger dafür gab. Beeindruckend die Dimensionen. Meine Frage nach dem Strombezug ergab: »Wir haben uns über Jahre mit französischem Atomstrom eingedeckt.« Dieser war aber in der Energiekrise kaum mehr vorhanden. Über 50 Prozent der französischen Meiler waren außer Betrieb.

> Entscheidend für das Halten oder den Aufbau von energieintensiven Standorten ist also Ökostrom in Hülle und Fülle.

Davon gibt es im Norden und Osten wesentlich mehr als im Süden und Westen, wo vorwiegend die Industrie ist. Infrastrukturen wie Stromleitungen und Wasserstoffpipelines können das nur zum Teil retten. Und wenn sie nicht gestorben sind? Dann leben und produzieren sie woanders weiter. Das Schreckgespenst der Abwanderung von Industriezweigen hat viele Politiker auch zu einem Zementieren des Status quo veranlasst.

Ich erinnere mich an einen Branchenvertreter der bayerischen Chemieindustrie, welcher auf einem Energiegipfel an einem Dezembernachmittag im bayerischen Wirtschaftsministerium 2018 das Saallicht symbolisch ausschalten ließ, mit dem Hinweis: »Photovoltaik ist nicht zuverlässig.« Mein Verweis auf die Physik, dass selbst bei diffusem Licht noch Solarstrom vorhanden ist – damals mit 4 Gigawatt deutschlandweit, wurde belächelt. Vier Jahre später schreit die gesamte energieintensive Industrie Bayerns nach mehr Wind- und Solarstrom. Sie schreit um ihr Über-Leben.

Es ist frustrierend. Vor über 13 Jahren habe ich als Wissenschaftler zusammen mit Kollegen die Idee von Power-to-Gas in die Welt gesetzt, aber aufgegriffen wurde sie nicht. Ich hatte damals auf meinen Folien Folgendes stehen:

> »Power-to-Gas schafft eine infrastrukturkompatible Energiewende, es ist alles da. Wir haben riesige Speicherkapazitäten im Gasnetz. Wir haben einen CO_2-neutralen Energieträger für Verkehr, Wärme, Industrie – ohne Begrenzung der Fahrzeugreichweite mit wenig Konkurrenz zu Nahrungsmitteln wie bei den Biokraftstoffen. Und wir mindern die Importabhängigkeit von Erdgas aus anderen Ländern wie Russland. Wir können über die Gasnetze 10-mal so viel Energie transportieren wie über Stromnetze. Wir können Überschüsse aus Wind und Solar integrieren und müssen sie nicht mehr wegwerfen. Und wir könnten erneuerbares Gas aus der Sahara importieren. Die Gaspipeline zwischen Algerien und Spanien ist schon vorhanden.«

So weit mein Vortrag in der Bundesnetzagentur vor 20 Fachkräften aus Strom und Gas im Jahr 2010. Die Antwort: Das passe nicht zum europäischen Rechtsrahmen. Und als Ingenieur sei ich hierfür nicht der richtige Ansprechpartner.

Hier kommen noch weitere Ideen: In vielen Schwellen- und Entwicklungsländern wachsen Bevölkerung und Industrie rasant. Es wird neuer Wohnraum benötigt, der meist mit Zement und Beton erstellt wird. Dort gibt es oft auch hervorragende erneuerbare Potenziale. Wenn wir diese küstennah zur Meerwasserentsalzung und Wasserelektrolyse nutzen, gewinnen wir Trinkwasser und Wasserstoff: super!

> Wenn wir damit auch Stickstoff aus der Luft gewinnen und über Power-to-X Ammoniak für Düngemittel gewinnen und damit die Ernährung vor Ort sichern: super!

Der große Betonbedarf kann durch lokale Zementwerke gedeckt werden, die wiederum via Power-to-X grünen Beton herstellen. Wenn dazu Planung, Auslegung und Anlagentechnik noch aus Deutschland kommen und unseren Export von Klimatechnologien fördert: bestens!

Es lassen sich auf diese Weise zahlreiche Win-Wins generieren und lokale Energiesysteme defossilisieren. Das hat nichts mit Neokolonialismus zu tun, sondern ermöglicht den Partnerländern neue Unabhängigkeit, Wertschöpfungsketten und damit Wohlstand und Eigenständigkeit und hilft uns, unsere Klimaziele zu erreichen.

Ein anderes Beispiel für erhöhte regionale Wertschöpfung durch Erneuerbare: Als ich im Sommer 2022 mit der Bundesforschungsministerin auf Delegationsreise in Australien war, fragten uns viele: Warum ausgerechnet am anderen Ende der Welt eine Partnerschaft aufbauen? Weil sie doppelt und dreifach bessere Potenziale erneuerbarer Energien haben. Weil sie fast keine Bevölkerung fern der Küste und damit fast keine Akzeptanzprobleme haben. Weil sie respektvoll mit den Ureinwohnern umgehen. Weil sie ähnliche Werte mit uns teilen, untereinander und auch uns auf Augenhöhe begegnen, Werte in Firmen wie Demut und Familie haben. Weil sie ein rohstoffreiches Land sind, das fast alle Elemente des Periodensystems auf dem eigenen Kontinent hat und daraus fast alles bauen kann, was für die Energiewende gebraucht wird: Wind- und Solaranlagen, Elektrolyseure, Batterien, Pumpspeicher etc. Bisher exportiert Australien die Rohstoffe wie Eisenerz. Es ist gut möglich, dass dort Teile der Stahl- und Chemieproduktion künftig dort sind, wo die Rohstoffe und erneuerbaren Energien liegen, und nicht mehr im Ruhrpott.

Wenn Investitionsentscheidungen in der Industrie anstehen, spielen günstige Energiekosten und passende Regulatorik die entscheidende Rolle. Deshalb ist derzeit die USA attraktiver als die EU, worauf ich später noch genauer eingehen werde. Es ist knallhart: Wer zu lange am Alten festhält, Erneuerbare und Wasserstoff blockiert und sich nicht verändert, also zu spät kommt, den bestraft das Leben.

AGRARWENDE, FORSTWENDE UND ABFALL

»You'll forget the sun in his jealous sky.
As we walk in fields of gold.«
Fields of gold | Sting

Gefühlt verbinden viele Menschen Klimaschutz sofort mit ihrer Ernährung und Plastik. Dabei entstehen in der Landwirtschaft gerade mal 8 Prozent der Treibhausgasmissionen Deutschlands, fast ausschließlich nicht-energiebedingt.[224] In der Abfallwirtschaft sogar nur 1 Prozent, weshalb ich sie in dieses Kapitel integriere. Und die Forstwirtschaft kann sogar die Emissionen senken, wenn das entstehende Holz stofflich genutzt wird oder das Restholz neuen Humus im Waldboden bildet.

Mit gut 3 Prozent kommt der größte Teil der Emissionen aus der Tierhaltung in Form von Methangas aus der Verdauung von Rindern, aber auch Schafen und Ziegen. Bei der Wandlung von Gras in Milch und Fleisch entsteht in ihren Mägen das Klimagas. Es kann durch hochwertige Fütterung oder Zusätze wie Hasel- oder Weinrebenblätter verringert werden.[225]

Daneben werden künstliche methanhemmende Futtermittelzusätze für Rinder erforscht, deren gesundheitliche Verträglichkeit noch offen ist. So könne durch die Zufütterung von Algen der Methanausstoß um über 80 Prozent reduziert werden.[226] Der einfachste Weg zu mehr Klimaschutz wäre ein geringerer Konsum tierischer Produkte.[227] Ein geringer

Anteil der Emissionen von Methan entsteht auch in Biogasanlagen und Güllegruben, die durch entsprechende Abdichtungen und Verwertung der Gülle in Biogasanlagen reduziert werden können.[228] Bisher wird nur ein Fünftel der Gülle als Biogas genutzt.[229]

2,5 Prozent der landwirtschaftlichen Klimaemissionen kommen aus den landwirtschaftlichen Böden. Kommt Erde beim Umpflügen an die Luft, verbindet sich der Luftsauerstoff mit dem Bodenkohlenstoff zu CO_2. Der Boden gast aus. Einfache Abhilfe: Dauerkulturen wie Wiesen statt jährlichem Umackern der Felder. Etwa 1,5 Prozent der Klimagase entstehen bei der Düngung der Böden mit Mineraldünger, Gärresten, Harnstoff, Klärschlamm und Gülle in Form von Lachgas und der Kalkung zur Anpassung der pH-Werte der Böden und dem Erhalt ihrer Fruchtbarkeit.

Pflanzen benötigten Stickstoff für ihr Wachstum. Zu viel Stickstoff wird allerdings im Boden zu Lachgas abgebaut. Entsprechend ist eine effiziente Dosierung von hoher Bedeutung für das Klima und gut für den Geldbeutel des landwirtschaftlichen Betriebes. Hülsenfrüchte wie Soja, Erbsen oder Lupinen können selbst Stickstoff aus der Luft gewinnen und sind daher von Vorteil, weil weniger Mineraldünger benötigt werden.

Und 1 Prozent der deutschen Emissionen entsteht in Trocknungsprozessen von landwirtschaftlichen Gütern. Allein in den sechs Wochen der Hopfenernte für das beliebte Bier werden dafür Millionen von Litern Heizöl in die Luft geblasen. Prost!

Landwirtschaft und Ernährung

Lieben Sie nicht auch den weiten Blick über sanfte grüne Hügel, Wiesen und Felder und die Berge? Ohne Landwirtschaft wäre das nicht möglich. Die Landwirtschaft ist sehr vielfältig: Wein, Obst, Milch, Getreide, alle möglichen Sorten von Früchten und Gemüse. Die Natur lässt das alles für uns wachsen. Wir unterstützen sie lediglich dabei. Und weil die Natur diesen Hauptjob des Pflanzenwachstums für uns erledigt, ist es unsere Pflicht, auch vernünftig mit ihr umzugehen.

Hier ergibt sich oft ein Nutzungskonflikt zwischen Wirtschaftlichkeit, Naturschutz und auch Tierwohl. Es wäre für alle Kühe besser, wenn sie auf der Weide stünden. Nur macht das mehr Arbeit als die reine Stallhaltung. Es wäre für die Natur besser, wenn es viele kleine Felder mit Sträuchern dazwischen und nassen Auen gäbe. Nur wird dann die Bearbeitung mit Maschinen wesentlich schwerer und aufwendiger. Es wäre für die Natur und das Klima besser, keinen Mineraldünger und keine Pestizide einzusetzen, aber dann könnte ein Landwirt nur die Hälfte an Menschen ernähren. Im Vergleich zu 1950 haben sich die Weizenerträge verdoppelt.[230] Es wäre für das Klima auch besser, alle Moore wiederzubewässern statt sie trocken zu legen. So könnten sie aus der Luft CO_2 speichern. Nur gingen dadurch viele landwirtschaftliche Nutzflächen verloren und viele Landwirte wären in ihrer Existenz bedroht, wie in Holland.[231]

Die Mechanisierung und Industrialisierung der Landwirtschaft hat die bäuerliche, für manchen romantische, Landwirtschaft in eine Agrarindustrie gewandelt. Das wurde systematisch von Landes-, Bundes- und EU-Politik so umgesetzt über die entsprechenden Anreize und Subventionen. Im Zielfeld stand hier stets die Steigerung von Ertrag und Wirtschaftlichkeit, was zum Einsatz von Düngemitteln und Pestiziden führte – zulasten der Umwelt. Alles hängt mit allem zusammen. Gerade wenn wir mit der Natur, aus der Natur wirtschaften wie in der Land-Wirtschaft, macht uns das die Natur sehr deutlich über verseuchtes Trinkwasser, Artensterben etc. Die Natur kommt aus der Balance und damit auch die Landwirtschaft. Langfristig. Das reicht aber psychologisch nicht zum schnellen Umdenken, wenn die Konsequenzen des eigenen Fehlhandelns erst Jahre später sichtbar werden.

Aber der Klimawandel hinterlässt mittlerweile immer öfter seine Spuren, was zu einem Umdenken und anders Handeln führt. Fast keine Branche ist so abhängig von Wind und Wetter wie die Landwirtschaft. Ernteausfälle, ausbleibender Regen, Überschwemmungen, Dürren, Erosion, veränderte Vegetations- und Frostperioden, Sturm und Hagel. All das setzt der Landwirtschaft zu. Und auch den Tieren: Bei Hitze geben Kühe weniger Milch, legen die Hühner weniger Eier.

Und romantisch ist die Landwirtschaft schon lange nicht mehr. Es ist kein normaler Job, wo man um 9 Uhr kommt und um 17 Uhr geht, sondern ein Lebenskonzept. Gerade, wenn wie bei meinem Bruder auf seinem Hof 24 Stunden 7 Tage die Woche Tiere zu betreuen sind. Gut, dass die auch mal schlafen, im Gegensatz zu Babys. Aber Babys werden größer, und Kühe gebären weiterhin in der Nacht. Ein Landwirt ernährt heute etwa 140 Menschen. 1950 waren es nur 10. Diese Produktivitätssteigerungen hat der Einsatz von Maschinen, Düngemitteln, Pestiziden und besseren Züchtungen gebracht. Das ging aber auch auf Kosten der Natur: der Artenvielfalt, des Tierwohls und des Wasserschutzes.

1950 arbeitete noch jeder Vierte in der Landwirtschaft. Dieser Anteil der Erwerbstätigen in der Landwirtschaft ging auf weniger als 2 Prozent zurück und damit auch das grundsätzliche Verständnis dafür. Die Milch kommt genauso wenig aus dem Kühlschrank wie der Strom aus der Steckdose. Dennoch gibt es Bewegungen wie die solidarische Landwirtschaft, wo Menschen aus Stadt und Land gemeinsam mit Landwirten den eigenen Anbau von Nahrungsmitteln wieder für sich entdecken. Das ist aufgrund der kurzen Wege auch gut fürs Klima. Genauso die ökologische Landwirtschaft, die auf künstlichen Dünger und Pflanzengift verzichtet. Da das aber dann nicht die gleichen Erträge wie bei der konventionellen Landwirtschaft bringt, müssen die Verbraucher mehr Geld ausgeben für Bio-Nahrungsmittel.

Als wir in der Energiekrise steckten, in der die Kosten für Energie explodierten: Fuhr deswegen Ihr Nachbar weniger in den Urlaub, oder sparte er durch den Einkauf beim Discounter am Essen? Eher Letzteres. Das wäre bei den Gourmets wie den Franzosen anders. Daher sagt meine Mutter oft: »Am Ende zählt für die Leute der Preis, und bio kann sich nicht jeder leisten.«

Anbau

Im Anbau können wir also vieles tun für den Klimaschutz: klimaresistente Nutzpflanzen einsetzen statt künstlicher Bewässerung. Ähnlich wie bei der Tierzucht hat auch die Pflanzenzucht widerstandsfähigere Samen hervorgebracht. Soja muss nicht mehr aus Brasilien bezogen werden, wo es zur Zerstörung von Regenwäldern führt. Es kann auch heimisch angebaut werden.

Ein jährlicher Umbruch der Böden ist wegen der Ausgasung von Bodenkohlenstoff immer CO_2-intensiver als Dauerkulturen wie Grünland. Daher gibt es Vorgaben zu Fruchtfolgen, um die Böden zu schonen und

Dauermais zu vermeiden. Getreide benötigt aber Ackerland und damit den Umbruch der Böden. Er könnte nur verringert werden, wenn weniger Pflanzen durch Tiere gehen, bevor sie auf dem Teller landen, sondern stattdessen direkt auf dem Teller landen. 60 Prozent der Ackerernte landet im Trog, nicht auf dem Teller. Um den gleichen Nährwert in einem Stück Schwein auf den Teller zu bekommen, benötige ich das 7-Fache an Getreide und damit Fläche. Logisch: Das Tier braucht auch Energie zum Leben.[232]

> Wenn wir also eine Umstellung der Landwirtschaft auf mehr Klimafreundlichkeit wollen, sollten wir zuallererst unsere Ernährung umstellen und damit die Nachfrage ändern. Und bereit sein, faire Preise für klimafreundliche Lebensmittel zu zahlen.

Fleisch oder nicht Fleisch?

Lassen Sie sich auf folgendes Gedankenexperiment ein: Um Fleisch zu essen, muss das Tier vorher getötet werden. Können Sie sich vorstellen, das selbst zu tun? Das Tier eigenhändig zu töten? Bei uns auf dem Hof war das gang und gäbe in meiner Kindheit. Wir haben Hühner und Hasen selbst geschlachtet. Schweine und Rinder zu schlachten war aus hygienischen Gründen nicht mehr erlaubt. Ich habe lebendige Bilder vor mir von geköpften Hühnern, die weiterliefen, ehe sie zusammensacken. Es war bizarr. Ich bin mir sicher: Wenn jeder Fleischesser das Tier vorher selbst erlegen müsste, hätten wir wesentlich mehr Vegetarier und Veganer unter uns.

Wissen Sie, wie viele Tiere sich in den Dienst unserer Ernährung stellen beziehungsweise ihr Leben dafür opfern? Das hört sich so nett an. Sie werden von uns dazu gezwungen. Das ist treffender. Es sind 730 Millionen Tiere pro Jahr. Fast 9-mal so viel wie alle Deutschen zusammen.[233] Im Durchschnitt ist ein Deutscher jährlich etwa 140 Kilogramm Getreide und Kartoffeln und 440 Kilogramm Milchprodukte und Fleisch.[234] Die Treibhausgasbilanz schaut aber wie folgt aus: Im Schnitt hat jeder 2,2 Tonnen CO_2 durch Ernährung in seinem Rucksack – etwa ein Viertel der Gesamtemissionen pro Jahr. Davon stammen 55 Prozent aus Fleisch und Eiern und 23 Prozent aus Milchprodukten. Also fast vier Fünftel der Emissionen sind aus tierischen Nahrungsmitteln. Zur Veranschaulichung: Rindfleisch aus der Milchviehhaltung verursacht etwa 30-mal so viel Klimagase wie Brot oder Kartoffeln bei gleichem Nährwert.[235] Schweinefleisch das 15-Fache. Wild wie Rehfleisch hingegen ist klimaneutral.

> Jeder könnte mit einer vegetarischen Ernährung im Schnitt so viel Klimagase einsparen, wie wenn wir mit dem Verbrennerauto etwa 3.000 Kilometer fahren. Mit einer veganen sogar etwa 5.000 Kilometer.[236] [237]

Wie kommen wir zu einer klimafreundlicheren Ernährung?

Der Grund für den weitgehend maßlosen Fleischkonsum liegt in der einfachen und vor allem sehr günstigen Verfügbarkeit. Wenn die Landwirte einen auskömmlichen, fairen Preis für gutes Fleisch bekommen würden und dieser im Vergleich zum Discounter-Niveau um das Doppelte steigen würde, wäre Fleisch wieder ein höherwertiges Gut, was nicht täglich und in diesen Mengen konsumiert wird.

Ein Forschungsszenario hat den Effekt einer gesunden Ernährung innerhalb der Grenzen des Planeten Erde untersucht.[238] Kern ist eine Ernährungsumstellung auf eine überwiegend pflanzenbasierte und damit fleischarme Kost. So könnte der Tierbestand für Nahrung um 60 Prozent reduziert werden auf 87 Millionen Nutztiere in Deutschland. Damit einhergehend würde sich der Flächenbedarf für Tierfutter von 10,2 Millionen Hektar auf 1,9 Millionen Hektar um 82 Prozent reduzieren. Die landwirtschaftliche Nutzfläche würde insgesamt von 16,7 auf 9,4 Millionen Hektar um 43 Prozent zurückgehen.

Stellen Sie sich vor, was mit dieser frei gewordenen Fläche alles möglich wäre? Naturschutzgebiete, Brachflächen und Solarparks für Artenschutz, Energiewende und Hochwasserschutz. Oder genügend Platz für die Renaturierung von Mooren und damit die Schaffung von natürlichen CO_2-Speichern. Das wäre purer Klimaschutz, der viele andere Funktionen wie Klimaanpassung, Tierwohl, Natur- und Artenschutz vereint. Und das Grundwasser wäre sauberer. Win-Win-Win-Win.

Warum machen wir das nicht? Der ökologische Bauernverband wäre dafür, aber der konventionelle nicht. Und viele Firmen. Das bayerische

Bauernblatt und alle anderen landwirtschaftlichen Wochenblätter waren seit meiner Kindheit immer voll mit Werbung für chemische Pestizide und erdgasbasiertem, klimaschädlichem Dünger. Je weniger landwirtschaftliche Nutzfläche und Tierbestand wir haben, desto weniger Umsatz.

Der Stickstoffdünger könnte zwar über grünes Ammoniak aus Wind und Sonne klimafreundlicher hergestellt werden. Die Lachgasemissionen blieben aber. Diese ließen sich durch eine vegane Ernährung mit einem höheren Bioanteil vermeiden, in der durch den Einsatz von Leguminosen (Hülsenfrüchte) nur noch ein Drittel der landwirtschaftlichen Flächen mineralisch gedüngt werden.[239]

Vegan ist für Sie nicht vorstellbar? Allein die Produktion von Fleisch, Milch, Eier und Fisch benötigt weltweit 83 Prozent der landwirtschaftlichen Fläche und verursacht 56 bis 58 Prozent der ernährungsbedingten Emissionen, obwohl sie nur 18 Prozent der global benötigten Kalorien und 37 Prozent der Proteine bereitstellt.[240]

> Es würde laut anderen Studien schon reichen, den Fleischkonsum um 50 Prozent zu reduzieren.[241] Das würde zu einer Einsparung von 1,5 Prozent der deutschen Klimaemissionen führen.

Und Hand aufs Herz: Wer von uns arbeitet heute noch körperlich schwer wie auf dem Bau und braucht eine deftige Mahlzeit zu Mittag? Die wenigsten. Fleisch ist für viele ein reines Genussmittel. Für mich auch. Die Flächen würden für eine ökologische Landwirtschaft reichen, die ohne chemischen Dünger auskäme und dadurch 1,5 Prozent der nationalen Emissionen einsparen könnte.

Die Emissionen aus einer tierbasierten Ernährung enden aber nicht mit der Tierhaltung und deren Flächenbedarf für Futter. Die tierischen Lebensmittel sind auch zu verarbeiten, zu verpacken, zu transportieren und zu lagern. Zudem werden hohe Mengen Medikamente in der Massentierhaltung benötigt. Dabei entstehen auch Klimagase. Und in deren Herstellung und Gewinnung auch. Diese Tierhaltung und Art der Landwirtschaft, wie wir sie heute betreiben, wäre ohne fossil betriebene Arbeitsmaschinen nicht möglich.

Und eine pflanzenbasierte Ernährung hat noch einen ganz anderen Vorteil für jeden von uns: Pflanzliche Lebensmittel sind einfach gesünder als tierische.[242]

Antriebsenergie und Energiepflanzen

Früher leisteten Mensch, Ochs und Ross die mechanische Arbeit auf dem Ackerland für etwas Biomasse-Input. Das war klimafreundlich. Heute erledigt das der Traktor mit fossilem Diesel. Wie schon gezeigt können auch land- und forstwirtschaftliche Zugmaschinen mit heimischem Rapsöl, Solarstrom oder solarem Wasserstoff laufen. Und die Energie- und Ernährungskrise 2022 führte uns vor Augen:

> Die Ernährung des Menschen hat Priorität, dann die der Tiere, und ganz am Ende kommen der Traktor oder das Auto.

Energiepflanzen sollten daher über mehrere Stufen genutzt werden – also zunächst für Tiernahrung und dann für Energie oder übergangsweise Teller und Trog den Vorrang einräumen. Ein Beispiel ist Raps: Das Öl kann auf den Teller oder in den Tank, der Rapskuchen in den Trog.

Und wie ebenfalls schon gezeigt: Es wird dennoch ausreichend Fläche geben, wenn wir die nötigen Wind- und Solarparks bauen. Windparks ermöglichen eine kombinierte Energie- und Landwirtschaft über die doppelte Flächennutzung. Ein Hektar Solarpark ersetzt 40 Hektar Biogasmais und ist ein Booster für Artenvielfalt, Gewässerschutz und Klimaschutz.

Lebensmittelabfälle und regionaler, saisonaler Konsum

Ein großer Hebel ist außerdem die Vermeidung von Lebensmittelabfällen. Ein Drittel unserer gekauften Nahrung werfen wir weg![243] Ein Drittel! In der ganzen Versorgungskette ist es ein Viertel![244] Überlegen Sie mal, was wir da an Emissionen und Flächen einsparen könnten.

Die Äpfel aus unseren Obstgärten waren schief und krumm. Die Gurken auch, aber sie schmeckten besser als jede aus dem Laden. Solche landen heute nicht mehr im Geschäft, weil unsere ästhetischen Ansprüche über die Hochhäuser gestiegen sind. Ähnlich läuft es mit vielem anderen Obst und Gemüse. Und braucht es die Zwiebel aus China oder die Weintraube aus Chile wirklich? Zu jeder Jahreszeit? Auch außerhalb der Saison? Kurze Wege durch regionalen und saisonalen Konsum helfen hier wirklich. Muss jedes Produkt erst um die halbe Welt gurken? Nein. Es geht auch anders. Und hier mache ich auch einen Kompromiss:

> Es muss nicht immer bio sein, wenn es regional ist. Regional und/oder bio. Beides vermeidet Klimagase.

Braucht es wirklich zu jeder Zeit das volle Sortiment im Supermarkt und beim Bäcker? Das hat zur Folge, dass Unmengen weggeworfen werden. Es hängt viel an unseren eigenen Ansprüchen. Auch der Test des Mindesthaltbarkeitsdatums kann das Klima retten. »Sehen, riechen, schmecken« – steht auf immer mehr Packungen. Es ist nicht alles schlecht, was über das Mindesthaltbarkeitsdatum ist. Deshalb heißt es auch Mindest- und nicht maximales Datum.

Es wird immer einen unvermeidbaren Teil des Ausschusses in Produktion und Konsum geben. Aber wir können diesen Teil minimieren, auch ohne zu containern, also Lebensmittel aus der Tonne zu retten.

Holz- und Forstwirtschaft

Ein Drittel Deutschlands ist Landwirtschaft mit Wiesen und Äckern. Ein weiteres Drittel ist der Wald. Der schöne, deutsche Wald. Oder das, was von ihm nach Trockenheit und Borkenkäfer noch übrig geblieben ist. Das sind 25 Prozent Fichten, 23 Prozent Kiefern, 16 Prozent Buchen, 10 Prozent Eichen und andere auf gut 11 Millionen Hektar, etwa je zur Hälfte Laub- und Nadelbäume und je zur Hälfte in Privatbesitz und öffentlichem, also Bundes-, Landes- oder Körperschaftsbesitz.[245]

Der Wald als Rohstoff- und Energiequelle und CO_2-Speicher

In der Regel werden in Sägewerken die frisch geernteten Bäume zu etwa 48 Prozent Schnittholz, 23 Prozent Hackschnitzel, 18 Prozent Sägespänen, 3 Prozent Pin Chips und 8 Prozent restlicher Rinde verarbeitet. Mit 48 Prozent Schnittholz überwiegend für die Bauindustrie kann etwa die Hälfte des Holzes als CO_2-Senke angesehen werden. Aus den Sägespänen und feinfasrigem Hackgut wie Stiftspänen können Pellets hergestellt werden. Die Rinde hat nicht die erforderliche Qualität.[246]

Der Wald ist ein gewaltiger Solar- und CO_2-Speicher. Diese Eigenschaft kann über Aufforstung und Waldwirtschaft für sehr kostengünstigen Klimaschutz genutzt werden. Anders als Energiepflanzen in der Landwirtschaft steht das Holz nicht in Konkurrenz zu Teller und Trog. Unser Wald entzieht der Luft etwa 62 Millionen Tonnen CO_2 pro Jahr, was 8 Prozent unseres deutschen CO_2-Ausstoßes entspräche.[247] Drei Viertel des nachgewachsenen Holzes wurde dem Wald 2017 entnommen und teils stofflich für Möbel, Häuser und Papier, teils energetisch als Brennholz, Pellets oder Hackschnitzel genutzt. Das restliche Viertel hat den Bestand erhöht. Der Holzvorrat ist die Bilanz aus dem Vorrat des Vorjahres plus Zuwachs minus Abgang. Er ist über die Bundeswaldinventuren der letzten Jahrzehnte hin ständig gewachsen und betrug in der letzten Inventur 2017 sage und schreibe 3.900 Milliarden Festmeter Holz.[248] Das entspricht theoretisch bei 200 Litern Heizöl-Äquivalent eines Festmeters etwa 780 Milliarden Litern Heizöl oder fast dem Siebenfachen unseres jährlichen Erdölverbrauchs. Der Zuwachs selbst entspricht etwa 20 Prozent unseres Erdölverbrauchs oder etwa oder 18 Millionen Heizöl-Lkw.

> Die Sonne speichert also im Wald übers Jahr gesehen 27 Gigawatt an Leistung ein, was etwa 27 Atomkraftwerken entspricht. Das Klimaschutzpotenzial des Waldes ist gewaltig.

Das widerlegt die Annahme, dass es nicht genügend Holz gäbe. Holz ist als nachwachsender Rohstoff CO_2-neutral und ein heimisches Gut, das uns unabhängiger von Kohle, Öl und Gas aus dem Ausland machen kann. Daher ist die Nachfrage nach Holz gerade in Krisenzeiten sehr hoch. In der Praxis wird ohnehin nicht mehr als die Hälfte des Holzes als Energieholz genutzt, der Hauptteil geht in die Industrie als Bauholz. Richtig ist, dass das nachhaltige Potenzial an Holz begrenzt ist. Dass Heizen mit Holz nicht CO_2-neutral sei, ist also ein Mythos, der im Kapitel »Mythen der Energiewende« widerlegt wurde.

Der Zuwachs wird einerseits durch den Klimawandel begünstigt: Die Vegetationszeiten sind länger, es ist mehr CO_2 in der Luft und ein höherer Stickstoffeintrag aus der Atmosphäre. Andererseits setzt der Klimawandel mit Trockenheit und besseren Konditionen für Schädlinge wie dem Borkenkäfer dem Wald stark zu. Gerade die außergewöhnliche Dürre bis in die tiefen Bodenschichten hinein, wie sie seit fünf Jahren laut Dürremonitor vorherrscht, schadet ihm extrem und langfristig.[249]

Nutzungskonkurrenzen im Wald: Wirtschaft, Hobby, Ökologie

Der Wald sieht sich mit drei Nutzungskonkurrenzen konfrontiert: Die wirtschaftliche Nutzung durch seine Besitzer, die Freizeit- und Hobbynutzung durch Jäger und der erholungssuchenden Allgemeinheit und die ökologische Nutzung durch Teile der Bevölkerung, die ihn aus Umwelt- und Klimagründen am liebsten brach liegen lassen und Holz nicht nutzen möchten. Damit solle er dauerhaft CO_2 aus der Luft speichern und als Kohlenstoffsenke dienen. Das größte Spannungsfeld besteht im Privatwald zwischen Waldbesitzer und Jägerschaft bezüglich des Gleichgewichts zwischen Wald und Wild. Im Staatsforst ist das Ganze kein Thema, weil hier Berufsjäger den Wildbestand nach den gesetzlichen Vorgaben in Schach halten.

Holz wächst unter normalen Bedingungen auf natürliche Art und Weise nach, wenn das Gleichgewicht zwischen Wald und Wild stimmt. Nun wurden Wölfe, Luchse und Bären vor vielen Jahrzehnten ausgerottet, und das natürliche Gleichgewicht in der Ernährungspyramide im Wald war gestört: Rot- und Schwarzwild konnte sich nach Belieben vermehren zulasten des Waldes, der dafür die Nahrung bereitstellte. Damit wurde eine künstliche, menschengemachte Jagd notwendig.

Natürlich wachsender Wald durch ausgeglichenen Wildbestand

Bei zu hoher Wildpopulation verbeißen Rehe und Hirsche die nachwachsenden jungen Baumpflanzen; ein sogenannter Wildverbiss entsteht, und die Pflanzen sind dauerhaft geschädigt. Sie wachsen dann zum Teil nicht mehr oder mit geteiltem Stamm weiter und werden oft unbrauchbar. Für die Waldbesitzer stellt dies einen Sachschaden dar, der von der Jägerschaft zu entschädigen ist. Da der natürliche Aufwuchs sehr mühsam ist und viele Jahre dauert, errichten viele Waldbesitzer Zäune und pflanzen selbst Setzlinge aus der Baumschule an, welche samt Einzäunung bis zu 10.000 Euro je Hektar kosten. Um diesem Missstand zu beheben, wurden entsprechende Gesetzesregelungen erlassen:[250]

»In einem ausgewogenen Verhältnis zu seinen natürlichen Lebensgrundlagen ist ein artenreicher und gesunder Wildbestand zu erhalten. Beeinträchtigungen der ordnungsgemäßen land-, forst- und fischereiwirtschaftlichen Nutzung durch das Wild sind möglichst zu vermeiden. Die Bejagung soll insbesondere die natürliche Verjüngung der standortsgemäßen Baumarten im Wesentlichen ohne Schutzmaßnahmen ermöglichen. Ein standortsgemäßer und möglichst naturnaher Zustand des Waldes ist unter Berücksichtigung des Grundsatzes ›Wald vor Wild‹ zu bewahren beziehungsweise herzustellen. Die Schutzfähigkeit, Gesundheit und Leistungsstärke des Waldes ist dauerhaft zu sichern und zu stärken.«

Förster erfassen in regelmäßigem Abstand den Grad des Wildverbisses und erstellen daraus Gutachten zum Zustand des Waldes und der Naturverjüngung.[251] Auf dieser Basis werden von staatlicher Seite die Abschusszahlen für Wildtiere festgelegt. Manche Tiere wie der Biber sind unter Schutz. Andere wie Rehe oder Wildsauen nicht. Warum lösen die Waldbesitzer das Problem nicht selbst durch eigene Jagd? Erst ab einer sehr großen zusammenhängenden Waldfläche von über 80 Hektar ist das erlaubt. Der größte Teil der Waldbesitzer hat aber nur Wälder von bis zu 20 Hektar. So wird die Jagdpacht in sehr langen Zyklen von 9 bis 12 Jahren aus den Vereinen der Waldbesitzer, den sogenannten Jagdgenossenschaften, vergeben. Leider zeigen die forstlichen Gutachten zum Beispiel in Bayern seit Jahrzehnten, dass die Jagd in über 50 Prozent der Reviere nicht ordnungsgemäß ausgeführt wird. Der Verbiss ist zu hoch.

Vorteile eines natürlich verjüngten, gesunden Waldes

Dabei wäre ein ausgeglichenes Wald-Wild-Verhältnis für alle ein Segen: für alle beteiligten Interessensgruppen, die Natur und das Klima. Ist Wald und Wild im Gleichgewicht, verjüngt sich der Wald von selbst und erzielt höhere Erträge. Bei einem gesunden Waldnachwuchs können die 80- bis 100-jährigen Umtriebszeiten von Bäumen um 10 bis 20 Jahre verkürzt und der Ertrag entsprechend gesteigert werden. Während die alten »reifen« Bäume Zug um Zug entnommen werden, entwickelt sich im Schutz des Altholzschirmes eine stabile und mischungsreiche Verjüngung durch natürliche Ansamung.

Auch für den Klimawandel birgt ein gesunder Wald viele Vorteile: Durch mehr Zuwachs wird mehr CO_2 gebunden. Es entsteht mehr kostenloser Klimaschutz. Gemischte und natürlich verjüngte Wälder sind robuster im Kampf gegen den Klimawandel als von Menschen gesetzte Anpflanzungen. Sie bieten mehr Schutz gegen Hochwasser, weil das Wasser langsamer abläuft als in einem kahlen Wald. Und sie führen zu größerer Artenvielfalt. Zu mehr Humus- und Nährstoffaufbau. Das ist gut für die Böden, speichert CO_2 und vermeidet Erosion. Und sie bieten den Tieren im Wald mehr Unterschlupf. Das verringert den Druck, dass die Waldtiere auf Wiesen, Weizen- und Maisfelder ausweichen müssen, was wiederum deren Leben rettet, gerade in der Erntezeit mit großen Maschinen.

Zudem verringert ein ausgeglichener Wildbestand die Anzahl der Wildunfälle und damit einhergehende Personen- und Sachschäden. Jährlich ereignen sich in Deutschland etwa 200.000 Rehwildunfälle, welche etwa 600 Millionen Euro Sachschäden und 3000 Personenschäden nach sich ziehen. Universitäre Auswertungen von Unfallstatistiken und forstlichen Gutachten zeigen einen eindeutigen Zusammenhang von Wildverbiss und Wildunfällen.[252] Und die Landbevölkerung zahlt mit, egal ob sie Wald besitzt oder jagt: über die höhere Kfz-Versicherung. In meiner Heimat sind seit Jahren über 45 Prozent der polizeilich gemeldeten Straßenunfälle Wildunfälle, teils mit tödlichem Ausgang. Das ist besonders tragisch, da hier Menschen sterben, weil andere ihre Aufgabe nicht pflichtgemäß erfüllt haben.

Das muss nicht so sein. Ich kenne Jagdgenossenschaften, in denen sich die Zahl der Wildunfälle um 90 Prozent reduziert hat, nachdem sie selbst die Jagd übernommen hatten. Erstaunlicherweise bei den gleichen Abschusszahlen auf dem Papier wie die Jahre zuvor durch die fremden Jagdpächter. Nach zwei, drei Jahren ist der Wald dort förmlich explodiert. Es kamen sehr viele Jungpflanzen von selbst empor. Ein angepasster Wildbestand sorgt also nicht nur für einen gesünderen Waldaufwuchs, sondern auch für mehr Verkehrssicherheit und damit für Schutz von Mensch und Tier.[253]

Da die mit Laubholz und Tanne gemischte Naturverjüngung aus forstwirtschaftlichen, ökologischen und sicherheitstechnischen Gründen so wertvoll ist, wird sie zum Beispiel in Bayern mit 1000 Euro pro Hektar prämiert. Die Potenziale der Naturverjüngung können nur erschlossen werden, wenn alle Beteiligten am gleichen Strang ziehen und das gemeinsame Ziel eines gesunden, robusten Waldes vor Augen haben.

Abfall und Abwasser

Der beste Müll ist der, der gar nicht erst entsteht. Hier hilft zum Beispiel verpackungsloses Einkaufen. Das ist in Geschäften leichter als online. Braucht es jedes Mal einen neuen Brotbeutel, oder kann die gleiche Tüte für zwei Wochen den Dienst tun oder ein Stoffbeutel helfen? Braucht es abgepacktes Obst und Gemüse, oder kann ich es auch lose kaufen und im Beutel mitnehmen? Repair-Cafés helfen, Dinge länger zu nutzen und dadurch auch Müll zu vermeiden. Das Gleiche gilt bei der Anschaffung von Geräten: Braucht jeder Haushalt eine große Leiter, eine Heckenschere, Gartengeräte jeder Art? Nein. Sie werden meist nur wenige Stunden im Jahr genutzt. Viele weitere dieser Tipps zur Müllvermeidung von Plastik über Lebensmittel bis zu Altkleidern finden sich in weiteren Büchern.[254]

Unser entstandener Müll wird recycelt, verbrannt oder deponiert. Das Recycling von Hausmüll über gelben Sack, gelbe Tonne und Recyclinghöfe hat im Abfallbereich den größten Klimasegen gebracht in den letzten Jahrzehnten. Das Recycling in der Industrie ist vorangehend beschrieben worden. Die Müllverbrennungsanlagen werden aufgrund des biogenen Anteils zu 50 Prozent als regenerative Energie gewertet und entsprechend in der Stromversorgung bilanziert.

Abfall und Abwasser verursachen ein Prozent der deutschen Klimaemissionen. Der Rest entfällt wie beschrieben vor allem auf die Verbrennung von Kohle, Öl und Gas. Den größten Anteil an diesem verbleibenden einen Prozent hat die Deponierung. Früher wurden viele Lebensmittelabfälle einfach auf die Deponien gekippt, wo sie vergärten und dabei viel Methangas entwich. Seit 2005 ist es verboten, Biomüll und Grüngut zu deponieren.[255] Entsprechend sanken die Emissionen. Wenn

Biomüll und andere organische Abfälle aus der Tierhaltung in Abfall-Biogasanlagen verwertet werden, kann daraus hochwertiges erneuerbares Gas gewonnen und über die Gasinfrastruktur genutzt werden. Das Gas verbrennt klimaneutral, ähnlich wie Holz. Wenn in Zukunft weniger tierische Lebensmittel gegessen werden und Lebensmittelabfälle weniger werden, verringert sich dieser Verwertungsbedarf und damit die Emissionen ebenfalls weiter.

In der Abwasserbehandlung entstehen in Kläranlagen ähnlich zu Biogasanlagen sehr geringe prozessbedingte Emissionen, die kaum relevant sind und zum Teil durch bessere Dichtungen und Gasverwertung vermieden werden können.

Meine persönliche Agrar- und Forstwende

Ich komme aus der Landwirtschaft. Ich bin auf einem Bauernhof mit vier Geschwistern und fünf alten Menschen aufgewachsen. Die Allzeit-Verfügbarkeit der Eltern, das Leben in einer Großfamilie war etwas, was viele Kinder heute nicht mehr erleben dürfen. Der schier endlose Naturraum, der einen umgibt, auch nicht. Wir waren ab dem Alter von vier Jahren schon selbst unterwegs im Dorf mit den älteren Kindern. In Scheunen, Wäldern, auf Wiesen und in Flüssen und anderen Bauernhöfen. Neben diesen Vorzügen war das Großwerden auch verbunden mit Knappheit und Arbeit. Es hat uns nicht geschadet, und mein Vater nannte es immer liebevoll »sinnvolle Freizeitbeschäftigung«.

Er wollte in den 1980ern auf Biolandwirtschaft umstellen, was völlig entgegen dem Zeitgeist war. Damals stand die Flurbereinigung im Vordergrund. Allein dieses Wort spricht Bände: Flur-Bereinigung. Alle Büsche und Hecken raus, große zusammenhängende Flächen schaffen. Was das an Mikroklima zerstört hat, das jetzt wieder nötig wäre für eine widerstandsfähigere Landwirtschaft. Aber es ermöglichte eben auch eine bequeme Bearbeitung mit großen Landmaschinen.

Meine Mutter kochte hervorragend aus den regionalen und eigenen Zutaten. Sie bildete als Meisterin der ländlichen Hauswirtschaft fünf Lehrlinge aus. Da stand auch das Hühnerschlachten auf dem Lehrplan. Tiere essen bedeutete Tiere schlachten. Für mich ist das normal. Wer das nicht kann, sollte nicht zum Fleisch greifen. Es ist die natürliche Voraussetzung dafür, in den Genuss von Fleisch zu kommen. Wir hatten auf dem Hof selbst angebautes Gemüse und Obst, alles frisch aus dem Garten. Die Pflanzenreste kamen auf den Kompost, der wiederum frische Erde für die nächste Ansaat spendete. Die Essensreste gab es für die Tiere, allen voran unseren Hofhund. Die Tiere schenkten uns wiederum Dünger. Ein Bauernhof ermöglicht gelebte Kreislaufwirtschaft. Das war in meinen 20 Jahren auf dem Bauernhof zugegeben wesentlich einfacher als in meinen 20 Jahren in Städten.

Heute essen wir in der Familie hauptsächlich und auch am liebsten Kartoffeln, Brot, Haferflocken, Obst und Gemüse. Es kommt nur wenig Fleisch auf den Tisch und wenn dann hochwertiges Biofleisch aus guter Haltung. Wir kaufen fast alles bio ein bis auf regionale Produkte, die auch mal nicht bio sein können, aber dafür einen sehr kurzen Weg hinter sich haben oder per Ökokiste kommen. Und nach Möglichkeit saisonal und verpackungslos. Wir achten darauf, dass unser Supermarkt eine Nachhaltigkeitsstrategie hat und im Sortiment alles hat, was wir brauchen. So sparen wir Wege. Mülltrennung und -entsorgung ist im Haushalt mein Job.

Wie habe ich's mit dem Wald? Mein Großonkel hatte keine Kinder, weshalb meine Eltern den Hof übernahmen. Er war von den Amerikanern nach dem Krieg als Bürgermeister eingesetzt worden, weil er einer von zweien im Dorf war, die mit den Nazis nichts am Hut hatten. Ich erinnere mich an seinen Humor und seine Liebe zum Wald. »Der Wald heilt« war sein Geheimnis. Das stimmt. Immer wenn er den Kopf voll von Politik oder anderen Problemen hatte, ging er in den Wald und kam danach erholt und entspannt zurück. Jeder liebt den Wald, die Ruhe, die Luft, die angenehmen Temperaturen im Sommer und das Knirschen des Schnees im Winter.

Waldarbeit war für unseren Vater ebenfalls eine »sinnvolle Freizeitbeschäftigung«. Bäume anpflanzen, werfen, ausästen, schneiden und den Wald aufräumen. Jede Woche mehrere Schubkarren für den Kachelofen reinholen. Über meinen Großonkel und meinen Vater bin auch ich zum Waldliebhaber geworden und besitze heute ein kleines Stück Wald. In meiner Heimat Aicha vorm Wald galt die letzten Jahrzehnte die gelebte Priorität Wild vor Wald: Die Jagdbezirke waren rot, also der Wildbestand und damit der Verbiss des Waldes ganz eindeutig viel zu hoch. Mittlerweile ist die Jagdwende auch bei uns geschafft: nach 40 Jahren Überzeugungsarbeit in Gesellschaft und Behörden. Die entscheidende Jagdvergabe wurde durch die Gemeindeverwaltung durchgeführt. Sie stellte sicher, dass sie nach den demokratischen Grundsätzen stattfand und die Wahl frei und geheim war und vor allem auch im Nachgang geheim bleibt durch die Aufbewahrung und Vernichtung der Stimmzettel.

> In der Klima- und Energiekrise sollte mittlerweile klar sein: Wir brauchen einen gesunden Wald. Wir wollen einen natürlichen Wald sehen. Denn Holz fürs Heizen und den Holzbau hat oberste Priorität. Auch für den Klimaschutz.

Und es würde für alle reichen. In allen Bereichen der Land- und Forstwirtschaft, wenn wir das nutzen, was wir wirklich zum Leben brauchen. Nicht das, wozu unsere Gier uns treibt. Der Begriff der Nachhaltigkeit kommt aus der Forstwirtschaft: Entnimm nur so viel, wie die Natur nachwachsen lässt. Das ist mittlerweile im Bundeswaldgesetz und stammt vom Hans Carl von Carlowitz.[256] Wenn wir dieses über 300 Jahre alte Gebot leben würden, hätten wir keinen Erdüberlastungstag in der Mitte des Jahres.

DIE GROSSE TRANSFORMATION – WEGE IN DIE KLIMANEUTRALITÄT

»We're one but we're not the same.
We get to carry each other, carry each other.«
One | U2

Wenn man den Masterplan der großen Transformation unseres Energiesystems ausrollt, passieren oft erstaunliche Dinge. So auch bei der Jahresversammlung von Greenpeace Energy in Berlin im Jahr 2010.

»Sind Sie Musiker?«, fragte mich ein Herr mittleren Alters nach meinem Vortrag. »Ja, wie kommen Sie darauf?«, fragte ich etwas verdutzt. »An der Art, wie Sie gestikulieren und vortragen«, antwortete der Mann, der bei den Berliner Philharmonikern Berufsmusiker war. Ich sagte, dass das stimme und ich viele Instrumente spiele und leidenschaftlich komponiere, mich aber für den Ingenieur als Hauptberuf entschieden habe.

2011 performte ich auf der gleichen Veranstaltung in Bonn tatsächlich einen musikalischen Poetry Slam zu Windgas. In Berlin ging ich in meinem Vortrag ausgehend von 2010 jedes Jahrzehnt bis zur Klimaneutralität Deutschlands im Jahr 2050 durch. Ich verband jede Dekade mit einem Ausblick auf das Leben meiner Kinder: wie es im Jahr 2020 für sie normal ist, dass es Windräder gibt. Wie während ihres Studiums immer mehr E-Autos auf den Straßen sind und wie ich als Opa die Klimaneutralität im Alter genieße und guten Gewissens die kommenden Generationen im Garten spielen sehe.

So könnte unsere Gesellschaft sein, wenn wir wollen.

Viele Kritiker fordern einen »Masterplan« der Energiewende, der nicht vorhanden sei. Diese Pläne gibt es in Form von Szenarien und Handlungsempfehlungen schon seit Langem. Sie wären nur politisch und gesellschaftlich umzusetzen. In diesem Kapitel stelle ich Ihnen eines unserer eigenen Gesamtszenarien für ein klimaneutrales Deutschland vor, welches gemeinsam mit Partnern aus Wissenschaft und Industrie im Rahmen des Kopernikus-Projektes P2X zu Wasserstoff und Power-to-X für das Bundesforschungsministerium erarbeitet wurde.[257]

Dieses Szenario hätte das Zeug zum Masterplan, wenn es mit politischen Maßnahmen hinterlegt würde. Es setzt alle zuvor beschriebenen Wenden um. Die Daten dazu haben wir in jahrelanger Arbeit an unserem Institut zusammengetragen, Modelle programmiert und die Ergebnisse ausgewertet und interpretiert.[258] Diese Szenarien sind keine Prognosen, sondern Ausblicke in eine mögliche Zukunft.

> Energiemodelle erstellen keine Vorhersage wie beim täglichen Wetterbericht, sondern Projektionen in die Zukunft. Entscheidend für die Ergebnisse sind die Annahmen und Randbedingungen, die reingesteckt werden.

Die wichtigste Zielvorgabe ist, dass wir die Klimaneutralität volkswirtschaftlich betrachtet so kosteneffizient wie möglich erreichen. Dazu sind die Sektoren alle miteinander gekoppelt und optimieren übergreifend nach technischen, ökonomischen und ökologischen Parametern auf minimale volkswirtschaftliche Kosten. Es umfasst 391 Nutzungspfade für Energie in Energiewirtschaft, Gebäude, Verkehr und Industrie. Allein 63 verschiedene Antriebs-Kraftstoff-Kombinationen gibt es im Verkehr.

Zur Einhaltung des Pariser Klimaschutzabkommens wurde das bundespolitische Ziel der Klimaneutralität bis 2045 beschlossen. Bis dahin sind alle energiebedingten Emissionen auf null zurückzufahren und im Vergleich zu 1990 alle Klimagase um 95 Prozent zu reduzieren.

Dieses wie alle anderen bundespolitischen Ziele werden als Randbedingungen modelliert.

Weitere Grundannahmen sind der gesetzlich geplante Atomausstieg, keine Verwendung von Technologien zur Veränderung der Solareinstrahlung und der Verzicht auf den Anbau von Energiepflanzen aus ökologischen Gründen und der Sicherung der Ernährung. Die Technologie, CO_2 aus der Luft zu gewinnen, wird lediglich für Power-to-X eingesetzt, um klimaneutrale Brenn-, Kraft- und Rohstoffe zu gewinnen. Der Wald und Moore werden als natürlicher CO_2-Speicher und -senken einbezogen. Die Potenziale der Erneuerbaren und der Energieeffizienz sind zu Beginn des Buches beschrieben worden. Ansonsten sind die Annahmen ähnlich zu zahlreichen anderen Studien wie einem steigenden Wirtschaftswachstum. Diese und andere Zahlen wie Energiepreise basieren auf den einschlägigen Statistiken und Studien der Bundesministerien und des Umweltbundesamtes.[259]

Strom

Alles steht und fällt mit Ökostrom. Er ist die Energiequelle und damit der Schlüssel zur Klimaneutralität für die anderen Sektoren. Via Wärmepumpen, E-Autos, Wasserstoff. Deshalb verwundert es nicht, dass wir bis 2050 doppelt so viel Strom brauchen wie heute. Da wir heute erst 50 Prozent Erneuerbare im Strommix haben, brauchen wir eine Vervierfachung der heutigen Mengen. Also viermal so viele Windräder und Solarparks wie heute? Gott sei Dank nicht. Auch die erneuerbare Technik hat große Fortschritte gemacht.

> Ein Windrad kann heute den Strom herstellen wie 10 Windräder vor 20 Jahren.

Und die weiteren Leistungssteigerungen ermöglichen abermals die Verdopplung des Stromertrags auf der gleichen Fläche.[260] So könnten auf 2 Prozent der Landesfläche etwa 500 Terawattstunden Windstrom bereitgestellt werden. Das entspricht etwa dem heutigen Nettostromverbrauch Deutschlands.

Ähnliche Leistungssteigerungen sehen wir bei der Photovoltaik. Der Wirkungsgrad von Solarmodulen hat sich in den letzten 20 Jahren verdoppelt.[261] Entsprechend mehr Leistung passt auf die Dächer. Auch in der Freifläche sind die Abstände der Modulreihen kleiner geworden, die Ausrichtung besser.

> So können auf der gleichen Fläche dreimal so viel Solarmodule installiert werden wie vor 10 Jahren.

Dazu hat auch der stark gesunkene Preis beigetragen: Waren die Module noch so wertvoll, dass keinerlei Verschattung zu tolerieren war, hat sich das mit günstigeren Modulen geändert.[262]

Das ist gut. Denn wir brauchen viel Strom. Sehr viel Strom: 4-mal mehr Wind an Land wie heute, 10-mal mehr Wind auf See und 9-mal mehr Solarstrom.

> Ökostrom wird damit zum wichtigsten Energieträger unserer Energieversorgung. Er bringt unheimlich viel Effizienz: 1 Kilowattstunde Wind- und Solarstrom ersetzt 3 Kilowattstunden Kohle in der Energiewirtschaft, 3 Kilowattstunden Gas über Wärmepumpen in der Gebäudewärme und 3 bis 4 Kilowattstunden Benzin oder Diesel im Verkehr.

Daher sinkt der Endenergieverbrauch bis 2050 fast um die Hälfte und der Primärenergieverbrauch auf 45 Prozent im Vergleich zu 2020, während sich der erneuerbare Strom vervierfacht. Kein Hexenwerk. Reine Statistik.

Die Kohleverstromung ist sehr CO_2-intensiv und damit zu teuer und verabschiedet sich spätestens 2030 aus dem System. Das ist auch gut für alle, die keinen Ökostromtarif beziehen und E-Autos oder Wärmepumpen betreiben. Denn beides macht mit hohen Anteilen an Kohlestrom für das Klima keinen Sinn.

> Damit der Ökostrom überall und jederzeit verfügbar ist, braucht es viel mehr und intelligentere Netze in Übertragungs- und Verteilsystemen. Und es braucht Speicher.

Batteriespeicher, Pumpspeicher und Power-to-Gas beziehungsweise Wasserstoff. Dafür sind ein bis zwei Gigawatt jährlich an Elektrolyse zuzubauen. Und Kraftwerke, die mit erneuerbarem Gas oder Wasserstoff laufen. Energietechnisch und energiewirtschaftlich sind das mächtige Dimensionen.

Unterm Strich hat der Stromsektor im Vergleich zu den folgenden Sektoren den höchsten erneuerbaren Anteil und ist der Energielieferant für deren Defossilisierung. Daher geht der Stromsektor den anderen Sektoren voraus.

Gebäudewärme

Die warmen Stuben brauchen zukünftig weniger Heizenergie, wenn sie entsprechend gedämmt und saniert werden. Die letzte Ölheizung erlischt 2035, die letzte Gasheizung 2045. In Haushalten, Gewerbe und Handel kommt die Wärme für Heizung und Warmwasser im klimaneutralen Deutschland aus Holz, Biogas, Solarthermie, Wärmepumpen und erneuerbarer Fernwärme. Entsprechend ist der Heizungsbestand Stück für Stück zu erneuern und Wärmenetze auszubauen. Gerade in Städten ist das eine Herausforderung.

> Um die Klimaziele zu erreichen und den Wärmebedarf zu senken, ist im Schnitt jährlich jedes 50. Gebäude zu sanieren und nicht wie bisher jedes 100ste.

Der Denkmalschutz ist dem Klimaschutz unterzuordnen. Wenn wir das nicht so umsetzen, haben wir am Ende zwar noch Denkmäler, aber keinen Lebensraum mehr. Weil alle zur Klimaflucht nach Skandinavien gezwungen sind.

In der Industrie dominieren langfristig Holz und Fernwärme. Die Fernwärme kann mit Ökostrom über Großwärmepumpen geliefert werden oder über Feuerungsanlagen beziehungsweise Kraft-Wärme-Kopplungen mit Holz, Biogas oder erneuerbarem Gas. Diese Energieträger werden durch etwas Solarenergie und Wärmepumpen ergänzt. Sie ist in diesem Szenario bereits 2043 klimaneutral.

Verkehr

»Im Wagen vor mir fährt ...« ein E-Auto. Die E-Mobilität boomt aufgrund der geringen Kosten als Wasserstoffautos und der unschlagbaren Effizienz. Zuerst ersetzt das E-Auto die Benziner, die gewöhnlich für kleinere Reichweiten genutzt werden. Dann aber auch den Diesel. 2030 ist jeder dritte Pkw elektrisch unterwegs, was gut 15 Millionen E-Autos entspricht. Diese brauchen dann 32 Terawattstunden Strom, was etwa 3200 Windrädern entspricht. Eigentlich überschaubar. Gerade mal gut 6 Prozent vom heutigen Stromverbrauch in Deutschland.

> 2045 ist dann jeder Pkw ein E-Auto.

Der Endenergiebedarf für die Pkw-Flotte wurde durch diesen Antriebswechsel um 80 Prozent verringert. Allerdings bedeutet das auch weiterhin einen sehr hohen Bestand an Verbrennern in den Jahrzehnten des Übergangs. Für diesen Übergang können E-Fuels ein Segen für den Klimaschutz sein. Andere Szenarien sehen aufgrund der Trägheit der Flottenentwicklung noch Restbestände von Verbrenner-Pkw im Jahr 2045, welche dann mit E-Fuels laufen.[263] Verbrenner-Aus per Gesetz hin oder her.

E-Fuels werden vor allem im Flugverkehr gebraucht und kommen verstärkt ab 2040 zum Einsatz. Wichtig: In den deutschen Energiebilanzen taucht der internationale Transport samt Flügen nicht auf.

Geringere Energiemengen werden für Bus und Bahn benötigt. Während die Bahn bereits in großen Teilen elektrifiziert ist, zieht der Bus auf den passenden Strecken nach. Verbleibende Dieselzüge und Fernbusse werden auf Wasserstoff umgestellt. Die Infrastruktur wie Ladesäulen und Wasserstofftankstellen sind entsprechend auszubauen.

> Das ist einer der größten Vorteile von E-Fuels: Sie passen in die bisherige Tankinfrastruktur.

Der CO_2-Abdruck des Personenverkehrs lässt sich durch eine höhere Auslastung reduzieren: Fahrgemeinschaften, volle Busse und Bahnen durch attraktive Taktzeiten und Fahrpreise sind hier die Stichpunkte.

Im Güterverkehr dominiert weiterhin der Lkw, wobei der Antrieb der Zukunft die Wasserstoff-Brennstoffzelle ist und den Dieselmotor ablöst. Hier entscheidet die Optimierung sehr zügig zum Einstieg in diese Technologie, um die Klimaziele des Verkehrssektors zu erfüllen. So sollte bereits 2030 ein Drittel des Lkw-Verkehrs auf Wasserstoff umgestellt sein. Das erfordert über 10 Gigawatt Elektrolyseurleistung. Das entspricht dem nationalen Ausbauziel bis 2030. Wir stehen heute aber bei 0,06 Gigawatt laut unserem wasserstoffatlas.de.

Diesen Ausbaudruck könnte eine Verlagerung des Güterverkehrs auf Schiene und Schiff oder ein geringeres Wirtschaftswachstum und damit Transportaufkommen verringern. Oberleitungs-Lkw sind wie im Kapitel »Verkehrswende« (-› ab Seite 135) diskutiert aus technisch-ökonomischen Gründen nicht Teil der Szenarien. Ihr Einsatz würde theoretisch den Energiebedarf für den Lkw-Verkehr um 41 Prozent senken. Das ist eine ganze Menge, weshalb hoffentlich die Entwicklung der Batterie-Lkw so weit voranschreitet, dass diese Effizienzpotenziale zumindest teilweise gehoben werden und sich eine Mischung aus Wasserstoff- und E-Lkw in der Flotte ergibt.

Wir gehen hier von einem »Weiter wie bisher«-Szenario aus: Der Personenverkehr entwickelt sich mit der Bevölkerung und geht zwischen 2020 und 2050 um 7 Prozent zurück. Der Güterverkehr wächst mit dem Wirtschaftswachstum um 24 Prozent im gleichen Zeitraum. Mögliche Verhaltensänderungen oder Verkehrsverlagerungen wie vom Pkw auf das Fahrrad werden später noch (-› Seite 220) diskutiert.

> Die Verschärfung der Klimaziele im Jahr 2021 hat in unseren Modellen dazu geführt, dass der Verkehrssektor wesentlich schneller zu defossilisieren ist, als bisher gedacht. Entsprechend sind gerade hier erhebliche Anstrengungen von Politik, Industrie und Gesellschaft erforderlich, dieses Ziel zu erreichen.

Der Abschied von Benzin, Diesel, Erdgas und Kerosin ist allerseits möglich durch direkte elektrische Antriebe, Wasserstoff und E-Fuels. Biokraftstoffe aus Energiepflanzen kommen wegen des Vorrangs von Nahrung nicht mehr zum Einsatz.

Industrie

Die Stahlherstellung ist die energie- und emissionsintensivste Industrie Deutschlands. Das Elektrostahlverfahren kann von einem drittel Anteil bis 2050 auf 50 Prozent gesteigert werden. Es ist mit Ökostrom sehr effizient und klimafreundlich, aber begrenzt durch den technisch möglichen und verfügbaren Anteil von Recyclingstahl oder Schrott. Daher wächst bereits ab 2025 der Wasserstoffbedarf für das in der Industriewende beschriebene Verfahren der Direktreduktion. Es ersetzt die bisher zu zwei Dritteln dominierende Hochofenroute, die auf Kohle basiert. Geringe Mengen werden bereits heute mit aus Erdgas erzeugtem Wasserstoff in der Direktreduktion hergestellt.

> Langfristig kommt damit die Hälfte des grünen Stahls aus Elektrostahl und die andere Hälfte über grünen Wasserstoff. Insgesamt 40 Millionen Tonnen jährlich. Dafür benötigt der Sektor gut 5.000 Windräder an Land oder die Hälfte davon auf See.

Es gibt auch noch den großen Hebel Holzbau. Wenn die Bauindustrie Holz vermehrt als Baustoff und CO_2-Speicher einsetzt, brauchen wir viel weniger Stahl und CO_2-intensiven Zement. Dieser Hebel wirkt also doppelt und kann eine entsprechende Kraft im Klimaschutz entwickeln.

Die zweite große energie-, rohstoff- und CO_2-intensive Industrie ist der Chemiesektor. Hier läuft die Klimaneutralisierung ebenfalls über Effizienzsteigerungen, Wasserstoff und Power-to-X. So werden die 3 Millionen Tonnen Ammoniak und 1 Million Tonnen Methanol ab 2030 bis 2045 auf die grüne Produktion via Power-to-Ammoniak und Power-to-Methanol umgestellt. Die Umstellung der mit 10 Millionen Tonnen weitaus größeren Mengen an hochveredelten Chemikalien wie Ethylen und Propylen auf erneuerbares Rohbenzin über Power-to-Liquid ist die größte Herausforderung.

Die Umstellung der Ausgangsstoffe beginnt kostenoptimiert bereits in den 2020ern und zieht sich ebenfalls bis 2045 hin. Die Verschärfung der Klimaziele der Bundesregierung im Jahr 2021 erfordert diese zügige Defossilisierung. Auch dafür benötigen wir 5,8 Millionen Tonnen Wasserstoff, die hierzulande gut 5.000 Windräder an Land oder die Hälfte davon auf See erfordern. Wenn die Anlagen im Ausland stehen, wo günstigere Windbedingungen vorherrschen entsprechend weniger.

Es entstanden Konzepte, Nord- und Ostsee nicht nur als Standorte für Windstrom zu erschließen, sondern auch große Plattformen für die Gewinnung von Wasserstoff aus Windkraft aufzubauen. Allein in der Nordsee sollen nach EU-Plänen 300 Gigawatt an Windkraft entstehen bis 2050. Das sind etwa 45-mal so viel, wie aktuell in der deutschen Nordsee sind.

Da diese Produktionsprozesse hochintegriert in Chemiestandorten stattfinden, ist es eine Gretchenfrage, ob die Chemieparks Ökostrom bekommen oder Zwischenprodukte wie Ammoniak oder Methanol importieren. Diese können unter größerer Akzeptanz und geringeren Kosten im Ausland gewonnen werden, aber dadurch wird die Wertschöpfungskette in Deutschland aufgetrennt und die Standortfrage zwangsläufig gestellt.

Die restliche chemische Industrie benötigt vor allem erneuerbare Prozesswärme und damit überwiegend grünen Dampf, um von Gas, Kohle und Öl wegzukommen. Diese Transformation nimmt in unserem Szenario ab 2040 Fahrt auf und wird durch Ökostrom, erneuerbares Gas aus Power-to-Gas, erneuerbarer Fernwärme und Biomasse erfüllt. Gerade Prozesse mit sehr hohen Temperaturen von mehreren Hundert Grad können nicht direkt elektrifiziert oder mit reinem Wasserstoff befeuert werden. Hier braucht es über die Methanisierung von Wasserstoff erzeugtes erneuerbares Gas als direkter Ersatz für Erdgas in den Kesseln und Öfen. Die fossile Fernwärme für Raumwärme und Warmwasser wird Stück für Stück durch Solarthermie und solaren Großwärmepumpen ersetzt.

Weitere relevante Mengen sind ebenfalls über Power-to-Liquid und Power-to-Gas bereitzustellen für den nicht-energetischen und damit stofflichen Verbrauch von Energieträgern. Gut ein Fünftel dieses Bedarfs wird heute wie zukünftig durch Biomasse wie Klärschlamm oder andere Reststoffe und Abfälle gedeckt. Der überwiegende Anteil des benötigten Kohlenstoffes kommt aus fossilem Mineralöl, was durch synthetisch gewonnene, grüne Kohlenstoffträger zu ersetzen ist. Dieser

Ersatz von stofflich genutztem Erdöl durch grünes Rohbenzin (Naphtha) oder erneuerbares Gas erfolgt im Beispielszenario in den 2040er-Jahren.

Ein geringer Anteil an prozessbedingten Klimaemissionen verbleibt, wie zum Beispiel die Gewinnung von Zement, Kalk, Ziegeln, Salpetersäure oder Soda. Diese sind durch die CO_2-Entfernung via Wälder und Moore zu kompensieren, bis die Power-to-X-Verfahren für grünen Kalk und Co eine ausreichende Technologiereife erreicht haben oder neue Verfahren erfunden wurden.

Die Großanlagen der energieintensiven Industrie wie Stahl- und Zementwerke oder Chemieparks haben eine Lebensdauer von 50 bis 70 Jahre. Sie sind sehr kapitalintensiv. Entsprechend gilt es, die Zeitfenster zu nutzen, in denen ohnehin eine Erneuerung ansteht.

Insgesamt zeigt sich eine ganz große Transformation der Klimawende: der Komplettumbau der deutschen Industrie. Ein Kraftakt.

Landwirtschaft und Abfall

Die Emissionen von Landwirtschaft und Abfall sind im Vergleich zu den anderen Sektoren klein, aber relevant. Die Verbräuche von Landmaschinen wie Traktoren sind im Sektor Verkehr enthalten. Viele Emissionen wie Methan oder Lachgas aus der Rinderhaltung und Düngereinsatz lassen sich technisch kaum vermeiden und nur kompensieren.

> Unsere Ergebnisse zeigen daher, dass die Klimaziele Deutschlands im Agrar- und Forstsektor unter den getroffenen Annahmen wie keinem Einsatz von technischer CO_2-Abscheidung aus der Luft nur mit Verhaltensänderungen wie einer Ernährungsumstellung erreicht werden können.

Allein die verbleibenden Klimagase aus der Landwirtschaft würden schon die natürliche Fähigkeit von Wäldern und Mooren übersteigen, CO_2 aus der Luft zu entfernen. In der Abfallwirtschaft spielt die Kreislaufwirtschaft samt hohen Recyclingraten in Haushalt, Gewerbe und Industrie die entscheidende Rolle für eine Klimaneutralität.

Gesamtbild – zurück auf null

Vom Ziel her gedacht ergibt sich aus einer Klimaneutralität im Jahr 2045 der aufgezeigte Bedarf. Runtergebrochen auf Jahre, Monate und Wochen sollten wir daraus abgeleitet deutschlandweit **jede Woche** im Durchschnitt:

- 35 Fußballfelder Solarparks installieren,
- 17 neue Windräder in Betrieb nehmen (11 Onshore, 6 Offshore),
- 62 Schiffscontainer-Batterien installieren,
- 57 Container Elektrolyseure,
- 7.308 Öl- und Gasheizungen durch erneuerbare Heizungen ersetzen,
- 39.545 Verbrennerautos durch E-Autos ersetzen,
- 3.602 Lkw auf Wasserstoff umstellen,
- 70 Prozent weniger tierische und mehr pflanzliche Lebensmittel essen im Suffizienzszenario

und die Industrie kontinuierlich umbauen. Und Wald, Felder und Wiesen klimafreundlicher bewirtschaften.

Ein Herkulesprojekt. Zugegeben, das ist eine große Herausforderung. Aber es ist machbar, wenn alle mutig und entschlossen am gleichen Strang ziehen. Und es lohnt sich: Wir erreichen die Klimaneutralität.

> Technisch ist das erneuerbare Potenzial da und das Speicherproblem gelöst. Wirtschaftlich ist es der günstigste Weg, den wir angesichts der Klima- und Energiekrise gehen können. Ökologisch ist es absolut notwendig, und Klima-, Natur-, Arten- und Gewässerschutz können geschickt miteinander vereint werden.

Und gesellschaftlich ist es vor allem eine Kommunikationsaufgabe von Politik, Medien und Bildungseinrichtungen, die bewältigt werden kann, wie im nächsten Kapitel »Umsetzung in Politik und Gesellschaft« (-› ab Seite 227) dargelegt. Es gilt jedoch eines zu beachten: All diese Ausblicke in die Zukunft gehen davon aus, dass alle Entscheidungen immer rationell getroffen werden. Und das auf allen Ebenen: in Politik, in Unternehmen und bei allen Privatpersonen. Und dass die Transformation unter idealen Bedingungen stattfindet – also immer zu jederzeit genügend Arbeitskräfte und Material vorhanden sind.

Wir wissen aus unserer Erfahrung, dass das nicht der Fall ist. Daher ist es gut, wenn ein zeitlicher Puffer vorhanden ist. Den haben wir aber nicht. Leider. Nicht mehr. Wir hätten aus der Wissenschaft heraus Politik und Gesellschaft frühzeitig gewarnt. Meine Vorgänger taten das bereits in den 1970ern, als ich noch in den Windeln lag.

Mittlerweile finden die Energie- und Klimamodelle nur noch Lösungen für unsere Klimaziele, wenn alles sehr schnell geht. Als Ausweg dienen die sogenannten »negativen Emissionen«, also das Entnehmen von CO_2 aus der Atmosphäre und dessen Speicherung. Diese Technologien sind aber noch in den Kinderschuhen, teuer und brauchen wiederum viel Energie. Es ist also eine große gemeinsame Aufgabe von Wissenschaft und Politik, dass der Gesellschaft entsprechend zu kommunizieren, um ein »es ist zu spät, nach mir die Sintflut« zu vermeiden.

> Es macht – trotz der demotivierenden Realität – weiterhin Sinn, jedes weitere Kilo CO_2 zu vermeiden.

Weil mit jedem Kilogramm, mit jeder Tonne weniger CO_2 in der Atmosphäre die Wahrscheinlichkeit steigt, dass wir nicht vor die Hunde gehen. Und mit uns der halbe Planet.

Der Geschäftsführer des Bundesverbandes der deutschen Industrie Holger Lösch, sagt: »Der Weg in die Klimaneutralität ist irreversibel.«[264] Dem stimme ich vollkommen zu. Also lassen Sie uns ihn gehen! Das Überdenken unseres Lebensstils kann uns dabei helfen.

Energieeinsparung durch Verhaltensänderung = Suffizienz

Können wir unseren Lebensstil beibehalten und auf die ganze Welt ausweiten? Nein, unser Planet ist längst an seinen Grenzen der Versorgung angekommen. Wie können wir also unsere Nachfrageseite ändern?

Suffizienz bedeutet, das Gleiche mit weniger Ressourcenverbrauch zu tun. Dinge anders zu tun, sein Verhalten in Ernährung, Mobilität und Konsum zu ändern fließt in der Dissertation meines Mitarbeiters Franz Bauer ein.[265] Er hat daraus zahlreiche Suffizienz-Szenarien entwickelt, in denen er von einem stagnierenden oder sinkenden Wirtschaftswachstum, einer rein pflanzlichen Ernährung ohne Lebensmittelabfälle, dem Umstieg von Auto und Flieger auf Fahrrad, Bus und Bahn, der Verlagerung des Güterverkehrs von der Straße auf die Schiene, dem Verzicht auf Inlandsflugreisen, reduzierten Wohnflächen pro Kopf und geringerem Warmwasserverbrauch und Raumtemperaturen ausgeht.

Als Beispiel dient ein Szenario für Suffizienz aus unserem BMBF Kopernikusprojekt.[266] Es werden dadurch folgende Einsparungen gegenüber einem Energiesystem ohne Verhaltensänderungen bis zum Jahr 2050 ermöglicht:

- 22 Prozent weniger Primärenergie
- 17 Prozent weniger Strom
- 23 Prozent weniger E-Autos (im Jahr 2030)
- 21 Prozent weniger Transportleistung im Personenverkehr nötig
- 16 Prozent weniger Gütertransporte
- 12 Prozent weniger Energie- und Rohstoffbedarf in der Chemieindustrie
- 10 Prozent weniger unvermeidbare CO_2-Emissionen
- 69 Prozent weniger nicht-CO_2-Emissionen durch einen reduzierten Tierbestand

Rohstoffe – ausreichend verfügbar?

Haben wir ausreichend Rohstoffe auf unserem Planeten für diese große Transformation, die nicht nur national, sondern auch global stattfindet?

»Ja, das haben wir, wenn wir unseren Lebensstil ändern und durch ein Nullwachstum in den Industrienationen den Entwicklungs- und Schwellenländern die Chance geben, aufzuholen und in 2050 treibhausgasneutral zu sein«, sagt Harry Lehmann. Er ist ein Pionier in der Umweltwissenschaften und erstellte als Physiker schon in den 1990er-Jahren 100 Prozent erneuerbare Szenarien am Wuppertal-Institut. Er hat über

Jahrzehnte beim Umweltbundesamt in leitender Funktion geforscht, uns sehr früh in den Ideen zu Power-to-X unterstützt und international Power-to-Liquid bekannt gemacht sowie Biokraftstoffen aus Energiepflanzen eine Absage erteilt.

Derzeit baut er im Unruhestand einen Power-to-X-Lab in Cottbus auf. Er hatte meiner Forschungsgruppe am Fraunhofer-Institut 2010 die Studie »Energieziel 2050: 100 Prozent erneuerbaren Strom« in Auftrag gegeben. Wir zeigten darin, dass es technisch mittels Power-to-Gas und anderen Speichern zu jedem Zeitpunkt möglich ist, Deutschland zu 100 Prozent mit erneuerbarem Strom zu versorgen.[267] Fünf Jahre später begann das RESCUE Projekt, was sich mit der Frage auseinandersetzte, ob überhaupt genügend Rohstoffe für diese Transformation verfügbar sind, national und global.[268] Es trug den Titel »Wege in eine ressourcenschonende Treibhausgasneutralität«.

Lehmanns Fazit im Jahr 2019: Das globale Szenario »(...) zeigt auf, dass nicht Energie der limitierende Faktor ist, sondern die Rohstoffe und Ressourcen«. Die Rohstoffe, die wir in Anspruch nehmen, sind heute 15-mal mehr als vor 120 Jahren. Deren Abbau verursacht über die Hälfte der globalen Klimagase, Wasserknappheit und den Großteil des Artensterbens.[269] Diese bisherige Art und Weise unseres Umgangs mit Rohstoffen ist zerstörerisch und muss sich ändern. Jeder von uns hat dazu Bilder im Kopf: die Kobaltmine im Kongo, die Regenwaldrodung im Amazonas, etc.

> Die Untersuchungen kamen aber zu einem erfreulichen Ergebnis: Ein klimaneutrales Deutschland ist möglich, wenn alle Sektoren 100 Prozent erneuerbare Kraft-, Brenn- und Rohstoffe oder Strom nutzen.

Aus Nachhaltigkeitsgründen wurde auch hier auf Energiepflanzen, Atomstrom und Geoengineering verzichtet. Voraussetzung ist ein hoher Grad an Energie- und Materialeffizienz und eine Gesellschaft, die sich gesünder und pflanzlicher ernährt und Produkte konsumiert, die rohstoffsparend und reparaturfähig sind. Fossile Rohstoffe wie Kohle, Öl und Gas werden im Zuge der großen Transformation deutlich weniger benötigt.

Weder als Brennstoff noch als Rohstoff in der Chemieindustrie. Dafür mehr Stahl und Kunstfasern für Windräder, Silizium und Aluminium für Solarmodule, Lithium für Batterien, Kupfer und Aluminium für Stromkabel und E-Autos. Eine entscheidende Rolle spielt dabei das Recycling. Wie im Kapitel »Industriewende« beschrieben, können nahezu alle Metalle und auch mineralische Rohstoffe wie Beton recycelt und als Sekundärrohstoffe wieder verwendet werden. Ähnlich ist es mit Silizium und Lithium. Bei PV-Modulen gibt es eine Rücknahmepflicht. Lithium ist ebenfalls recycelbar, wenn auch zu hohen Kosten. Kobalt wurde bereits ausführlich im Kapitel »Verkehrswende« diskutiert.

Eine Änderung unseres Lebensstils bringt ebenfalls große Rohstoffeinsparungen: das Leben in Mehr- statt Einfamilienhäusern und damit einhergehend weniger Quadratmeter Wohnfläche je Person oder die Renovierung alter Häuser statt dem Bau neuer reduziert den Bedarf an Stahlbeton, Ziegel, Kalkputz, Sand, Kies, Asphaltstraßen, Steinen, Elektrokabel, Aluminiumfenster und viele weitere CO_2-intensive Rohstoffe. Der Übergang von tier- zu pflanzenbasierter Ernährung reduziert ebenfalls den Rohstoffbedarf an Dünger wie Ammoniak oder Kalk.

In der Industrie können technische Innovationen den gleichen Effekt haben: Durch optimierte Verarbeitungsprozesse, geringerem Materialeinsatz bei gleichbleibender Funktion und den Austausch von CO_2-intensiven Materialien durch CO_2-arme. Zum Beispiel im Fahrzeugbau: Kleinere Autos bauen wäre der einfachste Weg. Im Leichtbau kann Stahl durch Aluminium oder verstärkte Kunststofffasern ersetzt werden. Voraussetzung ist aber deren CO_2-arme Herstellung. Oder ein Beispiel aus der Bauindustrie: Holz oder Textilbeton kann statt Stahlbeton CO_2 und Rohstoffe einsparen. Bei Textilbeton kommen Kunstfasern statt Stahl zum Einsatz. Oder bei den Erneuerbaren: Werden Fundamente, Türme und Aufständerungen von Wind- und Solarparks robuster ausgeführt, kann ihre Lebensdauer erhöht und der Ressourcenverbrauch minimiert werden.

> All diese Maßnahmen können dazu führen, dass Deutschlands Rohstoffinanspruchnahme um 56 bis 70 Prozent zurückgeht und wir ausreichend Rohstoffe für die Energiewende haben.[270]

Es geht also, wenn wir viele ökologische Leitplanken einhalten und hohe Umweltstandards setzen. Denn, um es in den Worten von Harry Lehmann auszudrücken: »Die Lösung des Klimaproblems sollte nicht andere Probleme wie Kriege um Rohstoffe oder Wasser schaffen.« Wir haben also ausreichend Rohstoffe für diese große Transformation. Aber da stellt sich bereits die nächste Frage:

Und was kostet das jetzt alles?

Welche Gesamtkosten die große Transformation mit sich bringt, ist vor allem von der Preisentwicklung fossiler und erneuerbarer Energieträger abhängig. Eins ist aber klar:

> Ein ungebremster Klimawandel kostet wesentlich mehr als jede Energiewende.

Die verursachten Klimaschäden eines »Weiter-so« steigen ins Unermessliche und können uns schlimmstenfalls unsere Existenz kosten.

Durch den Krieg in der Ukraine und die damit ausgelöste Zeitenwende haben sich extreme Preisanstiege für Gas und Öl, aber auch Kohle ergeben. Internationale Partnerschaften und Lieferketten kommen durcheinander und ordnen sich neu. Ein Boom an Wind- und Solaranlagen setzt ein, weil mit dem Kriegsschock vielen klar geworden ist, dass es mit Gas und Öl nicht mehr weitergeht.

Es bleibt zu hoffen, dass wir aus der Energiekrise in Richtung Zukunft mit Erneuerbaren und Energieeffizienz gehen und nicht in die Vergangenheit fallen und den Ausweg in Kohle und Atom suchen.

> Um global Klimaneutralität zu erreichen, wären ein Bruchteil der Gelder ausreichend, die wir zur Bewältigung der Coronakrise aufgebracht haben. Besonders wenn wir die hohen Kosten fossiler Energieträger gegenrechnen. Machbar! Umsetzen![271]

Die Nachrichten im Sommer 2022 sind teilweise bizarr: Zuerst wird über zahlreiche Klimatote berichtet, dann über das EU-Klimaschutzpaket »Fit for 55«, was von der deutschen Industrie kritisiert wird: »Man müsse aufpassen, dass es in Europa nicht zu Wohlstands- und Arbeitsplatzverlusten komme.« Konservative EU-Parlamentarier fordern ein Aufschieben der verschärften Klimaziele und ein Aussetzen höherer CO_2-Preise.[272]

Kurzfristig verständlich, langfristig nicht. Wir verlieren Wohlstand und Menschenleben vor allem durch unterlassenen Klimaschutz. Und die Energiewende in Europa zu vollziehen bringt zudem Energiesicherheit und Energiefreiheit. Was es bedeutet, das nicht zu haben, werden wir womöglich diesen Winter erleben.

Vor dem Ukrainekrieg importierte Deutschland für etwa 100 Milliarden Euro fossile Energie. Diese gewaltige Summe entspricht ein Viertel des Bundeshaushalts eines Jahres. Der Import erfolgte überwiegend aus Autokratien wie Russland, in welche die fossilen Gelder zurückflossen. Mittlerweile ist diese Summe weit über den Umfang des Bundeshaushaltes geschossen.

> Wenn wir dieses viele Geld stattdessen in Deutschland in die Energiewende in den Sektoren Strom, Gebäude, Verkehr und Industrie investieren würden, käme unter dem Strich sogar eine Rendite von 4 bis 7 Prozent raus.[273] Bei den aktuellen Energiepreisen sogar noch deutlich mehr.

Das wäre eine attraktive Kapitalanlage für uns als Volk und zum Wohle aller. Wenn die Ersparnisse durch vermiedene fossile Importe in den Ausbau Erneuerbarer, der Netze, der Speicher, der Infrastruktur für die Elektromobilität und Wasserstoff, die Gebäudedämmung, die Wärmepumpen und Wärmenetze und verbesserten ÖPNV fließen würden, ginge die volkswirtschaftliche Rechnung positiv auf. Und das, ohne die Kosten eines ungebremsten Klimawandels einzupreisen. Die vermiedenen Klimaschäden verstärken diesen Effekt vielfach.

Zahlreiche Studien untermauern diesen Fakt.[274] Ein klimaneutrales Deutschland ist volkwirtschaftlich sinnvoll. Mehr als das: Es sichert unsere Existenz! Damit es so kommt, braucht es den passenden politischen Rahmen und eine Gesellschaft, die diesen Weg mitgeht. Für mich persönlich ist die politische Aufgabe glasklar:

> Klimaschutz ist die oberste Aufgabe und in allen politischen Entscheidungen zu berücksichtigen. Plus: Klimaschutz darf nicht eine Frage von »Kann ich mir das leisten oder nicht?« sein.

Wie im Orchester der Berliner Philharmoniker: Alles muss perfekt zusammenspielen, damit das große Werk erklingt und zum Leben erwacht. Und hier geht es nicht nur um Technik, Masterpläne oder Szenarien. Nein, hier sind auch Menschen mit Haut und Haaren involviert. Und die wollen mitgenommen werden. Das klappt am besten über eine Teilhabe am Ganzen.

UMSETZUNG IN POLITIK UND GESELLSCHAFT

»I scream from the top of my lungs.
What's going on?«
What's up? | 4 Non Blondes

Es läge so schön auf der Hand: Die Energiewende würde uns unabhängiger machen, souveräner im internationalen Umfeld, dadurch das Land sicherer machen, die Wirtschaft stärken, Tausende von Arbeitsplätzen schaffen, Wertschöpfung generieren, die Böden, das Wasser, die Luft, die gesamte Umwelt schonen und verbessern, das Klima retten. Was genau ist dafür in Politik und Gesellschaft nötig?

Akzeptanz durch Teilhabe

Teilhabe heißt: Die Energiewende zu einem gemeinsamen Projekt von Bürgern, Unternehmern, Beamten und Volksvertretern zu machen. Und zwar auf allen politischen Ebenen: Beim Planen der Ämter vor Ort oder beim Landrat, bei den Richtlinien im Land oder den Gesetzen im Bund. Die Investoren und Unternehmen stehen zur Umsetzung bereit. Ebenso die Industrie. Die Mehrheit der Bürger, die sich immer wieder in Umfragen pro Energiewende, pro Windkraftausbau ausspricht, ist dafür zu aktivieren. Sie soll die Chance haben, sich einzubringen, mitzugestalten und von der Energiewende vor Ort zu profitieren. Am besten durch eigene Projekte. Und Beamte wie Bürgermeister brauchen klare Ansagen »von oben«. Ansagen, die sie beim Planen und Entscheiden unterstützen. Das kann sehr anstrengend sein, das habe ich selbst erlebt. Aber die Energiewende ist so ein großes Projekt, ohne Bürgerinnen und Bürger, ohne ihre Akzeptanz oder gar Mitarbeit geht es nicht.

Bürgerbeteiligung von Anfang an

Aus wissenschaftlicher Sicht ist eine Einbindung der Bürger von Anfang an empfehlenswert. Wenn nicht nur der Bürgermeister Bescheid weiß und zusammen mit den Investoren über alle Köpfe entscheidet, sondern es von Beginn an Dialogveranstaltungen gibt, wo auch finanzielle Beteiligungsmöglichkeiten diskutiert werden, stehen die Chancen weitaus besser.

> In frühen Planungsstadien von Wind- und Solarparks oder Stromtrassen ist die Möglichkeit der Einflussnahme am größten, das Interesse und Engagement vor Ort aber noch sehr klein.

Je konkreter die Planungen werden, dreht sich dieses Verhältnis um: Ist erst mal die Grundsatzentscheidung zum Bau von Stromtrassen gefallen, gibt es kein Zurück mehr. Geht es dann in die konkrete Genehmigung und Umsetzung, schwillt der Konflikt an. »Das ist ja konkret bei uns.« Aber die Personen vor Ort haben zu diesem Zeitpunkt praktisch keinen Einfluss mehr.[275]

So entstehen viele Bürgerinitiativen, welche die Debatten meist mit emotionalen Heimatgefühlen verbinden. Und dann schaltet der Verstand meist ab. Dann geht es nicht mehr um die Sache selbst. So geht es Land-auf Landab nicht nur gegen Trassen oder Windkraft, sondern auch gegen Batteriespeicher und Wasserstoff. Meist bräuchten die Projektleiter noch einen Psychologen als Begleitung in diese Infoveranstaltungen. Und wir dürfen die Ingenieure nicht nur technisches Know-how lehren, sondern auch, wie sie technische Zusammenhänge und Fachwissen bestmöglich vermitteln.

Bürgermeister brauchen die Rückendeckung von oben

Um den notwendigen Dialog zu organisieren, braucht es Klimaschutzmanager in den Verwaltungen. In Bayern gibt es mittlerweile in jeder Region

»Windkümmerer«. Wichtig ist, dass die Politik auf allen Entscheidungsebenen hinter der Energiewende steht. Oder wie der Direktor des bayerischen Gemeindetages in einer Anhörung im Landtag es ausdrückte:

> »Der Pfarrer tut sich schwer, etwas anderes zu predigen, als der Bischof vorgibt.«

Gerade in sehr hierarchisch geprägten Bundesländern wie Bayern haben es Bürgermeister vor Ort nicht einfach in der Umsetzung, wenn Landräte und Minister nicht mitziehen. So in Hauzenberg bei Passau, wo der Landrat die engagierte Bürgermeisterin nicht unterstützte. So im Hofoldinger Forst, wo sich der Bürgermeister die Unterstützung der Landwirtschafts- und Forstministerin holen wollte, aber zur Antwort bekam: »Ihr könnt den Windpark bauen, müsst aber nicht.«

Wider besseres Wissen: die Absurdität von Abstandsregeln

In dieser Anhörung im Landtag ging es um die Einführung der 10-H-Abstandsregel. Während der Anhörung waren 11 Experten aus Politik, Wirtschaft und Wissenschaft gegen diese Regelung: der Gemeindetag, der Landkreistag, der Städtetag, der Bundesverband Energiewirtschaft, der Stadtwerkeverband, IHK, Bund Naturschutz, Windkraftverband, die Uni Augsburg, unsere OTH Regensburg und der Verbraucherverband. Der einzige Verband, der dafür war, war der Anti-Windkraft-Verein »Vernunftkraft«.

Es war das Jahr 2014, wo Deutschland Fußballweltmeister wurde. Die Schlussbemerkung des vorsitzenden Sitzungsleiters Erwin Huber (CSU) war sinngemäß in meiner Erinnerung:

> Wären wir im Fußball, stünde es eindeutig 11:1. Das Expertenvotum ist eindeutig, aber wir machen es trotzdem anders in der Politik.

Infolge dieser Regelung gab es einen Abbruch des Windausbaus und einhergehend den Verlust vieler Arbeitsplätze. In Bayern hingen damals in der Metall- und Elektroindustrie mehr Arbeitsplätze an der Windkraft als an der Solarenergie. Ironischerweise eröffnete Ministerpräsident Seehofer zwei Wochen vor der Verkündung dieser neuen Regel ein neues Produktionswerk für Windtürme bei der Firma Max Bögl in Neumarkt. In seiner Laudatio pries er die neuen Arbeitsplätze. Die Abstandsregel hat mittlerweile nur noch zwei politische Verfechter: AfD und CSU. Selbst der Landesbund für Vogelschutz, die katholische Landjugend oder die Vereinigung der bayerischen Wirtschaft und die alten Kohle- und Kernkraftwerksbetreiber lehnen sie ab.

In den Anti-Windkraft-Vereinen habe ich meist pensionierte Ingenieure kennengelernt. Einmal auch in Frankfurt zu einer Veranstaltung des hessischen Wirtschaftsministeriums zum »Faktencheck Windenergie«. Sie waren sehr fachkundig. Auf Nachfrage, was sie denn beruflich machten, drückte mir einer in Frankfurt seine Visitenkarte in die Hand und sagte: »Ich bin der ehemalige Präsident des deutschen Atomforums.« Einem Lobbyverband für Atomstrom.

Echte Teilhabe von Privatpersonen und Kommunen

Die Akzeptanz kann vor allem durch Teilhabe, Information und Dialog gesteigert werden. Richtige Informationen, keine Fake News. Und echter Dialog, kein Beschallen. Und echte Teilhabe im Sinne von Anteil haben.

> Wenn ich Anteil habe am Gewinn von Wind- und Solarparks und ich Teilhaber bin, der mitinvestiert hat, freue ich mich jedes Mal, wenn sich das Windrad dreht und die Sonne scheint.

Die eigenen Finanzen sind näher als ein globales Umweltgewissen. Die Kasse klingelt, und die Akzeptanz ist da. So banal sich das anhören mag. Aber kann man die Leute einfach kaufen? Ist es so einfach? Nein.

Wir leben in einer Gewaltenteilung samt föderalem politischem System. Entscheidungen und Strategien auf Bundes- und Landesebene sind auf regionaler, kommunaler Ebene vor Ort umzusetzen. Der Bau von Wind- und Solarparks oder Stromtrassen ist für das ganze Land gut, aber betroffen sind Städte und Gemeinden vor Ort. Und Gemeinderäte und -verwaltungen sind oft damit inhaltlich und personell überfordert.

In Sinzing, einem Ort an der Donau im Regensburger Landkreis, haben sich die Gemeinde und die Projektierer eines Windparks dauerhaft mit

Klagen von vermeidlichen Naturschutzverbänden über 10 Jahre auseinandersetzen müssen. Diese engagieren sich gegen die Windkraft, für den Artenschutz und beschäftigen damit mindestens einen Beamten dauerhaft. Welche Kommune kann sich das leisten? Welcher Bürgermeister kann das aushalten? Ich kenne nur wenige, die sowohl die Standhaftigkeit als auch den Willen und das Durchhaltevermögen dazu haben.

Es braucht die Unterstützung aus den höchsten politischen Ebenen. Oder der Gemeinderat entscheidet sich gegen Solarparks, weil sie Angst um die Ernährungssicherheit haben. Nicht wissend, dass es ausreichend Fläche für beides gibt, der Solarpark nicht nur dem Klimaschutz, sondern auch dem Arten- und Gewässerschutz dient, wie im Kapitel »Mythen der Energiewende« ab Seite 49 dargestellt.

> Es sind immer Zielkonflikte und unterschiedliche Wertevorstellungen, die hier aufeinanderprallen. In der Gesellschaft und damit auch in den repräsentativen politischen Gremien.

Deshalb ist es so wichtig, dass gerade die Kommunen mit ausreichend Wissen und Fachpersonal ausgestattet sind, um diese Aufgaben zu leisten. Ich war beeindruckt vom bayerischen Städtetag, der genau das in der Jahreshauptversammlung 2022 auch vom Freistaat in einer Resolution einstimmig einforderte:

> »Die Staatsregierung muss die Bewältigung der Herausforderungen des Klimawandels als kommunale Pflichtaufgabe begreifen und entsprechend mit staatlichen Mitteln ausstatten.«

Und weiter: »Notwendig ist ein konsistentes nationales Konzept zur Erreichung der Klimaziele (...), aus dem die Rahmenbedingungen für die Kommunen sowie ihre Finanzierung deutlich werden, z. B. (...) Verbot von Heizungen auf fossiler Basis und Ausrichtung des Rechts- und Förderrahmens hierauf.«[276] Leider hat der anwesende Ministerpräsident das Anliegen der 350 Bürgermeister abblitzen lassen mit dem Fernsehkommentar, er sehe lieber einen Wettbewerb unter den Städten als eine Klimaschutzpflicht für alle.[277]

Echter Dialog, auch wenn er herausfordert

Ein Weg, die Zielkonflikte aufzulösen, ist der Dialog.[278] Und der ist oft unangenehm, weil da Welten, Vorstellungen und Werte aufeinanderprallen. Wurden Menschen über soziale Medien einmal mit Fake News aufgescheucht, ist es schwer, sie wieder zu beruhigen. Ist Ihnen aufgefallen, dass es immer mehr »Faktenchecker« gibt in Rundfunkanstalten und Medienhäusern?

In Informationsveranstaltungen und Bürgerdialogen kommen alle zu Wort und bekommen Antworten auf ihre Fragen. Das Spektrum ist breit, aber die große, meist stille Mehrheit befürwortet Wind- und Solarparks. Das lässt sich am besten über eine stille Beteiligungsaktion wiedergeben. Es lohnt sich, am Ende einer Bürgerversammlung zwei Pinnwände aufzustellen und dadurch abzufragen: »Ich kann mir den Park vorstellen« versus »Ich lehne das Vorhaben ab«. Die Besucher bekommen einen kleinen roten Sticker, den sie auf die Pinnwand aufkleben.

> So entsteht ein Stimmungsbild, was auf einen Blick den Gemeinderäten und allen Anwesenden samt Presse die Tendenz klar macht.

Ich war als Vortragender auf mindestens 50 dieser Veranstaltungen und habe alles erlebt: von extremen Windkraftgegnern über Drohanrufe und folglich Polizeischutz bei meinen wissenschaftlichen Vorträgen bis hin zu »Warum machen wir nicht mehr Windräder als geplant?«.

Gerade seit dem Ukrainekrieg hat sich hier das Bewusstsein in der Bevölkerung verschoben. Die Windkraft hat wieder einen besseren gesellschaftlichen Stand. Und in dem Maße, in dem fremde Investoren das Windpotenzial in der Heimatregion abschöpfen, kommt die Frage auf: Warum nutzen wir das nicht selbst? Oder: Wer profitiert davon, ob Wind- und Solarparks genehmigt oder abgelehnt werden? Die Bürger, unser Land oder die fossilen Energielieferanten?

Glücklicherweise gibt es mittlerweile für die Kommune 0,2 Cent pro Kilowattstunde vom Wind- und Solarertrag. Das sind gut 20.000 Euro pro Windrad im Jahr oder 1.000 Euro pro Hektar Solarpark im Schnitt.

> Viel Geld, die für die Renovierung von Schulen oder den Neubau von Kindergärten verwendet werden kann. Damit kommt der Erlös auch den Menschen vor Ort zugute und wandert nicht nach Russland oder Saudi-Arabien ab.

Ein Vorbild ist hier das Land Schleswig-Holstein. Durch Bürgerdialoge und echte Teilhabe konnten sehr viele Windräder und auch Stromtrassen gebaut werden. Die Landespolitik sieht die Windkraft als Wirtschaftszweig und notwendig für den Klimaschutz. Entsprechend begleitet sie die Umsetzung, und es findet eine Begleitforschung zur Akzeptanz statt.[279]

Bürgerentscheide und die nötige Unterstützung dazu

Zurück zu Sinzing: Nach dem Regierungswechsel in Bayern wurde Hubert Aiwanger Wirtschaftsminister, der sich die Erneuerbaren auf die Fahnen schrieb. Es kam zum Bürgerentscheid, und er hat sich den Gegnern vor Ort im Dialog gestellt. Er war der erste bayerische Minister, der das je tat in meiner Erinnerung. Er stellte sich hinter den Windpark. Im Ort gab es eine Agenda21-Gruppe, die als Zukunftswerkstatt mit den Bürgern im Dialog seit 20 Jahren aktiv war und damit natürlich auch positiver Nährboden war. Die Pfadfinder und andere Gruppierungen waren ebenfalls dafür. Der Bürgerentscheid ging mit 55 Prozent zu 45 Prozent für Windkraft aus.

Eine knappe Entscheidung? Nicht, wenn Sie beachten, wer mit welchem Interesse zur Wahl geht. Gehen alle Windkraftgegner zur Abstimmung? Natürlich. Das ist ihr großes Interesse. Gehen alle hin, die den Windpark akzeptieren oder dem Ganzen gleichgültig gegenüberstehen? An einem schönen, sonnigen Sonntagnachmittag nicht.

> Diese unterschiedliche Dringlichkeit beim Urnengang ist zentral in der Ergebnisinterpretation.

Nun führt die Gemeinde das Bauleitplanverfahren fort. Gebaut ist noch lange nicht. Radikale Windkraftgegner können jeden einzelnen Schritt, jede Baumaßnahme beklagen. Die nachteilige Rechtslage für Windkraft ist weiterhin die Wurzel allen Übels.

So geht Energiewende im Einklang mit Bürgern

Auch in Bayern gibt es Erfolge, wenngleich eher von der Basis aus. Ein positives Beispiel findet sich bei Bamberg. Der Markt Buttenheim hat die nationalen Einspar- und Ausbauziele auf ihre kommunale Ebene übertragen. Der Gemeinderat hat daraus Klimaziele formuliert und Projekte angestoßen. Im Planungsprozess der Windkraft wurden alle kommunalen Gremien und Nachbargemeinden sowie das Luftfahrtbundesamt einbezogen, ebenso die regionalen Umweltverbände wie der Landesbund für Vogelschutz und Bund Naturschutz. Anschließend stellte die Gemeinde beim regionalen Planungsverband einen Antrag auf Ausweisung eines Windvorranggebietes. Damit es bezüglich der Standorte keine Neiddebatte zwischen den Grundstücksbesitzern gab, wurden nachvollziehbare Kriterien bei der Flächenauswahl zugrunde und auch offen gelegt. Die Informationen gingen frühzeitig an die Grundstückseigentümer und die gesamte Bevölkerung über die Amtsblätter.

> Alle Planungsprozesse waren transparent verfügbar und nachvollziehbar. Der Marktgemeinderat beschloss einstimmig die Weiterentwicklung der Windkraft. Und der Bürgermeister betonte die Verantwortung von Kommune und jedes Einzelnen für die Energiewende.

Flyer wurden verteilt und eine Homepage eingerichtet.[280] Große Informationsveranstaltungen fanden statt samt Fragerunden. An einem Sonntagnachmittag gab es auf dem Pausenhof der Schule einen »Informationsmarkt« mit sehr offenem Konzept. So konnte individuell und ohne große Zuhörerschaft auf die einzelnen Anliegen eingegangen werden. Daran beteiligten sich auch die Umweltverbände. Abschließend gab es einen Bürgerentscheid, in dem sich eine deutliche Mehrheit von über 70 Prozent für die Windkraft ausspricht. Erst ein halbes Jahr später kommt der Beschluss des Kreistages, in der Fränkischen Schweiz diesen Windpark zu errichten.

Entscheidend ist dabei auch die Schaffung von finanziellen Anreizen. Es wurden Flächenpachtmodelle für die Grundstückseigentümer angeboten. Bevölkerung und Gemeinde können sich je etwa zur Hälfte finanziell an der Projektgesellschaft beteiligten. Das können für die Bürger größere Anteile sein oder einfache Sparbriefe. Idealerweise werden diese Finanzprodukte mit den örtlichen Banken entwickelt. Das schafft Vertrauen in die Projekte und die Anlagen. Die Renditen sind gut. Gerade in den Zeiten hoher Inflation und niedrigen Zinsen ein hoher Wert. Die Kommunen erhalten zudem eine Ertragsbeteiligung von 0,2 Cent je Kilowattstunde nach dem Erneuerbaren-Energien-Gesetz und zudem die Gewerbesteuer. Letztere kommt auch – entgegen mancher Behauptungen – vor Ort an. Besonders attraktiv sind günstige Stromtarife für Anwohner. Auch in Niedersachsen macht dieses Modell besonders Schule. Je näher ich am Windrad wohne und dadurch gelegentliche Beeinträchtigungen wie Schattenwurf habe, desto günstiger mein Strombezug. Das können Tarife mit pauschal 30 Prozent weniger als der örtliche Grundtarif oder andere Varianten sein. Es gibt viele Varianten der Teilhabe, aber fest steht ganz klar:

- Eine finanzielle Teilhabe schafft besonders hohe Akzeptanz.

Wind-Erntedankfest

Akzeptanz und Mitmachen sind wichtig, es geht aber sogar noch eine Stufe höher: über das Einbetten der Energiewende in lokale Traditionen und Bräuche. Ein leuchtendes, positives Beispiel für eine derart gelungene Inkulturation der erneuerbaren Energien sind Wind-Erntedankfeste. Wenn wir für Obst, Gemüse und Wein danken, warum nicht auch für die Energie, die uns die Natur schenkt?

Auf einer Windmesse in Schleswig-Holstein habe ich von einem Teilnehmer erfahren, dass dieser jährlich sehr erfolgreich Wind-Erndedankfeste mit seiner Gemeinde ausrichtet. Die Idee habe ich ins Allgäu getragen, wo sie von Robert Sing und seinem Team in Lamerdingen mit großem Erfolg umgesetzt wurde. Er hat Jahre seiner Zeit investiert und allen Abwehrversuchen aus Bundeswehr, Artenschutz und Netzbetreibern zum Trotz zwei Bürgerwindräder umgesetzt. Zu dem Fest kamen 500 Besucher. Zum Festgottesdienst im gefüllten Zelt predigte der Pfarrer passend aus der Schöpfungsgeschichte. Er sagte: »Die Kraft der Natur darf genutzt werden. Seid aber Beschützer der Welt, nicht Räuber.«

> Nach dem Gottesdienst fuhr er hoch und segnete das Windrad von der 150 Meter hohen Gondel aus. Unten wieder angekommen, meinte er: »Ein erhebendes Gefühl. Ich war Gott ein Stückchen näher.«

Die musikalische Gestaltung von Gottesdienst und Fest übernahm der Musikverein. Eine Bildergalerie informierte zum Bau der Windkraftanlage. Für die beteiligten Bürger gab es allen Grund zu feiern. Der Jahresertrag war 20 Prozent höher als erwartet. Die Gemeinde machen sie bilanziell nahezu energieautark. Zur fröhlichen Blasmusik feierten die Lamerdinger im Schatten des Windrades. Der Sportverein kümmerte sich um die Gastronomie. Die Landfrauen verkauften 38 Torten. Die Kinder wurden vom Jugendpfleger betreut. Der Reinerlös des Wind-Erntedankfestes ging an den Sportverein. So geht Windkraft auf Bayerisch! Durch die Teilhabe der Bürger und derartige Feste haben es Herr Sing und Co geschafft, die Windkraft gesellschaftlich im traditionellen Dorfleben zu verankern.[281]

For Future! Bewegung in der Gesellschaft

Auch wer kein Windrad bauen oder damit traditionelle Feste feiern kann, ist in der Lage, Großes für den Klimaschutz zu bewirken. Auf der Straße!

»Was soll ich denn schon machen, einer allein kann doch eh nichts bewirken.« Selten wurde diese Selbsttäuschung so wuchtvoll widerlegt wie durch Greta Thunberg. Es braucht aber auch die richtige Zeit dafür, denn es gab schon viele Gretas vorher, die keine so mächtige Resonanz in der globalen Gesellschaft hervorgerufen hat. Und die Digitalisierung ermöglichte das »viral« gehen und damit Verbreiten ihrer Handlungen. Innerhalb eines Jahres nach ihrem ersten Klimastreik gab es fast in allen Ländern der Welt Demonstrationen. In vier Jahren sind über 17 Millionen Menschen für Klimaschutz auf die Straße gegangen, am 20.09.2019 beim globalen Klimastreik allein über 4 Millionen.[282]

Aus der Jugendbewegung entsprangen zahlreiche weitere Bewegungen, wie Scientists4Future, Students4Future, Parents for Future, Architects, Film Makers oder Psychologists. Besonders berührend finde ich die Omas for Future mit ihrem Motto: »Handeln aus Liebe zum Leben« und regelmäßigen Wochenständen in den Städten, Baumpflanzaktionen und vielen praktischen Tipps.[283]

Über die Schüler wurde die Frage der Generationengerechtigkeit an die Küchentische der Welt gebracht. Der SUV-fahrende Papa oder Unternehmer wurde durch seine streikenden Kinder konfrontiert. Ebenso die Mamas. Ich unterstütze die Bewegung ebenfalls, weil sie das schafft, was wir aus der Wissenschaft heraus seit über 20 Jahren versuchen: das Thema auf die Top-Agenda in der Politik zu bringen und in das Bewusstsein der Gesellschaft zu setzen.

Es waren überwältigende Gefühle, beim globalen Klimastreik in München im September 2019 vor einem völlig überfüllten Königsplatz mit etwa 60.000 Teilnehmern die Rede für die Scientists4Future zu halten und unseren Spendensong »Save this world« zu performen. Wenn viele Menschen ihre Gedanken und Gefühle, ihr Wollen und ihre guten Absichten und Wollen auf eine gute Sache ausrichten, entsteht eine große transformative Kraft.

Inspiriert von einem österreichischen Künstler, der angesichts der Flüchtlingskrise eine Schweigeminute als 60-Sekunden-Stille-»Lied« veröffentlichte und die Einnahmen von 1 Euro je Song spendete, komponierte ich den Spendensong für die Fridays und nahm ihn mit aktiven Schülerinnen aus der Bewegung auf.[284]

In meinen Augen ist Fridays for Future die wichtigste Jugendbewegung seit den 1960er-Jahren. Die Jugend stellt die Generationen- und Gerechtigkeitsfrage – zu Recht –, denn es geht um das Ganze: den Erhalt unseres globalen Lebensraums.

> Mit welchem Recht nehmen wir durch unser klimaschädliches Handeln der Jugend ihre Zukunft? Mit keinem. Wir sind handlungsfähig!

Alle technischen Lösungen für Energiewende und Klimaschutz sind da. Das ist ökologisch absolut notwendig und ökonomisch viel günstiger als jede Klimakatastrophe. Es liegt allein an Politik und Gesellschaft. Und die verändern die Fridays-Bewegungen.

Bildung, Bildung, Bildung!

Mir ist eines klar geworden zwischen meinen Teilnahmen an den Klimastreiks der Fridays, den Vorlesungen an der Uni und dem Austausch mit Heizungsbauern und Solarbetrieben:

> Wir brauchen die jungen Menschen nicht nur auf der Straße, sondern auch in den Hochschulen und Handwerksbetrieben!

Dazu braucht es seitens der Politik klare Signale zur dauerhaften Unterstützung der Energiewende und damit sichere Jobs. Und ein gesellschaftlich gleichwertiges Bild von Handwerkern und Akademikern, was von Elternhäusern und Lehrern geprägt wird. Gerade bei der Berufsorientierung in den höheren Klassen gibt es hier noch viel Luft nach oben.

> Trotz der allgegenwärtigen Energiewende gingen die deutschlandweiten Zahlen der Studierenden der Energietechnik die letzten Jahre zurück. Bis vor Kurzem, als die Energiekrise mit aller Wucht in die Nachrichten kam.

Natürlich gilt auch an Schulen und Hochschulen: Wenn wir das leben, was wir lehren, haben wir die größte Glaubwürdigkeit bei den jungen Menschen. Entsprechend sollten diese Gebäude wie alle öffentlichen Gebäude gut gedämmt, erneuerbar beheizt, der Fuhrpark klimaneutral, Inlandsflugreisen untersagt sein und sich auf den Dächern und Parkplätzen Photovoltaikanlagen befinden. So die reine Lehre. Auch mir gelang es trotz 10 Jahre Professoren-Dasein samt vielen Initiativen und Projekten der Studierenden nicht, dass alle Flachdächer unserer Hochschule Solarstrom liefern.

Aber das Thema ist noch viel grundlegender: Bei all den Miseren, die ich in den Entwicklungsländern erlebt habe. Die Antwort war stets: Bildung, Bildung, Bildung! Egal, ob es die Dürre in Kenia, politische Missstände in der Landnutzung Chiles oder umweltschädliches Verhalten in Indien war. Bildung und Wissen ist das A und O der Entwicklungspolitik. Wenn die »geistigen Gebäude« und Strukturen nicht stehen, sind die materiellen Gebäude haltlos. Das gilt nicht nur im globalen Süden, sondern auch bei uns.

> Eine lebendige Demokratie braucht mündige Bürger. Die fallen aber nicht vom Himmel. Lesen, Schreiben, Rechnen, Denken, Abwägen, Argumentieren, Diskutieren, Auseinandersetzen. Gleiches ist für die Lösung der Klimakrise gültig: Es ist viel mehr Bildung und Aufklärung nötig.

Kann hier der Staat etwas tun? Sehr viel. Zuallererst in Schulen und Hochschulen. Das Problem der Klimakrise verstehen die Kinder bereits in der Grundschule. Das sehe ich an meinen eigenen Kindern. Dort wird es auch vermittelt. Auch in den weiterführenden Schulen steht das auf der Agenda. Aber die Lösungen?

Hausaufgabe: Suchen Sie nach »Solarenergie« in den Lehrplänen Ihrer Bundesländer. Für Bayern lässt sich festhalten: Null Treffer![285]

Ein Physikkollege hat es zumindest geschafft, die Klimaphysik in die Gymnasiallehrpläne der 9. Klasse zu bekommen. Dabei wäre es so zentral und naheliegend, vor allem über die Lösungen wie Erneuerbare und Energieeffizienz zu sprechen und sie ins Bewusstsein zu bringen. In Geografie über die Potenziale zu sprechen, in Physik die Technologien anzuschauen etc. Stellen Sie sich vor, die Schülerinnen kennen all die Lösungen aus diesem Buch, weil sie diese bereits in der Schule gehört haben. Stellen Sie sich vor, wie konstruktiv Sie dann Ihre Bürgermeister, Politiker, Unternehmer und Eltern auf mehr Klimaschutz ansprechen und vorschlagen könnten? Das wäre ein Traum!

Zu meiner Schulzeit nahm die Atomenergie einen großen Platz ein. Ich stellte bei einer Werksbesichtigung von BMW in der 9. Klasse Realschule im Jahr 1993 die offene Frage, warum es noch kein 3-Liter-Auto zu kaufen gäbe? Die verlegene Antwort war: »Wir haben das in der Schublade. Wenn es die Leute kaufen wollen, liefern wir!« 1993! Wenn ich damals fit gewesen wäre mit E-Autos!

Oder wenn bei der Fahrradschule in der 4. Klasse nicht nur die Verkehrsregeln gelernt werden, sondern auch die Vorteile des Radverkehrs für Klima und Gesundheit. Oder an den Berufsschulen könnte zusammen mit den Handwerkskammern eine »Bildungsoffensive Energiewende« gestartet werden.

> Wir brauchen Millionen von Arbeitskräften zur Umsetzung der Energiewende in allen Sektoren.

Einen entsprechenden Vorschlag habe ich der Bundesbildungs- und -forschungsministerin Stark-Watzinger unterbreitet, der bei ihr auf volle Zustimmung getroffen ist. Wir haben überall horrende Wartezeiten für Klimaschutztechnik wie Wärmepumpen. Es gibt viel zu wenig Energieberater, Planer, Heizungsbauer und Elektroinstallateure.

Die Hochschulen und Universitäten könnten hier ebenso ihren Beitrag leisten und entsprechende Ausbildungschwerpunkte schaffen. An der Universität Leipzig wurde beispielsweise fakultätsübergreifend eine Ringvorlesung zum Klimaschutz etabliert, um den großen Students-For-Future-Bewegungen und deren Anliegen gerecht zu werden.

Aber Bildung und Aufklärung hört nicht an der Schultür auf. Sie geht ein Leben lang weiter. Der Staat kann seine Bürger auch über Vorschriften zur Kennzeichnung von Lebensmitteln oder Elektrogeräten zu klimabewusstem Konsum anregen. Wenn auf jedem Lebensmittel der CO_2-Fußabdruck steht – über eine Farbskala oder absolut –, greift nicht mehr jeder zu Fleisch- und Milchprodukten. Oder aufklären über die Möglichkeiten des Energiesparens. In der Not des Ukrainekrieges finden solche Kampagnen nun statt.

Auch Unternehmen, Verbände und Vereine können ebenso zur Aufklärung beitragen in der Erstellung einer eigenen CO_2-Bilanz und der Ableitung von Maßnahmen, wie diese klimaneutral wird. Idealerweise gemeinsam mit der Belegschaft oder den Mitgliedern.

Erfreulicherweise greift der deutsche Handwerkskammertag diese Ideen auf und plakatiert im September 2022 zum globalen Klimastreik der Fridays-Bewegungen den Slogan: »Streikst du noch oder arbeitest du schon fürs Klima?«

Wachstum über alles? Wirtschaftsform und Finanzen

Ein wichtiges Thema für die Bildung darf die Erkenntnis sein, dass der Planet, auf dem wir leben, Grenzen hat, die wir nicht überschreiten dürfen. Können wir Menschen mehr verbrauchen, als uns die Natur bereitstellt? Nein. Das wurde vom Club of Rome vor 50 Jahren in den »Grenzen des Wachstums« das erste Mal beschrieben. Diese Erkenntnis wurde zwar lange verneint und bekämpft, aber sie zeigt sich wissenschaftlich immer deutlicher.[286]

Dem hat sich auch die Wirtschaft unterzuordnen. Land-Wirtschaft. Aus dem Land, mit dem Land wirtschaften ist die Urform des Wirtschaftens überhaupt. Ohne intakte Natur und Klima ist eine Landwirtschaft kaum möglich. Genauso wenig jede andere Wirtschaftsform. Fast jedes Wirtschaften braucht Material, Gegenstände und damit Ressourcen. Wer schenkt uns diese Ressourcen? Die Natur. Sie ist der Chef. Sie schenkt den Lebensraum und die Möglichkeit, zu wirtschaften.

> Deshalb ist und bleibt die Wirtschaft eine 100-Prozent-Tochterfirma der Umwelt.

Wird die Mutterfirma zerstört, geht auch die Tochterfirma drauf. Gerade die Ökonomen dürfen sich diese Grundlage vor Augen führen: Die Wirtschaft kann nur in den Grenzen des Planeten funktionieren.

Unsere derzeitige Wirtschaftsform geht davon aus, dass sie immer weiterwächst. Das ist durch das Bevölkerungswachstum und unseren Lebensstil getrieben. Wachstum, Wachstum über alles, über alles in der Welt. Das ist nicht der neue Text unserer Nationalhymne, aber doch der Grundkern unserer Wirtschaftsphilosophie. Dieser fußt auf dem egogetriebenen »Ich will (mehr)!«. Wäre es nicht viel naheliegender, zu sagen »Ich brauche« und uns mehr über das Sein zu definieren, anstatt über das Haben?

Der deutsche Philosoph Erich Fromm hat das in wunderbaren Schriften festgehalten: »Erst wenn der Mensch sich nicht mehr durch das bestimmt, was er hat, sondern das, was er ist, kann er zu sich selbst kommen.«[287] Sein führt zu mehr Glück, Zufriedenheit und Erfüllung als Haben.

Unbegrenztes Wachstum in einer begrenzten Welt?

Aber rein logisch gedacht: Ist das überhaupt möglich, unbegrenztes Wachstum in einer begrenzten Welt? Inklusive der daraus resultierenden Verteilungskämpfe, national wie global? Nein, das geht nicht. An unserer grundlegenden Wirtschaftsform hat diese Erkenntnis nichts geändert. Der Erdüberlastungstag ist Jahr für Jahr früher erreicht. Warum muss die Wirtschaft immer wachsen? Darauf habe ich bis auf das Argument des Bevölkerungswachstums selbst von Volkswirten und hochrangigen Ökonomen noch kaum schlüssige Antworten bekommen.

»Ohne Wachstum kein Wohlstand« ist ein tief verankerter Glaubenssatz in der Gesellschaft. Unsere christlichen Ideale wurden weitgehend von »mein Haus, mein Auto, mein Urlaub« verdrängt. Werte, die uns fast jede Bank verkauft. Werte, die vollkommen vom materiellen Wohlstand abhängen. Dieser Wachstumsglaube hat sich in gewisser Weise zur Ersatzreligion entwickelt. Religio, die Rückbesinnung, der gemeinsame Nenner der Gesellschaft. Klar, der rein materielle Wohlstand ist die Basis unserer Existenz. Aber der Mensch ist auch ein geistig-seelisches Wesen, und dieser Aspekt der menschlichen Existenz wird in diesem Wachstumsglauben nicht befriedigt.

Es liegt auch eine gewisse Freiheit in der Besitzlosigkeit. Dinge besitzen einen auch. Mein Oldenburger-Kollege Niko Paech hat mit seiner Postwachstumsökonomie einen diskutierbaren Gegenentwurf zum vorherrschenden Wirtschaftssystem vorgelegt.[288] Dieser fußt auf der beschriebenen Suffizienz, einer Kreislaufwirtschaft, einer Bestands- und Substanzwirtschaft aus regional vorhanden Gütern und dem Zurück zur manuellen Arbeit statt einer digitalen automatisierten Arbeitswelt – zurück zu »weniger ist mehr«.

Das ist konträr zur derzeitig vorherrschenden global vernetzten Wirtschaft, die – wie wir durch Corona und den Ukrainekrieg erleben – auch Schiffsbrüche erleiden kann. Nehmen die Menschen es an, auf Flughäfen und Autobahnen zu verzichten und zu Hause wieder mit Nähmaschinen zu arbeiten, statt asiatische Billigklamotten und Überseefisch zu konsumieren? Er lebt es vor. Für viele würde das als »Rückschritt« wahrgenommen.

Leitplanken für nachhaltiges Wirtschaften

Ich sehe eher die nationalen und internationalen Institutionen in der Pflicht, der Wirtschaft den Rahmen zu geben, dass sie nicht über die planetaren Grenzen hinausgeht. Das ist auch zwingend notwendig, denn ein Unternehmen oder Gewerbe optimiert den eigenen Betrieb. Das ist Betriebswirtschaft. Und wenn der Controller dieser Firma in den internen Kalkulationen keine Umweltkosten wie CO_2-Preise sieht, empfiehlt er seinem Vorstand, der für den wirtschaftlichen Erfolg der Firma zuständig ist, auch keine Maßnahmen, die klima-und umweltschädliche Produktion umzustellen.

Ebenso manche Stadtwerkebosse, die behördengetrieben nur das dünnste Kabel und den kleinsten Trafo einbauen und nicht vorausschauend größer investieren, wohlwissend, das viele Solaranlagen und Wallboxen in ihren Versorgungsgebieten kommen.

Manche Parteien setzen auf Freiwilligkeit in der Industrie, aber das führt meist kaum zum Erfolg.

> Entsprechend brauchen wir eine mutige Politik auf allen Ebenen, welche die volkswirtschaftlichen Rahmenbedingungen so setzt, dass die Betriebswirtschaft nachhaltig und klimaneutral läuft.

Oder um es wie Mahatma Gandhi auszudrücken: »Die Welt hat genug für jedermanns Bedürfnisse, aber nicht für jedermanns Gier.« An den Ressourcen unserer Erde scheitert die Menschheit nicht, sondern eher an ihrer gerechten Verteilung.

Wo arbeitet Ihr Geld?

Auch die Finanzwirtschaft hat einen großen Hebel in der Hand: Finanziere ich weiter umwelt- und klimaschädliche Vorhaben und Unternehmen, oder nicht? »Ihr Geld arbeitet für Sie auf der Bank.« Haben Sie sich schon mal gefragt, für wen oder was es dort arbeitet? Geld ist auch eine Form von Energie, weil Sie es sich »erarbeiten« und damit ihre Energie hineinstecken. Wenn Sie es bei Ihrer konventionellen Bank anlegen mit der reinen Intention auf Geldvermehrung, wird es in das renditeträchtigste Investvorhaben gesteckt. Global. Egal, wie umweltschädlich und unter welchen Arbeitsbedingungen. So arbeitet Ihr Geld in den Goldminen Südafrikas, an der Abholzung des Regenwaldes, in der Kinder- und Frauenarbeit der asiatischen Textilindustrie.

War Ihnen das bewusst? Wollen Sie das? Nein? Dann wechseln Sie Ihre Bank, und bestimmen Sie selbst, wo Ihr Geld arbeiten sollen und wofür es investiert wird. Unsere Familie ist seit über 10 Jahren bei der genossenschaftlichen GLS, wo wir es in der Biolandwirtschaft wirken lassen. Auch Erneuerbare, nachhaltiges Wohnen und Wirtschaften, Bildung und Kultur oder Soziales und Gesundheit sind möglich.

»Keep it in the ground« – fossile Energie nicht mehr fördern

De-investieren, also das angelegte Geld rauszuziehen aus diesen fossilen Klimakillern, war die Initiative des Guardian, dem Pendant zur Süddeutschen Zeitung in Großbritannien.[289] Sie hat mittlerweile viele Unterstützer und Nachahmer.[290] Es gibt immer mehr Banken und Unternehmen, die ihr Geld aus fossilen und umweltschädlichen Firmen und Fonds abziehen. Damit entziehen sie den Klimasündern die Finanzierungsgrundlage.

> Auch für die Finanzindustrie gilt: Raus aus Kohle, Öl und Gas, rein in die Erneuerbaren und Energieeffizienz!

Wenn die Weltbank, der internationale Währungsfonds und die anderen Großbanken der Welt mitziehen und eine kritische Masse bilden würden, hätte das einen großen Effekt für mehr Klimaschutz. Stellen Sie sich vor, keiner steckt mehr weltweit Geld in die Erschließung und Förderung von Kohle, Öl und Gas. Wir bräuchten keinen CO_2-Preis mehr. Das wäre der günstigste Klimaschutz überhaupt.

Klimaneutrale Finanzwirtschaft

Und eine klimaneutrale Welt braucht auch eine starke Finanzwirtschaft, die hinter dieser großen Transformation steht und durchfinanziert.

> In der Stromerzeugung ist der Schalter längst umgelegt: 85 Prozent der Neuinstallationen im Jahr 2021 waren Erneuerbare, nur 11 Prozent Gas, 4 Prozent Kohle und 0 Prozent Atom.[291]

Wenn die Banken und Finanzgruppen alle Neuinvestitionen »klima-ready« tätigen, ist das ein weiterer großer Beitrag der Finanzwirtschaft zum Klimaschutz. Das passiert auch im privaten Bereich. Immer mehr Haushalte investieren grün: Fast jeder Dritte schafft sich Solaranlagen, Wärmepumpen, Pelletheizungen, Heimspeicher, E-Autos und mehr an. Meist gefördert von der staatlichen KfW-Bank.[292] Oder wenn Superreiche ihre Milliarden in Klimaschutzstiftungen statt in den Weltraumtourismus stecken, wie jüngst der Patagonia-Gründer.[293]

Kritische Infrastrukturen in staatlicher Hand

Derzeit werden wieder »systemrelevante« Energieunternehmen auf Kosten der Allgemeinheit verstaatlicht. So, wie es mit den Banken in der Finanzkrise um 2010 war und während Corona und 2022 in der Energiekrise mit Uniper auch. Die Geldmenge wird einfach erhöht, was zur Inflation führt, die wiederum mit steigenden Zinsen bekämpft wird, was dann wieder die Finanzierung der Energiewende teurer macht. Ein Teufelskreis? In gewisser Weise ja.

Warum haben wir dann nicht alle grundlegenden Versorgungsstrukturen wie Wasser und Energie in staatlicher Hand? Gewinne werden privatisiert, Verluste werden verstaatlicht. Wenn im schlimmsten Fall alle für das Versagen zahlen, warum sollen nicht alle auch an den Gewinnen beteiligt werden? Auch eine Grundfrage gerechten Wirtschaftens. Ja, der Sozialismus hat in seiner gelebten Form das auch nicht besser hinbekommen, aber der heute gelebte Kapitalismus ebenfalls kaum besser. Wenn wir das System kritisieren, sollten wir auch immer Verbesserungsvorschläge haben. Einfach nur »gegen das System« zu sein, ist zu plump.

Die Natur hilft sich selbst

Ich habe immer öfters den Eindruck, dass sich die Natur selbst hilft und unserem klimaschädlichen Wirtschaften ein Ende bereitet und die Erde sich dadurch selbst schützt: Als die Flieger zum Beispiel während Corona am Boden geblieben sind. Welche Ruhe und Wohltat das war! Wie sauber der Himmel am Tag, wie herrlich der Sternenhimmel in der Nacht! Oder wenn die Flüsse zu wenig Wasser führen und die Kohlekraftwerke mangels Kühlwassers die Leistung drosseln müssen. Oder wenn die Asphaltstraßen durch die Hitze aufbrechen und sich die Natur selbst damit ein Tempolimit verschafft.

> Eines ist klar: Die Erde wird es auch nach allen Klimakatastrophen geben. Uns als »Krone der Schöpfung« vielleicht nicht mehr.

Diese Erkenntnisse zu den Grenzen des Wachstums und unseres Wirtschaftens adäquat zu kommunizieren, ist eine Aufgabe für alle Medien. Aber nicht nur die Medien gehen in den Dialog, auch interessensgeleitete Kampagnen verschaffen sich mit viel Geld Aufmerksamkeit und Bildschirmzeit in unseren Köpfen. Das ist nicht immer zum Wohl des Klimas, aber auch eine Chance für die Klimakommunikation.

Klimakommunikation in Medien und Kampagnen

Das Wissen um die Klimalösungen ist da, wieso bekommen wir sie dennoch nur zaghaft umgesetzt (zum Beispiel bei Heizungen)? Dazu hilft es zu verstehen, wie Informationen mit unseren Gedanken und Gefühlen und unseren Handlungen zusammenhängen. Und Medien und Kampagnen haben hier einen prägenden Einfluss auf unser Bewusstsein und Unterbewusstsein.

> Informationen erschaffen unsere Realität.

Wir haben Gedanken und Gefühle, die genauso real sind wie unser physischer Körper. Was ich mir vorstelle, kann Realität werden. Was ich mir intensiv vorstelle, wird aus einem Möglichkeitsraum mit höherer Wahrscheinlichkeit Realität als andere Möglichkeiten. Wir kennen es auch von Großdemonstrationen und Volksbegehren. In der kollektiven Vorstellungskraft schaffen wir unsere gemeinsame Realität.

Diese Chance sollten wir nutzen, um dem Klimawandel zu entgegnen. Die Voraussetzung dafür ist die Bündelung und Ergründung dieser Informationen (Wissenschaft und Forschung), der Transport dieser Informationen (Bildung und Medien) und das Umsetzen dieser Informationen in Entscheidungen und Handlungen (Politik, Wirtschaft und Gesellschaft).

Unser Denken bestimmt das, was wir wahr-nehmen

Mir ist das während meines Studiums bewusst geworden. Womit wir uns mental auseinandersetzen, prägt unsere Wahrnehmung. Als ich zwei Jahre Informatik studiert habe, sah ich überall nur Informationen. Jetzt, da ich als Energietechniker arbeite, sehe ich überall die Energieflüsse.

Unsere Wahrnehmung folgt also unserer Aufmerksamkeit. Sie ist davon abhängig, womit wir uns beschäftigen und welche Informationen uns vorliegen. Wahrheit kann auch als die Summe all unserer Wahrnehmungen definiert werden und ist damit individuell und kollektiv zugleich.

Das beste Beispiel sind »Fake News« und »alternative Fakten«, welche unter anderem die ab Seite 49 beschriebenen Mythen hervorgebracht haben und Menschen derart in Angst und Schrecken versetzen können, dass sie gegen Wind- und Solarparks kämpfen, als ginge es um ihr blankes Überleben. Das unterstreicht die enorme Bedeutung von Bildung, von freiem Zugang zu Information, von objektiver Berichterstattung und von der eigenen, freien und kritischen Meinungsbildung.

Klimakommunikation in der Presse

Oft höre ich bei meinen Vorträgen zu Fakten rund um Klima und Energie: »Das war mir so nicht bewusst.«

> Die Informationen an die richtige Stelle zu bringen ist also sehr entscheidend im Kampf gegen die Erderwärmung.

Damit schaffen wir das Problembewusstsein und die Voraussetzung zu Veränderungen in unserem Handeln. Nehmen wir zum Beispiel die Tagesschau: Es ist entscheidend, welche Inhalte die Redaktion aussucht und mit welchen Bildern und Worten sie diese präsentiert. So gelangt sie in unser Unterbewusstsein und damit auch in unseren Werte- und Entscheidungskanon. Als am 20.09.2019 die größte Demonstration der Nachkriegsgeschichte von Fridays for Future mit über 1,4 Millionen Teilnehmern stattfand, kamen nicht die streikenden Kinder zu Wort, sondern zwei Gewerkschaftsvertreter mit Sorgen über Arbeitsplatzverluste durch zu strengen Klimaschutz.[294]

Die Initiative »Klima vor acht« wertete die Sendungen im öffentlich-rechtlichen Fernsehen zu den Themen Klima und Corona aus und stellte diese den Umfragen der Forschungsgruppe Wahlen zu den wichtigsten Problemen Deutschlands gegenüber. Es zeigte sich, dass Problembewusstsein und Berichterstattung bei Corona sehr gut zusammenpassten, aber bei Klima nicht. Die Anzahl der Sendungen zur Klimakrise ist viel kleiner als das Problembewusstsein in der Bevölkerung.[295] Und wenn dann noch in den Talkshows um der Quote willen ein Klimaskeptiker neben einen Klimaforscher gesetzt wird, ist die öffentliche Wahrnehmung: »Die sind sich noch nicht ganz einig«, obwohl das Konsens ist und 99 Prozent der Wissenschaftler vom menschengemachten Klimawandel überzeugt sind.[296] Das gab eine Auswertung von 88.000 Fachpublikationen.

> Über die Medien wird der Bevölkerung nicht immer die Realität widergespiegelt, sondern die Minderheitsmeinung der Konsensmeinung gleichgewichtet gegenübergestellt. »False Balance« oder »mediale Verzerrung« nennen das die Journalisten.

Ähnlich in der Energiekrise. In den Tagesthemen vom 4.8.2022 wurden die Ergebnisse einer von infratest dimap erstellten repräsentativen Umfrage im ARD-DeutschlandTREND verfälscht dargestellt. Die Bevölkerung wurde zu den wichtigsten energiepolitischen Maßnahmen befragt.

> An erster Stelle wurde mit 81 Prozent der schnellere Ausbau der Windenergie genannt. Das tauchte weder in den Tagesthemen noch auf tagesschau.de auf. Die Redaktion hat das schlicht weggelassen.

Stattdessen verkündete die Moderatorin: »Es werden (...) (neben der Atomkraft) eine ganze Reihe anderer energiepolitischer Maßnahmen aktuell diskutiert, wie man auf diese Krise reagieren soll, und da haben die Bürgerinnen und Bürger doch ein sehr klares Meinungsbild, was sie möchten, oder eben was nicht. Die verstärkte Nutzung von Kohlekraftwerken begrüßen 61 Prozent der Befragten.« Wie man die Ergebnisse einer öffentlich finanzierten und selbst beauftragten Umfrage so verfälscht darstellen kann, erschließt sich mir nicht. Das ist ein Verstoß gegen die Programmgrundsätze einer unabhängigen und sachlichen Berichterstattung.[297]

Als Erstunterzeichner dieser Initiative setze ich mich für eine tägliche Berichterstattung kurz vor der Tagesschau zu dem Thema Klimakrise und deren Lösung ein. Egal ob öffentlich-rechtlich oder sozial:

> Die Medien haben eine prägende Funktion in der Informationsübermittlung und damit Bewusstseinsbildung zu allen Themen.

Da das kritische Bewusstsein beim Nachrichtenkonsum, vor allem bei Videos, gesenkt ist, hinterfragen wir auch weniger deren Wahrheitsgehalt. Das hat auch mit Vertrauen zu tun. Wir vertrauen der Tagesschau und den ZDF heute Nachrichten und unseren lokalen Zeitungen, dass sie sorgfältig für uns recherchiert haben. Keiner von uns hat die Zeit, sich in alles selbst einzulesen. Daher heißt es oft: »Das war so in den Nachrichten, das stand so in der Zeitung«, und wir nehmen das für wahr. Gerade die Wissenschaftskommunikation und der Wissenschaftsjournalismus haben hier eine große Verantwortung. Es ist erfrischend, dass Sender wie Deutschlandfunk oder Institutionen wie das ScienceMediaCenter das immer wieder selbstkritisch reflektieren.[298] [299]

Und Klimaschutz kann auch lustig kommuniziert werden. Ich durfte in einem ZDF Heute Show Spezial den Comedians Lutz van der Horst und Fabian Köster die Energiewende erklären.[300] Dabei habe ich zum Abschied Bob Dylans »The answer my friend, is blowing in the wind and solar energy« mit der Gitarre gespielt und den »Hassknecht« zum Argument »Wir haben ja nur 2 Prozent der globalen Emissionen« gemacht. Beides wurde nicht gesendet, weil ich einfach schlechter performte als die Originale.

Klimakommunikation in Kampagnen

Von einer ehemaligen Nachrichtenmoderatorin hörte ich von Redaktionssitzungen mit dem Grundtenor: »Eine schlechte Nachricht ist eine gute Nachricht, weil die bringt Quote.«

Es wäre angesichts der Klima- und Energiekrise wie in jeder Krise viel zielführender, Lösungen statt Probleme zu kommunizieren.

Eine Schweizer Tagung zu Klimakommunikation brachte es so auf den Punkt: Die Diskussion von Lösungen schafft Lösungen.[301] Die Diskussion von Problemen schafft Probleme.

Womit wir uns mental beschäftigen, reproduziert unser Geist. Und wenn wir Lösungen kommuniziert bekommen und im Sinn haben, befähigen wir die Menschen, in ihrem Bereich etwas für den Klimaschutz zu tun. So holen wir sie heraus aus der Ohnmacht angesichts der Größe des Problems.

Lobbyorganisationen wie die »Neue Initiative soziale Marktwirtschaft« des Arbeitgeberverbandes Gesamtmetall arbeiten massiv am Unterbewusstsein der Bevölkerung. Ihr Ziel sind wirtschaftsliberale Reformen, denen unter anderem Klimaschutz und Energiewende im Wege stehen.[302] Ihre Methode: Öffentlichkeitsarbeit in Medien, politischen Kreisen, Stiftungen bis hin zur Erstellung von Schulmaterialien. Ihre Werbekampagne plakatierte im Jahr 2012 das ganze Berliner Regierungsviertel mit einem Teufel mit Augen aus Steckdosen, um unterbewusst das Gefühl zu vermitteln, dass die Energiewende den Strom unbezahlbar macht. Die Millionenkampagne wurde von einer Agentur ausgeführt, die im Internet damit Werbung macht, ganz legal ihre Meinung und politischen Ziele in die Köpfe der Bevölkerung, der Parlamentarier und in die öffentliche Debatte zu bringen. Auf allen Kanälen.[303]

Über solche Kampagnen kann man sich also die kollektive Beeinflussung des Bewusstseins und Unterbewusstseins der Bevölkerung von Politik, Gesellschaft und Medien – also die öffentliche Meinungsbildung kaufen. Die Kampagne war ein voller Erfolg und zielte vor allem auf die SPD ab, deren harte Kante soziale Gerechtigkeit ist. Und wenn Strom für den ärmeren Teil der Bevölkerung nicht mehr bezahlbar ist, war das ein klarer Angriffspunkt für die Kampagne. In der Folge dieser Kampagne aber auch eigener maßloser Lobbyarbeit der Solarindustrie – wie im Folgeabschnitt »Politische Instrumente und Handlungsoptionen« beschrieben – wurde der Ausbau der Photovoltaik zurückgefahren und kam weitgehend zum Erliegen, was etwa 70.000 Arbeitsplätze kostete.

Ähnlich läuft die Beeinflussung unserer Wahrnehmung durch Kampagnen der Windkraftgegner. Auf deren Internetseiten gibt es anpassbare Plakate, Flyer und Argumentationsstränge, aus denen jeder Wutbürger wunderbar Leserbriefe in die lokale Tagespresse bringen kann, welche diese wiederum abdruckt und dadurch Skepsis und Fake News unter die Bevölkerung bringt. Interessanterweise arbeiten deren Kontaktpersonen teilweise im Bundesministerium für Wirtschaft und Klimaschutz[304] und sind Aufsichtsräte von Energieunternehmen, die Wind- und Solarparks betreiben.[305]

Wir wissen aus der Hirnforschung, dass sich im Unterbewusstsein die Nervenbahnen und Synapsen entsprechend miteinander vernetzen durch Reize, die Gefühle auslösen.[306] Daher ist es möglich, dass über solche Plakate, die man unterbewusst innerhalb von Sekunden erfasst, die erneuerbaren Energien mit etwas teuflisch Bösem und Teuren verknüpft werden. Wenn das wie in diesem Fall von konservativen Medien aufgegriffen, verstärkt und wiederholt wird, prägt sich das ein. Das erklärt, weshalb vor dieser Kampagne die Solaranlagenbetreiber Helden in der Nachbarschaft waren und es danach hieß: »Das sind die reichen Zahnärzte, die sich auf unsere Kosten Solarstrom leisten.«

Ich erinnere mich an ministeriale Sitzungen, wo ein Vertreter der Kraftwerkslobby mit der Sammelbüchse für die »armen Stromkunden« sammelte, welche die EEG-Umlage zahlen müssen, damit die reichen Solarzahnärzte finanziert werden. Wenn diese falschen Aussagen und Bilder einer Kampagne von Politikern und Medien aufgenommen und immer wiederholt werden, dann wird aus einem einfachen Synapsenweg eine breite Autobahn in unserem Gehirn, eine »feste Überzeugung«. Sobald das Wort Photovoltaik fällt, wird dieser Affekt ausgelöst.

Ein Gemeinderat im Regensburger Landkreis hat einen fertigen Beschluss für einen Solarpark zum Kippen gebracht, weil er sagte: »Heute habe ich in der Zeitung gelesen, dass die EEG-Umlage wieder steigt.« Nicht wissend, dass der Solarpark den Strompreis senkt und in der Ausschreibung nur die günstigsten den Zuschlag bekommen.

Informationen in unserem Unterbewusstsein in Form verfestigter Gedanken und Glaubenssätze wirken als Gefühle und beeinflussen damit unsere Handlungen. Ja, sie können den rationellen Verstand förmlich ausschalten.

> Daher ist es so wichtig, dass wir mit evidenzbasierten »Fact News« von unabhängigen und vertrauenswürdigen Nachrichtenquellen informiert werden und nicht meinungsgetriebenen, gekauften Kampagnen und »Fake News« geistig zum Opfer fallen.

Wir brauchen also einen kritischen Umgang mit den Medien, die – zumindest bei den öffentlich-rechtlichen Anstalten – auch durch die Politik geführt werden. Die Politik kann über Rahmenbedingungen und Leitplanken auch dafür sorgen, dass unsere Wirtschaft die planetaren Grenzen einhält. Aber tut sie das in ausreichendem Maße? Damit setzen wir uns im Folgenden auseinander.

Politische Instrumente und Handlungsoptionen

Die Politik hat viele Handlungsoptionen für mehr Klimaschutz. Was können wir nicht alles! Corona: Lockdown, Milliardenhilfen für die Industrie. Ukrainekrieg: 100 Milliarden für die Bundeswehr.

> Beim Klimaschutz hingegen ist die Sache politisch äußerst zäh und zögerlich, obwohl das Problem seit Jahrzehnten bekannt ist.

In einer Umfrage aus der Akzeptanzforschung zur Energiewende in Norddeutschland stimmen 73 Prozent der Befragten der folgenden Aussage zu: »Ich würde mir wünschen, dass die Politik in Bezug auf den Klimawandel ähnlich konsequent handelt, wie sie es in der Corona-Pandemie getan hat.«[307]

Anspruch und Konsequenz

Aber wie konsequent ist die Politik? Wir hören teilweise von einem Überbietungswettbewerb: »Wir sind 2045 klimaneutral!« – »Das Bundesland Bayern schon 2040.« – »Das Pariser Klimaschutzabkommen erfüllen wir auf alle Fälle.«

> Es ist richtig, zuerst konkrete Klimaziele zu fassen. Es reicht aber nicht, diese nur anzukündigen.

Wie beim Hausbau und jedem anderen Projekt: Es braucht neben den Zielen auch einen konkreten Plan und alles nötige Rüstzeug, um diese Ziele zu erreichen. Ausgangspunkt ist das gleiche Recht für alle auf die Nutzung der Atmosphäre als »Mülltonne« für CO_2. Daraus resultiert gemessen an der Einwohnerzahl ein CO_2-Budget für jede Nation.[308]

Ein solches Instrument hatten wir vom WBGU aus zur Klimaschutzkonferenz in Kopenhagen im Jahr 2009 eingebracht. Die politischen Instrumente dienen der Einhaltung dieses Budgets. Die Klimaziele sind auf die einzelnen Sektoren und Verwaltungsebenen herunterzubrechen. Wenn Zwischenziele nicht erreicht werden, ist entsprechend nachzubessern. Dieser Mechanismus wurde im Bundes-Klimaschutzgesetz 2021 festgeschrieben.[309]

Er ist ein großer politischer Erfolg der letzten Jahre. Zuvor war die Erreichung der Klimaziele zu unspezifisch. Wenn die nationalen Klimaziele nicht erreicht wurden, konnte kein einzelner Minister in die Verantwortung genommen werden.

Handlungsempfehlungen aus Gremien politisch umsetzen

Der Prozess wird durch verschiedene Gremien wissenschaftlich begleitet. Unter anderem wurde der Expertenrat für Klimafragen gegründet, der den WBGU oder auch den Sachverständigenrat für Umweltfragen ergänzt.

Das Grundproblem dieser Gremien ist, dass ihre Beratungen keinerlei Konsequenzen für die Politik haben müssen. Dennoch sind sie gerade im öffentlichen Diskurs eine wichtige Stimme und für die Ministerien wertvolle Fundgruben für Wissen und Handlungsoptionen. Und sie werden für ihre Unabhängigkeit geschätzt. Denn den Einfluss von Lobbyorganisationen schätze ich als wesentlich größer ein. Sie sind finanziell und personell um ein Vielfaches besser ausgestattet als alle wissenschaftlichen Beiräte der Bundesregierung zusammen. Aber auch Länder, Städte und Gemeinden setzen Klimaräte und Klimaschutzreferenten ein. Und auf Bundesebene gab es eine neue Form mit Bürgerbeteiligung: den Bürgerrat Klima. Er bestand aus 160 ausgelosten Personen, die wissenschaftlich begleitet ebenfalls 80 Empfehlungen für die Klimapolitik entwickelt haben.[310]

Ordnungspolitische Maßnahmen

Gut. Ziel eingegeben, aber wie erreichen wir es nun? Welche Hebel und Instrumente hat die Politik in der Hand, um die Emissionen zu reduzieren?

> Sie kann ordnungspolitische Maßnahmen wie Verbote von Verbrennern oder ein Tempolimit anordnen oder finanzielle Anreize setzen. Letztere finden breiteren gesellschaftlichen Konsens als Verbote und Strafen.

Aber zunächst zur Ordnungspolitik. Verbote werden von den politischen Lagern unterschiedlich bewertet. Die einen setzen auf freie Entscheidungen und wenig Verbote, andere wiederum sagen, dass Freiwilligkeit die letzten Jahrzehnte kaum etwas bewegt habe und daher klare Regeln nötig seien.

Zu den ordnungspolitischen Maßnahmen im Klimaschutz gehören der Vorrang erneuerbarer Energien im Stromnetz, Effizienzstandards für Neubauten oder bei Elektrogeräten, Recyclingvorschriften oder die höhere Gewichtung des Klimaschutzes in Abwägung zum Denkmal- und Artenschutz. Aber auch das Aufforsten staatlicher Wälder, das Renaturieren der Moore oder das Verbieten der Rodung von Urwäldern.

> Wenn Kommunen in ihren Bauordnungen jedes kleinste Detail vorgeben wie die Farbe der Dachziegel, können sie auch das Verbot von Öl- und Gasheizungen oder eine Solarpflicht vorgegeben.

Beispiel Tempolimit

Es gibt viel Für und Wider zu Verboten, aber ein Blick in die Vergangenheit zeigt, dass sie oft Leben retten können. Vor der Einführung der Anschnallpflicht gab es viel Widerstand dagegen. Heute ist es das Selbstverständlichste. Ähnlich kann es beim Tempolimit sein. Ein Tempolimit macht den Verkehr sicherer, unstressiger und reduziert den Spritverbrauch und damit Fahrtkosten plus den CO_2-Ausstoß erheblich.

Ein Tempolimit hat viele Vorteile: Das Fahren wird angenehmer und weniger stressig. Es gibt keine Raser mehr von hinten, die einem den Puls nach oben treiben und damit verbunden weniger Angst, wenn die

Fahrspur gewechselt wird. Es gibt weniger Staus, weil die Fahrzeuge gleichmäßiger unterwegs sind und dadurch der Verkehrsfluss verbessert wird.

Ich höre es oft und erlebe es auch selbst: Eine Fahrt durch unsere Nachbarländer ist auf der Autobahn wesentlich angenehmer als in Deutschland. Es gäbe keine Autobahntouristen, welche unsere Straßen als Rennstrecke nutzen. Die Spritkosten wären wesentlich geringer, weil der Verbrauch durch den Luftwiderstand exponentiell ansteigt. Das wird jedem E-Autofahrer schneller bewusst als den Verbrenner-Fahrern, weil bei Geschwindigkeiten über 130 Stundenkilometern sich die Batterie zügig leert. Und die Autoindustrie hätte einen Anreiz, sparsamere Autos zu bauen und keine PS-Bolzen, die auch bei 160 Stundenkilometern noch ausreichend Kraft für zügiges Überholen liefern sollen.

Aber allen voran wäre es eine sehr günstige Klimaschutzmaßnahme. Ein paar Tempolimit-Blechschilder mehr könnten laut dem Umweltverband Deutsche Umwelthilfe bei einem umfassenden Tempolimit jährlich bis zu 3,7 Milliarden Liter Sprit und damit verbunden 9,2 Millionen Tonnen CO_2 einsparen.[311] Das wären immerhin mehr als 6 Prozent der Emissionen im Straßenverkehr. Das Tempolimit gewinnt zunehmend an Akzeptanz. Auch Polizeigewerkschaften sind dafür.

> Die eigene Freiheit hört an der Grenze der Freiheit des anderen auf. Daher machen klare Regeln wie Verbote Sinn.

Klaus Töpfer, der ehemalige Umweltbundesminister und UN-Umweltdirektor sagte auf einer Konferenz zu mir, dass ordnungspolitische Maßnahmen nie beliebt seien, aber die Gesellschaft in die richtige Richtung lenken können. Er habe das selbst erlebt, als er mit seinem Ministerium den Katalysator für Autos oder Abgasfilteranlagen für Kraftwerke eingeführt habe. Beide Male hieß es aus der Industrie: »Das ist ein Standortnachteil für Deutschland, wir wandern ab, wenn das kommt.« Und in beiden Fällen, meinte Töpfer, sind wir heute Weltmarktführer, die die Standards gesetzt haben.

Wenn Verbote oder Grenzwerte unmittelbar einen spürbaren Vorteil bringen, werden sie gesellschaftlich leichter akzeptiert.

Finanzielle Anreize und Maßnahmen

Es gibt zahlreiche Instrumente der Energie- und Klimapolitik, die durch finanzielle Anreize zu mehr Klimaschutz führen.

> Im Kern sind es zwei Hebel: einerseits die Verursachung der Klimamisere teurer zu machen oder das Streichen fossiler Subventionen.

Auf der einen Seite kann die klimaschädliche Nutzung von Kohle, Öl und Gas über eine CO_2-Bepreisung in Form eines Emissionshandels oder einer CO_2-Steuer verteuert werden. Ein Klimageld könnte als Lenkungsinstrument soziale Härten ausgleichen. Auf der anderen Seite könnten klimafreundliche Technologien über entsprechende Förderung günstiger gemacht werden.

Wichtig ist die Konsistenz untereinander: Die Wirkung eines Instruments sollte nicht durch ein anderes Instrument zunichtegemacht werden. Was bringt eine CO_2-Steuer, wenn an anderer Stelle Kohle, Öl und Gas weiter subventioniert werden? Was bedeutet es für die übergeordnete Klimakrise, wenn in der Energiekrise zur Dämpfung der Energiepreise die Anhebung des CO_2-Preises ausgesetzt wird? Was bringt ein Emissionshandel, wenn die meisten CO_2-Zertifikate nahezu verschenkt werden vom Staat als Ausnahme für die energie- und CO_2-intensive Industrie?

Maxime kosteneffizienter, gerechter Klimaschutz

Meine vorgeschlagene Prämisse bei allen finanziellen Instrumenten lautet: Wie kann ich mit einem Euro den maximalen Klimaschutz erzielen? Die Mittel sind begrenzt und können über einen solchen Grundsatz effizient eingesetzt werden. Dafür ist ein technologieneutraler Markt das richtige Instrument, weil er solche Effizienzanreize schafft. Die Politik verteilt die Emissionsrechte ihres Landes oder ihres Wirtschaftsverbundes wie die EU durch CO_2-Zertifikate, die gehandelt werden. Schafft es ein Unternehmen, klimafreundlich zu produzieren, benötigt es weniger Zertifikate oder kann diese weiterverkaufen. Solche Märkte funktionieren in der Theorie perfekt, in der Praxis brauchen sie Leitplanken, klare Regeln und

Vorgaben. Eine reine Marktwirtschaft optimiert nur auf maximalen Profit, oft zulasten von Menschen und der Umwelt.

> Die hohe Kunst der Politik ist, den politischen Rahmen so zu setzen, dass möglichst viele Ziele erreicht werden: soziale Gerechtigkeit, nachhaltiges Wachstum, Klimaneutralität, ein gutes Leben für alle.

Gerade der Ausgleich sozialer Härtefälle ist hier ein wichtiges Kriterium. Je präziser ein Instrument ausgerichtet ist, desto wirkungsvoller ist es. Ein Beispiel ist der Tankrabatt, der vom SUV-Fahrer bis zum Pendler mit Kleinwagen alle gleichermaßen bedient hat und damit den Anreiz für klimafreundliche Mobilität genommen hat. Das Gegenteil hat das 9-Euro-Ticket bewirkt.

Fossile Subventionen gehören abgeschafft

Allein für den Verkehrssektor errechnet das Umweltbundesamt umwelt- und klimaschädliche Subventionen von knapp 31 Milliarden Euro.[312] Das sind vorwiegend Steuervergünstigungen für Diesel und Steuerbefreiungen für Kerosin und internationale Flüge. Das 9-Euro-Ticket wurde in den drei Sommermonaten 2022 insgesamt 52 Millionen Mal verkauft. Das kostete den Staat 2,5 Milliarden Euro.[313]

> Das bedeutet, dass durch die Abschaffung fossiler Subventionen im Verkehrssektor ganzjährig das 9-Euro-Ticket finanziert werden könnte.

Die Abschaffung des Dienstwagenprivilegs, welches in der Regel zur Nutzung von großen, klimaschädlichen Schlitten führt, könnte über 3 Milliarden Euro fossile Subventionen einsparen und damit locker jeden Sommer das 9-Euro-Ticket ermöglichen.

Der Verkehrssektor macht mit 47 Prozent den größten Brocken der klimaschädlichen Subventionen aus, gefolgt vom Stromsektor mit 39 Prozent. Hier stechen vor allem Vergünstigungen für die Industrie heraus. Früher war hier der größte Brocken die Steinkohlesubventionen. Diese wurden von 1974 bis 1991 direkt als Kohlepfennig auf den Strompreis aufgeschlagen und betrugen die letzten 20 Jahre durchschnittlich 4 Milliarden Euro pro Jahr.[314] Aber auch heute hat der Steinkohleabbau seine Folgekosten: die sogenannten Ewigkeitskosten. Das Ruhrgebiet ist nach 150 Jahre Bergbau wie ein Schweizer Käse im Schnitt um 12 Meter abgesackt, die Innenstadt von Essen sogar um 30 Meter. Damit sich keine Seenplatte bildet beziehungsweise das Grund- und Trinkwasser nicht vom durch den Bergbau vergifteten Grubenwasser geflutet wird, laufen über 200 Pumpen permanent.[315] Jährliche Kosten: mehrere Hundert Millionen Euro.

Klimafreundliche Maßnahmen schaffen Anreize

Mit Subventionen kann der Staat auch klimafreundliche Technologien fördern. Indem er die Infrastrukturen für Bahnen, Busse, Fahrräder und Fußgänger stärkt oder Zuschüsse erteilt. Zuschüsse für effiziente Gebäude, Heiztechnik, Batterien, E-Autos, Ladesäulen oder die Förderung von Wind- und Solarstrom über Umlagen wie die EEG-Umlage sind zentrale Instrumente der Klimapolitik. Das Modell des Einspeisetarifs aus dem Erneuerbare-Energien-Gesetz (EEG) wurde in über 80 Ländern der Welt kopiert.

> Dieses Erfolgsmodell braucht aber auch gute staatliche Lenkung, frei von Lobbyeinflüssen.

Lobbyarbeit schlägt Wissenschaft

Zusammen mit Joachim Nitsch vom DLR durfte ich 2009 bis 2011 die Langfristszenarien zur Energiewende für die Bundesregierung erstellen.[316] In dieser damals »Leitstudie« genannten Arbeit errechnete Dr. Bernd Wenzel die EEG-Umlage, die auf alle Stromkunden umgelegt wurde. Ich erinnere mich an eine Sitzung, in der wir mit dem Bundesumweltministerium zusammen den Ausbau der Photovoltaik im laufenden Jahr 2010 schätzten. Es gab damals noch kein Monitoring seitens Bundesnetzagentur, weshalb wir im Nebel stocherten und 3 bis 4 Gigawatt annahmen. Es wurden 6,5 Gigawatt.[317] Dr. Bernd Wenzel errechnete die EEG-Umlage für die Regierung seit dessen Einführung. Er warnte damals von explodierenden Kosten.

Wir bereiteten das dem Ministerium auf und zeigten, dass die Solarkosten deutlich sinken und die Vergütungssätze entsprechend signifikant abzusenken sind.

Die Argumente wurden von den Ministeriellen bis zum Staatssekretär Jürgen Becker (CDU) getragen. Wir bekamen die Auskunft, dass die Fördersätze so hoch bleiben sollen. Warum? Becker saß im Stiftungsrat des FC Köln und traf dort Frank Asbeck (Grüne), einen Hauptsponsor des Vereins und Chef von Solarworld, der gegen die Kürzungen war.[318] Die Folge: Die EEG-Umlage explodierte wie prognostiziert und führte, neben den Kampagnen gegen Solarstrom wie bereits dargestellt zu drastischen Einschnitten und den Solardeckel (Ausbaubegrenzung für Solarstrom) unter Peter Altmaier.

Mein Forscherkollege Wenzel gab seine Arbeit für das Ministerium frustriert auf. So sticht Lobbyarbeit die Wissenschaft aus. Die EEG-Umlage ist mittlerweile Geschichte. Größere Anlagen erhalten jetzt Zuschläge in Auktionen. Ihr Strom wird darüber hinaus direkt an der Strombörse vermarktet. Und bei den derzeit hohen und unsicheren Strompreisen werden oft Stromlieferverträge direkt zwischen Wind- und Solarparks und Gewerbe und Industrie geschlossen. Ganz ohne staatliche Unterstützung.

CO_2-Bepreisung setzt das Verursacherprinzip um

Wer den Schaden verursacht, soll auch dafür geradestehen. Dieses Verursacherprinzip lässt sich beim Klimaschutz vor allem über eine CO_2-Bepreisung festmachen. Klimaschädliche Produkte wie Heizöl, Benzin oder Diesel werden dadurch teurer. Die Alternativen wie Wärmepumpen, Ökostrom für E-Autos etc. wirtschaftlich attraktiver. Dadurch wird eine Lenkungswirkung entfaltet, die bei unseren Nachbarn bereits einiges bewirkt hat.

So in der Schweiz oder in Schweden, wo eine CO_2-Steuer seit 1990 die Emissionen im Verkehrssektor um 10 Prozent reduziert hat und fossile Brennstoffe aus allen schwedischen Heizungen verbannt hat. Die CO_2-Bepreisung wird in Deutschland über zwei Wege realisiert: den Emissionshandel und die CO_2-Abgabe oder -Steuer. Der Emissionshandel umfasst die Stromwirtschaft und die Industrie. In Deutschland sind das etwa 2000 Großanlagen wie Kraftwerke, Stahl- und Zementwerke oder Raffinerien. Er wurde 2005 als Folge der Kyoto-Klimaabkommen EU-weit eingeführt.

Die Staaten legen fest, wie viel Klimagase emittiert werden dürfen und verteilen dann diese Emissionsrechte in Form von Zertifikaten. Damit sich ein relevanter CO_2-Preis bildet, braucht es eine Knappheit am Markt. Diese ist mittlerweile gegeben, und der CO_2-Preis erreicht im Jahr 2022 Werte zwischen 60 Euro und 100 Euro je Tonne.

Die anderen Bereiche wie Gebäudewärme und der Verkehr blieben außen vor bis zur Einführung der CO_2-Abgabe, die nach staatlicher Vorgabe derzeit 30 Euro beträgt und Jahr für Jahr ansteigt. Es wird aber nicht jeder Haus- oder Autobesitzer zur Kasse gebeten, sondern ein ergänzendes nationales Emissionshandelssystem für die Lieferanten von Kraft- und Brennstoffen aus Kohle, Öl und Gas eingeführt. Dadurch wird der Klimaschaden beim Endverbraucher eingepreist, der dadurch – wie der Industriebetrieb – einen finanziellen Anreiz zu mehr Klimaschutz hat.[319]

Differenzkosten- und Klimaschutzverträge für die Industrie

Für einige Industriezweige ist der Umbau zur Klimaneutralität mit sehr hohen Investitionen verbunden. Die Folge wären Produktionskosten, die dem internationalen Wettbewerb nicht standhalten können. Daher werden intensiv Instrumente wie die Differenzkostenverträge oder Grenzkostenaufschläge diskutiert. So könnte der Staat die Differenz zwischen konkurrenzfähigem CO_2-Preis und tatsächlich nötigem und klimagerechten CO_2-Preis ausgleichen. »Carbon Contracts for Differences« heißt dieses Zauberwort.

Oder er beaufschlagt die Konkurrenzprodukte beim Import mit einem CO_2-Preis, um den Wettbewerbsvorteil einer günstigen, aber klimaschädlichen Produktion im Ausland auszugleichen. Das Problem ist, dass der Staat oft keine Einblicke in die tatsächlichen Produktionskosten der Stahl- und Chemieindustrie hat und daher die staatlichen Gelder auch missbraucht beziehungsweise ineffizient eingesetzt werden können. Dieser Nachteil kann wettbewerblich über Doppelauktionen wie für Wasserstoff und Wasserstoffprodukte überwunden werden. Mehr dazu im Abschnitt »Wasserstoffimport via H_2Global« (-› ab Seite 268).

Joker CO_2-Entfernung und Klimaanpassung

In dem Maße, wie Politik und Gesellschaft die wichtigsten Maßnahmen des Klimaschutzes, den Ausbau Erneuerbarer und der Energieeffizienz, verschlafen, verschleppen und damit schlicht nur halbherzig umsetzen, werden Joker wie »negative Emissionen« und »Geoengineering« immer attraktiver. Letzteres beschreibt alle Methoden, die aus der Atmosphäre CO_2 entfernen oder die Sonneneinstrahlung dämpfen.

Klimaanpassung – Armutszeugnis und Notwendigkeit zugleich

Das Eingeständnis dieses politischen Versagens im Klimaschutz führt zum Ausweichen auf die Klimaanpassung. Was ich als Armutszeugnis ansehe, wird schiere Notwendigkeit. Sie ist es längst. Wir werden die Dämme höher ziehen, wir werden die Kanalisationssysteme auf Starkregen auslegen und Flächenversiegelung reduzieren. Wir werden Menschen aus Überschwemmungsgebieten umsiedeln und damit Siedlungen aufgeben, wie es in der Isarmündung bei Deggendorf bereits der Fall war.[320]

Wir werden Flüsse, Bäche, Moore und Seen wieder renaturieren und nicht mehr begradigen, damit das Wasser langsamer abfließt. Wir werden klimaresistente Wälder und Pflanzen für Nahrung und Futter anbauen und ernten. Unsere Gebäude werden wir hitze- und flutbeständiger machen und keine Neubaugebiete in Überschwemmungsgebiete erschließen. Wir werden uns auf neue tropische Krankheiten einstellen und entsprechende Impfstoffe entwickeln. All diese Klimaanpassungen sind notwendig und gut und schön.

> Aber es ist und bleibt glasklar: Die Ursache zu heilen ist immer besser als die Auswirkungen.

Das Team Vorsicht hat zwar in einigen Parteien große Fans bei Corona, nicht aber beim Klimaschutz. Und so schiebt sich der Abstieg vom Berg der CO_2-Emissionen immer weiter in die Zukunft.

Joker CO_2-Entfernung und Geoengineering

Als die Bundesregierung unter dem Druck der Entscheidung des Bundesverfassungsgerichts das Zieljahr der Klimaneutralität von 2050 auf 2045 vorzog, stand unsere Modelliererwelt Kopf: Wie sollen wir das erreichen? Es sind ohnehin schon optimistischste Annahmen enthalten bezüglich rationeller politischer Entscheidungen, geringer Inflation und allzeit verfügbaren Handwerkern, Ingenieuren und Material. Die Realität sieht anders aus, und das System ist träge.

Also setzten wir den Joker »negative Emissionen« ein, sonst fanden die Modelle keine Lösung. Und wenn selbst im Computer keine Klimalösung realisierbar war, wie viel mehr wäre die Umsetzung in der Realität eine große Herausforderung? Aber was ist das eigentlich, dieser Joker, dieses Rettungsboot?

> Negative Emissionen sind nichts anderes als die Entfernung von CO_2 aus der Atmosphäre. Es ist ein technischer Ausgleich unserer Klimasünden. Das ist so gut wie immer teurer und aufwendiger, als die Nutzung von Kohle, Öl und Gas durch Erneuerbare und Effizienz zu vermeiden.

Ist das nicht ein reiner Ablasshandel? Wie die Kompensation unserer CO_2-Emissionen im Ausland? Bei Flugreisen und Kreuzfahrten sind diese sehr beliebt und verschaffen vielen ein reines Gewissen.

Natürliche CO_2-Senken

Negative Emissionen kann ein Wald, ein Moor oder technische Anlagen leisten. Bäume entziehen der Atmosphäre durch ihr Wachstum auf natürliche Art und Weise CO_2, wie alle anderen Pflanzen. Wird es als Baumaterial verwendet, bleibt es der Luft fern. Die Aufforstung ist ein wunderbares Beispiel dafür, wie günstiger Klimaschutz sofort umgesetzt werden kann. Es gibt aber auch tolle technische Anwendungen von Holz: Bei Basel entstand ein Heizwerk mit Holz, das nicht nur CO_2-neutral, sondern CO_2-negativ ist. Wie geht das? Holz wird unter Sauerstoffausschluss und Wärmeabgabe verkohlt. Dabei wird es nur teilweise verbrannt, sodass Holzkohle zurückbleibt, die dann – verbuddelt in der Erde – CO_2 speichert.[321] Ähnlich ist es mit Altholz oder anderen holzartigen Biomassen, die über ein solches Verfahren als Pflanzenkohle dauerhaft im Boden CO_2 einlagern.[322] Das schaffen auch nasse Moore, in denen Pflanzen über lange Zeiträume zu Torf werden. Sie sind sehr effizient: Obwohl sie weltweit nur ein Zehntel der Fläche von Wäldern ausmachen, speichern sie etwa doppelt so viel CO_2 beziehungsweise Kohlenstoff.[323]

Technische CO_2-Senken

Das geht auch mit technischen Anlagen, die unter Einsatz von Strom und Wärme CO_2 aus der Luft filtern. Da die CO_2-Konzentration in der Luft mit etwa 0,04 Prozent allerdings sehr klein ist, braucht es etwa 2.500 Kubikmeter Luft, um 1 Kubikmeter CO_2 rauszufischen. Dafür sind große Ventilatoren nötig. Diese Verfahren brauchen also viel Energie und Platz. Es wird als DAC für »Direct Air Capture« bezeichnet. Wird das CO_2 über Power-to-X genutzt, wird von »Carbon Capture and Use«, kurz CCU gesprochen. Wird es gespeichert, von CCS. Das S steht für »Storage«, Speicherung. Wenn das CO_2 mithilfe von Biomasse entnommen wurde und anschließend technisch im Untergrund gespeichert wird, spricht man von »Bioenergy with Carbon Capture and Storage«, kurz BECCS. Diesem Verfahren wird seitens Weltklimarat große Bedeutung zugemessen, und es war sehr dominant in vielen Szenarien, bevor Wasserstoff und Power-to-X adäquat in die Modellierung aufgenommen wurden.[324]

Steuerung der Solareinstrahlung in der Atmosphäre

Daneben gibt es noch zahlreiche Ideen, wie die Sonnenstrahlung physikalisch und chemisch daran gehindert werden kann, auf unsere Erde zu treffen. Sie werden »Solar Radiation Management«, kurz SRM genannt. Im WBGU haben wir diese Technologien allesamt immer ausgeschlossen wegen der ungeklärten Folgen für das Erdsystem und möglichen ökologischen Nebenwirkungen.[325]

Wer garantiert ein sicheres CO_2-Endlager?

Damit sie ernsthaft etwas im Kampf gegen den Klimawandel bringen, sind die CO_2-Lagerstätten dauerhaft über mehrere Jahrhunderte dicht zu halten. Und wer garantiert und bezahlt uns das? Wir bekommen das nach Jahrzehnten der Atomnutzung nicht mal mit Atomendlagern hin.

Als der Energiekonzern RWE die Braunkohlekraftwerke grün stellen wollte und eine CO_2-Pipeline von NRW nach Schleswig-Holstein konzipierte, gab es einen stillen Aufstand: Bauern kappten die Messleitungen für Feldversuche, und letztlich verlor der amtierende Ministerpräsident sein Amt.

Andere Länder wie unsere Nachbarn in Skandinavien haben hier weniger Akzeptanzprobleme und möchten alte Öl- und Gasfelder für das CO_2-Speichern nutzen.

> Es ist gut möglich, dass wir in einer weiterhin klimaträgen Politik und Gesellschaft im Lauf der Zeit Joker brauchen.
> Alle Joker.

Import versus heimische Produktion

Verschlafen haben wir auch den Aufbau der Wasserstoffstruktur. Die technischen Lösungen sind längst da, aber sie wurden politisch kaum umgesetzt oder sogar verhindert, wie ich im Kapitel »Stromwende« beschrieben habe. Da der Ausbau Erneuerbarer verschleppt wurde, liegen die politischen Hoffnungen nun auf Wasserstoff. Aber kann der das überhaupt leisten? Und wo soll er herkommen: aus der Selbstversorgung oder aus dem Ausland? Eine große gesellschaftliche Streitfrage, nicht nur beim Wasserstoff.

Heute importieren wir den Großteil unserer Energieträger – vor allem Öl und Gas. Soll das in Zukunft auch so sein? Anhänger einer dezentralen Energiewende plädieren schon sehr lange für mehr heimische Erzeugung. Sie bekommen nun Rückenwind durch den Ukrainekrieg, der uns unsere massive Abhängigkeit dramatisch vor Augen führt. Und ich erinnere mich an Bundesminister Peter Altmaier, der zu mir bei der Vorstellung von Power-to-Gas im Jahr 2012 sagte:

> »Tolle Idee mit erneuerbarem Gas aus Deutschland. Aber russisches Gas ist viermal billiger. Kommen Sie wieder, wenn die Industrie Interesse hat.« Jetzt ist es so weit!

Großinfrastruktur und Importe – Für und Wider

Warum ist die Entwicklung so gelaufen, dass wir so abhängig sind vom Ausland – anders als vor 100 Jahren, wo wir uns mit Biomasse und Kohle weitgehend selbst versorgt haben. Unser Energiehunger ist schlicht so stark gestiegen, dass wir mehr brauchen. Und dieses Mehr konnten wir in Form von Öl und Gas nicht mehr heimisch decken. Zudem waren Importe günstiger und die verfügbaren Mengen größer. So haben sich riesige Öl- und Gasinfrastrukturen gebildet. Diese sind aber qua ihrer Größe kritisch für die Versorgungssicherheit und damit ein Ziel für Anschläge, wie die Sabotage und Zerstörung der beiden North Stream Gaspipelines zeigt.

Auch im Stromnetz haben wir uns europaweit vernetzt mit dem klaren Vorteil der höheren Systemstabilität. Das Netz ist im Verbund stärker und damit weniger anfällig und robuster. Daher war und ist es die Intention der EU, möglichst viele Stromtrassen durch Europa zu haben. So kann jede Kilowattstunde überall gehandelt werden, und es ergibt sich ein ökonomisches Optimum. So die Wirtschaftstheorie.

Ähnliche Pläne schmiedet die EU nun für Wasserstoffpipelines und Wasserstoffimporte. Über Wasserstoffprodukte wie Ammoniak, Methanol oder Flugbenzin haben wir geopolitisch einen Riesenvorteil. Wir können Partnerschaften mit nahezu allen Ländern aufbauen. Denn Erneuerbare gibt es im Gegensatz zu fossilen Energien überall. Darüber lässt sich eine werteorientierte Energiepolitik umsetzen. Und wir werden unabhängiger von fossilen Autokratien und Diktaturen, die nicht unsere Werte teilen.

Heimische Produktion – Vor- und Nachteile

In Zeiten der kriegsbedingten Mangelwirtschaft werden aber auch die Vorteile der heimischen Energiequellen deutlich. Wir werden unabhängig und erreichen mehr Sicherheit und Energiesouveränität. Das Geld bleibt im Land und schafft vor Ort Arbeitsplätze und Wohlstand. Diese Kreislaufwirtschaft führt zu mehr Wertschöpfung in Deutschland. Wir werden durch heimische Erneuerbare resilienter und widerstandsfähiger in Krisenzeiten. Daher hat diese Variante genauso viel Berechtigung und Fans wie die Importvariante. Dagegen sprechen die im Vergleich zu Importen möglichen höheren Kosten, die geringere gesellschaftliche Akzeptanz und damit das kleinere realisierbare Potenzial.

Letztlich ist es wieder ein »Und« statt ein »Oder«

> Wie bei Netzen und Speichern, E-Autos und E-Fuels, Wind und Solar, Brennstoffzelle und Motor machen auch hier eine Heimatenergie und Importe Sinn.

Es schließt sich nicht aus, sich zu einem hohen Grad selbst zu versorgen und trotzdem miteinander zu handeln. Wir hätten in Deutschland und Europa ausreichend technisches Potenzial, um uns selbst zu versorgen. Die Umsetzung scheitert vor allem an der gesellschaftlichen Akzeptanz und damit politischen Umsetzung der Energiewende.

Gleichwohl ist es eben wirtschaftlich absolut sinnvoll, über die Länder hinweg europaweit und global miteinander zu handeln und die günstigsten und besten Ressourcen zu nutzen. Dafür braucht es die Strom- und Gasnetze. Letztere sind auch für Wasserstoff nutzbar. Dafür brauchen wir die Häfen und Schiffe, um Energieträger wie Ammoniak zu transportieren.

Beispiel Wasserstoff

Ich verdeutliche es am Beispiel Wasserstoff. Der von uns an der OTH Regensburg entwickelte wasserstoffatlas.de zeigt, dass wir ausreichend heimisches Potenzial hätten. Wenn es erschlossen wird, haben wir fast in jedem Dorf Wind- und Solaranlagen. In Teilen Nord- und Ostdeutschlands ist das bereits der Fall. Dort wird deutlich: Es gibt eine Akzeptanzgrenze. Daher brauchen wir zukünftig grüne Importe. Manch ein Staatssekretär sagt zwar, dass jeder Import den Ausbau Erneuerbarer in Deutschland bremse und wir uns auf die Elektrifizierung konzentrieren sollen.

> Aber allen dürfte klar sein, dass wir zur Erreichung der Klimaschutzziele alle nur verfügbaren Register ziehen müssen. Jetzt. Nicht nacheinander. Die Zeit haben wir nicht mehr. Es ist Energie- und Ressourcenverschwendung, alle Lösungsansätze gegeneinander auszuspielen und diese »Entweder-oder«-Kämpfe zu führen. Wir brauchen ein »Und«. In allen Bereichen!

Ich erlebe das immer wieder, gerade auch beim Thema Wasserstoff und E-Fuels. Dabei ist es wissenschaftlich evident: Die Klimaschutzziele sind ohne Wasserstoff beziehungsweise Power-to-X nicht erreichbar, die Versorgungssicherheit nicht gewährleistet. Zudem haben wir geringere Gesamtkosten mit Power-to-X als ohne.

Wir brauchen Wasserstoff und dessen Folgeprodukte für unsere Versorgungssicherheit und Klimaneutralität, und zwar in großen Mengen: Allein in der Industrie sind das für Chemie, Stahl und Prozesswärme etwa 340 Terawattstunden. Ebenso im Flug-, Schiffs- und Schwerlastverkehr mit weiteren 240 Terawattstunden. Und vor allem im Winter brauchen wir ihn gespeichert in der Gasinfrastruktur zur stabilen Stromversorgung als Lückenfüller für Wind und Solar. Wir haben es verschlafen, diese Technologie dafür aufzubauen, weshalb wir jetzt Kohle- und Atomkraftwerke weiterlaufen lassen. Damit schaden wir nicht nur dem Klima, sondern reißen einen 30-jährigen Konflikt auf, der mit dem Atomausstieg befriedet wurde. Der Gesamtbedarf an Wasserstoff beläuft sich auf etwa 700 Terawattstunden, was etwa das 3-fache Volumen aller Gasspeicher ist.[326]

> Wasserstoff ist damit mitnichten der Champagner der Energiewende, sondern neben erneuerbarem Strom der Haupttreibstoff, um Deutschland klimaneutral zu bekommen.

Wir haben dafür große Potenziale im Land, die wir mit dem Wasserstoffatlas aktivieren und Wertschöpfung und Arbeitsplätze in die Regionen bringen möchten. Damit befähigen wir Planer, Kommunen, Industrie, Regionen und ganz Deutschland, unabhängiger von importiertem Gas und Öl zu werden. Wir bringen mit dem Atlas Wissen in die Breite, machen Wasserstoff greifbar und erleichtern konkrete technische Planungen. Der Atlas zeigt ein technisches Wasserstoffpotenzial abzüglich des Strombedarfs vor Ort von etwa 780 Terawattstunden auf. Also mehr als wir brauchen.

Auch den Markthochlauf macht der Atlas sichtbar: Von unseren selbst gebauten ersten Power-to-X-Anlagen im Jahr 2009 bis heute entstanden über Forschungsprojekte etwa 70 Megawatt Elektrolyseleistung. Die nationale und europäische Wasserstoffstrategie aktiviert nun eine Pipeline von bis zu 2.000 Megawatt bis 2026, bis 2030 können wir das nationale Ziel der 10.000 Megawatt erreichen. Wir brauchen aber allein bis 2030 gut 20.000 Megawatt, um die Klimaschutzziele zu erreichen. Ohne regulatorische Anreize erfolgen aber bis auf Forschung keine Investitionen. Das soll sich nun ändern.

> Neben der Nutzung der nationalen Potenziale sind internationale Partnerschaften essenziell für die Erreichung der Klimaschutzziele in Deutschland.

Wasserstoffimport via H_2Global

Jahrelang habe ich mit anderen in den Ministerien darum gebettelt, Wasserstoff und Power-to-X nicht nur erforschen zu lassen, sondern auch politisch und regulatorisch in die Realität umzusetzen. Jahrelang wurde abgewiegelt mit: »Das brauchen wir jetzt noch nicht.« Durch die Verschärfung von Klimakrise und Energiekriese hat sich das geändert.

Noch vor Corona habe ich dem ehemaligen Entwicklungsminister Gerd Müller, den ich sehr schätze, ein Konzept für Wasserstoffzüge im Allgäu vorgestellt. Er erzählte mir begeistert von seinem Projekt in Marokko. Dort sollte ebenfalls eine große Wasserstoffanlage entstehen. Um deren Finanzierung und Umsetzung kümmerte sich Timo Bollerhey und Markus Exenberger bei der GIZ, die damals in Brasilien tätig waren. Sie entwickelten ein neues Instrument: H_2Global.[327]

Timo hatte die Idee, das Henne-Ei-Problem der Wasserstofffinanzierung über eine Doppelauktion wie folgt zu lösen: Eine Stiftung oder öffentliche Bank kauft aus dem Ausland vom günstigsten Anbieter eine Menge x an Wasserstoffprodukten ein. Für 10 Jahre fixiert und damit plan- und finanzierbar für den Investor. Die Stiftung oder Bank verkauft diese Mengen jährlich an den Bestbietendsten in Deutschland oder der EU. Die Differenz davon wird von Stiftungsgeld oder öffentlichen Mitteln bezahlt.

So weit die Idee, aber funktioniert das auch? So kamen die beiden über Gert Müller auf mich zu. Mit meinem Team erforschte ich also 2020 die Wirkung des Instruments. Der Nachweis war positiv, und das Ganze ging bis zum Wirtschaftsminister Peter Altmaier, der ebenfalls überzeugt wurde. Der Rest ist Geschichte. Die Idee wurde institutionalisiert, die Stiftung gegründet. Eine der ersten Amtshandlungen von Nachfolger Habeck war es, 900 Millionen Euro dafür bereitzustellen, verbunden mit der Frage, warum wir das nicht schon viel eher mit mehr Geld umgesetzt hätten. Die Energieimporte Deutschlands und der EU können dadurch diversifiziert werden, mit Nachhaltigkeitskriterien ausgestattet und auf viele Länder verteilt werden. Ein sehr heißes Thema in der Energie- und Außenpolitik.

Das internationale Interesse ist entsprechend riesengroß. Die Idee wird vielfach kopiert. Länder wie Australien und die Niederlande stehen Schlange, um mitzumachen. Nur zwei Jahre später verkündigt Kommissionspräsidentin Von der Leyen, dass die EU die Idee übernimmt und eine 3 Milliarden schwere Wasserstoffbank aufbaut.[328]

> Ich habe schon viel erlebt, aber dass eine Idee dermaßen schnell durch die Decke ging, nicht.

Meine Forschungsgruppe begleitet die H_2Global-Stiftung seitdem. Um die Unterschrift des Wirtschaftsministers zu bekommen, war es nötig, noch mal genau den Wasserstoffbedarf anzuschauen und welche Pfade am naheliegendsten sind. Bereits 2020 hatten wir auf Ammoniak, Methanol und E-Kerosin gesetzt. Alles keine reinen Wasserstoffe, sondern wasserstoffbasierte Flüssigkeiten, die gut transportiert und genutzt werden können. Wir stellen heute große Mengen an Ammoniak und Methanol aus grauem Wasserstoff her. Das ist die Chance für grüne Energie! Warum sehe ich vor allem grünen Ammoniak als den ersten und wichtigsten Wasserstoffträger in den nächsten Jahren?

Ammoniak ist leichter herzustellen als andere E-Fuels wie Diesel, Kerosin oder Methanol, die einen Kohlenstoff brauchen. Wenn dieser nicht aus Zementwerken, Biogasanlagen oder anderen Quellen gewonnen werden kann, ist er mühsam und energieaufwendig aus der Luft zu gewinnen. Anders bei Ammoniak, das aus Stickstoff und Sauerstoff besteht. 70 Prozent der Luft sind Stickstoff, weshalb es wesentlich leichter aus der Luft gewonnen werden kann als die 0,04 Prozent CO_2. Und

Ammoniak verbrennt damit auch CO_2-frei zu Stickoxiden und Wasserdampf.

> Ich brauche also für die Herstellung nur Ökostrom und Luft. Das macht die Ammoniakgewinnung örtlich sehr flexibel. Und die Infrastruktur ist da: Es gibt heute schon 150 Häfen weltweit, die Ammoniak handeln können und entsprechend viele Schiffe.

Ammoniak ist bei nur minus 33 Grad und 5 bar im Gegensatz zu Wasserstoff sehr gut transportierbar. Und grüner Ammoniak kann superflexibel eingesetzt werden: zur Stromerzeugung und Stromlückenfüllen wie in Japan oder Korea, als Düngemittel in der Landwirtschaft, als Sprengstoff im Bergbau oder als Treibstoff.

In der Verfahrenstechnik kann aus dem Ammoniak auch wieder reiner Wasserstoff gewonnen werden. Ebenso setzt die Schifffahrt darauf: für Güterschiffe sehr passend, in der Personenschifffahrt tendenziell nicht wegen der Giftigkeit. Dieser Nachteil ist aber handlebar.

Bei den derzeitigen Gaspreisen ist grüner gegenüber grauem Ammoniak wettbewerbsfähig. Das bleibt auch in Zukunft so. Während bei grauem Ammoniak ständig Erdgas nachgeschoben wird und damit die Betriebskosten hoch sind, fallen bei grünem Ammoniak nur zu Beginn große Investkosten an – der Betrieb ist aber sehr günstig, da der »Brennstoff« Wind und Sonne nichts kostet.

Kein Wunder, dass daher ein globaler Boom für grünes Ammoniak einsetzt. Mehrere Gigawatt-Projekte werden in Saudi Arabien, Oman, Australien, Indien, Kanada, USA etc. angekündigt und realisiert. Erste größere Lieferungen sind bereits verkauft.

Ein weiterer unschlagbarer Charme: Ammoniak kann als Düngemittel in Entwicklungs- und Schwellenländern neben dem Export vor allem heimisch zur Ernährungssicherung genutzt werden. So ergeben sich viele Win-Wins. Und auch H_2Global stellt sich auf viele Gebote für grünen Ammoniak ein.

> Der erste grüne Wasserstoff kommt also in Form von grünem Ammoniak nach Deutschland.

Wie machen wir Klimaschutz zum Exportschlager?

»Am deutschen Wesen soll die Welt genesen.« Klar ist das Schnee von gestern, aber das EEG wurde in über 80 Ländern kopiert, jetzt wieder das Fördermodell H_2Global.

Wir entwickeln Ideen und Technologien, die in der Welt vervielfältigt werden. Wir bauen Geräte und Maschinen, die global exportiert dem Klimaschutz dienen oder die Erde vernichten. Wir beeinflussen also sehr viel mehr, als wir denken.

Und ist es für den Automobilbauer am Band nicht motivierender, wenn er weiß, er tut was für das Klima, anstatt den nächsten fossilen Stinker zu bauen? Oder dass eine Handwerkerin eine Wärmepumpe verbaut statt einer Gasheizung? Oder dass ein IT-Entwickler Software schreibt, die weltweit fürs Energiesparen eingesetzt wird? Oder dass eine Chipentwicklerin weiß, mein Chip geht weltweit in Produktion und wird als Sensor zur effizienten Erzeugung, Wandlung, Speicherung oder Nutzung von Energie eingesetzt. Die Chips sind überall verbaut: in Wind-, Solar-, Schaltanlagen, in Batterien, Trafos, Autos, Gebäuden, Maschinen und und und.

Wir sind gut im Dichten, Denken und Erfinden. Aber nicht immer beim Umsetzen. Das können andere besser. Leider. So ging die Solar- und Batterieindustrie von Deutschland nach Asien. Developed in Germany, made in China. Dasselbe sollte uns nicht noch mal beim Wasserstoff passieren.

> Wir verstricken uns oft genug in Regulatorik, wollen alles perfekt machen, bevor wir überhaupt den ersten Schritt tun. Und diese »Tradition« lähmt uns, die Dinge national wie international umzusetzen.

Bestes Beispiel ist die Rechtsprechung zu Wasserstoff. Seit vielen Jahren wissen wir um unseren großen Bedarf. Dennoch eiern Deutschland und Europa rum. Mittlerweile hat die USA Subventionen von 3 Dollar je Kilogramm Wasserstoff ausgerufen, und viele Finanziers investieren dort statt in der EU.[329] Das samt günstiger Energiepreise zieht gerade die Grundstoffindustrie magisch an und führt uns unsere mangelhafte Industriepolitik vor Augen. Das kann in einer Deindustrialisierung münden, weil die Industrie dann nicht mehr bei uns, sondern im Ausland investiert.

Industriepolitik trifft auf Klimapolitik und globalen Strukturwandel

Wir befinden uns in einem globalen Strukturwandel – weg von fossilen hin zu erneuerbaren Technologien. Das sollte der notwendigen großen Reform von Energiemärkten, von Steuern, Abgaben und Umlagen den nötigen Schub geben. Ein dickes Brett, aber notwendig angesichts der Klima- und Energiekrise.

Es wird ohnehin ein globales Spiel. Die Industrie geht dorthin, wo die Energie am günstigsten und die Umweltstandards am niedrigsten sind. Deshalb hat sich die Chemie- und Stahlindustrie immer an Flüssen mit Wasserkraft, Atomkraft und Kohle niedergelassen. Dieses Spiel mit erneuerbarer Kraft fortgesetzt, kann die globale Industrie verlagern. Grüner Stahl kann auch in Australien gewonnen werden vor Ort aus Wind, Solar und Eisenerz. Er wird aber nicht exportiert, weil er dafür zu schwer ist. Vielmehr das Zwischenprodukt Eisenschwamm.

Ähnlich wie bei der Chemieindustrie ist auch die Wertschöpfung der Stahlherstellung räumlich auf ein paar Hundert Kilometer zusammen. Grüne Kraftstoffe können aus Patagonien stammen, wo der Wind dauerhaft weht und Windräder wie Wasserkraftwerke durchlaufen und dreimal so viel Strom liefern wie in der Uckermark.

> Wir werden eine Abkehr des Fokus von den fossilen Ländern wie in Arabien, Russland, Venezuela sehen, hin zu Südamerika, Australien und entlegenen Regionen mit besten erneuerbaren Ressourcen bei geringer Bevölkerungsdichte.

Das wird die globalen Wertschöpfungsketten verschieben, wie ich es am Beispiel Australien im Kapitel zur Industriewende (-› Seite 190) beschrieben habe.

Leitplanken und Standards sind wichtig – möglichst global

Dieses Spiel und Wirtschaften braucht zur Einhaltung der planetaren Grenzen klare politische Leitplanken, wie wir sie im WBGU in zahlreichen

Gutachten fordern. Sonst führt die Lösung der Klimakrise zu Kriegen um Rohstoffe und anderen Verwerfungen. Damit ist auch keinem geholfen. Die größte Krise ist die Klimakrise und Klimasicherheit.

> Alle Lösungsschritte in der Energie- und Sicherheitskrise müssen auch zur Lösung der übergeordneten Klimakrise beitragen. Sonst steuern wir in die Vergangenheit, nicht in die Zukunft.

Wir sind 8 Milliarden und werden stetig mehr. Damit steigt auch unser Bedarf an Energie und Nahrung. Umso wichtiger ist es, dass wir unseren global wachsenden Energiebedarf erneuerbar stillen und effizienter werden. Dass wir weg von tierischen hin zur pflanzenbasierten Ernährung kommen. Und entsprechend an allen Stellschrauben die Weichen dazu stellen. Auch und gerade international. Das Lieferkettengesetz ist hier ein großer Schritt in die richtige Richtung.

Wir brauchen in allen Lebensbereichen globale Standards. Sei es die industrielle Produktion oder die Ernährung und der Umgang mit Wäldern. Es bringt wenig, wenn wir bei uns die höchsten Tierwohlstandards haben und dann aber Schweine- und Rindfleisch aus dem Ausland importieren, das wegen fehlender Standards dort günstiger »produziert« ist. Ebenso bei allen weiteren Produkten.

Daher sind CO_2-Grenzsteuern sehr gute Ideen, um den möglichen Wettbewerbsnachteil im internationalen Handel auszugleichen. Klimaschädliche Produkte zahlen diese Strafsteuer beim Import und sind damit wieder gleichauf mit den klimaneutralen europäischen Produkten. So hätten wir eine Chance auf eine echte regionale Kreislaufwirtschaft, die konkurrenzfähig wäre.

Die Koalition der Klimawilligen

Da viele Länder nach dem Windschatten- oder Trittbrettfahrer-Prinzip handeln nach dem Motto: »Sollen die anderen zuerst den für alle nützlichen Klimaschutz machen, aber wir bremsen unsere Wirtschaft nicht durch CO_2-Abgaben oder Umweltauflagen«, braucht es eine Koalition der Willigen, wie sie Deutschland in der Klimadiplomatie auch unter anderem in der Führung der G7 initiiert.[330]

> Wenn die größten Klimasünder der Welt – eine Handvoll Länder – an einem Strang ziehen und gemeinsame Sache im Klimaschutz machen, können wir es schaffen. Und Deutschlands Rolle darin ist nicht zu unterschätzen!

Ernst Ulrich von Weizsäcker, ein Pionier der Nachhaltigkeit, hat es als Naturwissenschaftler und Politiker in seinem Buch »So reicht das nicht!« sehr treffend ausgedrückt: Deutschland hat es nicht allein in der Hand, die Erderwärmung auf 1,5 Grad zu stabilisieren. Er sagt: »Die Zielsetzung ist doch ein Durchschnittswert für die ganze Erde und verlangt drastische Maßnahmen weltweit, keineswegs nur in Deutschland. Wir brauchen also ganz dringend eine Klima-Außenpolitik, ja eine Klima-Weltpolitik!«.[331]

Und dieses Bewusstsein des verantwortungsvollen Handelns im Innen und im Außen brauchen wir nicht nur in der Politik, sondern in allen Bereichen.

BEWUSSTSEINSWENDE

»Life's what we make it.«
Life's what you make it | Talk Talk

Okay, wir haben nun gelernt, dass die Lösung der Klima- und Energiekrise technisch möglich, volkswirtschaftlich sinnvoll, gesellschaftlich gewollt, finanzierbar, politisch umsetzbar und ökologisch absolut notwendig ist. Warum setzen wir das nicht um? Warum ist eine Veränderung so schwierig?

Hier sind wir an der Schnittstelle zur Psychologie und Kommunikation angekommen. Und bei Themen wie Moral, Angst, Wahrnehmung, Macht und Ohnmacht, Glaubenssätzen, Bewusst- und Unbewusstsein. Da das nicht meine fachliche Kernkompetenz ist wie in den restlichen Kapiteln, basiert hier vieles auf eigener Erfahrung und dem Austausch mit Fachkollegen der Psychologie, Theologie und der Medienwelt.

Ich lade Sie abschließend zu ein paar Gedankenspaziergängen ein, die in einem Appell münden. Auf dem Weg zeige ich Ihnen leuchtende Beispiele und Begegnungen, die mein Leben verändert haben und die mir und uns zeigen können, wie Klimaschutz und Energiewende – trotz aller Widrigkeiten – gelingen kann.

Meine persönliche Bewusstseinswende

Die Entwicklung des kollektiven Bewusstseins ist die Summe des Bewusstseins jedes Einzelnen. Es ist geprägt von Kindheitserfahrungen, Erlebnissen als Jugendliche und Erwachsene, Eindrücken aus Schulen, Arbeitsstätten, Freundeskreisen und natürlich den Medien. Von Dingen, die wir vorgelebt bekommen, von Menschen, an denen wir uns orientieren, die unsere Vorbilder sind. Bewusst oder unbewusst. Gewollt oder auch nicht. So war es auch bei mir.

Glaubenssätze prägen den Lebensweg

Was hat mich dazu gebracht, mich als Bauernkind aus dem Bayerischen Wald mit 33 Jahren als Professor voll und ganz den erneuerbaren Energien zu widmen? Fünf Erfahrungen: ein Realschulrektor, der mir 1992 etwas zugetraut hat. Ein Berufsschullehrer, der uns 1995 im Religionsunterricht auf die Dringlichkeit des Klimawandels hingewiesen und das Problembewusstsein für die Schöpfungserhaltung beigebracht hat. Und mein Freiwilligendienst bei den Massai in Kenia 1999, in der ich Klimakrise, Klimaflucht und Klimalösung hautnah vor Ort erlebte. Und meine Mentorin in der Stiftung, die mein Studium unterstützte. Und natürlich meine Eltern, denen der nachhaltige Umgang mit der Natur, die Liebe zum Wald, das gesellschaftliche Engagement im Ehrenamt immer sehr wichtig waren, was sie an uns Kinder weitergaben.

Der Realschulrektor, der mir was zugetraut hat

Ich komme aus einfachen, finanziell schwachen Verhältnissen, die aber vom großen geistigen Reichtum meiner Eltern geprägt waren. Auf das Gymnasium kam ich trotz guter Noten in den ersten beiden Klassen nicht, weil ich mit dem Lehrer in Klasse 3 und 4 nicht zurechtkam und vor allem eine 3 in Deutsch hatte. Damit gab es keine Empfehlung für die höhere Schule. Nach der Hauptschule in Klasse 5 und 6 ging es auf die Realschule. In der 7. Klasse legte die Deutschlehrerin meiner Mutter den Rücktritt auf die Hauptschule nahe, weil ich kein Deutsch könne und für die Realschule nicht geeignet sei. Entsprechend wich ich in der 8. Klasse auf den vermeintlich leichteren Wirtschaftszweig aus, wo allerdings durch eine 5 im Zwischenzeugnis mein Fortschritt gefährdet war. Ich erinnere mich an meine Mutter, die abends an meinem Bett saß und noch Vokabeln abfragte und dabei regelmäßig nach 5 Minuten einschlief vor Erschöpfung.

Am letzten Schultag der 8. Klasse war für mich klar: Ich will so nicht mehr weitermachen. Nach meinem verheulten Gespräch bei der Sekretärin, die alle 400 Realschüler beim Vornamen kannte, durfte ich beim Rektor Behringer vorsprechen. Er war barmherzig: Dank seinem Mut und Vertrauen durfte ich in den Technikerzweig wechseln. Das war mein Glück. Er sagte: »So einen Wechsel haben wir in der Geschichte der Schule noch nie gehabt, aber wenn du Mathe und Physik nachlernst, probieren wir das.« Die Chance ergriff ich, der segensreiche Glaubenssatz wirkte, der Fluch aus der 7. Klasse war gebrochen. Mit Worten kann man zaubern. In der 9. Klasse hatte ich mit Herrn Neugebauer einen jungen verrückten Mathematiker als Klassenleiter, mit dem ich prima klarkam. Von da an änderte sich alles, und ich schrieb fortan gute Noten.

Der Religionslehrer an der Berufsschule, der mich für den Klimawandel sensibilisierte

Meine anschließende Ausbildung im Elektrohandwerk war hart, aber lehrreich. Praxiserfahrung ist durch keine Schulbank zu ersetzen. Mit dem Meister kam ich nicht klar, weil er uns nichts beibrachte. Wir waren reine Arbeitsknechte für die Chefin, keine Lehrlinge. So tobte ich mich in der Freizeit als Oberministrant, Jugendgruppenleiter, Kirchenorganist und in Gospelchor und Bands aus. Auch zig Taizé-Jugendtreffen waren dabei. Und ich ging so gerne in die Berufsschule, wo ich das eingangs beschriebene prägende Erlebnis mit dem Religionslehrer hatte. Im Anschluss machte ich das Abitur auf dem zweiten Bildungsweg.

Das hautnahe Erleben von Klimakatastrophen in Kenia

Danach ging ich für zwei Jahre in den Entwicklungsdienst nach Kenia. Es war die Zeit nach den rechtsradikalen Anschlägen Anfang der 1990er, und ich wollte ein Zeichen setzen, dass alle Menschen gleich viel wert sind. Viele sagten: »Das ist verrückt, und vor allem verdienst du kein Geld.« Aber ich lebte meinen Grundsatz »Nutze deine Talente«. Ich lebte im Orden der Steyler Missionare auf einer Missionsstation und später als einziger Weißer in einer Pfarrei in der Region, wo Barack Obamas Vater herkam. Ich reparierte Elektronik und installierte Solaranlagen. Die Kombination aus Klimakatastrophe mit Menschenleid, mühsamem Holen von fossilem Diesel und schier endlos verfügbarer, klimaneutraler Solarenergie hat in mir endgültig zur Bewusstseinswende in puncto Klimawandel geführt.

Die warmherzige Frau einer Stiftung, die trotz meines Scheiterns weiter an mich glaubte

Zurück in Deutschland folgte ich meinem Jugendtraum, Informatik zu studieren. Als ich im dritten Semester bei Siemens in einem Raum ohne Fenster Schaltungen für Autos programmierte, platzte dieser Traum, und ich brach nach vier Semestern das Studium ab. Ich sah keinen Sinn darin, die Klimaerfahrung in Kenia war zu prägend. Wieder war es eine Person, die an mich glaubte: meine Betreuerin Frau Maier bei der Konrad-Adenauer-Stiftung, die mein Studium seit dem ersten Semester finanzierte, was meine Eltern nicht hätten leisten können. Sie sagte: »Das kommt vor, blicken Sie nach vorn, ich traue Ihnen das zu.«

> In jedem dunklen Loch können wir Menschen begegnen, die uns mit ein paar Worten guten Zuspruchs in einem Augenblick so erreichen, dass wir den Mut finden und die Kraft in uns spüren, dort wieder rauszugehen und »Ja« zu uns selbst zu sagen.

Die Musikerin Alanis Morissette besingt das in »Ironic« so: »Life has a funny way of helping you out when you think everything's gone wrong.«

Da es damals kein Studium erneuerbarer Energietechnik gab, wechselte ich auf Mechatronik, eine Kombination aus Maschinenbau und Elektrotechnik, und schloss es innerhalb von sechs Semestern mit Auszeichnung ab. Die Stiftung ist mir auch treu geblieben über das Ingenieurstudium hinweg bis zum Ende des Masters in der Physik erneuerbarer Energien in Oldenburg. In Kassel hatte ich wieder das Glück mit meinem Doktorvater, der in den energiepolitischen Betrieb Berlins bestens eingebunden war und dem Stuttgarter Ingenieurskollegen Michael Specht, mit dem ich Power-to-Gas in meiner Doktorarbeit entwickeln durfte.

Für mich ist mein Bildungsweg im Rückblick ein Geschenk göttlicher Fügung: Nur 1 Prozent der Nichtakademikerkinder promovieren zum Doktor einer Wissenschaft.[332] Zum 50-jährigen Bestehen meiner Realschule hielt ich die Festrede. Am Ende überreichte ich mein dickes Buch zu Energiespeichern an meine Deutschlehrerin der 7. Klasse mit dem Hinweis: »Ich habe es doch noch gelernt.« Sie erinnerte sich nicht mehr daran und tat mir gleichzeitig etwas leid.

Aus meinem Bildungsweg heraus kann ich nur sagen: Wir sollten uns mehr zutrauen beim Klimaschutz! Uns eine klimaneutrale Welt vorstellen. Und uns gegenseitig dazu befähigen und unterstützen, sie in die Realität umzusetzen. Unsere Vorstellungskraft kann Berge versetzen. All das, was wir täglich sehen und erleben, ist das Produkt unserer Gedanken, Gefühle, Wünsche und Vorstellungen. Nicht nur der eigenen, sondern auch derer, die wir als Kinder und Jugendliche eingeprägt bekommen haben. Glaubenssätze von Eltern, Lehrern und anderen Autoritätspersonen laufen oft als unsere innere Stimme automatisch ab und prägen sich sogar körperlich ein. Dabei hat mein Leben mir gezeigt: Auch wenn es hart und innerlich berührende und intensive Arbeit ist – wenn sie uns nicht gefallen, können wir sie ändern. Das ist eine intensive Auseinandersetzung mit uns selbst und dauert mitunter Tage, Wochen, Monate, Jahre, aber wir erschaffen uns selbst die Realität. Einzeln und im Kollektiv. Alles ist miteinander in Beziehung.

Dualismus Liebe – Angst

Mir ist im Lauf meines Lebens auch folgender Dualismus bewusst geworden, der für die weiteren Gedanken grundlegend ist: Über alle Weltanschauungen hinweg lassen sich zwei Stimmungspole identifizieren, die unser Handeln jeden Tag bestimmen und daher auch für den gelebten Klimaschutz relevant sind: Liebe und Angst. Dazu gibt es auch einschlägige Forschung in der Neuropsychologie.[333]

Aus der Angst erwächst der Neid, dass andere mehr haben; die Gier, die Eifersucht und der Hass als verstärkte Form von all diesen negativen Gefühlen und Gedanken. Zu den Grundängsten zählt die Urangst, zu sterben, keine Kontrolle zu haben, nicht zu genügen und allein zu sein. Die Existenzangst, zu wenig Geld zu haben, ist viel präsenter als die Existenzsangst, keinen Lebensraum mehr zu haben. Daher steht der finanzielle Aspekt bei vielen Menschen über dem ökologischen. Die Menschen denken und entscheiden »über den Geldbeutel«. Der Geldbeutel betrifft einen kurzfristig und direkt. Die Klimaschäden sind eher langfristiger Natur und »weit weg«. Daher ist es so wichtig, dass die Umwelt- und Klimaschäden sich im Geldbeutel eines jeden Einzelnen und auch der Unternehmen bemerkbar machen. Aus der Angst entspringt auch die Illusion, dass wir von allem getrennt seien. Daraus resultieren dann Illusionen wie: »Ich bin zu klein, um etwas zu ändern« oder »Was sollen wir unsere Emissionen reduzieren, die anderen sollen erst mal anfangen!« oder »Ich komme alleine durchs Leben und bin auf andere nicht angewiesen«. Die von unserer Wirtschaft getriebene Individualisierung ist ein Motor dieses Verhaltens. Die Anzahl der deutschen Singlehaushalte ist die letzten 20 Jahre um etwa 50 Prozent gewachsen.[334]

Damit steigt auch der Bedarf an Wohnfläche, Konsum und Müll und damit einhergehend die CO_2-Emissionen. Es ist in unserer Gesellschaft möglich, für sich allein zu existieren. Das ist teurer als das Leben in der Gemeinschaft und vielleicht gut für die Wirtschaft, aber auch schlecht für die Psyche. Früher waren die Menschen im Dorf mehr aufeinander angewiesen und haben sich daher mehr verbündet. Sie hatten regionalere Kreisläufe, weniger Abfall und die Fähigkeit, sich selbst mit Wasser, Nahrung und Energie zu versorgen. Wären die Menschen, vor allem in der Stadt, dazu heute in der Lage? Der Alleingang ist keine Lösung. Es braucht den Geist der Verbundenheit und Einheit. Der Solidarität.

Den Gegenpol bildet die Liebe, die die Einheit in allem erkennt. Die Verbundenheit mit allem und jedem, vor allem mit der Natur. Darin liegt ein Grundproblem unserer Gesellschaft: Wir haben uns zu großen Teilen getrennt von der Natur und von vielen Mitmenschen. Energie aus der Steckdose. Milch aus dem Kühlschrank. Der Stammtisch findet online in den sozialen Medien statt. Aus der Liebe erwächst auch das Mitgefühl zu einem selbst, zu den Mitmenschen und zur Natur.

> Wenn ich mich verbunden fühle, achte ich auf meinen CO_2-Ausstoß, weil der allen schadet, inklusive mir selbst.

Bei Corona hat das weitgehend funktioniert, weil die Rückkopplung zu einem selbst unmittelbar ist. Beim CO_2 ist es erst mal in der Luft und bedroht meine Nachfahren. Zu weit weg, wenn ich kein Bewusstsein der Verbundenheit habe. Aber so ist es nicht.

Aus der Liebe erwächst auch das Verzeihen und die Dankbarkeit. Beides Dinge, die uns im menschlichen Miteinander in die Zukunft tragen. Die Erde verzeiht uns unsere Fehler, und wir sollten ihr dankbar sein, dass sie uns noch nicht rausgeworfen hat. Wie liebende Eltern, die ihre Kinder dennoch akzeptieren, auch wenn sie die Wände einreißen, das Dach anzünden, die Hütte niederbrennen und die Eltern vergiften. Herbert Grönemeyer formuliert es in seinem Lied »Ein Stück vom Himmel« so: »Die Erde ist freundlich. Warum wir eigentlich nicht?« Dankbarkeit schafft so viel positive Energie im Bewusstsein und gibt neuen Antrieb, neuen Mut. Ich bin jeden Tag dankbar für das fließende Wasser, gesunde Kinder, Essen auf dem Tisch und die erneuerbare Energie in unserem Haus. Das ist nicht selbstverständlich.

Und nicht zuletzt entspringt aus der Liebe auch die Demut. Die Bescheidenheit, die mit der Dankbarkeit verbunden ist. Wer sind wir, dass wir meinen, die Welt beherrschen zu können und sie egoistisch, ohne Rücksicht auf Natur und Mitgeschöpfe wie Tiere ausbeuten zu können? Ein Blick in den Sternenhimmel ist ein guter Lehrer für Demut.

Ich durfte die Laudatio für Michael Buschheuer, den Gründer der Seenotrettung Sea-Eye und der Flüchtlingshilfe Space-Eye halten.[335] Er bekam im Oktober 2022 den Brückenpreis der Stadt Regensburg für sein gesellschaftliches Engagement und die Rettung von Tausenden Geflüchteten und deren Integration bei uns. Er baut Brücken über das Mittelmeer, nach Lampedusa, nach Odessa. Zu Kriegs- und Klimaflüchtlingen. Seine Grundfragen an jeden von uns: »Bin ich verantwortlich? Bin ich handlungsfähig?« Wer beide Fragen mit Ja beantwortet, ist in der moralischen Pflicht, zu handeln.

> Kraft der Handlungsfähigkeit bin ich verantwortlich – und seien es auch noch so kleine Schritte.

Allerdings braucht es dafür auch Mut. Mut, aus der Angst heraus in die Kraft nach vorn zu gehen. Mut, sich gegen Autoritäten zu stellen oder sich von tief gespeicherten Glaubenssätzen zu trennen, wenn einem klar wurde, dass sie falsch sind. Und das Vertrauen seiner Mitmenschen, dieses bedingungslose »Ja«. Michael Buschheuer sagt über seinen Vater: »Ich genieße das totale Vertrauen von ihm. Von Kindheit an.« Welch ein Segen und Vorbild für die Eltern unter uns.

Moralische Instanzen – Mut ist überwundene Angst

Durch meine starke christliche Sozialisation hat sich auch mein moralischer Wertekontext geprägt. An dem spiegle ich stets auch die Klima- und Energiekrise. Und der »Glaube« ist mir Quelle für Kraft und Mut, mich für den Klimaschutz einzusetzen.

Sowohl in der Bibel als auch im Koran ist der Erhalt der Schöpfung als Menschheitsaufgabe verankert. Die Schöpfungserhaltung und damit auch das Sein und Werden von uns Menschen ist bei den geistlichen Führern unserer Welt ein großes Thema. Die allseitige Verbundenheit von Mensch und Natur, geistiger und materieller Welt ist aber beispielsweise auch im Buddhismus eine Selbstverständlichkeit. So appelliert der Dalai Lama an die Weltgemeinschaft: »Der Klimawandel ist nur global zu lösen. Egoismus, Nationalismus und Gewalt sind der falsche Weg. Wir Menschen sind die einzige Spezies, welche die Kraft hat, unseren Planeten und sein Klima zu zerstören – oder noch zu retten.«[336] Er sagt, die wichtigste Frage sei, wie wir einander dienen können.

»Wer unter euch groß sein will, der soll den anderen dienen«, heißt es auch in der Bibel.[337] Papst Franziskus bezeichnete in seiner Enzyklika »Laudato si« den Klimawandel, die Entwaldung, die Vergiftung von Böden, Gewässer und Luft als »ein Verbrechen gegen die Natur« und damit als »Sünde gegen uns selbst und gegen Gott«.[338] Er appellierte in Assisi an die Jugend um Fridays for Future: »Wir brauchen einen schnellen und entschlossenen Wandel. Und das meine ich ernst: Ich setze auf euch! Bitte lasst uns nicht in Ruhe, seid Vorbilder für uns!«. Der Papst forderte eine mutige fossile Umkehr hin zum stärkeren globalen Ausbau Erneuerbarer: »Wir können nicht auf den nächsten internationalen Gipfel warten, der nichts bringen könnte: Die Erde brennt heute. Heute müssen wir etwas ändern, und das auf allen Ebenen.«[339]

Solche Unterstützung durch geistliche oder moralische Instanzen, sich für etwas einzusetzen, für den Erhalt der Welt, der Schöpfung, macht Mut. Und wir brauchen solche Mutmacher wie den Dalai Lama oder Papst Franziskus und keine Schwarzmaler. Es ist klar, dass viele angesichts der überwältigenden Herausforderungen im Klimaschutz die Flügel hängen lassen, aber wir sollten raus aus der Angst, rein in die Hoffnung, in den

Mut. Die christliche Botschaft ist Hoffnung, nicht Angst. Statt die Erde nach Belieben auszubeuten, bedeutet die Bibelstelle »Macht Euch die Erde untertan« vielmehr, einen Fuß schützend über jemand Schwachen zu stellen.[340] Aus diesem biblischen Missverständnis heraus wurde viel Raubbau an der Natur begangen. Es ist Zeit, das zu stoppen. Zeit für die Umkehr.

> Wir brauchen den Mut in Politik und Gesellschaft, nicht nur Ankündigungen zur Klimaneutralität zu verkünden, sondern auch einen realistischen Plan dahinter aufzustellen. Einen Plan, in dem wir alle Maßnahmen fixieren und notfalls nachbessern, wenn es in der Umsetzung hakt.

Klimapsychologie – wie wir zu klimafreundlichem Verhalten kommen

Mut ist nur ein Teil der Bewusstseinswende, die wir brauchen. Trotz Berichten des Club of Rome zu den Grenzen des Wachstums, die vor 50 Jahren erschienen sind, hat sich nichts fundamental geändert.[341] Warum? Natürlich, weil es auf der einen Seite starke Wirtschaftsinteressen gibt, die am alten System festhalten und davon profitieren. Aber andererseits auch, weil wir noch in alten Glaubens- und Verhaltensmustern feststecken. Die Klima- und Umweltpsychologie liefert genau darauf Antworten. Antworten auf die Fragen, warum wir nicht nach dem handeln, was wir eigentlich wissen.[342] Es ist doch frappierend: Wir reden über die Klimakatastrophen und tanken trotzdem Sprit und Heizöl, essen viel Fleisch und fliegen in den Urlaub.

Neben den sozialen und moralischen Normen und den Emotionen rund um Liebe und Angst beeinflussen vor allem Gewohnheiten unsere Verhaltensweisen. Mehr als die Hälfte unseres Verhaltens basiert darauf.[343] Wir unterbrechen und verändern unsere Gewohnheiten meist nur bei dramatischen Einschnitten wie in Corona-Zeiten, als es keine Flüge mehr gab, oder über das günstige 9-Euro-Ticket, was sehr viele zum ersten Mal zum Bahnfahren gebracht hat.

Die Klima- und Umweltpsychologie hat viele Ansätze gefunden, wie durch die Veränderung der äußeren Umstände Verhalten beeinflusst werden kann. Ändern Sie Ihr Verhalten, wenn ich Ihnen offenlege, dass Fleisch beim gleichen Nährwert 15-mal mehr CO_2 verursacht als Brot oder Kartoffeln? Eher nicht. Wenn Sie auf jeder Fleischpackung das zugehörige Tier anschaut, dann schon eher. Kleine »Stupser« für unser Bewusstsein können unser Verhalten ändern. Studien zeigen, dass allein der Ersatz der Wörter »Fleischproduktion« durch »Tiere töten« oder »schlachten« einen Sinneswandel erzeugt. Als auf Fleischprodukten Fotos von echten Tieren abgebildet wurden, sank die Kaufbereitschaft dafür um 25 Prozent.[344] Ein ganzer Schweinebraten samt Kopf löst eher Ekel aus, als verarbeitet zu Hack, Mett oder Wurst.

In einer Mensa wurden mehr vegetarische Essen verkauft, nur weil sie als erstes Gericht gelistet wurden.[345] Kleinere Tellergrößen verminderten in einem Hotel die Lebensmittelabfälle um 20 Prozent.[346] Auch die Kennzeichnung von Lebensmitteln hat einen ähnlichen Effekt: In einem australischen Geschäft wurden klimaschädliche Produkte mit einem schwarzen Aufkleber und klimafreundliche Produkte mit einem grünen versehen. Der Verkauf von schwarzen Produkten ging um 6 Prozent zurück. Die grünen Produkte legten um 4 Prozent zu, wenn sie die billigsten waren, sogar um 20 Prozent.[347]

> Bilder wirken mehr als Worte. Und Gefühle mehr als Gedanken. Wenn uns täglich solche Anker unser klimaschädliches Verhalten ins Bewusstsein rufen, können wir es dauerhaft ändern. Und die Wiederholung ist der Meister des Lernens.

Im Verkehr gibt es ebenfalls solche Stupser. Eine rote Einfärbung des Radweges führte dazu, dass bis zu 7 Prozent weniger Autos auf dem Radweg parkten und die Autos mehr Abstand dazu hielten. Auf den Gehwegen fuhren ein Fünftel weniger Radfahrer.[348]

Eine meiner Absolventinnen entwickelt gerade die App »Energiecoach«. Sie will den Nutzern dadurch für deren Energieverbrauch »ein Gefühl geben« und dabei helfen, so einfach wie möglich ohne Komfortverlust intelligent, kostenschonend und effizient mit Strom und Wärme in ihrem Haushalt umzugehen. Samt Tipps und Empfehlungen jede Woche, die sich aus dem Nutzerverhalten ableiten. Wie die »Bildschirmzeit«, die auf unseren Handys aufpoppt. Die Digitalisierung samt Sensorik kann uns unseren Umgang mit Energie »bewusst« machen und den Menschen in die Eigenverantwortung bringen.

Wer sich mit diesen Wegen zu klimafreundlichem Verhalten näher beschäftigen will, dem lege ich das Handbuch »Psychologie im Umweltschutz« ans Herz.[349] Neben den sozialen, gesellschaftlichen Normen und Werten spielen dabei die persönlichen Normen und Werte und die Kosten-Nutzen-Abwägung eines bestimmten Verhaltens eine Rolle. Alle drei Dinge zusammen gehen durch einen Abwägungsprozess, geleitet von einer gewissen Intention und geprägt von Gewohnheiten und Emotionen zu einem klimafreundlichen oder -schädlichen Verhalten. Für eine persönliche Norm brauchen wir zuerst ein Problembewusstsein für Klima und Energie. Das ist weit verbreitet, aber nicht ausreichend. Es braucht zusätzlich ein Verantwortungsbewusstsein in Kombination mit dem Glauben an die Selbstwirksamkeit.

Der größte Sinneswandel wird erfahrungsgemäß durch Geld initiiert. Teilhaben und davon profitieren motiviert viele Menschen mehr als sich einschränken und sparen. Finanzielle Anreize wie staatliche Förderprogramme können Ansporn sein, um zur Entscheidung pro E-Auto, pro Solaranlage oder pro Wärmepumpe zu kommen. Wenn Sie dann noch auf einer App visualisiert bekommen, wie viel CO_2 und Geld Sie eingespart haben, sind das positive Motivationsfaktoren. Ich hatte es selbst nicht geglaubt, aber es ist eine Freude, in diese Apps zu schauen. Es stellt sich sogar das Gefühl ein, stolz auf die eigene Klimaneutralität zu sein. Und die Glaubwürdigkeit, selbst das zu leben, was man sagt, steigt. Ein wunderbares Gefühl!

> Wenn alles vorhanden ist – die richtige Intention, das Bewusstsein für das Klimaproblem samt Handlungsoptionen und deren Klimawirkung, das soziale Umfeld dies anerkennt und honoriert, die alten Gewohnheiten überwunden werden durch mehrfaches Einüben des neuen Verhaltens und dabei positive Emotionen entstehen –, ist der Weg frei für eine klimafreundliche Lebensgestaltung.

Kinderhoffnung und Selbstwirksamkeit – Sonnenstrahlen statt Dinosauriersaft!

Meine größte Hoffnung liegt in unseren Kindern, Jugendlichen und jungen Menschen. Sie haben die meiste Zeit auf diesem Planeten noch vor sich und damit den größten Weitblick auf langfristiges Handeln.

Meine Kinder wachsen mit Windrädern auf, die sie entlang der Autobahn zählen und die wir von unserem Haus aus sehen. Sie freuen sich auch über unser Elektroauto und sagen: »Papa, wir tanken Sonnenstrahlen statt Dinosauriersaft.« Oder: »Juhu, wir fahren an einer Tankstelle vorbei, an der wir nicht halten müssen.« Ich glaube, sehr viele Kinder und Jugendliche spüren intuitiv, dass wir unseren Umgang mit Umwelt und Klima komplett ändern müssen, um hier auf diesem Planeten bleiben zu können. Und leider gibt es genügend Kinder in unserer Gesellschaft, die wesentlich ärmer aufwachsen als meine oder zur Miete wohnen und deren Eltern sich kein klimaneutrales Leben leisten können. Umso wichtiger ist es, Klimaneutralität in allen Bereichen zum Standard und erschwinglich für alle zu machen. Ärmere Menschen nutzen öfter den ÖPNV als reiche Menschen mit großen Autos. Sie fliegen auch viel weniger und haben kleinere Wohnungen.

> Im Grunde brauchen wir auch hier einen Wertewandel: Held der Gesellschaft sollte derjenige sein, der am klimaneutralsten lebt, nicht der das meiste Geld hat.

Ins Bewusstsein rufen – klimaneutral leben

Auch wir Erwachsene können in die Selbstwirksamkeit kommen. Muss jeder Weg mit dem Auto zurückgelegt werden, oder kann ich die 200 Meter zum Kindergarten oder zur Schule auch laufen oder Fahrrad fahren? Wenn es das soziale Umfeld anders vorlebt und zusätzliche Vorteile für Gesundheit, Sicherheit und den Geldbeutel damit verbunden sind, ändern wir dieses Verhalten. Dann hätten wir auch keine Staus mehr vor Grundschulen und Kindergärten. Brauchen wir einen Wochenendflug zum Shoppen in London oder die Autofahrt in einen 100 Kilometer entfernten Freizeitpark? Brauchen wir ganzjährig verfügbare Erdbeeren und tropische Früchte im Obstregal? Brauchen wir jeden Tag Fleisch? Es geht aber nicht nur um uns als Individuen.

> Gemeinsam am Klimaschutz zu arbeiten macht richtig Spaß! Und bietet die Gelegenheit, wieder in den Einklang mit der Natur zu kommen.

Das ist nicht nur im eigenen Gemüse- und Obstgarten zu finden, sondern auch in den neuen Formen der solidarischen Landwirtschaft, kurz »SoLaWi«. Ein Hof oder eine Hofgemeinschaft versorgt eine Gruppe von Menschen mit Lebensmitteln, die den Hof mit einem fixen Betrag finanziert. Ernte und Verantwortung wird solidarisch unter allen geteilt. Dadurch entstehen im Gegensatz zum Supermarkt wieder untereinander Beziehungen zwischen Produzenten und Konsumenten. Sie werden zu »Pro-sumern«, dem Mischwort aus beiden. Ein Gegenmodell auf regionaler Ebene zum globalen Turbokapitalismus. Ich kenne viele Menschen, welche diese Selbstwirksamkeit als sehr bereichernd empfinden. Neben Lebensmitteln gibt es Feste übers ganze Jahr und viel zu tun, lernen und erleben für groß und klein. Freunde von uns bei Paderborn haben so einen Hof. In Deutschland gibt es über 500 solcher SoLaWis in fast jedem Ort.[350]

Leuchtende Beispiele von sich zusammenschließenden Menschen finden Sie auch bei Wind und Solar. Ein Zusammenschluss von Energiewirten hat als »Erzeugergemeinschaft für Energie in Bayern« die Energiewende im Einklang mit Natur und Landschaft umgesetzt. In deren Solarfeld-Biotop Oberndorf bei Landshut wurden in einem Projekt der Deutschen Bundesstiftung Umwelt Hunderte von Tier- und Pflanzenarten dokumentiert.[351] Kein Spritzen, kein Düngen, viel Solarstrom und Artenvielfalt: eine sparsame Dreifachnutzung des Bodens für Klima- und Artenschutz und extensive Landwirtschaft mit Schafen, Bienen und Streuobstwiesen.

Oder die Bürgerwerke, über die wir für unsere Familie unseren restlichen Ökostrom beziehen: ein Zusammenschluss von über 50.000 Bürgern in 110 Bürgerenergiegenossenschaften, die gemeinschaftlich ihren Strom aus 1.400 Anlagen vermarkten.[352] Egal, ob es solche Genossenschaften sind, eine Kommanditgesellschaft oder ein Fond.

> Gut umgesetzte Projekte mit ehrlicher Bürgerbeteiligung führen zu erfolgreichen Energieprojekten.

Auch Kommunen selbst können das, wenn sie die richtigen Partner mit ins Boot holen. Die Gemeinde Fuchstal im Landkreis Landsberg am Lech hat sich über die eigenen Wind- und Solarparks, Wärmenetze und Speicher eine solide finanzielle Basis verschafft und ist weitgehend unabhängig von Gewerbesteuern und externer Energieversorgung. Dadurch wurden sie bundesweit bekannt.[353]

In Oberösterreich wird der Aufbau von gemeinnützigen Energiegemeinschaften vorangetrieben. Was jeder von uns hinter dem Zähler im eigenen Haus oder Betrieb machen kann, geht dort lokal hinter dem Trafo im Ort oder regional an der gemeinsamen Mittelspannung im Umspannwerk. Bürger, Firmen, Vereine, Kirche, Schulen und Gemeinden können ihren Solar- oder Windstrom, ihre Batterien und Wasserkraftwerke gemeinschaftlich zu den günstigen Erzeugungspreisen ohne Stromabgaben mit reduzierten Netzentgelten nutzen. Das verbindet enorm und ist wirtschaftlich mehr als rentabel.[354] Österreich hat die EU-Richtlinie dazu längst umgesetzt. In Deutschland warten wir dank Bundesnetzagentur, Bürokratie und Netzlobby nach wie vor darauf.

Aber selbst hinter jedem Stromanschluss machen sich viele unabhängiger: über Batterien, die auch netzautark regionale Stromausfälle überbrücken können,[355] oder deren Kombination mit einem Wasserstoff-Brennstoffzellen-Speicher-System, welches den Solarstrom für den Winter speichert und ganzjährig Unabhängigkeit und Preisstabilität schafft.[356] Absolut rentabel in diesen Zeiten, und die gewonnene Autarkie ist für viele unendlich wertvoll. Gerade für kleine und mittlere Unternehmen, Wohnquartiere, Hotels, Schulen und Bauernhöfe.

Trotzdem, es kommt auch auf jeden Einzelnen an, um diese Klimakatastrophe abzuwenden. So die UN unter dem Motto der Klimakonferenz in Ägypten »Zusammen für die Umsetzung«.[357]

Was können Sie tun? Ermitteln Sie zuallererst Ihren eigenen CO_2-Fußabdruck mit dem Rechner des Umweltbundesamtes. Dadurch wird Ihnen bewusst, ob Sie in der Gebäudewärme oder in der Mobilität das meiste CO_2 in die Luft werfen.[358] Ihr CO_2-Müll wiegt im Schnitt 60-mal mehr als Ihr Restmüll. Im Haushalt sind die Energiefresser alles, was Wärme und Kälte braucht – also Kühlschränke, Gefriertruhen, Waschmaschine, Wäschetrockner, Herd, Backofen und die Heizung samt Umwälzpumpe.

Stellen Sie sich vor, wie Sie jetzt Verantwortung für diese Emissionen übernehmen und sie Schritt für Schritt reduzieren. Das geht immer in zwei Schritten: 1. durch Energie sparen und 2. durch den Einsatz erneuerbarer Energien. Alle können sich effiziente Geräte installieren, die weniger Strom und Wärme brauchen.

Dann stellen Sie sich vor, wie Sie auf Ihrem Dach oder an Ihrem Balkon für sich selbst Solarstrom erzeugen. Sie genießen das gute Gefühl, unabhängiger und autarker zu werden und den Geldbeutel und die Umwelt zu schonen. Energiewende geht vor allem von unten. Sie brauchen nicht auf die »große Politik« von oben zu warten. Wenn dann die Stromrechnung ein Stück kleiner ausfällt, ist das für Sie eine große Errungenschaft und eines dieser leuchtenden Beispiele für andere. Stellen Sie sich vor, wie Sie täglich Ihren Solarstromverbrauch auf der App nachschauen, sich freuen und sich mit der Anlage identifizieren.

Wenn Sie wie 58 Prozent aller Deutschen zur Miete wohnen, konzentrieren Sie sich zuerst aufs Energiesparen. Tauschen Sie Zug um Zug alte Stromfresser gegen sparsamere Geräte aus, und ersetzen Sie konsequent ihre Lampen durch LEDs. Falls Sie einen Balkon haben, können Sie ein paar Module als kleines Solarkraftwerk anbringen und in die Steckdose stecken. Das reduziert Ihren Stromverbrauch. Beim Heizen können Sie mit einer Etagengasheizung auf erneuerbares Gas umschwenken. Sie können sich mit anderen Mietern zusammenschließen und den Vermieter bitten, das Haus zu dämmen, eine klimaneutrale Heizung und eine Solaranlage als Mieterstrommodell zu installieren.

Alle Hausbesitzer können selbst dämmen, Heizungspumpen tauschen, den hydraulischen Abgleich durchführen und eine klimafreundliche Heizung wie eine Wärmepumpe mit Ökostrom oder eine Pelletheizung installieren. Wenn es Ihr Beruf erlaubt, können Sie weniger unterwegs sein durch das Homeoffice, Fahrgemeinschaften bilden, auf E-Antriebe wie E-Bikes, E-Roller oder E-Autos umsteigen oder den ÖPNV nutzen. Und auf Flugreisen verzichten, die Ihnen all die CO_2-Einsparungen der aufgezählten Maßnahmen mit einem Flug in die Tonne treten. Sie können sich mit mehr pflanzlichen und weniger tierischen Lebensmitteln ernähren.

Und natürlich auch im Beruf entsprechend wirken. Wenn Sie Stadt- oder Gemeinderat, Denkmalschützer oder Naturschützer in einem Amt sind: Wind- und Solarparks nicht verhindern, sondern umsetzen. Wenn Sie Verkehrsplaner sind: mehr für Fuß- und Radverkehr samt ÖPNV tun als für neue Autobahnen. Wenn Sie ein Unternehmen führen: Mitfahrgelegenheiten, betriebliches Car-Sharing, Obstkörbe als Zwischenmalzeiten, ein Wettbewerb für Energiesparhelden. Es gibt zig Möglichkeiten für den Klimaschutz!

> Jeder hat jeden Tag die Möglichkeit, sich aufs Neue zu entscheiden: Will ich klimaneutral leben oder nicht?

Oder sogar seine ganze Schaffenskraft darauf ausrichten. Viele weitere Tipps, um selbst ins klima- und umweltfreundliche Handeln zu kommen, gibt es vom Umweltbundesamt.[359]

Kopf in den Sand – Game over?

An dieser Stelle ein paar Worte an alle, die in der »erlernten Hilfslosigkeit« und Resignation stecken und dem »Doomscrolling«, also dem permanenten Konsum von Krisennachrichten verfallen sind.

Sollen wir angesichts der Extremwetterereignisse und Klimakatastrophen den Kopf in den Sand stecken? Nein. Das sind alles Weckrufe an jeden Einzelnen von uns. Sollen wir angesichts der vielen Dürren, Überschwemmungen, Waldbrände, Hitze- und Überschwemmungstoten kapitulieren und uns eingestehen, es bringt ja eh nichts mehr? Es ist schon 5 nach 12. Nein, weil sich die Uhren trotzdem weiterdrehen und jedes, aber auch jedes Kilogramm $CO_{2,}$ was wir einsparen, die Welt eher bei 2 Grad als bei 3 Grad Erderwärmung hält und dadurch ein relevanter Beitrag ist, der zählt.

Ist es schon zu spät zum Handeln? Never ever! Allen, die meinen, der »Point of no return« sei erreicht, sage ich: Zeigt mir eine Generation unserer Vorfahren, die aufgegeben und kapituliert hat. Wenn eine große Gruppe einen Willen aufbringt, die Welt zu verändern, schafft sie das auch. Oft sind erst Totalkatastrophen wie nach dem Zweiten Weltkrieg nötig, bevor etwas neues Gutes wie die UN und die Menschenrechtscharta entstehen. In dieser Situation mögen wir uns die nächsten Jahre befinden. Aber es ist nie, nie zu spät, neu anzufangen.

Deshalb nehme ich mir die Zeit, neben wissenschaftlichen Veröffentlichungen immer wieder Interviews im Fernsehen, im Radio oder den Zeitungen zu geben, mich bei Scientists4Future zu engagieren oder dieses Buch in meiner Freizeit zu schreiben. Trotz aller negativen Schlagzeilen, dem »Kopf hängen lassen« von vielen, trotz aller absurden Energiedebatten um Kohle und Atom, wo längst klar ist, dass die Erneuerbaren das Rennen gemacht haben und machen.

> Je mehr der Zusammenhang von Klima und Energie in der Bevölkerung ankommt und klar wird, desto mehr Menschen engagieren sich für den Klimaschutz.

Es braucht den Mut zum ersten Schritt. Das Aufzeigen eines gangbaren Weges zur Klimaneutralität. Zu Hause und global. Und diese ersten, noch so kleinen Schritte machen Mut. Und je mehr Menschen Mut fassen, desto mehr machen sich auf den Weg und gehen mit in der Veränderung. Sind selbst Teil dieser Veränderung.

Wir, Sie und ich, wir alle wären nicht auf diese Welt gekommen, wenn es für uns hier nichts mehr zu tun und zu lernen gäbe. Unser Überlebenswille ist extrem stark. Wir können es uns in den reichen westlichen Welten leisten, über Sinn und Unsinn unseres Daseins zu philosophieren – ob die Welt schon über den »Point of no return« ist oder nicht. So etwas habe ich in Entwicklungsländern wie Kenia nie erlebt. Hier kam keiner auf diese Gedanken, schlichtweg weil die meisten Menschen im Überlebensmodus waren und nicht im gesättigten Luxus schwelgten. Es ist ein Privileg, dazu in der Lage zu sein. Aber kommen wir unserer damit einhergehenden Verantwortung gerecht, wenn wir aufgeben? Wir, als der Westen, der die ganze Klimamisere angerichtet hat?

> Es gibt keine Zeit, die keinen Weg findet!

Alles ist mit allem verbunden – Verantwortung übernehmen!

Ich schließe dieses Buch mit dem gleichen Gedanken ab, mit dem es begann: Alles ist mit allem verbunden. Sie sind nicht getrennt von den anderen, von der Natur. Alles, was Sie denken, fühlen und tun, kommt zurück in der ein oder anderen Form.

Jeden betrifft die Klimakrise. Jeder hat Verantwortung für sein Handeln. Setzen Sie sich für eine nachhaltige Lebens- und Wirtschaftsweise ein, und leben Sie diese beispielhaft vor, so gut es geht. Fangen Sie bei sich selbst an, dann wirken Sie in die Familie. Dann in der Nachbarschaft, im Dorf und in der Stadt und schließlich in die Politik, den Verbänden und in den Vereinen, in denen Sie sind oder sich engagieren wollen. Dann sind wir der Klimaneutralität ein großes Stück nähergekommen. Es ist eine Gemeinschaftsaufgabe. Die größte unserer Generation.

> Wir sind im Auge dieser großen Transformation. Wir müssen nicht auf die große Politik warten. Wir sind fähig, befähigt und damit mächtig. Wir haben alle Macht, uns zur Klimaneutralität zu entscheiden. Die Lösung jedes noch so großen Problems beginnt mit dem ersten kleinen Schritt.

Ich liebe das schwäbische Wort »Schaffen«, weil es mehr der Realität entspricht und weniger negativ behaftet ist als das Wort »Arbeiten«. Wir erschaffen jeden Tag etwas Neues in unserem Tun und Denken. Und so können wir uns auch eine neue Realität erschaffen, wenn wir das gemeinsam wollen und vorantreiben. Das Buch in Ihren Händen soll genau das sein, der geistige Vorbau, die Inspirationsquelle, die Wanderkarte zur Orientierung. Wahrheit ist die Summe aller Erfahrungen eines Menschen, was er an dem Tag oder bisher in seinem Leben »wahr«-genommen hat. Von daher beginnt, wie die Bibel es bestätigt, alles beim Gedanken, in der Vorstellung, beim Geist, beim Wort, was dann Fleisch und damit Materie wird.

Wenn wir uns kollektiv eine gute, erneuerbare und klimaneutrale Zukunft vorstellen, hat sie auch die Chance, Realität zu werden. Mit dieser Hoffnung entlasse ich Sie in die Schaffung Ihrer eigenen klimaneutralen Zukunft, Ihrer eigenen Energiewende, die kollektiv zu unserer gemeinsamen Zukunft erwächst, und wünsche Ihnen und uns allen dabei von Herzen maximalen Erfolg zum Wohle aller!

> Bei jeder Entscheidung, bei jeder Handlung: Lassen Sie sich leiten von der Frage »Dient es dem Leben?«.

Danksagung

Ich bedanke mich vor allem bei allen Menschen, die meine Texte gelesen und wertvolle Verbesserungsvorschläge gemacht haben:

Sebastian Gärtner, Sönke Gäthke, Dr. Christine Häcker, Dr. Harry Lehmann, Dr. Udo Lambrecht, Dr. Martin Pehnt, Prof. Dr. Stefan Rahmstorf, Regula und Dr. Hermann Sanders, Dr. Michael Stöhr, Wolf Warncke, Wolfgang Wegmann, Prof. Dr. Mike Zehner und vor allem meiner Frau, meinen Eltern, Geschwistern und Verwandten.

Meinen Eltern danke ich besonders für die liebevoll eingerichtete Schreibwerkstatt in den Semesterferien und allen Großeltern für die Kinderbetreuung während des Schreibens.

Mein Dank gilt auch allen, die mich in persönlichen Gesprächen immer wieder inspiriert und unterstützt haben: Dr. Peter Ahmels, Rainer Baake, Prof. Dr. Oliver Brückl, Prof. Dr. Ottmar Edenhofer, Prof. Dr. Rainer Grieshammer, Dr. Carsten Loose, Prof. Dr. Gunnar Luderer, Gabriel Palacios, Prof. Dr. Karen Pittel, Prof. Dr. John Schellnhuber, Prof. Dr. Jürgen Schmid, Dr. Astrid Schulz, Eckhardt Tolle, Dr. Alexander Vogel, alle Scientists4Future und meinen ehemaligen Teams bei Fraunhofer, DBFZ und WBGU für die inspirierenden gemeinsamen Jahre.

Dank auch an meine aktuellen und ehemaligen Doktoranden und Mitarbeiter an der OTH Regensburg für viele gemeinsame gewonnene Erkenntnisse. Danke auch an all die vielen Menschen, die uns in Ministerien und Projektträgern in unserer Forschung all die Jahre unterstützt haben.

Und vor allem danke ich meiner liebenswerten Lektorin Diana Napolitano, der fabelhaften Korrektorin Dr. Katharina Theml und dem starken, geduldigen Team meines Verlages rund um Julia Loschelder und Verena Schörner.

Mein Herzensdank geht in die göttliche Kraft in und um uns, die mich berührt und inspiriert hat und mindestens die Hälfte dieses Buches verfasst hat ;)

Über den Autor

© privat

Michael Sterner ist Professor an der OTH Regensburg für die Bereiche Energiespeicher, Wasserstoff und Energiesystemtechnik und Leiter der zugehörigen Forschungsstelle. Als einer der Erfinder der Speichertechnologie Power-to-Gas erstellt er Energiekonzepte für Unternehmen und berät die Bundesregierung und die EU-Kommission. Er ist Mitglied im nationalen Wasserstoffrat. Neben zahlreichen wissenschaftlichen Publikationen ist der Ingenieur Herausgeber des Standardwerks »Energiespeicher« (SpringerNature) und Mitautor im Weltklimarat (IPCC).

Darüber hinaus bringt sich der Generalist der Energiewende in den öffentlichen Diskurs ein. In zahlreichen Interviews und Gastbeiträgen in überregionalen Medien trägt er authentisch dazu bei, wissenschaftliche Erkenntnisse einer breiten Öffentlichkeit bekannt zu machen. Sein gesamter Lebensweg ist zudem durch außergewöhnliches ehrenamtliches Engagement geprägt. Der leidenschaftliche Musiker lebt mit seiner Frau und seinen drei Kindern in Regensburg.

michael-sterner.de

Link zu Abbildungen

Zur Veranschaulichung der im Buch beschriebenen Zusammenhänge und Zahlen finden Sie unter folgendem Link kapitelübergreifend Abbildungen und weiterführende Informationen.

michael-sterner.de/klimaretten/

Anmerkungen

1 https://www.uno-fluechtlingshilfe.de/informieren/fluchtursachen/klimawandel
2 https://openknowledge.worldbank.org/handle/10986/36248
3 https://unfccc.int/process-and-meetings/the-paris-agreement/the-paris-agreement
4 https://www.ipcc.ch/report/sixth-assessment-report-working-group-ii/
5 https://www.wbgu.de/de/publikationen/publikation/welt-im-wandel-sicherheitsrisiko-klimawandel#sektion-downloads
6 https://www.zeit.de/politik/ausland/2015-10/slowenien-fluechtlinge-grenze-kroatien-armee
7 https://www.oekom.de/buch/3-grad-mehr-9783962383695
8 https://www.ipcc.ch/report/sixth-assessment-report-working-group-i/
9 https://www.ipcc.ch/report/ar6/wg1/
10 https://www.wbgu.de/de/publikationen/publikation/die-zukunft-der-meere-zu-warm-zu-hoch-zu-sauer
11 https://www.wbgu.de/de/publikationen/publikation/welt-im-wandel-wege-zur-loesung-globaler-umweltprobleme
12 https://www.oekom.de/buch/3-grad-mehr-9783962383695
13 https://www.nature.com/articles/s41561-022-01019-9
14 https://www.wbgu.de/de/publikationen/publikation/der-umzug-der-menschheit-die-transformative-kraft-der-staedte
15 https://www.oekom.de/buch/3-grad-mehr-9783962383695
16 https://www.iea.org/data-and-statistics/data-product/world-energy-outlook-2022
17 https://www.umweltbundesamt.de/sites/default/files/medien/378/publikationen/potenzial_der_windenergie.pdf
18 https://www.umweltbundesamt.de/daten/klima/treibhausgas-emissionen-in-deutschland
19 https://www.iea.org/topics/world-energy-outlook
20 https://uba.co2-rechner.de/de_DE/
21 https://www.umweltbundesamt.de/daten/klima/treibhausgas-emissionen-in-deutschland
22 https://www.hausundgrund-verband.de/fileadmin/root/media/downloads/2022/Muellgebuehrenranking_2022.pdf
23 https://edgar.jrc.ec.europa.eu/report_2023
24 https://de.scientists4future.org
25 https://www.unendlich-viel-energie.de/20-jahre-eeg
26 https://scilogs.spektrum.de/klimalounge/das-klimaquiz-der-afd-die-aufloesung/
27 https://www.sfv.de/briefe/brief97_1/sob97135
28 https://www.mdpi.com/1996-1073/14/20/6594/htm

29 https://archiv.bundesregierung.de/resource/blob/656922/779770/794fd0c40425acd7f46afacbe62600f6/energiekonzept-final-data.pdf
30 https://www.bundesregierung.de/breg-de/suche/energiewende-die-gesetze-404298
31 https://www.irena.org/publications/2021/Jun/Renewable-Power-Generation-Costs-2020-Summary-DE
32 https://books.google.de/books/about/Bioenergy_and_Renewable_Power_Methane_In.html?hl=de&id=5Rzza2R8j_UC&redir_esc=y
33 https://www.dlr.de/dlr/Portaldata/1/Resources/bilder/portal/portal_2012_1/leitstudie2011_bf.pdf
34 https://www.umweltbundesamt.de/publikationen/energieziel-2050
35 https://www.energiezukunft-optimiert.de
36 https://www.bmwk.de/Redaktion/DE/Artikel/Energie/energiedaten-gesamtausgabe.html
37 https://www.zdf.de/nachrichten/wirtschaft/basf-gas-ukraine-krieg-russland-100.html
38 https://correctiv.org/aktuelles/russland-ukraine-2/2022/09/20/gas-gazprom-lobby-deutschland/
39 https://www.bmwk.de/Redaktion/DE/Artikel/Energie/energiedaten-gesamtausgabe.html
40 https://www.bmwk.de/Redaktion/DE/Downloads/Energie/20220914-stresstest-strom-ergebnisse-langfassung.html
41 https://foes.de/publikationen/2020/2020-09_FOES_Kosten_Atomenergie.pdf
42 https://www.ifo.de/pressemitteilung/2022-09-14/laufzeitverlaengerung-wuerde-strompreise-2023-um-4-prozent-verringern
43 https://blog.oeko.de/atomausstieg-mythen-zu-streckbetrieb-und-laufzeitverlaengerung/
44 https://www.erneuerbare-energien.de/EE/Navigation/DE/Service/Erneuerbare_Energien_in_Zahlen/Arbeitsplaetze/arbeitsplaetze.html
45 https://www.verbraucherzentrale.de/wissen/energie/heizen-und-warmwasser/hydraulischer-abgleich-macht-ihre-heizung-effizienter-30110
46 https://solarverband-bayern.de/medienmitteilung-des-solarverband-bayern-zu-energieeffizienz-potential-in-kommunen/
47 Protokoll der Umweltinitiativen zu einer Sitzung mit Stadtverwaltung und Oberbürgermeisterin
48 http://web-static-aws.seas.harvard.edu/climate/pdf/huang_2004.pdf
49 https://www.erih.de/da-will-ich-hin/site/gezeitenkraftwerk-rance
50 https://link.springer.com/book/10.1007/978-3-662-47438-9
51 https://www.wbgu.de/de/publikationen/publikation/welt-im-wandel-zukunftsfaehige-bioenergie-und-nachhaltige-landnutzung
52 https://www.geothermie-unterhaching.de/cms/geothermie/web.nsf/id/pa_daten_fakten.html
53 https://www.stadtwerke-speyer.de/geothermie
54 https://www.kit.edu/kit/pi_2020_118_nachhaltigkeit-im-blick-lithium-aus-dem-oberrheingraben-fur-batterien.php
55 https://www.cee.ed.tum.de/wb/projekte/schachtkraftwerk/
56 https://www.deutschlandfunk.de/wasser-fuer-aegypten-energie-fuer-aethiopien-konflikt-um-nil-staudamm-dlf-b1df0b89-100.html
57 http://pv-fakten.de/
58 https://segelenergie.de
59 https://www.irena.org/publications/2021/Jun/Renewable-Power-Generation-Costs-2020-Summary-DE
60 https://www.cell.com/joule/fulltext/S2542-4351(22)00410-X
61 Sterner, M., Schmid, J., Wickert, M. (2008): Effizienzgewinn durch erneuerbare Energien: der Primärenergiebeitrag von erneuerbaren Energien. BWK – Das Energie-Fachmagazin, Bd. 60 Nr. 6, S. 48-54. Springer-VDI-Verlag, Düsseldorf.
62 https://www.bmwk.de/Redaktion/DE/Downloads/B/bericht-expertengruppe-nationales-diesel-forum.pdf?__blob=publicationFile&v=4
63 https://www.bmwk.de/Redaktion/DE/Artikel/Energie/energiedaten-gesamtausgabe.html
64 https://www.lubw.baden-wuerttemberg.de/erneuerbare-energien/messbericht-infraschall
65 https://windstille-bodenkirchen.jimdofree.com/zeitungsartikel-und-leserbriefe/
66 https://www.ews-schoenau.de/export/sites/ews/ews/presse/.files/2020-3-Energiedepesche-Marionetten-der-Fossilwirtschaft.pdf
67 https://www.bayceer.uni-bayreuth.de/infraschall/de/windenergi/gru/html.php?id_obj=157380
68 Persönliches Gespräch mit dem Vorsitzenden des CSU-Arbeitskreises Energiewende
69 https://www.landschaft-artenschutz.de

70 https://www.br.de/nachrichten/bayern/wie-im-namen-des-naturschutzes-windkraftanlagen-verzoegert-werden
71 https://www.landschaft-artenschutz.de/vlab-ehrt-horst-seehofer-mit-enoch-zu-guttenberg-medaille/
72 https://www.bmwk.de/Redaktion/DE/FAQ/Windenergie/faq-windenergie.html
73 https://www.nabu.de/tiere-und-pflanzen/voegel/portraets/rotmilan/
74 https://www.life-eurokite.eu/de/aktuelles.html
75 https://www.zdf.de/politik/frontal/rotmilan-gegen-windkraft-100.html
76 https://www.eurochlor.org/uses-and-innovations/17-successes/
77 http://web-static-aws.seas.harvard.edu/climate/pdf/huang_2004.pdf
78 https://www.umweltbundesamt.de/sites/default/files/medien/378/publikationen/potenzial_der_windenergie.pdf
79 https://www.dbu.de/projekt_35210/01_db_2848.html
80 https://pflanzen.fnr.de/energiepflanzen/
81 http://pv-fakten.de
82 https://www.umweltbundesamt.de/themen/klima-energie/erneuerbare-energien/photovoltaik
83 https://ariadneprojekt.de/publikation/deutschland-auf-dem-weg-zur-klimaneutralitat-2045-szenarienreport/
84 https://next2sun.com/solarzaun/fuer-landwirte-agrar/
85 https://www.isb.bayern.de/gymnasium/lehrplan/
86 http://pv-fakten.de
87 https://www.duh.de/projekte/pv-recycling/
88 http://www.iwr.de/re/wf/e_preis.html
89 https://www.bundesregierung.de/breg-de/themen/klimaschutz/novellierung-des-eeg-gesetzes-2023972
90 https://www.umweltbundesamt.de/themen/klima-energie/erneuerbare-energien/photovoltaik
91 https://einfach-bergmann.de/2014/08/von-hamsterraedern-urin-und-klebetattoos-die-5-skurrilsten-methoden-strom-zu-erzeugen/
92 https://www.ardmediathek.de/video/die-maus/lachgeschichte-familie-spar/wdr/Y3JpZDovL3dkci5kZS9CZWl0cmFnLWY0ZDBkNjRhLWQwYTktNDI2Yi05ZTdlLTg4MjRiNjM5MGI2Nw?isChildContent=
93 https://www.umweltbundesamt.de/sites/default/files/medien/5750/publikationen/2021-05-06_cc_35-2021_oekobilanzen_windenergie_photovoltaik.pdf
94 https://www.duh.de/fileadmin/user_upload/download/Projektinformation/Energieeffizienz/Gebaeude/Mythen_EnergetischeGebäudesanierung_201014.pdf
95 https://www.ifeu.de/projekt/bewertung-von-daemmstoffalternativen/
96 https://www.ifeu.de/fileadmin/uploads/EE_Waerme_Endbericht-Band-1-Breiten-und-Tiefenanalyse-V5_web.pdf
97 https://www.vde.com/de/fnn/arbeitsgebiete/netzbetrieb-sicherheit/netzbetrieb/faq-heizluefter
98 https://www.iee.fraunhofer.de/de/projekte/suche/2021/netzregelung-2-0.html
99 https://link.springer.com/book/10.1007/978-3-662-48893-5
100 https://www.vde.com/de/etg/publikationen/studien/etg-vde-studie-energiespeicher-fuer-die-energiewende
101 https://www.vde.com/de/fnn/arbeitsgebiete/vom-netz-zum-system
102 http://kombikraftwerk.de
103 https://www.bdew.de/energie/dso20/
104 https://www.n-ergie.de/n-ergie/unternehmen/publikationen/dezentralitaet/
105 https://www.50hertz.com/de/Netz/Netzausbau/WofuerNetzausbau/50HertzEnergiewendeOutlook2035
106 https://www.researchgate.net/publication/313478576_Ausbau_der_Stromnetze_im_Rahmen_der_Energiewende
107 https://www.vde.com/de/etg/publikationen/studien/vdeetg-studiederzellulareansatz
108 https://www.kopernikus-projekte.de/synergie
109 https://energy-charts.info/
110 https://static.agora-energiewende.de/fileadmin/Projekte/2013/speicher-in-der-energiewende/Agora_Speicherstudie_Web.pdf
111 https://www.dlr.de/dlr/Portaldata/1/Resources/bilder/portal/portal_2012_1/leitstudie2011_bf.pdf

112 https://www.umweltbundesamt.de/publikationen/energieziel-2050
113 https://static.agora-energiewende.de/fileadmin/Projekte/2013/speicher-in-der-energiewende/Agora_Speicherstudie_Web.pdf
114 https://www.uniper.energy/news/de/ewe-und-uniper-planen-wasserstoffhub-am-standort-huntorf
115 https://www.br.de/br-fernsehen/sendungen/quer/index.html
116 https://battery-charts.de/
117 https://www.mdpi.com/2624-8921/4/4/49#
118 https://www.bmwi-energiewende.de/EWD/Redaktion/Newsletter/2022/08/Meldung/News1.html
119 https://www.wbgu.de/de/publikationen/publikation/welt-im-wandel-zukunftsfaehige-bioenergie-und-nachhaltige-landnutzung#sektion-downloads
120 https://www.sfv.de/artikel/herstellung_von_fluessigen_kraftstoffen_aus_atmosphaerischem_kohlendioxid
121 https://www.dlr.de/dlr/Portaldata/1/Resources/documents/leitstudie2010.pdf
122 https://green-planet-energy.de/fileadmin/docs/pressematerial/150821_Windgas-Studie_2015_Kurzfassung_Druckversion.pdf
123 https://link.springer.com/book/10.1007/978-3-662-48893-5
124 https://www.lbeg.niedersachsen.de/energie_rohstoffe/erdoel_und_erdgas/untertagegasspeicher/publikation_untertageerdgaspeicherung/publikation-zur-untertage-gasspeicherung-in-der-zeitschrift-erdoel-erdgas-kohle-898.html
125 https://www.umweltbundesamt.de/dokument/datenbank-kraftwerke-in-deutschland
126 https://wasserstoffatlas.de
127 https://link.springer.com/book/10.1007/978-3-662-48893-5
128 https://www.umweltbundesamt.de/publikationen/energieziel-2050
129 https://www.gruenerstromlabel.de
130 https://ohs.energy
131 https://www.umweltbundesamt.de/daten/energie/energieverbrauch-fuer-fossile-erneuerbare-waerme#warmeverbrauch-und-erzeugung-nach-sektoren
132 https://link.springer.com/book/10.1007/978-3-642-14251-2
133 https://www.ifeu.de/fileadmin/uploads/Energieeffizienz-2017_170613_web.pdf
134 https://de.statista.com/statistik/daten/studie/36495/umfrage/wohnflaeche-je-einwohner-in-deutschland-von-1989-bis-2004/
135 https://de.statista.com/statistik/daten/studie/70094/umfrage/wohngebaeude-bestand-in-deutschland-seit-1994/
136 https://www.ifeu.de/fileadmin/uploads/BoellFakten_Wa_rmewende_AnsichtsPDF_Doppelseiten.pdf
137 https://www.ifeu.de/fileadmin/uploads/BoellFakten_Wa_rmewende_AnsichtsPDF_Doppelseiten.pdf
138 https://www.re-source.com/wp-content/uploads/2019/11/UBA-2019-Energieaufwand-Gebaeudekonzepte.pdf
139 https://www.dena.de/fileadmin/dena/Publikationen/PDFs/2021/dena-Gebaeudereport_2022.pdf
140 https://wupperinst.org/fa/redaktion/downloads/publications/Bild-des-Monats_2006-05.pdf
141 https://www.prognos.com/de/projekt/hintergrundpapier-zur-energieeffizienzstrategie-gebaeude
142 https://www.ifeu.de/fileadmin/uploads/BoellFakten_Wa_rmewende_AnsichtsPDF_Doppelseiten.pdf
143 https://www.dena.de/fileadmin/dena/Publikationen/PDFs/2021/dena-Gebaeudereport_2022.pdf
144 https://www.bmwk.de/Redaktion/DE/Downloads/Energie/65-prozent-erneuerbare-energien-beim-einbau-von-neuen-heizungen-ab-2024.html
145 https://www.energie-experten.org/news/daenemark-verbietet-oel-und-gasheizungen
146 https://www.bmuv.de/heizen-mit-holz/umwelt/klimaauswirkungen-von-heizen-mit-holz
147 https://www.energie-experten.org/heizung/waermepumpe/arten/grosswaermepumpe
148 https://www.ifeu.de/fileadmin/uploads/BoellFakten_Wa_rmewende_AnsichtsPDF_Doppelseiten.pdf
149 https://www.wildpoldsried.de/klimadorf-wildpoldsried.html
150 https://iep-pullach.de
151 https://link.springer.com/book/10.1007/978-3-642-14251-2
152 https://www.energieinstitut.at/unternehmen/bauen-und-sanieren-fuer-profis/kosten-und-wirtschaftlichkeit/forschungsprojekte-energieeffizienz-und-wirtschaftlichkeit/alps-klinawo/
153 https://www.umweltbundesamt.de/themen/klima-energie/treibhausgas-emissionen/emissionsquellen#energie-stationar

154 https://www.umweltbundesamt.de/daten/energie/energieverbrauch-nach-energietraegern-sektoren#entwicklung-des-endenergieverbrauchs-nach-sektoren-und-energietragern
155 https://komobile.at/sanfte-mobilitaet-werfenweng/
156 https://www.vcd.org/themen/klimafreundliche-mobilitaet/mobilitaetsatlas
157 https://telebasel.ch/2022/03/02/autofreie-innerstadt-was-basel-gerne-haette-setzt-wien-bereits-um/?channel=105105
158 https://www.infineon.com/cms/de/about-infineon/press/market-news/2017/INFPMM201712-035.html
159 https://www.bmwk.de/Redaktion/DE/Downloads/B/bericht-expertengruppe-nationales-diesel-forum.pdf?__blob=publicationFile&v=4
160 https://battery-news.de/index.php/2019/10/28/ein-blick-in-die-historie-der-lithium-ionen-batterie/
161 https://www.nature.com/articles/ncomms15636
162 https://www.kba.de/DE/Statistik/Kraftverkehr/VerkehrKilometer/vk_inlaenderfahrleistung/2020/2020_vk_kurzbericht.html
163 https://www.freyrbattery.com
164 https://www.sciencedirect.com/science/article/abs/pii/S089268752030563X
165 https://pubs.usgs.gov/periodicals/mcs2020/mcs2020.pdf
166 https://onlinelibrary.wiley.com/doi/abs/10.1111/jiec.12949
167 https://onlinelibrary.wiley.com/doi/abs/10.1002/ange.201703772
168 https://www.adac.de/rund-ums-fahrzeug/elektromobilitaet/
169 https://www.spiegel.de/auto/fahrkultur/benz-patent-motorwagen-aller-auto-anfang-a-741261.html
170 https://www.deutschlandfunk.de/zeitenwende-welche-zukunft-hat-die-auto-mobilitaet-dlf-6c11d8d0-100.html
171 https://www.wbgu.de/de/publikationen/publikation/welt-im-wandel-zukunftsfaehige-bioenergie-und-nachhaltige-landnutzung
172 https://ourworldindata.org/land-use-diets
173 https://www.umweltbundesamt.de/sites/default/files/medien/1410/publikationen/2020-06-29_texte_116-2020_tremod_2019_0.pdf
174 https://www.businessinsider.de/wirtschaft/mobility/wasserstoff-autos-wie-der-groesste-vorteil-zum-grossen-aergernis-wird-r3/
175 https://www.siemens-energy.com/global/en/news/magazine/2021/haru-oni.html
176 https://www.zeit.de/2022/25/hal-harvey-lobbyist-klima-elektromobilitaet/seite-3
177 https://www.bmwk.de/Redaktion/DE/Downloads/B/bericht-expertengruppe-nationales-diesel-forum.pdf?__blob=publicationFile&v=4
178 https://www.asfinag.at/ueber-uns/verantwortung/innovation/
179 https://www.oeko.de/fileadmin/oekodoc/StratON-O-Lkw-Endbericht.pdf
180 https://www.umweltbundesamt.de/publikationen/umweltfreundlich-mobil
181 https://www.inverse.com/innovation/hyperloop-horizons
182 https://www.regensburg-digital.de/vorerst-keine-seilbahn-in-regensburg/17062021/
183 https://www.sueddeutsche.de/wirtschaft/9-euro-ticket-stau-tomtom-1.5612144
184 https://www.umweltbundesamt.de/publikationen/oekologische-bewertung-von-verkehrsarten
185 https://www.br.de/nachrichten/bayern/elektrisch-ueber-den-bodensee-erstes-e-schiff-wird-vorgestellt
186 https://www.meyerwerft.de/de/presse/presse_detail/naechster_schritt_zum_klimaneutralen_schiff.jsp
187 https://www.umweltbundesamt.de/publikationen/oekologische-bewertung-von-verkehrsarten
188 https://pdf.ethz.ch/eth-whitepaper-netto-null-bis-2030/67177832
189 https://www.sueddeutsche.de/muenchen/freising/foerderung-des-luftverkehrs-ein-undurchdringliches-system-1.5284449
190 https://www.boeckler.de/pdf/p_study_hbs_326.pdf
191 https://www.umweltbundesamt.de/publikationen/umweltfreundlich-mobil
192 https://www.agrarheute.com/technik/traktoren/neuer-elekto-traktor-john-deere-fast-700-ps-592632
193 https://www.umweltbundesamt.de/publikationen/umweltfreundlich-mobil
194 https://hochleistungsladen-lkw.de/hola-de/
195 https://www.handelsblatt.com/politik/international/energie-nach-der-gasknappheit-droht-die-stromknappheit-wie-die-duerre-europas-versorgung-gefaehrdet/28600886.html
196 https://www.umweltbundesamt.de/publikationen/umweltfreundlich-mobil
197 https://www.dtv.de/buch/haben-oder-sein-34234

198 https://www.agora-energiewende.de/fileadmin/Projekte/2013/speicher-in-der-energiewende/Agora_Speicherstudie_Web.pdf
199 https://link.springer.com/book/10.1007/978-3-662-48893-5
200 https://www.iea.org/reports/global-hydrogen-review-2022
201 https://ag-energiebilanzen.de/daten-und-fakten/bilanzen-1990-bis-2020/?wpv-jahresbereich-bilanz=2011-2020
202 https://www.stahl-online.de/startseite/stahl-in-deutschland/zahlen-und-fakten/
203 https://elib.uni-stuttgart.de/bitstream/11682/9259/5/BRUNKE_ENERGIEEINSPARKOSTENKURVEN_209.pdf
204 https://d-nb.info/1071378708/34
205 Franz Bauer, Analyse von Suffizienzpotenzialen im Kontext einer nachhaltigen Transformation des deutschen Energiesystems anhand eines sektorübergreifenden Optimierungsmodells.Dissertation. FAU Nürnberg-Erlangen, OTH Regensburg.
206 https://www.bayerische-chemieverbaende.de/wp-content/uploads/sites/4/2019/09/daten-fakten-rohstoffbasis-chemieindustrie-3.pdf
207 https://www.eurochlor.org/uses-and-innovations/17-successes/
208 https://www.ufop.de/files/9013/3918/4875/Metahnolgewinnung.pdf
209 https://onlinelibrary.wiley.com/doi/book/10.1002/9783527627806
210 https://ag-energiebilanzen.de/daten-und-fakten/bilanzen-1990-bis-2020/?wpv-jahresbereich-bilanz=2011-2020
211 https://www.agora-energiewende.de/veroeffentlichungen/klimaneutrales-deutschland
212 https://doi.org/10.31224/2642
213 https://www.umweltbundesamt.de/rescue
214 https://co2-utilization.net/de/projekte/co2-mineralisation/c2inco2/
215 https://www.kalk.de/wissensportal/publikationen/geschaeftsberichte
216 https://www.eula.eu/wp-content/uploads/2019/02/A-Competitive-and-Efficient-Lime-Industry-Technical-report-by-Ecofys_0.pdf
217 Grüner Kalk: Kombinierte Elektrolyse und Methanisierung zur Prozessoptimierung in der CO_2 -intensiven Baustoffindustrie, HySON
218 https://www.eula.eu/wp-content/uploads/2019/02/A-Competitive-and-Efficient-Lime-Industry-Technical-report-by-Ecofys_0.pdf
219 https://www.eula.eu/wp-content/uploads/2019/02/A-Competitive-and-Efficient-Lime-Industry-Technical-report-by-Ecofys_0.pdf
220 https://www.umweltbundesamt.de/publikationen/treibhausgasneutrales-deutschland-im-jahr-2050-0
221 https://www.energieforschung.de/lw_resource/datapool/systemfiles/elements/files/70018D44F33534C5E0539A695E8695C3/current/document/6.2_Energieeffiziente_Querschnittstechnologien.pdf
222 https://www.bmwk.de/Redaktion/DE/Downloads/B/berichtsmodul-3-referenzszenario-und-basisszenario.pdf%3F__blob%3DpublicationFile%26v%3D4
223 https://www.politico.eu/article/marku-soder-bavaria-nimby-chief/
224 https://www.umweltbundesamt.de/daten/klima/treibhausgas-emissionen-in-deutschland
225 https://www.researchgate.net/publication/336814334_Tannin_treatment_for_protecting_feed_protein_degradation_in_the_rumen_in_vitro
226 https://journals.plos.org/plosone/article?id=10.1371 %2Fjournal.pone.0247820
227 https://bdi.eu/publikation/news/klimapfade-fuer-deutschland/
228 https://www.umweltbundesamt.de/rescue
229 https://www.umweltbundesamt.de/publikationen/berichterstattung-unter-der-klimarahmenkonvention-6
230 https://www.bauernverband.de/situationsbericht/1-landwirtschaft-und-gesamtwirtschaft/12-jahrhundertvergleich
231 https://www.wiwo.de/politik/ausland/bauernproteste-in-holland-bauernproteste-in-niederlanden-landwirte-enttaeuscht-nach-gespraech-mit-der-regierung/28483932.html
232 https://ourworldindata.org/land-use-diets
233 https://www.destatis.de/DE/Presse/Pressemitteilungen/2021/02/PD21_052_413.html
234 https://www.ble.de/SharedDocs/Pressemitteilungen/DE/2021/210211_StatistischesJahrbuch.html
235 https://www.thelancet.com/journals/lancet/article/PIIS0140-6736(18)31788-4/fulltext

236 https://uba.co2-rechner.de/de_DE/
237 https://www.researchgate.net/publication/233796845_Environmental_Impacts_of_Dietary_Recommendations_and_Dietary_Styles_Germany_As_an_Example
238 https://www.thelancet.com/journals/lancet/article/PIIS0140-6736(18)31788-4/fulltext
239 https://www.umweltbundesamt.de/rescue
240 https://www.science.org/doi/10.1126/science.aaq0216
241 https://www.greenpeace.de/sites/default/files/publications/20170105_studie_agrarwende2050_lf.pdf
242 https://www.science.org/doi/10.1126/sciadv.aav7337
243 https://www.greenpeace.de/sites/default/files/publications/20170105_studie_agrarwende2050_lf.pdf
244 https://www.thuenen.de/media/publikationen/thuenen-report/Thuenen_Report_71.pdf
245 https://bwi.info/?inv=THG2017
246 https://www.ziegler.global
247 https://www.bundeswaldinventur.de
248 https://bwi.info/?lang=de
249 https://www.ufz.de/index.php?de=37937
250 https://www.gesetze-bayern.de/Content/Document/BayWaldG
251 https://www.stmelf.bayern.de/waldforstlichegutachten
252 https://epub.ub.uni-muenchen.de/38468/1/MA_Hornung.pdf
253 https://www.jagdschule-kellberg.de
254 https://www.komplett-media.de/de_die-oekochallenge_112741.html
255 https://www.umweltbundesamt.de/sites/default/files/medien/5750/publikationen/2021-05-19_cc_43-2021_nir_2021_1.pdf
256 https://www.bmel.de/DE/themen/wald/wald-in-deutschland/carlowitz-jahr.html
257 https://www.kopernikus-projekte.de/lw_resource/datapool/systemfiles/elements/files/E6D017AAED254B1DE0537E695E86FB60/live/document/220821_DEC_P2 X4_komplett_V04_Web.pdf
258 Franz Bauer, Analyse von Suffizienzpotenzialen im Kontext einer nachhaltigen Transformation des deutschen Energiesystems anhand eines sektorübergreifenden Optimierungsmodells.Dissertation. FAU Nürnberg-Erlangen, OTH Regensburg.
259 https://www.bmwk.de/Redaktion/DE/Artikel/Energie/energiedaten-gesamtausgabe.html
260 https://www.lee-nrw.de/data/documents/2020/11/23/532-5fbb61e5e6bb2.pdf
261 http://pv-fakten.de/
262 https://www.zsw-bw.de/fileadmin/user_upload/PDFs/Aktuelles/2019/politischer-dialog-pv-freiflaechenanlagen-studie-333788.pdf
263 https://ariadneprojekt.de/publikation/deutschland-auf-dem-weg-zur-klimaneutralitat-2045-szenarienreport/
264 Holger Lösch, Diskussion der H2Supply Ergebnisse, Berlin, Acatech
265 Bauer (2022): Analyse von Suffizienzpotenzialen im Kontext einer nachhaltigen Transformation des deutschen Energiesystems anhand eines sektorübergreifenden Optimierungsmodells.Dissertation. FAU Nürnberg-Erlangen, OTH Regensburg.
266 https://www.kopernikus-projekte.de/lw_resource/datapool/systemfiles/elements/files/E6D017AAED254B1DE0537E695E86FB60/live/document/220821_DEC_P2 X4_komplett_V04_Web.pdf
267 https://www.umweltbundesamt.de/publikationen/energieziel-2050
268 https://www.umweltbundesamt.de/rescue
269 https://www.resourcepanel.org
270 https://www.umweltbundesamt.de/rescue
271 https://www.science.org/doi/10.1126/science.abc9697
272 https://www.deutschlandfunk.de/eu-parlament-debattiert-ueber-klimaprogramm-fit-for-55-dlf-bec4af21-100.html
273 https://www.herkulesprojekt.de
274 https://ariadneprojekt.de
275 https://link.springer.com/content/pdf/10.1007/978-3-658-24760-7.pdf
276 https://www.bay-staedtetag.de/fileadmin/Downloads/Infobriefe/2022/IB_07_08.pdf
277 https://www.br.de/nachrichten/bayern/klimaschutz-markus-soeder-setzt-auf-dialog-mit-den-staedten,TBXhJXw
278 https://ariadneprojekt.de/media/2022/01/Ariadne-Hintegrund_Konflikte_und_Akteure_Januar2022.pdf

279 https://www.new4-0.de/wp-content/uploads/2021/02/AuG_NEW4.0WK_1_HAW_N.Drews_.pdf
280 https://windkraft-buttenheim.de/
281 Karola Schenk: 20 Prozent mehr Ertrag – Windenergie – Lamerdinger feiern »Erntedank« mit Segnung und Fest. Allgäuer Zeitung.
282 https://fridaysforfuture.org/what-we-do/strike-statistics/
283 https://omasforfuture.de
284 https://www.mittelbayerische.de/region/regensburg-stadt-nachrichten/fridays-for-future-veroeffentlichen-song-21179-art1833704.html
285 https://www.lehrplanplus.bayern.de
286 https://www.sciencemediacenter.de/alle-angebote/rapid-reaction/details/news/50-jahre-limits-to-growth/
287 https://www.dtv.de/buch/haben-oder-sein-34234
288 https://www.oekom.de/_files_media/titel/leseproben/9783865811813.pdf
289 https://www.theguardian.com/environment/2015/oct/05/a-story-of-hope-the-guardian-launches-phase-two-of-its-climate-change-campaign
290 https://www.leave-it-in-the-ground.org
291 https://about.bnef.com/blog/wind-and-solar-top-10-of-global-power-generation-for-first-time/
292 https://www.sueddeutsche.de/wirtschaft/banken-mehr-haushalte-investieren-in-energiewende-dpa.urn-newsml-dpa-com-20090101-220906-99-650233
293 https://www.zeit.de/wirtschaft/unternehmen/2022-09/klimakrise-patagonia-gruender-yvon-chouinard-uebertragung-umweltstiftungen
294 https://www.tagesschau.de/multimedia/sendung/ts-33349.html
295 https://klimavoracht.de
296 https://iopscience.iop.org/article/10.1088/1748-9326/ac2966#artAbst
297 https://klimavoracht.de/programmbeschwerde/
298 https://www.deutschlandfunk.de
299 https://www.sciencemediacenter.de/das-smc/das-smc/
300 https://www.zdf.de/comedy/heute-show/heute-show-spezial-vom-25-juni-2021-100.html
301 https://k3-klimakongress.org
302 https://link.springer.com/book/10.1007/978-3-658-08176-8
303 https://www.serviceplan.com/de/landingpages/serviceplan-public-opinion.html
304 https://taz.de/Vernunftkraft-Chef-im-Ministerium/!5644860/
305 https://www.encavis.com/ueber-uns/unternehmensfuehrung-konzern/
306 https://www.pearson.de/psychologie-9783863267421
307 https://www.new4-0.de/wp-content/uploads/2021/02/AuG_NEW4.0WK_1_HAW_N.Drews_.pdf
308 https://www.wbgu.de/de/publikationen/publikation/der-wbgu-budgetansatz
309 https://www.bmuv.de/themen/klimaschutz-anpassung/klimaschutz/bundes-klimaschutzgesetz
310 https://buergerrat-klima.de/ergebnisse-gutachten
311 https://www.duh.de/tempolimit/
312 https://www.umweltbundesamt.de/daten/umwelt-wirtschaft/umweltschaedliche-subventionen-in-deutschland#umweltschadliche-subventionen
313 https://www.bundesregierung.de/breg-de/suche/faq-9-euro-ticket-2028756
314 https://www.umweltbundesamt.de/sites/default/files/medien/479/publikationen/texte_143-2021_umweltschaedliche_subventionen.pdf
315 https://www.deutschlandfunk.de/grubenwasser-die-ewigen-kosten-des-steinkohlebergbaus-100.html
316 https://www.dlr.de/dlr/Portaldata/1/Resources/documents/leitstudie2010.pdf
317 https://www.erneuerbare-energien.de/
318 https://fc.de/fc-info/club/stiftung-1-fc-koeln/ueber-die-stiftung/
319 https://www.bmuv.de/themen/klimaschutz-anpassung/klimaschutz/emissionshandel
320 https://www.deutschlandfunk.de/ortsteile-wegen-extremwetter-aufgeben-absiedlung-in-bayern-schon-realitaet-dlf-a1b3464b-100.html
321 https://www.iwb.ch/Ueber-uns/Projekte/Innovationsprojekte/Pflanzenkohleanlage.html
322 https://pubmed.ncbi.nlm.nih.gov/31487602/
323 https://www.fao.org/3/CA8753EN/CA8753EN.pdf
324 https://www.ipcc.ch/report/ar5/wg3/

325 https://www.wbgu.de/de/publikationen/publikation/welt-im-wandel-gesellschaftsvertrag-fuer-eine-grosse-transformation
326 https://ariadneprojekt.de/publikation/deutschland-auf-dem-weg-zur-klimaneutralitat-2045-szenarienreport/
327 http://files.h2-global.de/H2Global-Stiftung-Policy-Brief-01_2022.pdf
328 https://energy.ec.europa.eu/topics/energy-systems-integration/hydrogen_en
329 https://www.resources.org/common-resources/how-the-inflation-reduction-act-can-help-hydrogen-hubs-succeed/
330 https://www.nzz.ch/international/auf-in-den-kampf-wo-ist-die-koalition-der-willigen-fuers-klima-ld.1656309
331 https://www.bonifatius-verlag.de/shop/so-reicht-das-nicht/
332 https://www.hochschulbildungsreport2020.de/chancen-fuer-nichtakademikerkinder
333 http://www.cns.nyu.edu/ledoux/publications.htm
334 https://de.statista.com/statistik/daten/studie/156951/umfrage/anzahl-der-einpersonenhaushalte-in-deutschland-seit-1991/
335 https://www.regensburg.de/rathaus/ehrenbuerger-und-medaillen/brueckenpreis
336 https://www.sonnenseite.com/de/tipps/der-klima-appell-des-dalai-lama-an-die-welt-2/
337 https://www.bibleserver.com/GNB/Matthäus20 %2C26
338 https://www.vatican.va/content/francesco/de/encyclicals/documents/papa-francesco_20150524_enciclica-laudato-si.html
339 https://www.merkur.de/welt/papst-mahnt-vor-klimakrise-die-erde-brennt-zr-91809970.html
340 https://www.bibelwerk.shop/produkte/bibel-falsch-verstanden-25527
341 https://www.clubofrome.org
342 https://www.wandel-werk.org/
343 https://psycnet.apa.org/doiLanding?doi=10.1037 %2F0022-3514.83.6.1281
344 https://pubmed.ncbi.nlm.nih.gov/27405101/
345 https://www.sciencedirect.com/science/article/abs/pii/S0095069617307738
346 https://www.sciencedirect.com/science/article/abs/pii/S0165176513001286
347 https://citeseerx.ist.psu.edu/viewdoc/download?doi=10.1.1.645.2567&rep=rep1&type=pdf
348 https://www.frontiersin.org/articles/10.3389/fpsyg.2021.662679/full
349 https://www.wandel-werk.org/
350 https://www.solidarische-landwirtschaft.org/startseite
351 https://www.dbu.de/projekt_35210/01_db_2848.html
352 https://buergerwerke.de/
353 https://www.fuchstal.de/
354 https://www.energiesparverband.at/energie-gemeinschaften
355 https://fenecon.de
356 https://ohs.energy
357 http://cop27.eg
358 https://uba.co2-rechner.de/de_DE/
359 https://www.umweltbundesamt.de/umwelttipps-fuer-den-alltag

Veröffentlichungsstand der Quellen ist der 30.10.2022.